江苏省社会科学基金后期资助项目
（15HQ018）成果

政策问题建构权的历史演进

张康之　向玉琼　著

上海人民出版社

目　录

导论：社会治理中的政策问题建构权

近代以来的社会治理体系发展走过了什么样的历程？是可以从多个角度去加以认识的，其中，在政策问题建构权的转移过程中去加以认识，也许能够更加清晰地描绘出社会治理体系演变的轨迹。在“三权分立”的框架中，政策问题建构权掌握在立法部门手中，立法部门从事政策问题建构和制定政策，行政部门只负责政策执行。但是，从历史上看，19世纪的“党争”破坏了三权分立的政制框架，以至于在民主政体的重建中发展出了一整套不同于三权分立的框架，提出了“政治—行政二分原则”。这样一来，社会治理体系被划分为两个部门，其中，行政被作为一个相对独立的部门来加以建构。政治部门与行政部门的关系则被规定为：政治部门是决策部门，掌握政策问题建构权，行政部门则是执行部门。随着行政部门的发展以及社会问题的复杂化，出现了政策问题建构权向行政部门转移的趋势，并形成了“行政国家”。在行政国家生成的过程中，“新政”时期是行政部门攫取政策问题建构权的重要阶段，自此之后，行政部门独大的局面一直没有改变。伴随着这一现象的发生，出现了民主政治的衰落和宪政体制的解体，不仅政策问题建构走上了科学化的进程，而且整个社会治理体系也在科学化的向度中得到重新建构。

一、行政部门获得政策问题建构权的过程

在社会治理的视野中，民主的实质体现在政策问题建构权的分配和行使之中。这说明，由谁来掌握政策问题建构权是判断社会治理是否属

于民主治理的一个重要标准。就现代社会治理体系而言,我们从中看到的基本上是这样几个构成要素,那就是公众、政党、利益集团、立法部门、司法部门、行政部门等。一般说来,在对政策问题建构权的争夺中,司法部门显然是被排除在外的,而其他各构成要素之间却一直处于政策问题建构权的争夺之中。从近代以来社会治理的发展史看,社会治理体系虽然一直运行在民主的框架中(至少人们是这样认为的),但政策问题建构权却处在变动之中,即不断地从一处转移到另一处。不同时期以及不同国家的社会治理之所以具有不同的特征,在一定程度上,是由于政策问题建构权的分布不同而造成的。

总体看来,根据民主的原则,政策问题建构权在理论上是归属于公众的,而在其实际运行中,公众所分享的仅仅是一种表达权。也就是说,公众只能通过其代表掌握政策问题建构权,而公众的代表所掌握的这一权力又层层汇聚到了立法部门。从政策问题建构权的演进史看,直到19世纪中期为止,基本上都是掌握在立法部门手中的。不过,也正是自这个时期开始,社会治理体系呈现出了迅速分化的态势,各部门间的界限变得越来越清晰,专业化程度迅速提升,政策问题建构权在各部门间水平移动的情况也变得越来越频繁。有的时候,政策问题建构权的运行甚至表现出了反民主的状况。

在20世纪的前半期,行政部门夺取了大量的政策问题建构权,人们经常谈论的所谓行政权的扩张就主要体现为行政部门掌握了政策问题建构权。正是政策问题建构权向行政部门的转移,造就了一种"行政国家"状态。但是,到了20世纪60年代,情况再度发生变化,随着技术专家的出现,政策问题建构权逐渐转移到了技术专家手中。结果,在政策问题建构方面,政治部门和行政部门事实上都沦落为技术专家的玩偶,社会治理也因此而进入了"专家治国"的阶段。20世纪末以及21世纪初出现了"重申公民权"、"参与治理"运动,这可以理解成与技术专家争夺政策问题建构权的行动。不过,至今尚未呈现出积极进展。所以,政策问题建构权的变动轨迹可以成为考察近代以来社会治理变革的一个重要视角。

我们看到,虽然国家间有着体制上的差异,如美国是典型的"宪政体制",英国是典型的"议会民主体制",而法国则是"人民民主体制",但是,只要信奉人民主权的原则,只要基于人民主权的观念去开展社会治理行动,都会在理论上认定政策问题建构权在终极意义上归属于人民。就代议制得到了普遍应用而言,都默认了政策问题建构权归属于人民。不过,从政策问题建构权的实际运行来看,人民主权原则并未能保证人民掌握政策问题建构权,而是由其代表代替人民掌握和行使政策问题建构权,人民主权原则只是作为代表掌握和行使政策问题建构权的前提而存在的。西方国家有句法谚:"没有代表的同意不得征税。"这说明,任何人都可能提出政策问题,但政策问题建构权则是由代表掌握的。在没有得到代表同意的情况下,任何政策问题都不能够被建构起来。

在美国这样一个典型的宪政体制国家中,三权之间的分工更为明晰,政策问题建构权也更为完整地交付于立法部门,行政部门则被严格地定位在执行的地位上,是不被承认拥有政策问题建构权的。所以,就美国早期情况看,"在其中 10 个州中,长官由立法者选举产生,他们大多数只有一年的任期;仅有一个州中长官有否决权,即使这样,权力也受到日常标准的限制。"[1]虽然美国宪法赋予了总统极大的权力,如总统可以通过否决权表示自己对相关政策问题的看法,但在美国建国早期,总统领导的行政部门却不具有政策问题建构权。只是从 19 世纪后期开始,总统在政策问题建构中才显现出越来越大的作用,也标志着行政部门逐渐获得政策问题建构权。

就近代以来的社会治理而言,立法与行政的分离不能仅仅被看作是分工的需要,也不仅仅是出于专业化的目的(尽管 20 世纪中后期走上了这样一条道路),而是为了保证法律意志得到贯彻,是为了让社会治理拥有法治的属性。或者说,这样做是根源于启蒙思想的规定,即把对人权的保护放在首位。在法治条件下,立法部门所提供的是社会治理的依据,立法部门与行政部门的分离是为了让行政部门所开展的社会治理活动被严格地限制在立法部门所提供的依据之上。如果开展社会治理活动的各部门各自为自己的活动提供依据,显然就无法保证其依据都能够合乎法的精神,那么,人权受到威胁的可能性就会增大。所以,"行政机关决定的给予私人的制裁,必须得到立法机关的授权,授权的方式是制定控制行政行

① Herbert Kaufman, Emerging Conflicts in the Doctrines of Public Administration, *The American Political Science Review*, Vol.50, No.4, 1956.

为的规则。"[①]立法机关则必须颁布规则、标准、目标或者某个"可理解的原则"，以指引行政权力的行使。这一思想也就是霍布斯、洛克等人的社会契约论的基本精神。

根据启蒙思想的设定，立法部门是公共意志的集散地，一方面，把公共意志集中起来并以法律文本加以表现；另一方面，又把这些公共意志交由行政部门加以执行。在行政部门执行公共意志的过程中，"社会成员除服从社会的公共意志之外，并无其他服从的义务。"[②]而且，在启蒙思想家看来，立法部门集中公共意志的权力是不可转让的，"立法机关不能把制定法律的权力转让给任何他人；因为既然它只是得自人民的一种委托权力，享有这种权力的人就不能把它让给他人。只有人民才能通过组成立法机关和制定由谁来行使立法权，选定国家的形式。"[③]正是出于保证行政机关不超越授权范围之要求，司法审查得到了运用。也正因为如此，有了一个不言自明的推论："行政机构的决定程序和事实认定必须足以使法官根据他的合理确信，去判明立法指令是否在每个案件中得到了遵循。"[④]

在社会治理体系中，生成和存在于行政部门的行政行为被要求拥有明确的司法判定的性质，甚至可以认为行政机关就是一个纯粹的法的意志的"传送带"，其"职责是在特定案件中执行立法指令"[⑤]。从立法部门到行政部门，以法的意志贯穿起来，就形成了一幅法治的基本构图。其中，政策问题建构权是一项立法权，需要由立法部门来加以掌握和行使。然而，到了19世纪中期，立法权在政党的争夺中开始脱离民意，而且，"政党分肥制"带来的政治混乱局面也变得越来越严重，从地方到联邦，随处可见政府的腐败和无能。此时，政策问题建构权名义上还属于立法部门，而在实际上则完全落入了政党之手，受到政党的操控。在政党背后发挥作用的则是"党老大"，以至于政策问题建构在很多时候都与公众的要求无关，无法代表社会的普遍利益，仅仅反映了"党老大"的意志。因而，改变现状的要求变得越来越强烈，而且这种要求变革的力量也不断积聚。

然而，启蒙思想家所设计的基本框架又必须得到遵循，也就是说，由

① [美]理查德·B.斯图尔特：《美国行政法的重构》，沈岿译，商务印书馆2002年版，第6页。
② [英]洛克：《政府论(下篇)》，叶启芳、瞿菊农译，商务印书馆2009年版，第95页。
③ 同上书，第89页。
④⑤ [美]理查德·B.斯图尔特：《美国行政法的重构》，沈岿译，商务印书馆2002年版，第10页。

立法部门、司法部门和行政部门构成的基本社会治理框架必须得到维系。在维系由立法部门、司法部门和行政部门构成的社会治理框架不变的条件下，如果希望改善社会治理的话，其实可以改变的也就只有行政部门了，即建立起无涉党争的、负责任的新的政府机器，以求摆脱“党老大”凌驾于立法部门、司法部门和行政部门之上去控制整个社会治理过程的状态。从行政部门开始去对社会治理体系加以改造和重塑也是合乎启蒙精神的，只不过是让行政这一事务性领域的特征进一步彰显出来而已。正是在这一逻辑中，行政部门得到了重塑，建立起了以“功绩制”为基本特征的行政体制。这也就是现代文官制度，它所造成的结果是把行政部门从“党老大”的控制之下解放出来。在作出了这种改革之后，如果说“党老大”依然发挥着自己的影响力，也是将其限制在政治活动之中的。所以，文官制度的建立也被看作是“政党分肥制”的结束。

文官被要求在政治上奉行“价值中立”的原则，即不参与政策问题建构以及政策制定等立法活动，而只专注于将立法部门制定的政策付诸实施。虽然党争在文官制度建立之后依然存在，但由于这种党争被限制在了立法部门之中，也就不会对处在社会治理前沿的行政部门及其活动造成直接影响。这样一来，启蒙思想家的设计也在实践中得到了完美体现，三权之间的分工也变得更加明晰了。对于行政部门而言，一旦远离政治纷争，一旦定位在政策执行的角色上，也就开始把效率作为其一切行动的核心目标。为了实现效率，就必须把全部精力放在对行政过程中的科学和技术方面的关注上，即促进行政过程的科学化和技术化。

在行政过程中突出强调科学和技术反映了启蒙思想的精神实质，那就是高扬理性。另一方面，尽管我们说行政部门与政治部门的分化是为了在社会治理中更好地贯彻法的意志，但就其促进了行政专业化而言，也是合乎近代社会大分工的基本历史趋势的。政治与行政的分化使行政部门在行政管理活动中更多地集中于技术方面的改进，从而获得了越来越专精化的行政管理技术，并在自身专业化的基础上形成了一个与立法部门、司法部门间有效协作的系统。如果对此作出评价的话，我们认为，尽管告别“政党分肥制”的政治改革仅仅反映在行政领域，尽管这项改革是在启蒙思想家的政制设计框架下进行的，其目的是要努力维护启蒙思想的设计原则，但由于以“功绩制”为基本特征的文官制度的建立，使得行政的发展获得了巨大的可开拓性空间,并真正进入了一个高速发展的时期。因此,行政部门在社会治理中的地位不仅没有因其“价值中立”而受到削弱,反而得到了增强。

显然,在整个社会治理过程中,活跃于前台的总是行政部门,与公众进行日常性亲密接触的也总是行政部门,以致公众眼中看到的都是行政部门所开展的社会治理活动,其他部门似乎在公众的视线中变得越来越模糊。这就在实际上造成了一种突破启蒙思想框架的实践模式,那就是,尽管三权分立依然是一个基本框架,但已无法准确描述三权之间的现实运行。由于行政部门社会治理功能的彰显,使得其他部门都在与行政部门并存的条件下成为相对于行政部门的另一个散乱的整体——政治部门。也就是说,社会治理体系的格局发生了变化,不再表现为三权分立基础上的三个部门并立,而是政治与行政两个部门的并存。正是在这种条件下,伍德罗·威尔逊于1887年提出了政治—行政二分原则,并提出将行政学作为一门独立学科来加以建设的构想。此后,古德诺将政治与行政的划分进一步同政策过程的不同阶段对应了起来,认为“政治与决策或国家意志的表达相关;行政则与这些政策的执行相关”①。通过古德诺对政治与行政二分的进一步阐发,政治与政策制定联系了起来,行政则与对政策的执行联系在了一起,这实际上从理论上证明了行政与政策问题建构无涉。这一理论上的证明在美国的市政改革运动中得到了应用,在应用于实践的时候,出现了这样一种新的情况,那就是,在城市管理中,“城市议会”掌握政策问题建构权,而城市经理所领导的“行政部门”只是执行机构,从事日常性的市政管理活动。

由于行政部门活跃于社会治理的前台,行政部门的几乎所有活动都集中在直接地处理那些与公众相关的日常事务上,因而更贴近公众的要求。在此过程中,行政部门也确实更了解公众的愿望和要求。同时,由于行政部门独立于政治部门,较少进行政治方面的考量,加上所掌握的行政管理专业技术,往往能够从公众的要求中提炼和发现那些具有普遍性的关键问题。而且行政部门所发现和掌握了的那些问题往往是政治部门无

① [美]弗兰克·J.古德诺:《政治与行政:一个对政府的研究》,王元译,复旦大学出版社2011年版,第11页。

法把握的，因为政治部门往往更多地关注公众意愿的表达，更关注政治过程。事实上，仅仅在政治过程中去把握公众意愿是不够的，因为公众的表达是杂乱的，公众限于具体的利益要求以及公共生活知识的匮乏，往往是很难对一个社会中的普遍利益作出准确表达的。同样，代表以及政治家们也会限于知识和技术方面的原因而不能够准确地发现公众意见背后的关键性社会问题。因此，行政部门开始越来越显示出捕捉关键性社会问题的能力，并有着把这些社会问题转化为政策问题的强烈冲动。

威尔逊在界定行政的功能时其实也留下了这样一个待拓展的空间，即要求"行政官员在为了完成其任务而选择手段时，应该有而且也的确有他自己的意志，他不是而且也不应该是一种纯粹被动的工具"①。所以，政治—行政二分并不是一个绝对性的原则，行政部门及其人员的"价值中立"也不能够绝对化。所以，当社会中产生了和存在着通过行政部门去把社会问题转化为政策问题的要求时，行政部门也就自然而然地承担起了政策问题建构的职能。根据古德诺的意见，"以执行国家意志为主要功能的政府机关，经常地，事实上是通常地，又被赋予表达国家意志的具体细节的职责，尽管这些国家意志的具体细节在表达时，必须合乎由主要职责在于表达国家意志的机构所制定的一般原则。这就是说，被称为执行机构的机构，几乎在任何情况下都拥有大量的法令制定权或立法权。"②当行政部门通过专业化而获得了政策问题建构能力时，也就不再满足于仅仅在细节上执行国家意志了，而是表现出基于社会中的要求而向政治部门开展夺取政策问题建构权的行动。至于这种行动能否产生实际效果，就只是一个时机的问题了。

二、"新政"时期的政策问题建构权

"新政"为行政部门夺取政策问题建构权提供了一个难得的机遇。我

① [美]威尔逊：《行政学研究》，载彭和平等编译：《国外公共行政理论精选》，中共中央党校出版社1997年版，第17页。

② [美]弗兰克·J.古德诺：《政治与行政：一个对政府的研究》，王元译，复旦大学出版社2011年版，第9页。

们知道，在美国，行政权的扩张始于19世纪后期。因为，企业组织化程度的迅速提升对行政提出了越来越高的要求，迫使政府不得不介入对市场经济环境的建设和维护方面，并在一定程度上参与了对私人商业行为的管制活动。在此过程中，政府获得了越来越大的权力。进入20世纪，美国的疆域开垦基本完成，同时整个社会进入了迅速城市化的时期，财富快速积累，商业呈现出高度繁荣的景象。此时，“企业革命”意味着“工业革命的第二阶段”的开始，整个社会都在专业化和技术化方面取得了新的进展。与此同时，也伴随着对自然资源的破坏性开采以及资源的大量浪费等问题。对于这些问题，占公众多数的人其实是并不关心的，在政治的途径中和通过民主的方式，是很难获得关于这方面的民意表达的。所以，政治部门往往陷入真正社会问题的盲区。然而，这仅仅意味着行政部门掌握政策问题建构权的条件已经成熟，如果将此转化为现实，还需要有合适的时机。

正是在这个时候，爆发了第一次世界大战，紧随其后的是经济大萧条，这为行政部门夺取政策问题建构权提供了机遇。我们看到，第一次世界大战带来了“指令性经济”的第一个现代模式。从战争一开始，就迫使交战国重新配置人力、物力资源，致使政府大量引用工业组织和管理的新体验和新观念。这样一来，实际上重塑了工业国家的经济政策框架。“这一变化消除了在几个国家已经开始盛行的不干涉主义倾向，取而代之的是国家管制和中央集权化的国家计划。”①可以认为，第一次世界大战对于行政模式的重塑有着很大的影响，“它推动了行政机构的增长，刺激了新的行政设置的演进。这些发展引起了同时代的研究以及大量随后的考察；并且战争债务毫无疑问也加快了预算改革。另外，战争促使政府事务和政府循环中科学管理实践和威望的扩大。”②而且这是合乎政治—行政二分后关于行政的设计原则的，那就是为了效率目标而促进行政领域中的职业化和专业化。

行政的职业化和专业化更加增强了行政管理的理性和科学特征。就

① [美]尼古拉斯·施普尔伯：《国家职能的变迁》，杨俊峰等译，辽宁教育出版社2004年版，第19页。

② Dwight Waldo, *The Administrative State*, New York: The Ronald Press Company, 1948, p.10.

这一时期行政发展的状况来看，得益于科学管理的成果在行政领域中的引入，使行政效率的提高显示出了某种超乎寻常的能力，以至于人们意识到，"如果民主要幸存下来，就必须在它对自由和平等的理想中加入效率。"①事实上，当效率追求成为时尚的时候，人们开始表现出了对自由和平等理想的某种冷淡。即使人们谈论民主的问题，也往往是为了引出效率的话题，是作为宣示效率目标的一个铺陈而去谈论民主问题的。布朗洛等人在《总统行政管理委员会的报告》中就明确指出，在民主国家中，效率是宪法的基石，"整顿政府只有一个主要的目的，这就是当前在国家政府中建立民主政体的工作，即使政府成为执行国家意志的一个现代的、有力的和有效的工具。正是因为这个目的，政府完全需要现代化的管理手段。"②

这样一来，行政部门也就可以在实现民主的名义下去追求效率，而且也使得追求效率的行动具有了合理性和合法性。随着对效率的追求成为主流意识形态，科学管理变得广为人知，"在很多方面，更为'先进'的运动，科学管理已经为公共行政贡献了许多技术和大量的哲学。在一些领域，这两个运动是相互重叠的或者不可分的。"③同时，作为进步主义运动的一部分，市政研究运动对科学的敏感和预测也推动政府确立起了"良好管理"的目标。总体而言，当时学习行政管理的学生和参与到行政管理实践中的改革者都"致力于使人际关系和政府实践更为科学：学生通过投身于新的深奥的称之为科学方法体系的学习，改革者或者是通过应用科学方法的概念，或者是通过给一个老的药方穿上新的外衣等这些更为简便的方法去开展行动。这种对科学以及对科学方法功能的信仰，全面渗透到了公共行政的文献中"④。所以，不论是在改革实践中还是在理论研究中，与行政相关的话题都洋溢着科学、效率的神髓，其中，"效率"、"科学"、"专家"、"理性"等关键词俯拾皆是，汇聚成了行政管理的基本特征，并成

---

① Dwight Waldo, *The Administrative State*, New York: The Ronald Press Company, 1948, p.11.

② [美]路易斯·布朗洛、查尔斯·梅里亚姆和卢瑟·古利克:《总统行政管理委员会的报告》，彭和平等编译:《国外公共行政理论精选》，中共中央党校出版社 1997 年版，第 82 页。

③ Dwight Waldo, *The Administrative State*, New York: The Ronald Press Company, 1948, p.47.

④ Ibid., p.20.

为进步主义之"进步"的标杆。

从20世纪初到"大萧条"这段时间,行政官员悄悄地获取了制定政策的权力,政策问题建构权也自然而然地落入了行政部门手中。我们发现,这一时期的国会创设了大量的公共计划,如设立了"联邦贸易委员会",颁布了一系列确保食品质量和药品有效性的法律,扩大了检验、检疫权力的法律,通过了保护野生动物和候鸟以及有效管理公共土地的法令等。这说明国会的注意力开始转向社会管理问题,并努力寻求解决办法,也说明法律的调整对象不断地向新的领域延伸和以社会管理为重心,从而导致越来越多全新委托事项的出现。显而易见,这些迅速增长的社会管理事项都必须委托给行政部门去做,而且,当国会致力于这方面的政策输出时,那条通过公众表达去获取公众意愿的路走起来反而显得不甚顺畅,而由行政部门直接提出的政策议题却显得既合乎实际又具有科学合理性。

既然行政部门能够准确地提出合适的政策议题,为什么一定要恪守由立法部门制定政策的原则?与其如此,不如将政策制定权直接地交由行政部门。如果说行政部门提出政策议题意味着对政策问题建构权的部分掌握,那么,一旦行政部门获得了制定政策的权力,无疑是更多地掌握了政策问题建构权,甚至开始显现出垄断政策问题建构权的迹象。到了20世纪20年代,政策制定已引起了学术界的关注,法律学者开始研究所谓"委托立法"的问题。对此,我们是很难判断为法学家们的前瞻性预测的,而是应当看作对当时实践的反映,或者说,是对某种现实要求的理解。其实,在当时,立法部门将一些立法事项外包已经是一个值得关注的现象,此时的法学家们也更加热衷于对这一现象作出合理性以及合法性的证明。

在社会管理问题迅速涌现并成为社会治理重心的情况下,行政部门率先承担起了社会管理的职责,也逐渐积累起了一些经验。更为重要的是,行政部门因为处在社会管理的前沿而更加了解社会管理中的诸多具体情况,而对于立法部门来说,社会管理中的许多问题和情况显然都是全新的社会治理现象。原先的立法以及政策制定所倚重的代表在社会管理的问题上应当说都是非常陌生的,这也更使行政部门在社会管理方面的优势显得非常明显,不仅立法部门所意识到的那些社会管理问题需要交由行政部门去处理,而且行政部门在承担社会管理职责时也无法从立法部门那里获得适当的政策，即便立法部门有能力提供相关的社会管理政策，行政部门面对社会的不断变动也往往不能够及时地从立法部门那里获得。在这种情况下，行政部门为了社会管理的需要而制定政策也就有了现实合理性。事实上，在这一时期，立法部门也越来越多地授权行政部门去制定政策。一旦行政部门被授权制定政策，其政策问题建构权的获得也就在不言之中了。

应当说，行政部门是在进步主义时期开始取得政策制定权的，此后，立法部门越来越倚重于行政部门去制定政策，行政部门也越来越多地得到立法部门的政策制定授权，并越来越多地绕开民主途径去开展政策问题建构。我们知道，在政治—行政二分的框架下，政策问题建构权属于一项政治权力，行政部门处在执行立法部门所输出的政策的位置上，不具有制定政策的权力，更不可能拥有政策问题建构权。当行政部门被授权制定政策时，获得的不仅是一些政策制定权，而且立法部门制定政策的活动也需要从行政部门那里获得政策建议。事实上，许多政策议题是由行政部门提出的，行政部门事实上获得了越来越多的政策问题建构权。在此过程中，近代以来的许多社会治理观念受到了冲击，不仅三权分立、相互制衡的观念发生了动摇，而且政治—行政二分的设置也受到了怀疑。正是在这种情况下，行政部门充分地利用了这一机遇而走上了政策问题建构权扩张的历程。相应地，它的作为政策执行者的角色则被掩盖在了政策问题建构过程之中。

行政部门攫取政策问题建构权的进程在"新政"时期实现了"飞跃"，也因此而创造出了"行政国家"模式。我们看到，"在大战和大萧条之后，国家的工业机体变得支离破碎，技术陈旧、过时，生产过剩，失业率猛增。令人吃惊的是，甚至比较保守的政党对此种政策也常常很少持反对态度，他们看到单一的私有领域在当时的确缺乏实力和必要的毅力去克服其自身的困难。"①这种情况让"小政府"的理念遭受人们的唾弃，甚至在整个社会中都普遍形成了某种对政府的直接或间接指导的依赖，在经济的运行中越来越多地求助于政府的某些关键性指令，政府职能随之出现了一

① [美]尼古拉斯·施普尔伯：《国家职能的变迁》，杨俊峰等译，辽宁教育出版社2004年版，第46页。

波迅速扩张的势头。在行政国家状态下,“国家的职能不断扩大和多样化——特别是在国家为扩大其目标和服务所能动用的资源方面,人们普遍幻想并相信,国家有能力克服国有化市场的不完善性、技术的滞后、长期的失业问题和贫困的威胁及后果。”①政府职能的扩张引发了政府规模膨胀,相应地,公共雇员以及公共支出也呈现出迅速增长的势头,行政官僚管理社会和经济的能力也明显提升。这样一来,行政部门掌握政策问题建构权以及政策制定权的客观条件和主观条件都具备了。也就是说,“随着政府的增长,公共官僚也成为公共政策制定和执行中的越来越重要的一种机制。”②

行政部门独立地从事政策制定意味着立法权的泛化,即立法权不再是一种完全由立法部门执掌的权力,而是可以通过委托的方式授予行政部门。事实上,行政部门获取了作为立法权的政策制定权,使得三权分立的原则变得模糊了。在这种情况下,如果说立法部门还能够实现对立法权的控制的话,也只是反映在制定了“立法法”方面。我们看到,这一时期的立法事项迅速增长,以至于立法部门无法承担起全部立法活动。而且,对于社会管理中的诸多问题的解决,立法部门也缺乏相应的能力去制定相关政策。总之,由于多方面的原因,立法部门不仅无法把所有的立法权都占为己有,反而希望行政部门与它共享立法权,至少是把一部分立法权委托给行政部门,以求行政部门去承担部分立法事项。正是在此意义上,我们一直指出它是对传统三权分立框架的一种挑战。

社会治理体系的这一新的变动显然需要得到新的理论证明,即需要从理论上去证明其合理性。因而,这个时期的行政学研究也开始对政府角色进行新的阐释。在某种意义上,可以说“新政”的出现并不仅仅是由“大萧条”的单一原因引起的。之所以能够产生“新政”的灵感,是需要归结为行政发展将近 50 年的铺陈和预热的。由于行政发展已经显现出了某种趋势并引起了学者们关注,从而在行政学的研究中对政府角色作出了新的阐释。实践探索和理论探讨两个方面都指向了一个共同方向,以

---

① [美]尼古拉斯·施普尔伯:《国家职能的变迁》,杨俊峰等译,辽宁教育出版社 2004 年版,第 46 页。

② [美]B.盖伊·彼得斯:《官僚政治(第五版)》,聂露、李姿姿译,中国人民大学出版社 2006 年版,第 13 页。

至于“新政”的出现也就在情理之中了。如果进行仔细分析，也许我们还能够为“新政”的出现找到更多的原因，但概括地说，是理论与实践两个方面的综合效应促成了“新政”。不过，当我们对“新政”进行历史定位时，就会发现，正是“新政”的实践成了行政部门掌握政策问题建构权的转折点。另一方面，也可以认为，“新政”促成了政策问题建构权性质上的改变。

在“新政”之前，政策问题建构权主要是一项已经转化为政治权力的立法权，集中于政治精英手中，行政部门基本上被排除在外。“新政”之后，由于社会治理重心转移到了社会管理的方面，政策问题建构权也因此而更多地转移到了行政部门。或者说，行政部门攫取了政策问题建构权，打破了立法部门垄断政策问题建构权的局面。最为重要的是——也是人们长期忽视了的——在政策问题建构权与行政部门相结合的过程中使这项权力出现了性质上的变化，即逐渐地转化为一种管理权。显然，自政策成为基本的社会治理工具开始，政策问题建构权一直是被作为一项政治权力对待的，无论是立法部门垄断还是“党老大”窃取了这项权力，都是在政治部门中进行的。在行政部门掌握了政策问题建构权后，这项权力原先所包含的政治价值也无可避免地被带到了行政部门。行政部门在行使这项权力的时候，表现出了与政治部门间的差异，即更多地出于管理的目的，从而使政策问题建构权获得了某些管理权力的属性。所以，行政部门掌握了政策问题建构权并不意味着行政部门的重新政治化，反而是政策问题建构权的管理化，即成为具有管理属性的权力。

比较政治部门与行政部门掌握政策问题建构权的情况，可以发现，政治部门所掌握的政策问题建构权在运行中往往是把重心放在利益平衡方面的，而行政部门掌握了政策问题建构权后，所关注的主要是经济的运行和对社会的管理，即运用政策问题建构权去解决经济运行和社会管理中的诸多问题。在“新政”时期，为了应对经济危机和支持积极主动的总统议事日程，国会通过制定相关法律以扩大联邦政府的权力和职责，使得政府获得了经济管理和社会管理方面的几乎全部政策制定权，政策问题建构权也几乎都落到了政府手中。比如，在1933年颁布的《国家工业复兴法》(NIRA)中，授予了总统制定经济政策甚至调控公平竞争环境规则等方面的权力，使总统有权对一些法规制定进行干预。

“新政”中的总统集权是行政部门获得政策问题建构权的标志，它使三权分立的宪政体制变得名存实亡了。也许正是与宪法原则的不一致，才使这项法案一度受到了宪法学者们的质疑，国会也在此后对其进行了大规模调整。但从这部法案的产生过程看，行政部门主导政策问题建构权已经成为一个不可逆转的趋势。所以，学术界一般是将“新政”看作行政部门获得政策问题建构权的里程碑。在“新政”时期，司法部长罗伯特·杰克逊曾组织了一个委员会进行了一项研究，详尽地编制了联邦政府规则制定的目录，结果显示，联邦政府的几乎所有行政部门都参与到了规则制定之中。服务于“新政”的布朗洛委员会也承认专业行政部门成了“无人领导的第四管理部门”，认为行政部门在政策问题建构权方面对基本法律原则构成了挑战。总之，“新政”使“频繁且至关重要的规则制定活动存在于绝大多数专业行政部门”。当然，这种现象的出现有一个相对较长时期的量变过程，“它们往往是新政前立法活动的结果。”①可以认为，正是政治与行政发展所构成的社会治理变化走到了行政部门攫取政策问题建构权的地步。

总体看来，经历过“新政”，行政部门基本上掌握了政策问题建构权，而这又是“行政国家”出现的一个重要标志。因为，掌握政策问题建构权本身就意味着行政部门获得了大量的立法权，它不仅可以独立地制定政策，还参与到了立法部门的立法过程中，使得政府获得了某种超越了立法权和司法权的权力，并站在国家治理的前台，成为国家治理主体中最为显著的一支力量，使整个国家具有了行政的色彩，即出现了“行政国家”。当然，“行政国家”并不意味着没有立法和司法机构，而是行政权坐大的一种状态。“行政国家”的出现是对宪政体制的挑战，打破了三权分立的平衡，使得社会治理的权力高度集中于行政部门，出现了“行政独裁”的局面。例如，美国介入第二次世界大战的过程就充分证明，“从未有一个明白清楚的争议问题明白清楚地重视过公众意见。在行政长官的紧急权力下，总统以实际上的独裁方式，可以做出战争决定，然后再作为一个既成事实交给国会。”②而在 1955 年的台湾决议案中，“国会几乎放弃了所有的有关事件的讨论

① [美]科尼利厄斯·M.克温：《规制制定——政府部门如何制定法规和政策（第三版）》，刘璟等译，复旦大学出版社 2007 年版，第 11 页。

② [美]查尔斯·赖特·米尔斯：《权力精英》，王崑、许荣译，南京大学出版社 2004 年版，第 327 页。

权和与战争相联的决定权，而将它交给了最高行政长官。”①

三、对行政部门掌握政策问题建构权的思考

政策问题建构权向行政部门的转移，意味着这项权力有了更多的管理属性，是其政治色彩的弱化和行政色彩的强化。对此，古立克却表达了完全不同的意见，他认为这是行政权力的政治化。根据卢瑟·古立克对“新政”的观察，“一个行为属于执行还是属于立法或司法的性质，这纯粹是一个制度上的概念，实际上超出了某一时期具体工作的分工范畴，它并不是以所做事情的本性为依据的。同样，一个行为是‘政治的’还是‘非政治的’，也无法通过对行为自身的审查来发现，而只能通过对与社会心理相关的行为的审查去识别。在一个能够实施全面控制的政府中，如果当时社群中有效的和占主导地位的团体或他们所选举的代表和领导者希望对政策制定施加影响的话，那么这一决定就是政治的而非技术性的，不论化学、药物、数学或其他科学介入的程度如何。”②可见，在古立克看来，不仅立法、行政、司法的区分不再有意义，而且，作为这种区分的替代形式的政治与行政的区分，也因为行政部门掌握了政策问题建构权而失去意义。根据古立克的意见，行政部门取得政策问题建构权证明了整个政策过程都具有了政治的属性。正是在这一认识的基础上，古立克提出了一种新的权力建构方案，那就是建立一种基于政策否决权与政策计划、政策执行之间的新分权。这可以看作是古立克在孟德斯鸠、威尔逊之后所提出的第三种分权方案。尽管这一方案并没有在理论界引起多大反响，但在社会治理的实际行动中，依政策过程的不同环节而进行分权却构成了一种事实。可以认为，“二战”后的社会治理明显地表现出了古立克分权方案的特征。

基于政策问题建构权以及政策制定权从立法机构向行政部门转移的

---

① ［美］查尔斯·赖特·米尔斯：《权力精英》，王崑、许荣译，南京大学出版社 2004 年版，第 327 页。

② Luther Gulick, Politics, Administration, and the “New Deal”, *The Annals of the American Academy of Political and Social Science*, 1933.

现实,汉斯·凯尔森也试图重构法律制定与执行的权力分立理论。在凯尔森看来,“国家的基本职能并不是三个而只有两个:法律的创造和适用(执行),并且这些职能并不是对等的而是上、下等的。此外,确定将它们相互分开的界线也是不可能的,因为法律的创造和适用之分,作为基础的立法权和(最广义的)执行权的二元论,只有一种相对的性质,国家的大多数行为都同时既是创造法律又是适用法律的行为。将法律的创造分给一个机关而法律的适用(执行)又分给另一机关,分到如此专门的地步以致不会有一个机关同时履行这两种职能,这是不可能的。”①的确,从社会治理体系运行的现实来看,随着“行政国家”的出现,行政首长已经拥有了否决他所不喜好的议案的权力,即使形成了一些决议案,如果没有首先征得他的同意,也往往会被否决,因而不能变为法律。

这样一来,行政首长由于具有否决权而主导了立法程序,甚至介入到提案权中去行使一种事实上的立法权,在一定程度上掌握了立法权。所以,“在政治现实中,决不会发生一个国内法律秩序的全部一般规范都必须专门由称为立法者的一个机关来创造。根据任何一个现代国家的法律秩序,都没有法院或行政机关被排除在创造一般法律规范之外,即被排除在从事立法之外,不仅在制定法和习惯法基础上,而且还直接在宪法基础上从事立法。”②这是一种立法权泛化的状态,它意味着立法活动并不完全归属于立法机构,司法机构和行政部门都参与到了立法过程之中,甚至各自独立地去从事立法活动。在这种情况下,虽然还存在着一个专门承担立法职能的机构,但它的存在却不意味着所有法律的制定都需要由它做出,它可以授权行使行政权或司法权的机关去立法。然而,将此看作是一种授权行为,也只能说是基于旧的解释框架而给出的一个说法,现实则是,司法和行政部门都从事着立法活动,对此作出是否“授权”的解释其实是没有什么意义的。

为了证明行政部门从事立法活动的合理性,凯尔森甚至认为三权分立的理论从来都没有落实到社会治理体系运行的实践中来。也就是说,虽然近代以来的国家机构设置有着立法、司法、行政三个部门,却从未有

① [奥]凯尔森:《法与国家的一般理论》,沈宗灵译,中国大百科全书出版社1996年版,第299页。

② 同上书,第300页。

过真正的三权分立状态。“人们恐怕不能说立法职能和国家其他职能在这种意义上的任何分立，即单单所谓‘立法’机关才有权行使立法职能，而将所谓‘行政’和‘司法’机关排除在外，这样一种分立的外表之所以存在是因为只有那些由‘立法’机关所创造的一般规范才称为‘法律’。即使在宪法明文规定分权原则时，立法职能——同一职能，而不是两个不同职能——也是分配给几个机关的，不过只给予其中之一以‘立法’机关的名义。这一机关决没有创造一般规范的垄断地位，充其量只有就像以前所叙述过的某种有利地位。这一机关在一般规范的创造中的比重越大，它的立法机关的名义也就越有理由。”①

既然立法机关从来都没有垄断过立法权，行政部门掌握政策问题建构权并从事政策制定活动也就是合理的了，反而，任何人对此提出质疑也都是不应该的。虽然我们不能说凯尔森是一位“御用文人”，但他为行政部门掌握政策问题建构权的论证却反映了一种现实主义的态度。当然，凯尔森也看到，立法机关与行政机关所制定的政策在名称上存在着差异，“立法机关创造的一般规范称为‘制定法’，即与例外的，由非立法机关——国家元首或其他行政、司法机关可能创造的一般规范相对比。由行政机关所发布的一般规范，往往不称为‘法律’，而称为‘命令’或‘法规’。不是以法律(这些机关所实施的)为根据所发布的，而是代表法律所发布的那些规则或命令，在法语里，就被称为‘decrets-lois’(法律命令)，在德语里，则称为 Verordnungenmit Gesetzeskraft(具有法律效力的命令)。”②但这些名称上的差异并不意味着它们在规范性上有什么区别，特别是不能以这些名称上的不同而否认行政部门从事政策问题建构以及政策制定活动的现实。

刘易斯·梅里亚姆也关注到了行政部门的立法以及政策问题建构活动，但与凯尔森有所不同，梅里亚姆试图把行政部门的这些活动纳入三权分立的框架中。在刘易斯·梅里亚姆看来，行政部门的政策问题建构是依据立法权威而开展的活动，属于对立法权威的协助和建议行为。刘易斯·梅里亚姆认为，“公共行政就是根据立法权威去制定政策，并根据这

① [奥]凯尔森：《法与国家的一般理论》，沈宗灵译，中国大百科全书出版社 1996 年版，第 303 页。

② 同上书，第 285 页。

些政策去指导政府行动的过程。在制定这些政策的时候，行政部门对立法权威予以协助或提出建议。在工业文明中，由于现代政府触及了事关人类的几乎每个领域，公共行政也将涵盖它们，并要求在现代政府的运行中代表几乎所有这些行业。”①所以，行政部门有责任向立法机关提出建议并协助立法机关制定法律。虽然刘易斯·梅里亚姆在这里所提出的是关于行政部门职能定位的意见，但也恰恰是在这一意见中，更充分地肯定了行政部门掌握政策问题建构权的合理性。刘易斯·梅里亚姆其实是把政策问题建构看作行政部门必须承担的职责，根据这一意见，公共行政已经不再是古德诺所规定的“对公法的执行”，而是需要为立法提供准备和支持，并在所有立法活动中都主动地加以配合和开展协助活动。

米尔斯描述了美国20世纪50年代行政部门掌握政策问题建构权的状况，“在美国政治制度里，对新法案的动议权和决定权的中心已从国会转到了最高行政官那里；联邦行政机关不仅大力扩展，而且将权力集中起来，并利用党派将他们推向权力高峰。在立法事务上，它不仅通过否决权，而且通过它的专家咨询的方式已接管了许多动议权。因此，正是在各个行政院，在各个机构、当局、委员会和部门之下，正是在这些地方，许多利益冲突和权力争夺最终集中到某个头头那里——却不是在过去那种公开的政治领域内。”②也就是说，虽然政治与行政的分离使行政走出了政党分肥的状态而不再受到政党分肥过程的影响，但随着行政部门掌握了政策问题建构权，在20世纪成长起来的利益集团也不再像传统的政党那样耽于政治领域开展竞争，而是直接地把行政领域作为其角斗场。正是在此意义上，古立克认为出现了行政政治化的趋势。

米尔斯看到了政党在行政领域中开展竞争的事实，并深信这种情况的出现是与当时美国政治社会的一种趋势相关联的，那就是政治精英在整个社会生活中的角色越来越重要。而且，这些政治精英直接产生于国家层级，越过了地方和州办公室。由于他们不是自下而上逐级攀登上来

① Lewis Meriam, Frontiers of Public Administration and Public Welfare, *Social Service Review*, Vol.11, No.1, 1937.

② [美]查尔斯·赖特·米尔斯：《权力精英》，王崑、许荣译，南京大学出版社2004年版，第295页。

的,因而没有基层政治的经验。另一方面,这些政治精英一般都没有在全国性立法机构里服务过,他们不是通过选举而是经由任命获得了职业生涯,因而与选民之间并无直接的关联。再者,这些政治精英并不是全身心地投入政治活动中去,而只是将他们总体工作时间的很少一部分花在政治上。由于政治精英已经把持了政治生活,而且这些政治精英并不是在民主的途径中产生的,也没有民主生活的经验,所以,缺乏对民主制度的信仰,不拥有民主信念,往往不会对立法机关表现出必要的尊重。因而,当这些政治精英参与到了社会治理过程中来,所产生的结果就是,“显示出立法机构的衰微和在高级政治生涯中选举办公室的被忽视。它们表示出政治的‘官僚主义化’,以及在政治高层中,职业政治家们那种通过选举进入政治等级的单一、老派的方式的式微。”①

米尔斯将上述现象判定为“政治上外行的兴起”。一方面,正是这些政治精英占据了行政部门的行政权,掌控了政策问题建构权;另一方面,这些政治精英在政治上又完全是外行,不懂得近代以来全部政制设计的原则,也不熟悉政治生活,更缺乏政治经验。所以,他们所掌握的行政权和政策问题建构权往往能够轻易地被利益集团所利用。在政策问题建构权越来越集中于行政部门的“某个头头”那里的时候,其背后往往存在着某个或某些利益集团。也正是由于这个原因,才会出现后来公共选择学派等所看到的“权力寻租”问题。行政权的扩张,或者说行政集权,必然导致社会治理体系的畸形化,当行政部门攫取了政策问题建构权的时候,社会问题也就不再向政策问题转化了,往往是某个或某些利益集团的利益要求被源源不断地转化为政策问题。这个时候,按照政治与行政相区分的传统理解而将其解释为行政的政治化,也是能够得到人们接受的。但如果不是在政治与行政的区分中去认识这一现象,而是从社会管理的需要出发,那么,政策问题建构权向行政部门的转移恰恰反映了社会治理的新要求。正是社会管理事项的迅速增长,促使国家不得不把更多的政策问题建构权交给行政部门去掌握和行使。

---

① [美]查尔斯·赖特·米尔斯:《权力精英》,王崑、许荣译,南京大学出版社2004年版,第297页。

四、解析政策问题建构权转移的原因

从近代以来社会治理体系的发展看,20 世纪社会治理体系演进的一个基本趋势就是立法部门的衰微。根据三权分立的框架,立法部门是民主政治制度中专门的政策制定部门,然而,立法权的泛化不仅不能视作立法部门变得更加强大了,反而恰恰是它的衰落。随着行政部门越来越多地攫取政策问题建构权,立法部门基本上不再完全拥有创制权了,因为大部分创制活动都转移到了行政部门。此时,立法部门所扮演的角色主要集中在了开展讨论、辩论和对各种观点进行公开展示等方面,至于社会治理中的实际问题,更多的时候有更多的问题是游弋于立法部门视线之外的。在“1979—1995 年间,英国议会平均每个会期通过的法案约为 55 个;这些议案中约有一半是涉及巩固和解释已有法令或者重新组阁的问题”①。这对于立法部门来说,可以说简直是没有做什么事情。在阿伯巴奇等人的一项研究中,通过对美国官僚与政客这样两个群体的观察得出的结论也基本相似:“主要议案的发起已由行政机关有效地垄断了,而且在行政系列里,职业官僚的数量都超过党派政客的数量,职业官僚比党派政客持续的时间更长。有技能和经验的官僚已经显著影响着决策程序的演变。一些人甚至宣称:‘在现代国家,已经变成支配性的决策表现手法的,是官僚政治,而非政党政治’。”②

我们知道,威尔逊是基于 19 世纪末社会发展的现实提出了政治—行政二分的主张,他所考虑的重心是,“没有任何一种政府职责现在没有变得复杂起来”③,“与此同时,政府的职能日益变得更加复杂和更加困难,在数量上也同样大大增加。行政管理部门将手伸向每一处地方以执行新

---

① [美]B.盖伊·彼得斯:《官僚政治(第五版)》,聂露、李姿姿译,中国人民大学出版社 2006 年版,第 18 页。

② [美]乔尔·阿伯巴奇、罗伯特·普特南、伯特·罗克曼等著:《两种人:官僚与政客》,陶远华等译,求实出版社 1990 年版,第 6—7 页。

③ [美]威尔逊:《行政学研究》,彭和平等编译:《国外公共行政理论精选》,中共中央党校出版社 1997 年版,第 4 页。

的任务。”[①]正因为把政府职责的复杂化作为政治与行政再造的核心问题对待，威尔逊延续了工业化进程中的一贯做法，要求通过分工来应对复杂性。也就是说，以更为专业化的技术和科学来化解和应对行政职责的复杂化。这就是威尔逊提出政治—行政二分的奥妙所在。

关于政治与行政的分工，怀特可以说深得其神髓，正是从分工的角度看问题，让怀特发现立法、司法、行政的边界是如何被突破的。在《公共行政学研究导论》中，怀特所作出的解释是：“在过去政务简单的年代里，立法机构曾一度处理的是重要问题，这些问题的性质一般都不是很复杂的。主要包括对政治伦理方面的一些重要问题作出判断，如取消财产资格的限制授予公民权、公共土地的处置、英国圣公会国教性质的废除、或某个专制州的解放，等等。而今天集中于立法机构的问题，通常或完全是属于技术性问题，这些问题一般人只有借助于专家的服务才能处理。地方政府的控制，公用事业的规定，禁酒条例的执行，给予海军的拨款，卫生部门的组织，全国农业研究机构的维持，所有这一切事务，只有依靠熟悉每项工作实施步骤的人才能制定出相应的法规。所以，我们在行政部门中就会发现：某个官员对控制水生传染疾病的知识无所不知，另一个官员对小麦锈枯病的各种问题则有问必答，而另一个官员则绝不会因处理国家公园的服务工作而陷于‘困境’。这样一些人员，在立法者面对铺天盖地的议案手足无措时不仅是有用的，简直就是不可缺少的。也可以说，他们就是政府。人们完全可以设想到，传统上以立法为政府三权中的核心看法，在不久的将来必将被一种更现实的分析所取代，这种分析将建立政府作为行政的任务，政府是在与立法与司法划定的范围内运行的。”[②]

从复杂性的角度看，在工业社会这一历史阶段中，社会事务愈是复杂，对它的处理就愈加依赖技术。也就是说，那个凭着价值判断就可以确认问题并发现问题解决途径的时代已经一去不复返了，而是需要求助于专门性的技术去解决复杂的问题。因此，对威尔逊所提出的政治—行政二分原则是需要从另一个角度来加以理解的，那就是让技术集中于行政

① [美]威尔逊：《行政学研究》，彭和平等编译：《国外公共行政理论精选》，中共中央党校出版社 1997 年版，第 5 页。

② [美]伦纳德·D.怀特：《公共行政学研究导论》，彭和平等编译：《国外公共行政理论精选》，中共中央党校出版社 1997 年版，第 48 页。

领域，而把价值交给政治部门。这在实际上可以看作是一种削弱政治部门的谋划。就威尔逊处在政党分肥制刚刚终结和文官制度刚刚兴起的时代写作了《行政之研究》来看，要求行政部门获得独立地位也包含了对那个烂透了的政治状态的某种敌意，这应当说是具有合理性的规划。当然，这种主观意愿是需要得到客观要求支持的。事实上，当时的社会与近代早期相比已经在复杂化方面不可同日而语了，以至于政治部门已经无法针对社会的复杂性而去开展适当的政策制定活动。当政治部门在政策制定方面显得能力越来越弱时，行政部门反而因为拥有更多的专业技术而显现出了其优越之处。

显然，在社会问题并不复杂的情况下，政策问题建构能够依靠价值判断以及政治技巧来完成。由于不需要求助于专业技术，也就不会让行政部门找到僭越政治的机会。然而，在社会变得日益复杂的情况下，由于行政部门是社会治理体系中直接与社会接触的前沿地带，对社会的复杂性表现出了较高的敏感度，相对而言，政治部门则要迟钝得多，往往是在政府出现了合法性危机的时候才会意识到问题所在。如果政治部门垄断了政策问题建构权以及政策制定活动的话，可以相信，政府会不断地陷入合法性危机之中，甚至根本就无法摆脱合法性危机。所以，出于善治追求，政治部门也应把政策问题建构权转让给行政部门。威尔逊在提出政治—行政二分原则时，也无非是说行政部门有着技术优势，应当获得政策问题建构权。不过，威尔逊同时也提出了文官政治“价值中立”的原则，致使后来的学者们注意到了威尔逊主张的党争背景，但是，学者们却没有注意到社会复杂化对社会治理提出的新要求，即对专业技术的要求。

按照古德诺为行政的定位，价值中立其实包含着一个逻辑问题：如果行政官僚没有私人情感和价值取向，而是严格地定位于工具地位，完全忠实地执行政策，那么，在开展行政活动时也就根本不会产生政策问题建构的冲动。那样的话，政策问题建构权为什么会转移到了行政部门中来呢？所以，对这个问题的回答应当是：第一，因为社会问题的复杂化，使政治部门依靠价值判断变得无法及时和准确地开展政策问题建构活动，以至于拥有技术优势的行政部门不得不取而代之；第二，在政治部门无法进行有效决策的条件下，行政部门是不能够仅仅定位在对政治部门输出的政策加以执行的地位上的，而是需要进行政策制定活动，为了开展政策制定活动，又必须进行政策问题建构；第三，行政部门因为拥有技术优势而能够面对复杂社会问题开展政策问题建构和政策制定活动，而政策问题建构和政策制定活动毕竟不同于单纯的执行，因而，必然会导入价值，行政官员的情感和价值判断也就必然会发挥作用。所以，对于威尔逊为了应对社会问题复杂化而提出的政治—行政二分原则是不能够像古德诺所解释的那样让行政部门专注于执行，而是包含着让行政部门凭借技术优势开展更多的政策制定和政策问题建构活动之要求的。至于威尔逊所提出的价值中立原则，一方面，在当时的情况下确实有着要求行政超越党争的需要；另一方面，也不排除有着一定的策略性考虑，那就是我们已经指出的，希望通过对政治与行政的区分而达成削弱政治部门权力的目的。

行政部门之所以能够攫取政策问题建构权，不仅因为其拥有相对于立法部门的技术优势，而且拥有信息优势。我们知道，在社会问题变得越来越复杂的情况下，制定政策的全部活动都必须建立在拥有真实可靠的信息这一前提下。恰在这一点上，行政部门拥有了立法部门永远无法企及的信息优势，而且，立法部门通过任何一种途径也不可能获得相对于行政部门的信息优势。在整个社会治理体系中，唯有行政部门拥有最为宽广的与社会间的接触面，也只有行政部门能够实现每日每时不间断的社会接触，更何况它有着最为完备的系统，其触角可以渗透到社会的每一个角落。“在某种程度上，政府拥有自己的信息，这些信息集中于官僚机构。与信息相伴随的是理解和解释信息的专业技术。对信息的相对垄断可以在很多方面转化为权力。最显著的观点是，既然他们（机构）更了解问题，所以他们应该控制问题。换言之，在特定的问题领域的决策上，他们比那些相对无知的政治执行者和立法机关可能（在技术上）做得更好。”①

经常出现的情况是：“官僚机构预见某种情况，发展出一个解决方案，该方案会渐渐地打破政治意识，充分地被确立起来，以至于它在立法机构被正式采用从来不是航行在一片未知的海域。”②人们经常提起政府与公众之间的信息不对称，其实，在行政部门与政治部门之间也存在着严重的信息不对称。这不仅是因为行政部门为了增强自己的权力而向政治部门

① ［美］B.盖伊·彼得斯：《官僚政治（第五版）》，聂露、李姿姿译，中国人民大学出版社 2006 年版，第 244 页。

② 转引自颜昌武、马骏编译：《公共行政学百年争论》，中国人民大学出版社 2010 年版，第 9 页。

封闭了某些信息,即有意识地进行信息垄断,而是因为,在政治领域中开展活动的人缺乏行政官员的专业知识,在信息的敏感性、甄别力等各个方面都要逊色得多。所以,是知识和技术方面的原因而使得政策问题建构权转移到了行政部门。我们知道,社会问题的复杂化与社会的多元化是同步增长的。在社会多元化的条件下,代表以及议员需要把更多的精力用于争取每一个社会族群的政治认同、情感信任和选举支持。这决定了他们在提升理解相关社会问题的知识和技术方面往往花更少的时间和精力,从而在政策问题建构中不得不依赖专门技术人才。

总之,议员们在政策问题建构中缺少相应的信息、知识和技术,也缺少理解和管理这些问题的时间,以至于必然要依赖行政官员对政策问题建构和政策制定所提供的建议。我们发现,在美国国会中,为了弥补议员们的专业知识和技术上的不足,成立了一系列专业委员会,这些专业委员会利用自己在某方面的专业技术而对政策过程施加影响。一般说来,他们认为在技术上不可行的提案是无法进入立法程序的。但是,随着高科技的发展和社会生活的复杂化,政策过程对专业知识和技术的依赖性变得越来越强,使得国会中的专业委员会面对新的问题时也会茫然不知所措。实际情况是,国会中专业机构的发展远赶不上行政部门专业机构的发展,这就使得行政部门在政策问题建构中总是占据优越地位。

行政部门攫取政策问题建构权以及政策制定权是根源于社会发展的客观要求的,但是,却把社会治理引向了行政集权的方向。在20世纪后期的里根主义和撒切尔夫人的"私有化"运动中,人们往往把行政集权归于凯恩斯主义,并试图通过改革而加以纠正。在这场改革经历了30多年的历程后再来重新观察,我们发现,行政集权的状态并没有改变。从美国政府的反恐战争、应对金融危机的行动以及最近斯诺登揭露美国政府的案件看,行政集权被无节制地滥用了。这说明近代早期的民主理想破灭了,基于三权分立而建构起来的宪政体制也受到了无情的挑战。所有这些,都源于行政部门对政策问题建构权的掌握和运用。

在今天,人们顾念着近代早期的政治黄金时代,向往民主政治的回归,然而,却无法找到终结行政集权的路径。虽然在里根主义和撒切尔夫人的"私有化"运动逐渐淡出人们的记忆后仍然给我们留下了"行政改革"的概念,但随着社会的复杂性和不确定性程度的迅速增长,当人类处在风险社会之中时，在危机事件频繁发生的状态下，所有的改革举措似乎都朝着高度行政集权的方向前进，以至于社会治理再也无法回转到民主政治的轨道上去了。如果说行政集权是社会治理的灾难性梦魇的话，那么，就不得不寻求走出这种梦魇的道路。这就是我们在今天必须承担起来的一项任务，也就是说，我们必须去探索终结行政集权的新的方案。在此，对政策问题建构权演进历史的关注，也许能够在寻找出路时给予我们一些启发。

第一章　政策问题建构的民主路径

第一节　国家现代化中的政策问题建构

在人类社会的不同历史阶段中，或者说，在不同的社会治理体系中，政策问题建构主体及其体系、结构等都是不同的。严格说来，公共政策是在近代民主政治的背景下出现的，也只有在公共政策的形成过程中才有着可以作为科学考察对象的政策问题建构主体。但是，在一般的意义上，近代之前的社会治理过程也经常性地求助于政策，而且也确实制定了许多政策，因而，也存在着政策问题建构过程及其主体。在历史的视野中去考察政策问题建构主体，我们可以发现一条明显的历史演进轨迹，可以通过把握政策问题建构主体的变动与历史发展之间的关系去开拓一种面向未来的视角。历史地看，政策问题建构主体经历了从“特权阶层”到“市民代表”再到“政策问题建构权扩大”等历史演进过程。对这个过程的描述，可以让我们看到，社会治理并不单纯是一个如何运用政策工具的问题，在更为实质的层面上，则是一个谁拥有政策问题建构权的问题。

一、政策问题建构权向代表集中

“界定问题本身就是一个问题”。[①]这是因为，“实际存在着的问题并不必然导致‘解决’它的行动。实际上，事实并非不言自明，对于事实，往往需要解释者。再者，即使某种状况已经被人们认识到了，也不意味着它

① ［美］詹姆斯·E.安德森：《公共政策制定（第五版）》，谢明等译，中国人民大学出版社2009年版，第100页。

就必然会成为一个公共问题。"①政策问题就是这样。当一个社会中存在着某些问题时，甚至在这些问题已经变得非常明显和严重时，也不意味着它们就会进入政策制定者的视野之中。也就是说，这些问题并不必然会以政策问题的形式出现。进而言之，即使社会问题已经进入了政策制定者的视野，它会成为什么样的政策问题？仍然需要得到界定。瓦伊纳·帕森斯以人露宿街头的现象为例说明同一个问题可以导致不同的政策问题：如果将人们露宿街头看成是一个无家可归的问题，就会制定提供住房的政策；如果将人们露宿街头看成是流浪问题，有关的政策反应可能就是运用法律强制手段，就会动用警察。②所以，政策问题不是自然生成的，而是由人来加以建构的。而且，对政策问题作出了什么样的建构还决定了后续的政策选择以及政策行为。

影响政策问题建构的因素非常复杂，我们几乎无法穷尽影响了一项具体政策问题建构的所有因素，最理想的状态也只能是找到一些最基本的关键变量。但在宏观的历史视野中，我们却能够清晰地看到政策问题建构是由什么因素决定的。在统治型社会治理模式中，政策问题建构从属于和服务于维护和巩固统治的目的，政策问题建构权属于统治者，或者说，政策问题建构主体仅限于以国王为中心的特权阶层。中世纪后期开始，随着市民社会的产生，开始出现了国家与社会、公共领域与私人领域的分化，在政策问题建构上也呈现主体多元化和体系化的趋势。但这一趋势却在代议制出现的时候画上了一个句号。在代议制中，政策问题建构主体作为一个体系也被结构化到中心—边缘结构之中，从而使政策问题建构主体中的一部分人获得了话语霸权，更多的时候，表现出一种政策问题建构权上的垄断。根据近代以来国家赖以建立的民主原则，这种政策问题建构权上的垄断局面是不应当出现的，然而代议制政府却又无法回避这一问题，从而产生了社会治理中诸多无法解开的死结。不过，正是由于现代国家在政策问题建构中存在着不民主甚至反民主的问题，使我

① Wayne Parsons(1995), *Public policy: An Introduction to the Theory and Practice of Policy Analysis*, Cheltenham: Edward Elgar Publishing, Inc., p.87.

② Wayne Parsons(1995), *Public policy: An Introduction to the Theory and Practice of Policy Analysis*, Cheltenham: Edward Elgar Publishing, Inc., p.87.此一事例对于理解中国运用城管执法部门对待流动摊贩有着直接的启发意义。

们关于政策问题建构主体的探讨显得非常必要。

在现代人的视野中，政策是一个有着广泛内容的概念，但对“政策”一词却可以作广义和狭义两种理解。狭义的政策仅仅指作为现代社会治理工具的政策，而广义的政策则是存在于人类社会治理发展史上的几乎所有阶段的。比如，在中国农业社会的历史阶段，皇上的圣旨也可以比拟为政策。广义的政策是与社会治理一道生成的，有了社会治理也就有了政策。所以，在考察与政策相关的问题时，也是可以追溯到农业社会历史阶段的。也就是说，在农业社会的王朝治理中也存在着对政策工具的运用。当然，在农业社会的社会治理形态中，很难说存在着系统化的政策体系。不过，在分散的、个别的政策制定过程中，还是包含着政策问题建构这项内容的，所以，谁能够成为政策问题建构主体也是一个值得探讨的问题。总的说来，在近代社会生成之前，实施社会统治的阶层拥有着政策问题建构权，他们从社会中去发现问题并将其转化为政策问题和制定出相关政策，使之服务于阶级统治的需要。

从西方国家来看，在近代社会之前一个很长的历史时期中，并未建立起统一的社会治理体系，而是存在着“神权”与“王权”并存的局面。对于神权国家而言，虽然也拥有一个由神职人员构成的等级化的统治体系，但其政策问题建构过程是很难纳入科学考察的视野中来的。因为信仰的因素，使神权政治中的政策问题建构几乎无规律可循。如果希望对它进行考察的话，实际上是要研究信仰而不是政策问题建构的问题。对于世俗国家的政策问题建构而言，与神权政治体系有着巨大的差异，它的政策问题建构是可以作为研究对象来加以认识的。这是因为，国王虽受命于天，“是上帝在人间的活形象”，但他必须处理辖下王国中的事务，必须为那些被视作为“乌合之众”的臣民制定法律。特别是到了中世纪后期，随着绝对国家的出现，国家机构也出现了一定的职能分工，在社会治理过程中，也出现了对国家机构间的协调问题，从而要求通过政策去统一它们的行动。

在整个农业社会的社会治理过程中，发挥着实质性作用的主要是权力。不过，与权力协调或者说权力整合的具体性相比，政策的协调作用显然是具有普遍性优势的。在绝对国家中，作为协调手段的政策已经开始显现并得到了应用。所以，这一时期政策问题建构主体的状况也是可以纳入到现代视角中来加以考察的。总体看来，在王朝治理中，政策问题建构过程中是不存在个体参与问题的，社会一般成员是不可能被纳入到政策问题建构主体中的，政策问题建构所反映出来的完全是一种特权。但是，在绝对国家的发展中，逐渐建立起了“等级会议”制度，虽然等级会议依然是特权阶层垄断政策问题建构的场所，却在一定程度上呈现出了政策问题建构主体范围向外扩展的趋势，使更多的人参与到了政策问题建构过程中来。在“等级会议”向“议会”转变的过程中，特别是下院的兴起，使得那些在不远的未来将转化为公民的臣民也可以通过其代表而成为政策问题建构主体。

考察西方中世纪后期的政策问题建构，可以发现，王权在政策问题建构中起着决定性的作用。在盎格鲁—撒克逊时期，出现了“贤人会议”，它是由国王主持的，其职权范围主要包括参与国家税收、外交、防务和分封等重大决策活动以及享有司法权。能够参加“贤人会议”的“贤者”或“智者”基本上是显要，主要包括高级教士和贵族，其中有国王近臣、王室宠亲和地方官员。例如，“在 931 年 3 月召开的贤人会议中，有坎特伯雷和约克两个大主教，威尔士的两个亲王，17 个主教，5 个修道院院长，15 个地方官和 59 个塞恩，共 101 人。934 年的温彻斯特贤人会议中，有大主教和主教 19 人，修道院院长 4 人，威尔士贵族 4 人，地方官 14 人和 52 个塞恩，共 81 人。”①“贤人会议”的召开是由国王主持的，但也会出现分歧甚至争论的情况。对于国王的权威而言，这肯定是一种挑战，所以，到了威廉一世时期，便通过推行封建主义土地分封制而使国王的权威得到增强。威廉一世根据诺曼底制度一次又一次地进行分封，使得任何一个大贵族都没有连成一片的土地，从而无法形成可以与国王相抗衡的“独立王国”。通过这种分封，国王的领地数量不仅远远超过任何一个大贵族，而且分散到了各地，从而使得国王在经济和政治上享有了绝对优势。不仅如此，威廉一世在位期间还在政治上作了一些强化国王权力的“改革”，将“贤人会议”改造为“大会议”。

“贤人会议”成员包括了一些地方权贵和社会贤达，相对而言具有更为广泛的社会基础，而“大会议”则是严格按照封君—封臣关系组成的政

---

① 阎照祥：《英国政治制度史》，人民出版社 1999 年版，第 12 页。

治特权会议，成员几乎是清一色的诺曼教俗贵族和王室官员。而且，“大会议”设立了一个准常设性机构——“小会议”，由王室要员和国王亲信组成。小会议经常召开，涉及行政、咨询、司法和立法等事宜，可视为“大会议”的核心组织，事实上成了遵照国王旨意进行决策的核心机构。到了亨利二世时期，针对大贵族力量的壮大并屡屡发生对抗王室的情况，加上中小资产阶级和民众也渴望加强中央集权，亨利二世采取了一系列措施削弱大贵族的势力。比如，采取了收回被大贵族侵占的王室领土、倚重王室和王亲大贵族掌权辅政、延揽社会上层政治精英并将他们扩充到贵族队伍等措施。这些措施有效地削弱了大贵族势力，并使王权得到了进一步增强。由此可见，到了中世纪后期，市民社会的兴起已经使社会分化成了不同构成因素，在作为统治阶级的贵族内部也出现了权力争斗。但是，在政策问题建构以及法律制定等创制权方面，始终表现为权力集于国王一身的状况。

“贤人会议”的召开表明，社会的发展提出了把更多的人纳入到政策问题建构主体之中的要求。可是，这也意味着一种对统治权的分享。虽然参加“贤人会议”的成员都属于统治阶级的范畴，但他们参加到政策问题建构活动中来却必然意味着稀释国王的权力。所以，威廉一世和亨利二世为了维护国王的政策创制权不受挑战而极力削弱与之争权的贵族势力。事实上，在诺曼王朝中，国王集法律制定权于一身，王室廷臣与政府官吏没有区别，所有官吏均由国王任命，各级官吏仅向国王负责。当“贤人会议”被亨利二世改造为“大会议”后，虽然国王通过把更多的社会因素引入到“大会议”中来而达到了削弱直接与之抗衡的大贵族势力的目的，但也同时培育起了更多的与之争权的力量。13 世纪起，中小贵族的力量迅速成长起来，作为“大会议”常设机构的“小会议”也窃取了更多权力，这导致了由约翰和 25 名贵族签署限制王权的《大宪章》的结果，并在此基础上把“大会议”改造成了“等级会议”。

在政治史的研究中，人们往往把等级会议看作现代议会的前身。其实，等级会议的功能还只是为国王与贵族分享政策制定权提供了一个新的场所。当然，从等级会议的运行来看，它是以一个特殊的最高法庭的形式出现的，主要承担的是司法职能。但在它的一些上诉状中，实际上包含了一些改革弊端的建议，还包含了一些直接向国王请愿的内容。所以，等级会议可以说是在政策问题建构方面制约国王权力的一种力量。事实上，在等级会议中主要存在着国王、王室法庭法官和贵族三种主要势力，国王是等级会议的召集人和主持人，没有国王的同意不得举行会议；出席会议的贵族成员需由国王特邀，没有任何形式的选举；法官是议会的主体，议题由他们确定。可见，法官在政策问题建构中发挥了非常重要的作用，受国王特邀的贵族所扮演的则是"咨询人"的角色。

由于法官均是王室法庭的法官，他们直接秉承国王的意志进行判案，他们拥有事实上的立法权，他们的判决往往被作为判例而成为法规。至于受邀参加会议的贵族，基本上是处于从属地位的，"他们不能全面地介入议会事务，因为按照议会的工作程序，提交议会的请愿书先由王室法庭的代表立案官或审判庭审理，其中大部分在他们那里已经处理完毕，有时甚至在大贵族根本不在场的情况下，他们或御前会议就以议会的名义宣布判决。"①可见，即使是在等级会议建立起来后，王权依然在政策问题建构中发挥着实质性的作用。毕竟，政策问题建构主体范围的扩大已经成为一个历史趋势。在爱德华一世统治时期，等级会议的召开逐步制度化，这一时期的贵族对国家事务的参与有了一定的保证。"议会召集权虽仍属国王，但议会召开的目的却不仅仅是为了满足国王的要求，或者说议题不是完全由国王决定。"②更为重要的是，贵族们还经常通过请愿的方式来表达意愿，等级会议本身也基本上成了贵族们请愿的场所。

等级会议是以立法机构的身份出现的，它所奉行的立法目的是："为了教会和国家的普遍利益，改革亟待改变的弊端"(1275 年)；所要达到的局面是："为了使国王像他应做的那样，更公正地执法"(1278 年)。③但是，在一系列实际批准的法规中却包含了许多忤逆国王意志的内容。如 1300 年的"大宪章补充条例"就包含着这样的内容：任命特别委员会对一切不符合大宪章的事进行调查；采取措施限制内府官员的敲诈勒索；一切诉讼程序不得违背大宪章。④这样的法规显然绝非国王所愿，但其得以制定，只能说明国王已不能完全控制等级会议。据研究英国中世纪政治史

① 沈汉、刘新成：《英国议会政治史》，南京大学出版社 1991 年版，第 27 页。
② 同上书，第 25 页。
③ 同上书，第 25—26 页。
④ 同上书，第 26 页。

的专家威尔金森说:“爱德华一世时期议会的突出变化是开始由臣民提出请愿,而国王被动接受,国王与臣民的地位颠倒了。”[①]这种说法虽显偏激,却也不无道理,它说明身份精英开始在政策问题建构中分享特权,说明政策问题建构可能是在王权与身份精英的对立与妥协中完成的。

事实上,13世纪中叶起,随着英国工商业的发展和社会阶级结构的变化,代表平民的乡村骑士和城市平民先后进入了等级会议,使得等级会议转变成一个由各种类、各等级的人组成的大会。从提出请愿的主体来看,“13世纪70年代中期以前,只有各王室法庭的法官才有权把问题提交议会讨论”[②],但在此后,所有参加等级会议的成员均可直接提出请愿。在1295年英国“模范会议”中,“国王爱德华一世为了征收税款,特地召集新的议会开会,出席这次议会的有四百多人,由三部分人构成:2位大主教,19位主教,48位大修道院院长,7位伯爵,41位男爵,他们由国王特诏赴会;每个主教管区有2名教士代表,由主教决定;每个郡有2名骑士代表,他们由郡、市选举产生。”[③]从这份数据中可以看到,骑士和市民被吸纳到了等级会议中。尽管他们在等级会议中的发言权不得而知,但他们的参加却使等级会议成了包含着各个等级的会议。

如果将等级会议看作政策制定的主要场所,那么,在14世纪初,拥有政策问题建构权的人主要有三种,他们分别是教士、有爵位的贵族以及地方代表。地方代表被列入是具有某种标志性意义的,因为所谓地方代表其实就是被选举出来的骑士和市民,他们来自社会的底层,能够表达社会的声音。从等级会议的发展看,地方代表所扮演的角色也越来越重要,而且这种重要性不断地得到增强。我们看到,1304年的议会召集令就宣称,“没有地方代表的出席,议会就没有真正的权威”。[④]当然,在身份制的条件下,地方代表在等级会议中的实际作用是无法高估的。面对高高在上的贵族,地方代表经常性地选择缺席会议,即使出席了会议也往往成为旁听者。直到1310年“贵族立法团”得以建立后,地方代表在政策问题建构中的地位才发生了根本性变化。

---

① 沈汉、刘新成:《英国议会政治史》,南京大学出版社1991年版,第27页。

② 同上书,第12页。

③ 刘建飞、刘启云等:《英国议会》,华夏出版社2002年版,第6页。

④ 沈汉、刘新成:《英国议会政治史》,南京大学出版社1991年版,第33页。

此前，即使地方代表有所要求，也必须由大贵族代为提出请愿。贵族立法团建立后，大贵族成为“立案官”和“审判庭法官”，而请愿权则被转移给了地方代表。1313 年的等级会议召集令第一次明确指出，地方代表有“议决权”。①事实上，在爱德华二世统治后期，等级会议所制定的法规大多是在地方代表的请愿书的基础上修改而成的。“在 1311—1327 年爱德华二世统治的最后 17 年中，共召开 25 次议会，其中只有 6 次没有地方代表参加。在 1325 年以后，地方代表已成为议会不可缺少的组成部分，没有一次议会是在他们缺席的情况下举行的。”②到 14 世纪中叶，等级会议开始让议员分开议事，从而形成两院——这也可以说是现代议会的早期形态。在等级会议分成二院后，上院主要由高级教士与世俗贵族组成，下院主要成员包括市民、骑士与下级教士。这样一来，代表了市民阶级的下院所拥有的政策问题建构权也就在形式上得以确认。

可以想象，并不是任何议员的每一份请愿都能进入议会而成为议案，就请愿书进入议会的环节看，由于请愿书过多而不可能被逐一审议，往往需要经立案官过目后再分门别类提交各王室法庭审议，只有那些王室法庭无法裁决的案件才会被提交议会。在这里，立案官的角色往往决定了提案的命运，立案官一般是由国王或王室法庭的书记官担任的，在议员的请愿能否进入议会的问题上，立案官显然会根据国王的意志来作出决定。正如 F.W.梅特兰所说，“教士和贵族被召来讨论、制定和实施法令，平民代表则全权代表他们所代表的人来赋予由王国大会所制定之法令以权威。”③王权事实上掌控了等级会议所讨论的政策问题，等级会议只不过是王权控制下的立法场所。另一方面，等级会议虽然是一个立法场所，却不是唯一的政策制定机构。根据梅特兰的研究，爱德华时期大部分重要的立法都是在没有平民和下级教士代表参加的旧式会议上制定的，国王往往在贵族建议下或在其咨议会上制定条例。④国王及其常设咨议会以及等级会议上院事实上把持着国家制定新法的权力。

直到 14 世纪末，下院议员还一直被视为各地派往议会的请愿者，能

---

①② 沈汉、刘新成:《英国议会政治史》，南京大学出版社 1991 年版，第 34 页。

③ [英]F.W.梅特兰:《英格兰宪政史》，李红海译，中国政法大学出版社 2010 年版，第 51 页。

④ 同上书，第 60 页。

够参与上院立法活动的情况是极少的。在宗教改革运动中，亨利八世希望倚重等级会议去开展与神权的斗争，欲求等级会议成为同教会斗争的支持力量，因此而开始了对等级会议结构的调整。亨利八世的做法是大幅削减上院中高级教士的数目，同时增强下院的力量。结果也如其所愿，等级会议的权力从上院转移到了下院。到了都铎王朝后期，下院的言论自由权实际上演变为创议权，开始在政策问题建构中发挥实质性的作用。尽管如此，下院仍未完全脱离王权的控制而自由地进行创议。

在亨利七世时期，公共提案基本上都由枢密院或国王拟定，下院没有创议权。亨利八世时，下院仍然被认为是国王的奴仆，西班牙驻英使节在1539年和1547年就这样写道："在下院，最终一切都肯定按国王的意志进行"；"下议员为了生命安全，没人敢全然不顾国王和枢密院的意志而吐一个不字。"①然而，下院的独立性还是不断地增强，而且下院权力的增强已经成为一种发展趋势。伊丽莎白在1566年就说过，下院做出了在她父亲那个时代绝不敢做的事。这一时期，下院经常反驳政府提案，行使创议权，提出违背女王意志的议案。②1689年的《权利法案》更是宣布议会为英国最高的立法机关，确立了议会权力高于王权的原则。这是第一次以成文法的形式规定了议会在立法中的地位，并明确地对王权作出了进一步限制。

"都铎王朝的议会政治可以以伊丽莎白登位分为两个阶段。在第一个阶段，下院是国王的忠实奴仆；在第二个阶段，下院'骄傲地抬起了头'。"③到了都铎王朝后期，议会享有的权力和地位不仅得到扩大和提高，而且其性质也发生了根本性的变化，即从"国王的法庭"转变为全国性的政治会议。参加会议的议员不再是由国王特邀，而是逐渐地演变成由选区选举。这样一来，议员的代表性就成了一个非常重要的问题。因为他是由选区选举出来的，所以必须为了他所代表的地区或团体利益而向会议提出提案，他们清楚地知道他们的选民是为了什么目的而把他们送到议会去的，他们显然不能辜负选民的期望。正是这些，促使等级会议转型为现代议会，也使得被选举出来成为议员的人逐渐获得了政策问题建构权，他们可以通过自己的提案而把自己塑造成政策问题建构主体。

①② 沈汉、刘新成：《英国议会政治史》，南京大学出版社1991年版，第136页。

③ 同上书，第137页。

二、政策问题建构权向公众扩散

在走向近代社会的行程中，随着市民社会冲破等级制度的束缚，将人们从身份等级制中解放了出来，并营造出了一个此前从未有过的独立、自由、平等的交往空间。至少，在政治宣示中是这样的。或者说，无论在社会生活中存在着什么样的不自主、不自由和不平等，而在政治生活中，则要求按照独立、自由、平等的原则去做。即便这是作为一个与现实相差甚远的理想而存在的，但对社会建构还是产生了巨大影响。特别是经历过了资产阶级革命，自由、平等的理念被作为政治原则确立了下来，在所谓“普遍人权”的基石上建立起了民主制度，从而保证国家的政治生活能够有限地向每一个公民开放。这样一来，从理论上说，作为国家公民的全体成员都不再是传统的臣民，而是获得了政策问题建构权，都可以成为政策问题建构主体。当然，在理论与现实之间是存在着巨大差距的。在近代以来的整个历史时期，公民在理论上被赋予的政策问题建构权都一直没有得到实现。毫无疑问，生活在社会之中的普通公民是最能感受到社会问题所在的，但他们即使大声疾呼，这些社会问题也不一定能够进入政策议程，往往需要通过他们的代表而层层过滤。只有当他们的代表坚信某个社会问题是必须引起重视的，才有可能向政策问题转化。

历史进程是这样的，在都铎王朝时期，咨议会逐渐发展为枢密院，成为专门执掌咨议和行政管理的部门，它也就是后来可以称作为政府机关的常设性机构。事实上，枢密院在形式上已经具有了许多现代政府的特征，用“政府”这个概念来指称它亦无不可。枢密院一经产生，就倚重王权而成为政策问题的重要创建者。每逢议会召开前夕，枢密院都紧张地进行提案筹备工作，而且其提案往往能够获得足够的重视，得到审议和通过。就一般情况而言，枢密院的提案总是“公议案”，而议员提案多为“私议案”，两院会议总是优先审议公议案，这一点似乎也是议员的共识。例如，1585 年，某议员曾明确地说过：“公议案应优先审议”；1601 年，议员罗伯特·罗斯提醒下院议长说：“事关大局的议案应在私议案之前宣读”；同年，一个叫威廉·黑克威尔的人在论述立法程序的书中写道：“公议案应先于私议案宣读和通过。”[①]这无疑会导致一种结果，那就是下院议员所

① 刘新成：《英国都铎王朝议会研究》，首都师范大学出版社 1995 年版，第 90—91 页。

提出的私议案常常因来不及审议而被搁置起来。例如，1589年，伦敦武器制造商为了一个提案而进行多方游说，好容易争取到了财政大臣、下院议长等显要议员的支持，但在即将宣读之际，却受到赋税议案的冲击。一周之后，赋税议案和另两个政府议案审议完毕，武器制造商重新开始活动，也得到了下院议长宣读其议案的许诺，但这个时候，两个御批议案又降临下院，直到当年议会闭幕，这个私议案也未得出头。

由于有着公议案和私议案的区别，枢密院在政策问题建构中所发挥的作用也就远远大于议员个体。在枢密院开始走向衰落的时候，内阁迅速成长了起来。到了18世纪初，内阁作为国家最高决策和行政管理机关的性质逐渐变得鲜明，人们开始用"政府"这一名称为之命名。这也许就是现代"政府"概念的产生。不过，这个时候被称作为政府的"内阁"依然是在王权的控制下涉入立法过程的。我们看到，即便是小皮特这位权倾一时的内阁首相，也无法摆脱国王的控制。例如，1785年，小皮特提出了扩大选民数额的议会改革提案，但因乔治三世的反对而被搁置了起来。直到1832年议会改革后，由于王权受到了致命的削弱，以内阁形式出现的政府才最终从王权控制的阴影中走出来。可是，紧随而来的却是政党制度的产生，再一次把内阁置于党派的控制之下，需要按照党派的旨意去开展活动。

进入19世纪，议会立法规则和惯例开始朝着有利于政府发挥作用的方向变化。这种变化主要体现为对政府事务和一般议员的动议作出区分，并变相剥夺了议员个人的立法动议权。1811年，议会通过《工作日程法》规定，每周星期一和星期五专门用于讨论政府的政策和由内阁提出的"公议案"；1835年，又把这类工作日增至每周3日。为了使议会工作遵循内阁的日程表运行，执政党又操纵表决机器，建立了若干新委员会，其目的就是淘汰由议员以个人名义提出的但被认为是无关紧要的"私议案"。而且，每逢"政府事务工作日"，执政党议员都尽量出席会议，参加辩论和投票，以保证政府提案稳妥迅速地通过。①就这样，执政党上层人物组成的内阁实际上成了政策问题建构的核心主体，首相集国家行政和立法大权于一身，权势显赫。到19世纪50年代，英国已经形成了内阁同时

① 阎照祥：《英国政治制度史》，人民出版社1999年版，第315页。

监管行政和立法工作的局面，重要议案均由政府提出，凡是同政府议案相抵触的议案，都难以在下院通过。1855 年，下院议员查尔斯·伍德根据其亲身经历写道："当我(在 1825 年)初次进入议会时，政府的职能主要是行政管理。我们的法律变更由个别议员提出，并作为非党派问题靠双方议员和联合行动实行。现在，当某个非党派议员提出一项计划时，并非等于自行提出议案，而是为了唤起政府的注意。"①1861 年，伦敦有家报纸注意到："就数量和重要性而言，下院 9/10 的议案是通过政府之手。"②执政党对议会立法工作的垄断使得议员的个人立法权几乎完全被剥夺，内阁通过执政党控制了议会立法工作，即使议员们在名义上还被保留了政策问题建构权，但若行使它，也需走一条迂回曲折的道路。

可见，现代政府一经出现就在政策问题建构方面获得了垄断地位，形成了政府对议会立法工作的全面干预局面。如上所说，英国内阁就一再改变议会工作日程表，使议案和辩论尽量集中于"国家中心问题"，即内阁事务。根据有关材料统计，在 1900 年前后，内阁已合法地占用了下院 4/5 的议事时间。另据议会记录：1878—1887 年，政府议案占去下院 83%的工作时间，1888—1897 年增加到 84.5%。③虽然下院议员可以提出私议案，但一切财政法案都必须由政府提出，议会下院只能对这类法案进行讨论和提出修正以及最后批准。④其他国家也大致经历了同样的行政权膨胀的历程，如果说不同的国家有所差异的话，也仅仅是政府操控政策问题建构的程度和形式有所不同而已。

在政府这一官僚机构生成的过程中，一种特殊的政治派别或集团——政党——也相伴而生，并通过对议会和内阁的控制而掌握了政策问题建构权。虽然在政策问题建构上 16—17 世纪的英国也存在着派别斗争，但那只是教会和封建统治阶级内部不同派别之间的矛盾和冲突，还没有出现近代意义上的政党及其党争。政党是在近代才出现的历史现象，是在工业化以及社会政治基础迅速扩大的历史背景下产生的。就英国而言，政党是出现在议会之中的。同时，政党的出现也表明，"狭隘的宫

---

①② 阎照祥：《英国政治制度史》，人民出版社 1999 年版，第 316 页。

③ 同上书，第 369 页。

④ 沈汉、刘新成：《英国议会政治史》，南京大学出版社 1991 年版，第 394 页。

廷政治，或者说，地方绅士、封建权贵和地主结成的联盟已经无力组织国家的生活了。”[①]就 1660 年斯图亚特王朝复辟后的情况看，虽然国王仍然掌握着较大的权力，但那只是几种权力中的一种，无法再在通过提案时操控议会了。由于此种原因，政府大臣纷纷争取议会尤其是下院多数议员的支持。但是，如何才能有效地争取到多数议员的支持呢？显然，组织是最为有用的工具，即努力去通过组织的方式去争取议员和把议员组织起来而形成更有力的支持力量。这样一来，也就促进了议会中的传统派别向近代政党转变。

1679 年，英国议会中形成了“托利党”和“辉格党”，分别代表宫廷派与反对派，这就是英国政党政治的发端。1832 年议会改革后，两党制度最终定型。1836 年，一位爵士是这样描述英国的两党制的：“整个英国已分裂为两大对立政党。”[②]尽管这一说法不免有些夸大的成分，但事实的确是一种两党竞相争夺议会多数席位的状态，即两党都希望通过拥有多数席位而去对政府施加影响，甚至参与或控制内阁，以求在政策问题建构中贯彻本党意图。而且，就议会议程的规则来看，也是有利于党派对政策过程加以控制的。当然，执政党与反对党在政策问题建构中所发挥的作用和途径是不同的。在议会中占多数席位的政党成为执政党，组织“责任内阁制”政府。由此，多数党控制了议会与内阁，通过议会多数和内阁而行使国家权力。反对党的主要工作就是挑政府的“毛病”，它尤其“反对那些不必要的、极端的、甚至可能会为独裁政府打开方便之门的政策议案”[③]。反对党往往通过议会的辩论和质询，或者在议会外通过中央和地方党组织来宣传自己的观点，以使自己的政策问题建构权得到护卫。到 19 世纪末，英国下院甚至设立了“反对党日”作为专门由反对党来选择一些问题在下院进行辩论的时间。这些都是为了保证反对党的政策问题建构权不被忽视。

从中世纪后期开始，随着小报、传单等媒体的出现，产生了一个存在于政府与市民日常生活中间地带的公众交往领域，为公众提供了自由讨

① [英]阿瑟·斯托克温：《英国、澳大利亚、日本的政党代议制》，载[日]猪口孝等：《变动的民主》，林猛等译，吉林人民出版社 1999 年版，第 122 页。

② 阎照祥：《英国政治制度史》，人民出版社 1999 年版，第 306 页。

③ 刘建飞、刘启云等：《英国议会》，华夏出版社 2002 年版，第 196 页。

论公共事务、参与政治活动的空间。自1605年始,英国出现了各种官方的和非官方的、定期的和不定期的报刊。有人估计,在1620—1642年间,英国出版的新闻书刊约有1 000号,发行40 000多份。只是生存期大多不长,保存下来的极少。[①]新闻媒介提供的信息对人们的生活方式建构产生了广泛影响,也让人们认识到,“每个人的行为依据都不是直接而确凿的知识,而是他自己制作的或者别人给他的图像”。[②]由于传媒具有这些功能,因而,报刊诞生之初便受到了王权的控制。我们看到,1665年英国直接由政府部门创办报刊,法国早在1631年就特许少数王权信任的出版商出版报刊,对报刊内容进行书报检查,同时严格查禁其他非官方的出版物。其实,查禁非官方出版物本身已经证明,当时已经无法完全禁止非官方报刊的发行,更不可能禁绝非官方新闻的传播,而非官方新闻恰好是传递民意的最为活跃的渠道。比如,1733年,英国的罗伯特·沃尔波为增加政府税收而建议由税收官对烟酒征收货物税去代替关税,乡村党则利用了一切可以利用的手段——包括组织群众集会和请愿,通过报刊、小册子、民谣进行宣传——对这一措施发起猛烈攻击。最后,终于迫使沃尔波撤回了这个提案。[③]这说明,媒体开始在政策问题建构中发挥作用。

根据哈贝马斯的考察,在18世纪初的英国,“笛福的《评论》、塔钦的《观察家》和斯威夫特的《考察者》等都成为俱乐部、咖啡馆以及街谈巷议的话题”[④],它们在反映民意以及议会活动方面都发挥了重要作用,甚至一些议员也会借助于它们去表达自己在议会中受到压制的意见,利用它们去对议会施加压力。在法国大革命中,出于对英国所享有的出版自由的羡慕,米波拉在其关于出版自由方面的宣传册中写道,“如果没有出版自由,人们选出的议员怎样才能了解人民的真正愿望?”[⑤]在米波拉看来,正是出版自由成了不列颠群岛兴盛的原因。

出版自由意味着公众舆论的兴起,但公众舆论能够直接进入议会而

---

① 郭亚夫、殷俊编著:《外国新闻传播史纲》,四川大学出版社2004年版,第50页。
② [美]沃尔特·李普曼:《公众舆论》,阎克文、江红译,上海人民出版社2002年版,第20页。
③ 程汉大:《英国政治制度史》,中国社会科学出版社1995年版,第338页。
④ [德]尤尔根·哈贝马斯:《公共领域的结构转型》,曹卫东等译,学林出版社1999年版,第70页。
⑤ [法]让—诺埃尔·让纳内:《西方媒介史》,段慧敏译,广西师范大学出版社2005年版,第60页。

对政策问题建构产生影响，则是以1792年英国的查尔斯·詹姆士·福克斯在众议院的演讲为标志的。也就是说，这一演讲标志着具有政治批判意识的公众已经可以组织起来发声，所形成的公众舆论也不再被排除在议会活动之外。这就是公众舆论影响政策问题建构的起点，随着公众舆论向公共舆论的转化，对政策问题建构也产生了越来越大的影响。到了20世纪，由于无线电广播与电视的出现，尤其是20世纪后期计算机网络的出现，完全改写了人们的交往形式，"大众传媒充当了个人疾苦与困难的倾诉对象，生活忠告的权威人士；它们提供了充分的认同机会——在公共鼓励和咨询服务的广泛基础上，私人领域获得了再生。"①因而，发生在私人领域中的问题也能够很快地被吸收到公共领域之中，并呈现出在无限拓展的公共空间中汇集民意和提出话题的景象。许多社会问题正是通过新闻媒体而引起了人们的关注，从而被列入政策问题议程。

尽管出版自由打开了市民参与政策问题建构的方便之门，使他们的意见转化成公众舆论，但在公众意见生成的初期，普通市民参与政策问题建构的路径依然是非常狭窄的。"在佛兰德、意大利北部的德国，一些庞大而富有的行会在市政府取得了代表权。在许多乡镇里，一个公民想要参与政治，必须首先加入某个行会。"②也就是说，市民只能通过行会组织的形式去影响政策问题建构，一般说来，其具体方式往往是向议员或政府提交请愿书或者议案。从一些文献中可以看到，在都铎时期，每次议会召开之前，许多行会都不肯错过表达的机会，他们像枢密院一样紧锣密鼓地准备提案。在这方面，伦敦市最为突出，该市市政当局每次接到议会召集令状后都向各商人协会征集提案。伦敦工商业者总是不失时机地通过议会去最大限度地保护本市工商业权益，排除一切外来的竞争，以求把就业和赚钱机会尽可能地留给本市。

为了保证议员能够在议会上提交议案或请愿书，行会组织往往不惜支付酬金，甚至贿赂议长或议长秘书。在行会的努力下，伦敦城的议案常常充斥议会，以致伦敦市政当局不得不组建"议案会前审查委员会"，要求

---

① [德]尤尔根·哈贝马斯：《公共领域的结构转型》，曹卫东等译，学林出版社1999年版，第198页。

② [英]罗伯特·杜普莱西斯：《早期欧洲现代资本主义的形成过程》，朱智强等译，辽宁教育出版社2001年版，第43页。

准备提案的各行会组织将其议案上交市政官员，或将议案内容向市政官员做口头汇报，然后再由市政官员会同“议案会前审查委员会”进行讨论，必要时还把提案人或提案的“受益与受害”双方代表召来质询，最后由市政当局决定该议案是否值得提出。①在此过程中，一些行会组织为了让自己的提案进入议会，也就自然而然地使用了贿赂拉拢等手段。“除提案之外，伦敦市的会前准备工作还包括‘送礼’和‘游说’两项。为了使本市的议案能够在审议过程中受到‘优待’，伦敦市总是为下院秘书和下议长备下厚礼。一般说来，每次会议向下院秘书赠送 40 先令，下议长的礼金则‘随行就市’，伊丽莎白晚期伦敦市贿买下议长的礼金已超过‘习惯数额’的一倍。1593 年和 1597 年，伦敦市政府曾派代表专程拜会下议长，请求后者多多关照，同时赠送礼品以示谢忱。”②

总体看来，在走向近代社会的过程中，政策问题建构权一直朝着不断扩大的方向前进。议会的出现使一部分市民代表可以参加到议会中，能够就政策问题建构表达意见；出版物以及其他媒介的出现，则使公众的意见得到了表达，特别是能够形成公众舆论，使一些社会问题引起广泛关注，而且也确实有一些问题进入了议会的视野并成为政策问题。但总的说来，公众的政策问题建构权是受到严格限制的，等级社会的基本现实决定了政策问题建构权是由少数人垄断的，只是在近代社会的政治框架得到基本确立之后，政策问题建构权的分布才发生了实质性的改变。特别是在民主制度下，公众的政策问题建构权得到了理论上的确认，也确实在一系列政治安排中为公众政策问题建构权的获得和行使提供了保障。

三、政策问题建构权的结构

在政策问题建构方面，从封闭的特权阶层到多元政策问题建构主体的出现，是与工业化进程以及市民社会的生成同步的。这个过程也是社会分化的进程，原先的同质性社会被差异化社会所取代，以至于资产阶级革命中建立起来的国家也必须容纳各种各样的行动主体。在多元行动主体并存的条件下，每一行动主体都对国家提出了特殊的诉求，如果国家无视差异万千的不同诉求，就有可能分裂和解体。“在工业化的进程中，旧的封建贵族阶级为心怀不满的中间等级所取代。从这个新兴的等级中，

①② 刘新成：《英国都铎王朝议会研究》，首都师范大学出版社 1995 年版，第 187 页。

雄心勃勃的领导者们兀然而出，力图把那些一直未能参与政治的人们聚集在身后。这些人过去一直散居在广大的区域上，为土地所束缚，固定在封建义务的网罗之中。但是，由于工业革命一步一步的发展，一种新型的农民和城市工人阶级摆脱封建关系成长起来。社会关系从身份向契约的这种转变，不仅发掘出自由劳动的丰富源泉，而且打开了人力水库的闸门，把它们为着政治目的而动员起来。"①在这种情况下，人们对政治生活的参与表现为一场争取政策问题建构权的运动。具体地说，随着个体权利意识的觉醒，每一个人都会要求其利益诉求能够在政策问题建构中得到反映。然而，个人的力量是微弱的，为了使个人利益诉求体现在政策问题建构之中，就必须联合起来。这样一来，有着相同或相近利益诉求的人们组织了起来而成为特定的社会群体，并通过这个群体去放大个人利益诉求的声音，从而塑造出了许许多多政策问题建构主体。

上述可见，在特权阶层垄断政策问题建构的时期，政策是作为一种统治工具而存在的。随着市民社会成长起来，统治型社会治理方式已经无法承载起来自于市民社会的自由与平等诉求，也由于国家对社会的管理需要而把政府引向了其管理职能迅速扩张的道路，使得政策逐渐转变成一种管理工具。如果说此前的政策是一种公私不分的统治手段，那么此时的政策则开始披上了公共性的外衣，以"公共政策"的面貌出现，也开启了政策过程民主化的进程，在政策问题建构中也需要更多地考虑来自各个方面的诉求。这就是政策问题建构主体多元化的历史动力。不过，在政策从统治工具向管理工具转变的过程中，政策建构主体也呈现出了系统化的趋势。或者说，当政策还是统治工具的时候，政策问题建构过程必须体现最高统治者的意志，虽然国王的近臣、贵族等也参与了政策问题建构，但很难说构成了政策问题建构系统。在政策成为管理工具后，情况完全不同了。在政策问题建构过程中，最高统治者的意志逐渐地为差异万千的个别意志所取代，政策问题建构主体也就成为差异巨大的多元化的主体所构成的系统。

多元化的政策问题建构主体之间显然有着许多需要协调的方面，这又决定了政策问题建构系统必须是自觉建构起来的。这种自觉建构起来

① ［美］戴维·伊斯顿：《政治生活的系统分析》，王浦劬译，华夏出版社1999年版，第182页。

的政策问题建构系统也同一切管理系统一样，必须包容多元化的构成要素。就政策问题建构主体是把差异巨大的利益载体纳入到同一体系中来的系统而言，必须被赋予一定的结构，而且，其结构也必然会以中心—边缘结构的形式出现。这个系统意味着，政策问题建构主体既是多元的又必须被安排到一个体系之中。因而，它打破了既往那种政策问题建构主体的混沌状态，从而拥有了一定的结构，而且这种结构也具有理性化的特征，能够保证整个体系的运行是有序的。也就是说，在传统社会中，特权阶层处于社会等级结构的顶端，垄断了政策问题建构权；在工业化进程中，等级社会的立体结构在市民社会的成长中逐渐被自由、平等等价值所压扁，被压成了一个平面铺开的社会。这个平面铺开的社会有着众多的利益诉求，包含着各种各样的构成要素，因而需要将多样化的构成要素安排在一个平面上的适当位置上。另一方面，近代社会是建立在普遍人权的基石上的，自由、平等是它的最高原则，社会也必须在一个平面上展开。

虽然所有的社会构成要素都被安排在了这个平面展开的社会中，却有着中心与边缘的差别，所以，近代以来的社会在结构上也体现为中心—边缘结构。也就是说，到了工业社会，中心—边缘结构是最为基本的社会结构，它存在于一切组织、一切管理系统中，也同样是政策问题建构主体的结构。在这个中心—边缘结构中，不同的人和不同的人群在政策问题建构中所发挥的作用是不同的。总体来看，以政府为代表的官僚机构直接决定政府议事日程，处于最核心位置。在部分国家，执政党也位于核心位置，而利益团体、反对党、大众媒体则处于次中心位置，公民却沦落到了政策问题建构主体体系的边缘。处在中心的人或群体掌握着政策问题建构权，处在边缘的人或群体只能对中心施加一定的影响，也就是通过利益表达机制和代表性结构而把自己的利益诉求反映出来。但是，何种利益诉求能够得到关注以及何时能够进入政策议程，则是由处在中心的人或群体来决定的。

可见，在近代以来的这个历史阶段中，虽然人的身份平等被作为一个政治原则确立了起来，但在政策问题建构权方面，人们却是不平等的。在政策问题建构主体体系中，由于存在着中心—边缘结构，使得真正拥有政策问题建构权的人仅仅是那些处在这个体系中心地带的人，或者说，他们才是真正的政策问题建构主体。处于这个体系边缘地带的人们至多只是政策问题建构过程的参与者。当然，由于等级身份制已经解体，严格的等级界限已经被打破，人们获得了一定的在中心与边缘之间流动的可能性，从而使近代以来政策问题建构主体不像在传统社会中那样完全封闭在一个极小的小圈子中。也就是说，虽然政策问题建构主体体系有着中心—边缘结构，但这种结构毕竟不同于等级制条件下的立体结构，因而有了一定的开放性和包容性。但这种开放性和包容性是极其有限的，在很大程度上，政策问题建构主体的中心—边缘结构正是妨碍一个社会全体成员成为政策问题建构主体的障碍，时时处处都存在着中心对边缘的排斥。处在社会边缘的人们是不具有话语权的，或者说，他们在需要表达自己的意见时也必须通过其代言人去发声。

近代以来的基本政治设计就是把政府置于一个社会的中心，政府被赋予了政策问题建构权。由于政府拥有和垄断着无法计量的公共资源，有着按照官僚制的原则组织起来的组织体系和效率优势，也使它无可争议地处于社会的中心位置，掌控着政策问题建构权。根据近代早期启蒙思想的政治原则，政府本来只是作为受托人而存在的，它应当从属于人民主权和服务于对人民主权的维护，政府工作人员连带整个政府都是人民的“公仆”。然而，事实情况恰恰相反，政府在整个近代以来的每一个国家中都是与这一政治原则相背离的，总是处在社会的中心位置，对依次展开的每一个层级的边缘都实施着无所不在的干预和支配。所以，依据民主政治的原则而确认的政策问题建构主体在政府这里是无效的，唯政府自身才是真正的政策问题建构主体。可以说，在政策问题建构方面，政府本位是一个基本事实，而且在此基础上生成了另一种不同于启蒙思想的政治观，是一种在现实中实实在在地发挥作用的政治观。

对此，哈贝马斯作了这样的描述：“这种以国家为中心的政治观可以超越有能力进行集体行动的全体公民这样一种不合实际的假定。它所取向的不是一种合理的政治意志形成过程这种输入，而是总体上成功的政府行动这种输出。”[①]这种政府本位的政治观包含着一个先验预设，那就是政策问题建构不需要在自下而上的民意表达途径中进行，而是由决策

① [德]哈贝马斯：《在事实与规范之间——关于法律和民主法治国的商谈理论》，童世骏译，三联书店 2003 年版，第 370 页。

中枢基于国家秩序的需要作出。总之，根据启蒙思想及其以后的全部政治学理论，每一个人都平等地拥有同样的政策问题建构权。而在实践中，由于整个社会都被结构化到中心—边缘结构之中，政策问题建构权也被一层一层地集中到了中心地带，即集中到了政府的手中。在广大的边缘地带，人们所拥有的政策问题建构权则是一种诗意的想象，从来也没有真正得以实现。

我们已经指出，现代社会的中心—边缘结构与传统社会的立体结构根本不同，但这种不同并没有改变社会控制和权力支配的事实。中心—边缘结构也制造了控制和支配，而且在一切存在着中心—边缘结构的地方都存在着控制和支配。因而，政策问题建构过程中也普遍存在着控制和支配。诸如控制民意输入、对意见表达加以区别对待等，就是政策问题建构中常见的现象。正如伊斯顿所指出的，“如果某一系统要想持续下去，那它就不得不采取一些措施，以控制输入。”①当然，伊斯顿是在考虑政治系统所能承受的有限压力时作出了这一判断，而就管理型社会治理模式的实际情况看，基本上都合乎伊斯顿的判断。或者说，管理型社会治理模式就是基于这一思维方式来作出社会治理安排的。这样一来，我们也就不难理解为什么早期启蒙思想的民主愿景会被作为一种理想而搁置起来，而社会治理实践却按照一切方便于中心对边缘的控制和支配的要求去进行安排。在政策问题建构上，一切都由中心地带的人做主，而来自边缘地带的意见和诉求，都只是一堆供中心地带的人参考和选择的素材，在某种程度上，也可以说是可有可无的。

我们经常看到，掌握政策问题建构权的人总是努力控制意见和诉求的输入，总是在已经输入的意见和诉求中去作出选择，往往使一些社会问题被搁置起来而无法转化为政策问题。在政府中的一些喜欢玩弄权术的人那里，有选择地把社会问题转化为政策问题恰恰是出于谋求政府合法性和增强政府权威的需要。这就是斯蒂弗斯所指出的，不让问题成为议题是一种统治形式。通过“结构化的公共争论”能使某些问题处于“界限之外”，可以借此而获得“一种确定的或元理论层面的同样想法，以使世界维持原样。但是坚持维护已建立的边界……既是合法化的策略，也是压

① ［美］戴维·伊斯顿：《政治生活的系统分析》，王浦劬译，华夏出版社1999年版，第74页。

制的策略"①。彼得·巴克拉克和莫顿·S.巴拉兹通过对"不决策"现象的研究也表达了大致相同的看法,那就是,不决策就是"一种方法,通过这种方法把现存利益和特权分配的格局进行调整的需要,在其尚未发出声音时就使其窒息,或使其隐蔽起来,或在找到相关的决策舞台的有关途径之前将其消灭"②。无论来自边缘地带的人们在政策问题建构方面有着什么样的要求,只要政府采用了"不决策"的方法,就可以"使对团体内部现有利益和特权进行改革的要求在被提出之前或者在显现之前就被平息掉,或者在还未进入相关的决定领域之前就被扼杀掉"③。这就是政府经常使用的一种控制政策问题建构权的策略,不仅能够有效地消解公众的政策问题建构权,也可以通过"不决策"的方法维护自己的政策问题建构权,并实现了对社会的一种"隐蔽的控制"。

从政策问题建构权的角度看政治,可以发现,在人民主权原则下,公民获得了法理上的政策问题建构权,而在实际上,由于代议制的发明,却把公民抛向政策问题建构的边缘。在代议制所构成的系统中,只有层层叠加而成的民意代表才拥有政策问题建构权。根据福克斯和米勒的看法,这种环式民主"不仅从整个过程上看缺乏可信性,并且它的每一阶段的运作都不像传统理论所描述的那样有效"④。当公民的意愿通过其代表去表达的时候,真实的民意往往被掩盖了起来。即使得到了表达,也往往被极度歪曲,那种宣称公共政策反映了"民众的要求和呼声"的断言,仅仅是在描述一种神话。⑤正如英国激进民主派霍利约克在1868年讲演时所指出的,"尽管代议制向我们打开了大门,我们却不易很快走进这个大门。下院正如伦敦酒家一样,只向那些付得起高额费用

---

① [美]查尔斯·J.福克斯、休·T.米勒:《后现代公共行政——话语指向》,楚艳红译,中国人民大学出版社2002年版,第150页。

② Peter Bachrach and Morton S.Baraz, *Power and Poverty*, New York: Oxford University Press, 1969, p.44.

③ [美]詹姆斯·E.安德森:《公共政策制定(第五版)》,谢明等译,中国人民大学出版社2009年版,第112页。

④ [美]查尔斯·J.福克斯、休·T.米勒:《后现代公共行政——话语指向》,楚艳红译,中国人民大学出版社2002年版,第5页。

⑤ [美]托马斯·戴伊:《自上而下的政策制定》,鞠方安译,中国人民大学出版社2002年版,第1页。

的人开放……所有劳动者的后代目前所能得到的只不过是自己进行咨议的便利。"①所以，议员真正代表了谁的利益？完全是一个悬而未决的问题，更不用说去代表广大公众的利益了。

在代议制背景下去考察议员的代表性问题，一直是学者们热衷于分析的课题。伯恩斯把议员分为"自由的代理人"与"忠实的受托人"两种，而在他作出研究之后，所得出的结论却是，大部分议员都不是公民忠实的受托人。"大部分议员在代表和受托人的角色之间游移不定，这取决于他们对公众利益的看法，他们在上一次和下一次选举中的立场以及他们当时面临的主要压力。大部分议员更多地视自己为自由的代理人，而非完全受到他们所属选区控制的代表。"②根据这一研究发现，议员实际上是不受公众约束的，而是在代表性的问题上享有很大的自由空间。尽管有着定期选举的形式去保证他们的"忠实"，而在实际上，这种"忠实"并不存在。由此看来，既然公民的代表都不可能代表公民来完成政策问题建构，就更不用寄希望于其他人能够代表公民而担负起政策问题建构的任务了。所以，近代以来的政策问题建构过程基本上是由精英们主宰的。每一天都有新的政策问题得以提出，但是，对于普通民众而言，却很少感受到那些议题是必要的和真实的，更不用说能够反映他们的意愿和诉求了。特别是进入20世纪后，当政党政治受到利益集团控制后，"这些让对立的意识形态双方都做出刺耳的忠诚宣誓的议题，似乎与大多数人面临的日常生活没什么关系。"③

政策问题建构主体系统的中心—边缘结构表明，就近代以来所建构起来的这个民主制度而言，虽然理论上的原初设定赋予了公民平等地位，而其实践却没有使这种平等地位得到保障，当公民把自己的政策问题建构权转交给代表时，也就使自己退出了政策问题建构主体的行列，或者说，被排挤到了政策问题建构主体的体系之外。本来，作为普通社会成员的公民是最能够感知到社会问题所在的，但他们被排挤到了边缘，被剥夺了政策问题建构权，以至于那些处在中心地带的政策问题建构主体可以

① 转引自沈汉、刘新成：《英国议会政治史》，南京大学出版社1991年版，第347页。

② ［美］詹姆斯·麦格雷戈·伯恩斯等：《民治政府——美国政府与政治》，吴爱明等译，中国人民大学出版社2007年版，第327页。

③ ［美］克里斯托弗·拉希：《精英的反叛》，李丹莉译，中信出版社2010年版，第82页。

想当然地闭门造车，把一些并非真实的社会问题当作政策问题提出，并制定出一些政策强加于社会。因此，“选举人受到有意识的鼓励变成奉公守法的臣民，只有为负有责任的政府和政客喝彩的权利。‘交往的行动地带正在干涸’，‘真正的公共领域遭到侵蚀’。可能成为公众真正关心的一系列问题和需要受到官僚机构的控制、被个人化或贴上‘越轨行为’的标签，被专业人员当作疾病、犯罪或精神病来对待。”①

第二节　代议制形成中的政策问题建构权

上述可见，政策问题建构主体有一个演化过程。在代议制生成的过程中，政策问题建构主体也经历了与代议制框架相磨合的重建过程。但是，代议制使政策问题建构出现了双重分化：第一，代议制赖以建立的代表与被代表关系反映了社会的政治分化，政策问题建构却因为这种政治分化而出现了主客体分化，虽然按照人民主权的原则可以把公民看作政策问题建构权的拥有者，但当公民转化为被代表者的时候，实际上是把政策问题建构权委托给了他们所选举的代表。第二，当代表进入议会后，他们从选民那里获得的政策问题建构权是以“提案权”的形式出现的，表现出了与立法权的不同，或者说只是立法权得以实现的前提。这样一来，也就使政策问题建构权分化为两种不同的权力，完整的政策问题建构过程也分解为提案和立法两个环节。由于政策问题建构过程中出现了这两重分化，引发了政策问题建构权的异化，也同时开始走向与启蒙时期民主理想相背离的方向。

一、政策问题建构权理论的滥觞

在政治发展的历程中，民主政治是历史进步的标志。然而，当我们不满足于在政治学所划定的范围内去观察民主政治的时候，就会发现另一幅图景。政策问题建构可以成为我们观察近代以来政治发展的一个视角，而且，通过政策问题建构权的变化，我们可以更为清晰地看到民主政

① ［英］约翰·基恩：《公共生活与晚期资本主义》，马音等译，社会科学文献出版社1999年版，第112页。

治的发展脉络。我们知道，启蒙时期给我们提供的是一些民主理想，这些民主理想是需要转化为实践方案的。从近代以来的政治发展史看，代议制是民主理想转化为实践方案的第一种形式。由于代议制的发明，也确实在政治实践中建立起了一整套具有可操作性的民主制度和程序。不过，也正是代议制，标志着民主实践开始出现了与早期民主理想之间的不一致，使民主进程偏离了早期民主理想所规定的方向。在某种意义上，代议制可以说是民主走向堕落的起点。这就是我们在政策问题建构的视角中所看到的真实画面。

我们知道，古希腊的城邦共和国设立了执政官、贵族会议和公民大会等机构，从而形成了许多令现代人向往的所谓"民主政治"，甚至有许多学者认为古希腊已经建构起了代议制民主政治。其实这是一种误解。在古希腊的城邦中，无论是所谓"代表"的产生程序，还是拥有"选举权"的人数在城邦居民中的比例，都与我们所想象的民主政治及其代议制相去甚远。从现代观点看，"当时人不认为这种代议制度是权力工具，这是因为希腊民主虽然实际上是贵族政治，但是都被一种意识形态蒙蔽了，以为每个公民都可以直接地、亲自参与治理城邦的工作。"①所以，现代性的代议制设计没有在古希腊城邦那里获得启发。

退一步说，我们是否可以将代议制追溯到英国中世纪时期的"模范会议"呢？也许学者们会给出肯定的回答。其实不然，被视作为"模范会议"的参会人员实际上是由三部分人构成的："2 位大主教，19 位主教，48 位大修道院院长，7 位伯爵，41 位男爵，他们由国王特诏赴会；每个主教管区有 2 名教士代表，由主教决定；每个郡有 2 名骑士代表，他们由郡、市选举产生。"②在这里，作为平民代表的骑士虽然能够受诏而参会，但严格说来，他们其实只是"议会中时有时无的一份'配料'"而已。③在此后的 30 年内，召集平民代表与会也未形成固定的制度。在 13 世纪末 14 世纪初的英国，教权对王权的影响仍然非常大，社会治理是建立在身份等级结构上的，即使"模范会议"在当时已经是一种政治文明的象征，其性质也只能被认定为"封建等级会议"。此时的政策问题建构权实际上是掌握在教会

① 应奇编：《代表理论与代议民主》，吉林出版集团有限公司 2008 年版，第 30 页。
② 刘建飞、刘启云等：《英国议会》，华夏出版社 2002 年版，第 6 页。
③ 程汉大：《英国政治制度史》，中国社会科学出版社 1995 年版，第 91 页。

手中的。教会的力量渗入世俗国家的方方面面，世俗国家权力机构对政策过程的影响依然是比较弱的，遑论平民对政策问题建构权的分享了。

上述已经论及，在都铎王朝时期，亨利八世依靠议会的力量对教会特权发起了攻击，通过议会法案而断绝了与罗马教廷的关系，为世俗政权从神权控制中解放出来做了一个榜样。不过，也必须指出，尽管亨利八世作出了脱离教权控制的努力，却没有改变教权与俗权并存的局面，而是仅仅让部分社会控制权掌握到了君主手中，建立起了君主主权国家，学者们也将它称作为"绝对国家"，这可以说是国家的原初形式。在绝对国家形成过程中，农奴制开始解体，建立起了具有中央集权色彩的社会治理体系。其中，王权获得了绝对性的支配地位，因而，国王也就拥有了绝对性的政策问题建构权。

基恩在探讨这段历史时发现，所有的请愿都向国王提交，无论是来自议会两院，还是来自与两院无关的个人，也不管是有关全体利益的还是有关个人利益的。国王是主宰，只有他才拥有纠正所有不公、满足国民要求的权力。一旦需要，大贵族、平民、团体和公民都向他提出要求。①虽然议会制度也在逐步形成和发展中，但广大的被统治阶层是由统治者所代表的。尽管这个时候已经有了"代表制"，但在实质上却是无法与现代代议制放在一起加以比较的。应当说，政策问题建构权从教会向国王及其世俗政权的转移已经是一项巨大的历史进步，但与教会代表其教民相比，由国王代表他的臣民在性质上并无区别。就政策问题的内容而言，由教会去代表其教民与由国王去代表他的臣民所制定的政策会有着很大的差别，而就政策问题建构权来看，则有着相同的表现形式。

霍布斯在为绝对国家辩护的时候认为，在一个国家中只能容得下一个最高权威，"主权不论是像君主国家那样操于一人之手，还要像平民或贵族国家那样操于一个议会之手，都是人们能想象得到使它有多大，它就有多大。"②更进一步，"不论是谁，要是认为主权过大，想要设法使它减小；他就必须服从一个能限制主权的权力，也就是必须服从一个比主权更大的权力。"③正是基于这一认识，虽然英国在当时已经确立起了议会传

① [法]弗朗索瓦・基佐:《欧洲代议制政府的历史起源》，张清津等译，复旦大学出版社 2008 年版，第 406 页。

②③ [英]霍布斯:《利维坦》，黎思复、黎廷弼译，商务印书馆 1981 年版，第 169 页。

统，但霍布斯所钟情的依然是君主主权。他把君主视为法律的制定者和纠纷的仲裁者，认为君主的权力一旦被认可就永远不可以转让。也就是说，臣民一旦通过契约而把权力交给君主，就再也不能收回，否则就是违反契约，违反正义。

当然，霍布斯关于“自然状态”的观察（理解）也使他能够看到社会中的人是一个个的个人，就其契约论的原则而言，也只能把契约理解成以个人为原点的订约过程。但是，霍布斯的契约是用来证明王权以及王权统治正当性的，所以，无法在契约的基础上形成民主的观念，更不可能提出代表制的实践方案。这就是哈贝马斯所指出的，“如果君主把世俗的领主和精神领袖、骑士、教士以及城市代表都笼络到自己周围，那么，所组织起来的就不是一个能够代表他人的代表会议。只要王侯和各特权阶层本身就是‘国家’（朕即国家），而不只是国家的代表，那么，从一定意义上讲，他们是可以代表的；他们在民众‘面前’所代表的是其所有权，而非民众。”[①]

R.W.卡莱尔等认为，在中世纪，“人民”的概念几乎是完全模糊的，如果希望描述中世纪的政治制度，恰当的术语应当是“共同体”（community）、“共和国”（Respubica）或“社会”（Universitas）。[②]这是非常有见地的认识，是可以用来分析资产阶级革命前的政治运行状况的。在中世纪后期，虽然城市自由民已经具有了一些“公民”或“人民”的特征，但就整个社会治理体系的构成而言，却没有他们的位置。或者说，这个社会尚未实现充分的分化，人还没有成长为单个的“个人”，自然意义上的个体其实是被融化在社会（共同体）之中的。在社会的意义上，人们所看到的是个体的“身份”而不是个体的“人”。所以，我们将这个社会的表现形态称作为“家元共同体”。在个体的人尚未出现的时候，我们如何去设想他的代表呢？即使现代学者认为那个时候已经出现了代议（表）制，我们却看不到代表们所要代表的是哪种社会存在。

由此看来，在中世纪的历史条件下去谈论代议（表）制的问题是非常荒唐的。如果运用黑格尔哲学去看中世纪的话，我们发现，在这个历史阶段中，社会存在是不可抽象的，是无法在人的实际存在中抽象出普遍性

---

① ［德］尤尔根·哈贝马斯：《公共领域的结构转型》，曹卫东等译，学林出版社 1999 年版，第 7 页。

② R.W.Carlyle, A.J.Carlyle, *A History of Medieval Political Theory in the West*, Vol.6, William Blackwood & Sons Ltd. Edinburgh and London Mcml, 1936, p.206.

的。在没有普遍性的东西存在的时候，如果说有什么代表的话，也是一个人代表另一个人。而且，当这个人代表另一个人的时候，又必须抛弃自己。因而，从逻辑上看，也无法设想中世纪可以生成代议(表)制。这两个方面都说明，只有在社会中分化出了个体的人之后，只有在人的存在中可以担负和能够概括出普遍性的因素之后，才可能产生代表的问题，才可能在代表结构中生成代议制。有了代议制，才可能使被代表者获得名义上的政策问题建构权。

基于上述的考察可见，政策问题建构权有一个漫长的演进过程。在中世纪后期，当俗权与教权出现了分离，当俗权在社会治理中获得了控制权之后，政策问题建构权实际上转移到了身份精英群体的手中。在这同时，也许是由于俗权从教权中脱离出来的运动对人们的观念和行为产生了影响，使人们开始有了自我意识。当然，根据唯物主义的观点，还是城市化和工业化改变了人的生存状态，从而使人们意识到了自己与共同体之间的关系，有了自我意识。这就是市民社会的生成过程，并在这一过程中提出了自由、平等的要求，从而对身份精英的政策问题建构格局提出了挑战。

在市民社会的强烈要求下，英国率先在议会中接纳了市民代表。这可能就是代表制的源头。就英国的情况来看，在宗教改革前，议会主要是僧侣、贵族的活动场所；宗教改革后，议会的构成发生了变化，并分化为上院和下院。伊丽莎白女王一世时期的政治家托马斯·史密斯在《英吉利共和国》一书中曾描述道："英国最高的和绝对的权力在于议会。……议会废止旧法律，制定新法律，对于过去和未来的事发布使人遵守的命令，改变私人的权力和财产，承认私生子为合法嗣子，规定宗教形式，变更度量衡制度，确定王位的继承，明确可疑的权利和没有任何法律规定的事宜，批准补助金、继承权和赋税，……给君主要传讯的人判罪或免罪。总而言之，昔日罗马人无论在'百人团民会'或'特里布斯民会'里可以做的事情，英国议会也可以做。议会代表并且握有全国中央和地方的权力。"①这段话表明，议会在当时的英国已经是国家主权的化身了。

如果说之前国王与议会的关系是"国王和议会"，那么此时已变成了

① 程汉大:《英国政治制度史》，中国社会科学出版社1995年版，第159—160页。

“王在议会中”。“王在议会中”的原则意味着国家主权既不属于作为个人的国王，也不属于由上下两院组成的议会，而是属于由国王、上院、下院构成的整体。当然，三者地位是不平等的，实际情况是国王在议会中居主导地位。尽管如此，此时的议会在很大程度上已经能够与国王共享政策问题建构权了，尽管这种共享是不平等的。正是因为议会能够与国王共享政策问题建构权这一点，为1688年的“光荣革命”作了必要的准备，让议会剥夺国王的政策问题建构权的行动能够得到国王臣民们的接受。这就是英国议会主权得以生成的历史过程。

英国的议会主权得到了洛克的理论证明。我们知道，洛克的理论叙述也是以“自然状态”为出发点的，但他的“自然状态”与霍布斯的“自然状态”不同，不是一种战争状态，而“是一种完备无缺的自由状态，他们在自然法的范围内，按照他们认为合适的方法，决定他们的行动和处理他们的财产和人身，而无须得到任何人的许可或听命于任何人的意志”①。在洛克这里，自然状态中的人们为了保护自己的财产而联合成为国家，把对公益来说是必要的自然权利交给了共同体，并建立起了立法机关。洛克对立法机关的定义是，“立法机关是给予国家以形态、生命和统一的灵魂”②，这个立法权“不论属于一个人或较多的人，不论经常或定期存在，是每一个国家中的最高权力”③。而其他的国家机关所掌握的，只是立法之后的“执行权”和“对外权”。

洛克把国王的权力界定为“执行权”而不是最高权力，认为人们对国王的宣誓效忠“不是对他作为最高的立法者，而是对他作为同别人以联合权力所制定的法律的最高的执行者而作出的”④。因为“社会成员除服从社会的公共意志之外，并无其他服从的义务”⑤。由此可见，按照洛克的逻辑走下去，必然会引发这样一些问题：议会应当是谁的活动场所？在议会中活动的人应当代表谁？对这个问题的回答实际上也就是对“谁真正拥有政策问题建构权”的确认。洛克认为，人们因让渡出一部分权利而组成立法机关，立法机关不能侵犯人们的自由、人身与财产权，否则人们有

① ［英］洛克：《政府论（下篇）》，叶启芳、瞿菊农译，商务印书馆2009年版，第3页。
② 同上书，第135页。
③ 同上书，第84页。
④⑤ 同上书，第95页。

权收回让渡出的权利。同时，洛克又指出，“共同体在这方面总是最高的权力，但是这并不能在任何政体下被认为是这样的，因为人民的这种最高权力非至政府解体时不能产生。”①

虽然洛克认为人民拥有最高权力，是一个社会的最终的主权者，但由于在政府与人民之间缺乏一个裁判者，在很大程度上，这种最终的主权只能“诉诸上天”。所以，人民的最终权力只能是一种理论推定上的权力，“只要政府忠于它的职责，社会的授权便使人民丧失了权力。”②在洛克这里，虽然还没有政策问题建构权方面的明确阐述，但在关于立法权的论述里，则可以看到，政策问题建构权已经从君主转移到了议会。不过也仅限于此。因为，洛克是把整个国家的人格都归入统治机关的，是将政府作为全部的人格拥有者来看待的，至于人民在政策问题建构中的角色，则是可以忽略的。

在1688年革命之后，欧洲大陆国家也相继开始了资产阶级革命，而且这些革命的理论都突出了主权的问题。在整个革命时期，“政府建立在被统治者同意的基础上是居主导地位的学说。”③如果说洛克在论及主权归属时没有做到对人民主权的坚持，而是把人民主权作为论证议会主权的前提来对待，那么，到了卢梭这里，则表现出一种坚定地把主权落实到人民那里的状况。也就是说，卢梭明确地提出了人民主权论。显然，与洛克甚至霍布斯一样，卢梭学说的出发点也是个体，认为主权来源于由个体性的独立意志自愿结成的契约，个人意志聚集到了一起形成了“公意”，而“公意”则是主权的精神和灵魂。“这一由全体个人的结合所形成的公共人格，以前称为城邦，现在则称为共和国或政治体；当它是被动时，它的成员就称它为国家；当它是主动时，就称它为主权者。”④至于政府，在卢梭看来，只是人民的代理人，人民可以撤销或更改政府的权力。所以，卢梭是坚定的人民主权论者。也正是因为卢梭在人民主权的问题上表现出的无比坚定，人们才会把卢梭的人民主权学说看作是法国大革命的指导思想。

① [英]洛克：《政府论（下篇）》，叶启芳、瞿菊农译，商务印书馆2009年版，第94—95页。

② [英]乔治·萨拜因：《政治学说史》（下卷），邓正来译，上海人民出版社2010年版，第220页。

③ [美]小查尔斯·爱德华·梅里亚姆：《卢梭以来的主权学说史》，毕洪海译，法律出版社2006年版，第3页。

④ [法]卢梭：《社会契约论》，何兆武译，商务印书馆2006年版，第21页。

如果说洛克希望把政府指定为所有人的人格的拥有者的话，那么卢梭则反过来把政府归结为人民，虽然他们都同样是契约论者，但其理论的逻辑是不同的。所以，从他们的理论中引申出的政策问题建构主体也就完全不同。根据洛克的理论，我们能够引申出来的是政府才有政策问题建构权，而到了卢梭这里，政策问题建构权则被完全归于人民了。不过，无论是洛克还是卢梭以及之前的霍布斯的理论，都无法直接应用于实践。也就是说，君主主权、议会主权和人民主权都还仅仅是理论形态。“无论是按照君主制设计的还是按照平民制设计的学说，都是趋向绝对主义的主权概念。”①霍布斯本身所提供的就是一种为绝对国家辩护的理论，他所持的是一种绝对主权观，认为主权是绝对的、统一的，人民一旦通过契约形成主权就不可撤销。虽然洛克是反对绝对国家的，但他对议会主权的衷情却决定了他是把政府作为国家人格的代表来看待的，实际上是把议会看作为主权的绝对拥有者了。

对于卢梭而言，人民主权具有绝对性，所以，卢梭的主张是，“为了使社会公约不至于成为一纸空文，它就默契地包含着这样一种规定——唯有这一规定才能使得其他规定具有力量——即任何人拒不服从公意的，全体就要迫使他服从公意。”②在某种意义上，法国后来所确立的集权体制也许是与卢梭的思想分不开的。不过，就理论的逻辑走向看，当我们在这三种绝对主义的主权观念下去看政策问题建构权时，所看到的就分别是君主、议会和人民。在当时，君主的政策问题建构权正在走进历史，议会的政策问题建构权在英国也开始得到了实践，而人民主权理论所设定的政策问题建构主体则是以理想的形式出现的，是无法付诸实践的。从20世纪民族解放运动中的一些国家建设经验看，大凡重视申述人民主权原则的国家，对民主的追求都在形式上出现了自我否定，即更多地具有集权特征。这也说明，卢梭的人民主权具有某种空想的性质，以至于在从理论向实践转化的时候没有走出一条通向成功的道路。

二、生成于代议制的发明中

在主权国家的理论构想中，必然包含着主权通过什么形式去加以表

---

① ［美］小查尔斯·爱德华·梅里亚姆：《卢梭以来的主权学说史》，毕洪海译，法律出版社2006年版，第24页。

② ［法］卢梭：《社会契约论》，何兆武译，商务印书馆2006年版，第24页。

现的问题。虽然霍布斯、洛克和卢梭在主权的所有者问题上有着截然不同的主张,但他们都是把主权等同于立法权的。就今天的观点来看,这实际上所思考的也就是政策问题建构权的终极归属问题。但是,他们的理论在很大程度上是无法落实到实践中去的,特别是卢梭的人民主权论中的"人民"概念,是抽象的、笼统的。而且,卢梭还把主权看作是绝对的、不可分割的和不可转让的,这在逻辑上无疑导致了这样一种结果,那就是不可能使人民真正成为具有可操作性意义上的政策问题建构主体。当然,如果对卢梭的人民主权进行置换,即让人民主权通过代表来加以掌握和行使,情况就会不同了。可是,卢梭是反对这样做的。

卢梭认为,一旦人民主权经由代表,就会改变性质,"代表的观念是近代的产物;它起源于封建政府,起源于那种使人类屈尊并使'人'这个名称丧失尊严的、既罪恶而又荒谬的政府制度。"①"为了很好地表达公意,最重要的就是国家之内不能有派系存在,并且每个公民只能是表示自己的意见。"②"不管怎样,只要是一个民族推举出了自己的代表,他们就不再是自由的了;他们就不复存在了。"③所以,在卢梭这里,人民主权论是以直接民主制收场的,主权的不可代表性也就意味着人民都是当然的政策问题建构主体,而抽象的、笼统的和模糊的人民作为政策问题建构主体又是根本不可能的。正是由于这个原因,民主制度安排的逻辑没有按照卢梭的思路走下去,而是走向了"代议制"。可以认为,代议制的发明在人民主权原则与民主政治实践之间架起了桥梁,一方面,人民所拥有的最高主权不容置疑;另一方面,人民又必须通过其代表而进入民主实践中去,即通过其代表去扮演政策问题建构主体的角色。这也可以看作是在反卢梭的道路上实现了卢梭的人民主权论。

现代国家是在代议制的框架下进行政策问题建构的。其实,卢梭也考虑到了法律的制定问题,他根据人民主权原则而做出的设想是:"当人们在人民大会上提议制定一项法律时,他们向人民所提问的,精确地说,并不是人民究竟是赞成这个提议还是反对这个提议,而是它是不是符合公意;而这个公意也就是他们自己的意志。每个人在投票时都说出了自

① [法]卢梭:《社会契约论》,何兆武译,商务印书馆 2006 年版,第 121 页。
② 同上书,第 36 页。
③ 同上书,第 123 页。

己对这个问题的意见，于是从票数的计算里就可以得出公意的宣告。因此，与我相反的意见若是占了上风，那并不证明别的，只是证明我错了，只是证明我所估计是公意的并不是公意。”①卢梭这里所描述的是“公意”向法律的转化过程，但“卢梭的哲学所强调的则是对群体的强化、对参与的满足以及对非理性的崇拜”②，以致他的“公意”是非常模糊的，甚至是一种武断的设定。这也说明，只有在公意如何形成的问题上找到了解决方案，才能使“公意”成为可以把握的东西，才能付诸实现。要解决这个问题，就必然会合乎逻辑地走向代议制。正是“代议制”这种形式，使具体的、差异万千的个人意志或意见在抽象同一性的意义上汇聚到了一起，并成为政策问题建构的前提。

通过对卢梭思想的叙述，我们可以发现，如果人民主权论不准备耽于理论形态，而是希望付诸实践，就必须放弃主权绝对性的立场，即向实践妥协。这样的话，也会合乎逻辑地走向代议制的设计。也就是说，如果卢梭不是从人民主权论中武断地推导出直接民主，而是也承认间接民主的可能性，他实际上是能够提出代议制的实践方案的。当然，这只是一种逻辑上的推定，与之相比，议会主权论的优势就明显得多了。因为议会是一个实体性的存在，与人民这个虚拟性的存在相比，更容易形成可操作性的实践方案。只要回答了这样两个问题：其一，议会是怎样形成的？其二，构成议会的各种因素都来自于什么地方？也就解决了民主的构成要件。对于人民的概念来说，即使对“人民是怎么形成的”和“人民由什么因素构成的”之类的问题作出无比精致的探讨，也不可能给出清楚明白的答案。所以，从人民主权出发，只有一条路可走，那就是走向代议制。然而，一旦走上了代议制之路，也就是对人民主权的部分抛弃。

我们今天都认为代议制是与密尔的名字联系在一起的，这可能与英国的议会主权传统有关系，可能是对议会主权的怀疑或证明促使密尔提出了代议制民主方案。也就是说，密尔显然并没有考虑政策问题建构权的问题，但他的代议制设计却在事实上解决了政策问题建构权的生成以及运行等问题。其实，我们的这一推测是可以从思想发展的逻辑中得到

---

① ［法］卢梭：《社会契约论》，何兆武译，商务印书馆2006年版，第136页。

② ［英］乔治·萨拜因：《政治学说史》（下卷），邓正来译，上海人民出版社2010年版，第283页。

印证的。在密尔之前,反映了英国思想传统的孟德斯鸠就给我们提供了这样的根据。孟德斯鸠是法国人,而且,他的著述活动早于卢梭。与卢梭不同的是,孟德斯鸠熟悉英国的思想,而且是沿着英国的思想逻辑去开展自己的理论活动的。这是孟德斯鸠相对受教育背景较差的卢梭的优势。不过,孟德斯鸠的理论关注重心不是主权问题,而是在悬置了这一问题的前提下去直接地针对权力类型和性质进行思考。

这样一来,孟德斯鸠又遇到了一个绕不开的问题,那就是需要对不同类型的权力分别地加以定义。当他在定义立法权的时候,就无可回避地要对政策问题建构的情景进行想象性描述。孟德斯鸠看到,“在一个自由的国家里,每个人都被认为具有自由的精神,都应该由自己来统治自己,所以立法权应该由人民集体享有。然而这在大国是不可能的,在小国也有许多不便,因此人民必须通过他们的代表来做一切他们自己所不能做的事情。”①人民的代表如何产生?显然要通过选举,“只有通过选举,人民才能当君主,因为选举表现了人民的意志。主权者的意志,就是主权者本身。”②另一方面,就人民所具有的能力来看,也只能通过选举出代表去行使他们的主权。“古代的大多数共和国有一个重大的弊病,就是人民有权利通过积极性的、在某种程度上需要予以执行的决议。这是人民完全不能胜任的事情。他们参与政府应当只是选举代表而已,这是十分适合他们的能力的。”③所以,“拥有最高权力的人民应该自己做他所能够做得好的一切事情。那些自己做不好的事情,就应该让代理人去做。”④

在学术界,英国保守主义先驱柏克往往被看作为代议制思想的最早提出者。的确,柏克是较早对代表与被代表的问题加以系统阐述的思想家。柏克认为,发表意见是一切人的权利,选民的意见应当得到尊重,应当“把选民的意见看作是权威性的指令、命令,即使它与议员自己明白无疑的信念和良知的决断相背驰,他也必须盲目地、不言而喻地服从它,投它的赞成票并为它辩护——在这个国家的法律中,根本不曾听说过有此

① [法]孟德斯鸠:《论法的精神》,张燕深译,商务印书馆 1996 年版,第 158 页。
② 同上书,第 8 页。
③ 同上书,第 159 页。
④ 同上书,第 9 页。

种情形。”[①]由于发现了代表与被代表的关系，即便柏克尚未在制度的意义上去对这种关系作出思考，但在行为的意义上对代议制的部分思想进行论述是完全可能的。所以，柏克能够描述被代表者使其权利得到实现的方式，那就是作为个人参与到政策问题建构过程中去。不仅如此，柏克还把代表与被代表者的关系定义为一种委任关系，这无疑是代议制赖以建立的基础。因为，正是“自由的委任是近代代议制的标志，也是它的理论基础”[②]。

代议制理论在美国的国父们那里也得到了一定程度的表现，在某种意义上，是被付诸美国宪政国家的设计之中了。我们知道，虽然在美国的宪政国家体制中更多地体现了孟德斯鸠的精神，但也同时因为包含了代议制的内容才变得有血有肉。在《联邦党人文集》中，我们看到麦迪逊的思考是，鉴于“一种纯粹的民主政体——这里我指的是由少数公民亲自组织和管理政府的社会——不能制止派别斗争的危害”[③]，因而，需要采用共和政体，即代议制，来矫正民主政体的缺陷。民主政体与共和政体的两大区别是：共和政体的政府是被委托给由公民选举出来的少数公民的，共和政体所能管辖的公民人数较多，国土范围也较大。[④]共和政体的优势在于，“在联邦的范围和适当结构里，共和政体能够医治共和政府最易发生的弊病”。[⑤]今天看来，联邦党人在共和政体与民主政体之间作出区分是没有意义的，因为美国的所谓共和政体也恰恰是民主政体。但是，在当时的语境中，希望在代议制与卢梭的直接民主制之间作出区分，则是出于建国的实际需要。

当然，只有到了19世纪中期，才有可能提出代议制的系统设计方案。因为，到了这个时候，才具备了代议制理论和实践的历史条件。我们发现，19世纪中期，随着政府组织的分化，随着政党、内阁等官僚机构的成长，政府体系趋于完善，政府的力量也显得更加强大了，政府凌驾于社会之上而欺罔公民权利的问题日甚一日。就如卢梭早已看到的：“英国人民

① ［英］埃德蒙·柏克：《自由与传统》，蒋庆等译，商务印书馆2001年版，第165页。
② 应奇编：《代表理论与代议民主》，吉林出版集团有限公司2008年版，第3页。
③ ［美］汉密尔顿、杰伊、麦迪逊：《联邦党人文集》，程逢如等译，商务印书馆2009年版，第56页。
④ 同上书，第57页。
⑤ 同上书，第59页。

自以为是自由的；他们是大错特错了。他们只有在选举国会议员的期间，才是自由的；议员一旦选出之后，他们就是奴隶，他们就等于零了。”①议员被选出来以后可能不是代表人民的意愿，而是代表了国家力量，并反过来压制人民的意见表达。在这种情况下，重申政府权力的来源也就变得非常必要。然而，这种重申并不是对启蒙思想的复述，而是需要有所创新，特别是需要落实到制度安排中来的。这就是密尔的《代议制政府》得以产生的历史背景。

密尔的代议制方案所要解决的是这样一个问题：“公民自由或称社会自由，也就是要探讨社会所能合法施于个人的权力的性质和限度。”在解决这一问题时，密尔显然是参照了卢梭的思想，或者说对卢梭的思想进行了反思。作为反思的结果，密尔认为可以构想一种“理想上最好的政府”，认为“理想上最好的政府形式就是主权或作为最后手段的最高支配权力属于社会整个集体的那种政府；每个公民不仅对该最终的主权的行使有发言权，而且，至少是有时，被要求实际上参加政府，亲自担任某种地方的或一般的公共职务”②。进一步说，理想上最好的政府能够充分地反映出民主的精神。用密尔的话说，“显然能够充分满足社会所有要求的唯一政府是全体人民参加的政府；任何参加，即使是参加最小的公共职务也是有益的；这种参加的范围大小应到处和社会一般进步程度所允许的范围一样；只有容许所有的人在国家主权中都有一份才是终究可以想望的。但是既然在面积和人口超过一个小市镇的社会里除公共事务的某些极次要的部分外所有的人亲自参加公共事务是不可能的，从而就可得出结论说，一个完善政府的理想类型一定是代议制政府了。”③也就是说，一旦考虑到民主理想付诸实施的问题时，就不能不退而求其次。这样一来，代议制政府反而是最为理想的政府类型了，只有代议制政府，才能真正地保证其国民获得“只受他们选出的代表所同意的法律统治的自由”④。

在这里，密尔实际上简单甚至可以说是武断地处理了“代表的意愿”与“国民全体的意愿”，认为它们是可以等同的。由于它们是等同的，所

① ［法］卢梭：《社会契约论》，何兆武译，商务印书馆2006年版，第121页。
② ［英］J.S.密尔：《代议制政府》，汪瑄译，商务印书馆1981年版，第42页。
③ 同上书，第55页。
④ 同上书，第80页。

以，当代表的意愿转化为法律的时候，全体国民也就受自己意愿的统治了，从而获得了自由。从政策问题建构的视角看，代表是通过表达意愿来影响政策问题建构的，而表达意愿的场所则是议会。议会“既是国民的诉苦委员会，又是他们表达意见的大会。它是这样一个舞台，在这舞台上不仅国民的一般意见，而且每一部分国民的意见，以及尽可能做到国民中每个杰出个人的意见，都能充分表达出来并要求讨论。在那里，这个国家的每个人都可以指望有某个人把他想要说的话说出来，和他自己说得一样好或者比他自己说得更好——不是专对朋友和同党的人说，而是当着反对者的面经受相反争论的考验。在那里，自己意见被别人压倒的那些人会感到满足，因为把意见说出来了，其被撇在一旁不是由于单纯任意的行为，而是由于被认为是更好的意见得到大多数国民代表同意”①。这就是密尔所说的代议制政府。

在代议制中，公众参与政策问题建构的方式是通过其代表代为进行意见表达的。对于一般国民而言，政策问题建构权也就只能像卢梭所说的那样，体现在选举权中了。“在政治中，若还说什么公众意见现在统治着世界，那几乎是多余的废话了。唯一实称其名的势力，只是群众的实力，或者是作为表达群众倾向或群众本能的机关的政府的势力。”②这也可以解释为什么密尔在论述自由时会花大量篇幅论证表达自由，因为，在代议制结构中，只有表达自由才是能够得以保障的个人参与公共生活权利。“假定全体人类仅执有一种意见，而仅仅一人执有相反的意见，这时，人类要使那一人沉默并不比那一人（假如他有权力的话）要使人类沉默较可算为正当。”③因为“我们永远不能确信我们所力图窒息的意见是一个谬误的意见；假如我们确信就要窒闭它也仍然是一个罪恶④”。正是基于这一判断，密尔认为任何压制意见表达的做法都是最不应该的，也许“所试图用权威加以压制的那个意见可能是真确的。想要压制它的人们当然否认它的真确性。但是那些人不是不可能错误的。他们没有权威去代替全体人类决定问题，并把每一个别人排拒在判断资料之外。若因他们确

① ［英］J.S.密尔：《代议制政府》，汪瑄译，商务印书馆1981年版，第81页。

② ［英］约翰·密尔：《论自由》，许宝骙译，商务印书馆1959年版，第78页。

③ 同上书，第19页。

④ 同上书，第20页。

信一个意见为谬误而拒绝倾听那个意见，这是假定他们的确定性与绝对的确定性是一回事。凡压默讨论，都是假定了不可能错误性”①。

所以，要想获得关于一个问题的全貌，“其唯一途径只是聆听各种不同意见的人们关于它的说法，并研究各种不同心性对于它的观察方式。一个聪明人之获得聪明，除此之外绝无其他方式；就人类智慧的性质说，要变成聪明，除此之外也别无他样。”②正因为如此，我们不能将议会“讥笑为纯粹清谈和空谈的场所”③。在这样一个场所中，“谈论中的每一句话，不是代表着某个重要团体的意见，就是代表着某个重要团体所信赖的个人的意见。在这个场所，这个国家的每一种利益和每一种意见都能在政府面前以及其他一切利益和意见面前对自身的理由进行甚至热烈的辩护，能强迫它们听取，或者同意，或者明白说明不同意的理由，这样一个场所本质上就是——如果它不符合其他目的的话——任何地方所能有的最重要的一种政治制度和自由政府的头等好处之一。”④在密尔这里，我们看到的是一种现实主义的考量，那就是，要想使民主得到制度的保障并落实到实践中去，就只能借助于代议制的方式；为了使代议制不变异为压制个人意见的独裁机制，就必须充分重视个人的意见表达，并通过个人的意见表达去证明民主。在政策问题的建构中，代议制把政策问题建构权交给了代表，而个人的作用也就仅仅反映在意见表达之中了。

三、政策问题建构权与其所有者的分离

代议制的发明使政治体系分化为代表与被代表，公民的政治生活及至公共生活都通过其“代表”而进行。虽然公民被确认为拥有表达权，但表达权的行使并不是无条件的。一般说来，只有通过选举的形式才能使公民的表达权得到运用，在某种意义上，表达权也基本等同于选举权了。这样一来，公民其实在政策问题建构方面并没有直接发表意见的权利，尽管在民主理想中他一直拥有这一权利。也就是说，公民通过选举代表的方式而把其政策问题建构权转移给了“代表”，而代表则在特定的机构遵从特定的程序行使提案权。这种提案权也就是我们所说的政策问题建构权。

① [英]约翰·密尔：《论自由》，许宝骙译，商务印书馆1959年版，第20页。
② 同上书，第24页。
③④ 同上书，第82页。

实践证明，代议制设计是有其优点的，不仅是因为它把民主的理想转化为具有可操作性的实践形态，而且代表与被代表关系在代议制中得以生成，使得存在于不同领域中的问题能够通过代表而进行制度化的归类和总结，并从中谋求同一性的因素，制作出具有普遍性的政策问题。虽然这些政策问题是存在于某个具体领域之中的，但可能是较为严重的和具有迫切性的问题，还有可能是一些在影响面上超出了具体领域而向整个社会扩散的问题。因而，这些问题由代表去加以发现并提出，对于社会治理围绕着重要问题展开而言，是有益的。所以，经过了代表对政策问题的筛选，也就最大可能地排除了各种各样来自于个人的“噪音”，能够更好地把那些具有全局性意义的重要政策问题提出来。但是，由于代议制的确立，人民在行使选举权而选出了自己的代表之后实际上是把自己的各项权利转移给了代表，代表也因此有权按照自己的判断行使其职责，即不必事事征求选民的意见。柏克就指出，“议会不是一个由代表各不相同的、敌对国家利益的大使们所组成的协商会，在那里，作为本国利益的代理人和代言人，每位大使都必须与别国的诸多代理人和代言人相争斗以维护本国的利益。与此相反，议会是一个具有共同利益、整体利益的同一国家的决策性会议——在这里起主导作用的不该是地方利益、地方偏见，而应该是以全体人民的普遍理性为基础的普遍利益。”①

可见，人们选举了自己的代表而使其进入议会并成为议员，也许在投票动机上是要让代表进入议会后代为发声，但代表的职责却是以全体人民的名义在议会中活动，需要为了普遍利益而代表“人民的普遍理性”。这样一来，当代表成为议员的时候，也就不会着意关注每一位投票给他的人的利益和要求了，而是根据自己的判断、智慧和良知行使职权。用柏克的话说，他们是运用“人民的普遍理性”去对选举他成为议员的每一个选举人的具体意见和意志进行筛选，或者说进行综合和提升，去发现其中的一些具有普遍性的和关涉到普遍利益的问题，并把这些问题提出来，努力使这些问题成为政策问题。

代表显然不是由一个人选举出来的，他不可能专门代表某一个人的利益和要求。这是因为，以个人的形式出现的利益及其要求是千差万别

---

① ［英］埃德蒙·柏克：《自由与传统》，蒋庆等译，商务印书馆2001年版，第166页。

的，甚至每个人的利益要求都会与其他人的利益要求之间存在着冲突。如果说代表对某个具体的个人的利益要求投注了过多关注的话，就会因为讨好了某一个人而告罪于其他所有人。这样一来，他所讨好的那个人在下一轮选举过程中是无论怎样也不可能用他自己的那唯一的一票而保证这个代表继续当选议员的。其实，绝不可能有任何一位代表愿意让自己处于一桩必输的赌局之中，那就是把全部赌注都押在一个选民身上。每一位当选的议员都会出于下一轮选举继续当选的考虑而在利益要求迥异不同的选民之间寻求平衡。这种平衡的获得就是让每一位选民的具体利益要求都得到关注，而每一位选民的利益要求又都得不到实现，所实现的是选民们的利益要求中的那些具有普遍性的方面。这就是密尔所说的，“如果选民坚持以绝对符合他们的意见作为代表保持其席位的条件，他们这样做是不明智的”。①

代议制中的“议”字表明，虽然议员由选民赋予了他政策问题建构权，却不能够为着他所代表的阶级立法。这就是密尔所说的任何团体都不能“为他们自己利益的阶级立法”②。所以，代议制其实就是这样一个利益结构：第一，代表不能过于忠实地表达选民的利益，因为那样做就会成为特殊利益的维护者；第二，代表的政策问题建构权到议会那里也就终止了，议会所拥有的立法权与议员的政策问题建构权分离了，原先那种政策问题建构权等于立法权的状况为政策问题建构权与立法权相分离所取代。正是在这种代议制结构建立起来之后，政策问题建构权有了自己的名称——提案权。自此开始，政策问题建构权也就正式地以提案权这种形式确立了起来。在政策问题建构权与立法权相分离的条件下，一部分政策问题建构权转化为立法权，而更多的时候，政策问题建构权受到了立法权的否定。这就迫使选民在选举他们的代表时变得更加慎重，即努力去选出那些更有智慧、更有才干的人作为他们的代表，其目的就是借助于代表的能力而使他们赋予给代表的政策问题建构权更多地转化为立法权。

具体地说，在民主政治的发展中，代议制实现了两个方面的分化：

① [英]J.S.密尔：《代议制政府》，汪瑄译，商务印书馆 1981 年版，第 179 页。
② 同上书，第 177 页。

第一，实现了政策问题建构主体的分化，即分化为代表与被代表者。当然，在代议制出现之前，并不是每一位国民都是事实上的政策问题建构主体。在卢梭的直接民主观中，是要求把人民的每一个构成要素都作为政策问题建构主体来看待的。至于政治实践中的少数人占有政策问题建构权，则是历史原因造成的，或者说是历史遗迹。所谓政策问题建构主体的分化并不是原先的政策问题建构主体分化成了两个部分，而是因为代议制的出现而生成了两个并存的政策问题建构主体，即出现了代表和被代表者。在民主的理念中，被代表者依然拥有政策问题建构权，而在实际上，却是由代表替他们行使这种政策问题建构权的。对此，可以在理论上作出这样的理解，那就是被代表者把政策问题建构权转交给了代表，委托代表替他们行使政策问题建构权。但是，政策问题建构权的实际行使却是另一回事，也就是我们所说的，不可能有任何一位代表忠实地原封不动地按照被代表者的要求去行使政策问题建构权。所以说，是代议制使政策问题建构权出现了异化。

第二，政策问题建构权与立法权的分化。被选举出来的代表在议会中活动时也是立法者，但在立法过程中，每一位议员都从其选民那里获得了政策问题建构权，而在议会中行使政策问题建构权的时候，则是以提案权的形式出现的。议员根据自己的提案权而提出议案，但他们并不能保证自己的议案成为法律，只有当他们的议案被接受并在议会中得到了充分讨论之后，才会付诸投票，并由投票的结果来决定其提案能否成为法律。这样一来，议会实际上改变了政策问题建构权的性质，不仅为政策问题建构权的实施设置了诸多障碍，而且，由于有了各种各样的障碍，以至于每一个希望其政策问题建构权得到实施的议员都不得不运用公共关系技巧去讨好其他议员，以便通过人际关系去为政策问题建构权提供支持。至于政策能否反映社会问题，则成了次要的问题。

代议制包含着促使选民代表拥有更高的智慧和能力的内驱力，也正是这一点，决定了代议制既是实现民主的一种方式又是造成民主衰落的根源。当民意代表经过专业知识的训练与因长期实践经验的积累而有了相对于民众的优越地位后，也就有能力或已经能够掌握政策问题建构中的所有技术细节，能够审时度势、及时有效地对政策问题建构过程施加影响。因而，在代议制的运行中呈现给我们的是：政策问题建构权被选民代表所完全攫取，代表与选民分化成不同的社会群体，出现了职业政治家，他们以做选民代表为业。同时，社会对代表的依赖性也与日俱增，使代表的地位变得不可或缺。根据维克多·康斯德雷的描述，“在代议制政府体制下，民主制与君主制之间的区别已变得毫无意义——这种区别成为形式上的而非实质上的。在国王原来的位置上，拥有主权的人民选举产生了一群小国王。民众由于没有充足的自由和独立，在国务活动中，他们的基本权利只有任人侵夺。民众手中惟一的权利就只有定期选择一群主子这一‘可笑的特权’了。”①

在选举投票时，人民是在行使他们的主权，但是，“选举一旦结束，作为选民的普通大众对当选者的控制便告终结。代表认为自己得到了左右局面的明确授权，而且事实也是这样。如果说有些选民对人民的代表仍然具有某些影响力的话，他们的人数却相当有限；他们只是选民中或政党分支机构中那些具有重要地位的人们，也就是说，他们虽然在社会地位上属于被统治阶级，但实际上，他们已经构成了整个占据统治地位的寡头集团的一部分。”②人民行使完选举权，就已经放弃了自己的权威，选民与代表之间从最初的契约关系演变为领导者与被领导者之间的服从关系，代表最终脱离并凌驾于民众之上。这个时候，如果说还有人认为代表会真正代表民意的话，那其实只是一个美丽的误会。

代表本身就意味着，被代表的人们之间具有可通约性，即人们是被同样的行为法则所支配的，可以用共同的标准来衡量，个体之间在心理或行为上可以进行互换。同时，代表这一形式本身也意味着，作为个体的人的行为是与其所在的整体的动机相一致的，整体动机（包括需要、驱动力、愿望、本能等）都是作为个体的人所应接受的，是个体的人的行为选择的坐标。然而，人与人之间是存在着差异的，不仅是因为人们在不同领域和不同场合中扮演着不同的角色，也不仅是因为人们有着不同的偏好和追求，而是因为人们作为个体的人与他人之间存在着利益诉求的不同，甚至人们之间的利益诉求是相互冲突的。所以，如果在被代表的人们中无法提炼出单一性和同一性的内容的话，那么，人们就是不可以被代表的。然

① [德]罗伯特·米歇尔斯：《寡头统治铁律》，任军锋等译，天津人民出版社2003年版，第33页。

② 同上书，第35页。

而，代议制是建立在代表与被代表的关系基础上的，如果人们不可以被代表的话，那么，代议制也就无法成立了。

为了使代议制能够成为一个物化的事实，也是为了让民主的理念以实践的形式出现，又必须建构起代表与被代表的关系。所以，在民主的逻辑中走向了代议制，而在代议的要求中，则出现了代表与被代表的关系。随着代议制的确立，无论人们在实质上是怎样的不可以被代表，也必须适应代议制的要求而强行被代表。因而，就只能够舍弃掉人的不可以被代表的那部分内容，即对人进行抽象而使人合乎代表与被代表关系得以建立的要求。结果，就要求“……民意代表从理性的程序中排除他们自身的经验”①。这样一来，也就可以在理性的名义下把人们之间的所有差异都抹杀掉，从而使抽象的被代表者的利益成为政策问题建构的基础。既然如此，政策问题建构权也就无可避免地出现了异化。即便被代表者感受到了这种异化，那也是没有办法的。因为，被代表者无非是作为经验的一种感性存在，他们缺乏对政策问题建构权的异化再度表达意见的理性能力。就他们按照代议制的要求而去选举代表来看，他们实际上是接受了这种异化，把这种异化看作为理所当然的和具有合理性的形式。也许他们总是向往民主，但他们作为感性存在物并不真正理解民主，而是把代议制视为民主的全部，他们能够理解的和感到无比自豪的就是手中有选票，以为自己投了票也就过上了民主生活。

感性的事物是变幻莫测和反复无常的，因而，必须将感性的事物转化为理性的存在才是可以认识和把握的。在代议制结构中，代表的功能就在于发现理性的存在。巴伯将此视作为对确定性的追求。巴伯认为，“寻求确定性似乎让理论家不再把注意力放在使政治生活能够被理解并且使政治实践具有充分根据的要求上面，同时使它转向要求具有绝对的可理解性和不可变更的正当性——即使在研究中以偏离或者放弃主题为代价。”②所以，在政策问题建构过程中，能够得以建构的仅仅是那些具有确定性的问题。而这些问题在感性的世界中又是不存在的，只有通过理性的能力去加以认识和把握。一旦经过理性的加工，也就成了抽象性的问

① ［美］谢丽尔·西姆拉尔·金、卡米拉·斯蒂福斯：《民有政府：反政府时代的公共管理》，李学译，中央编译出版社 2010 年版，第 41 页。

② ［美］本杰明·巴伯：《强势民主》，彭斌译，吉林人民出版社 2006 年版，第 58 页。

题了，因而，是与被代表者的要求和愿望相差甚远的。

其实，代表并不需要真正了解被代表者的愿望和要求，即使经常性地运用“民意调查”或“公民大会”的手段，也不是为了了解被代表者的真实愿望和要求，而是为了获得“民意”。在多数情况下，这些手段也确实是服务于营造民意的需要。对于代表而言，有了民意，也就有了合法性，至于被代表者的真实愿望和要求，则可以不予理会。虽然被代表者是民意的载体，而在事实上，“我们被其视为抽象的公民，投票者和某些权利的拥有者，或者是民意调查和政策研究的统计数字，而不是完整的人。”①政策问题建构就是在此过程中进行的，无论政策问题建构是否在议会中转化为了法律，都是被代表者的要求、愿望和意志的异化。如果政策问题建构得到了立法部门的确认并转化为了法律，那么，依法行事的政府也就成了把这种异化转化为一种压迫力量的行动者了。所以，人们发现，“政府管理日益异化为一个致力于实施管理规则与履行程序的奇异行为，难以顾及现实生活需要解决的问题。”②

我们并不怀疑，而且我们也一再地指出，代议制的建立在本意上是为了把民主理念转化为实践，是为了让人的自由、平等的权利得到实现。而且，在代议制理论中，包含了通过代表与被代表关系的建立去行使政策问题建构权的成熟设计，也一度有着良好的表现。但是，在代议制的实践中，由于政策问题建构权的异化，使普通民众的这一在理论上能够加以证明的政策问题建构权完全丧失了。所以，在选民委派代表的那一刻，也就远离了自治和自主。在丧失了政策问题建构权的同时，也把其他权利寄托于代表以及由代表所组成的机构去帮助他们维护和予以实现。巴伯在谈到这一问题时准确地揭示了代议制的实质：“通过使公民的意志和判断服从于不存在真正共识的抽象原则，这些模式贬低了公民身份本身并且相应地减少了人们统治自己的能力。通过允许他治的权利概念悄悄地混进自我立法的政治生活中，它们最终会破坏所有真正的政治自由所依赖的自治。公民服从于那种并非他们真正参与制定的法律；他们变成了代表们的消极选民，代表们远没有重构选民的目标和利益，而是侵夺选民的

① [美]谢丽尔·西姆拉尔·金、卡米拉·斯蒂福斯：《民有政府：反政府时代的公共管理》，李学译，中央编译出版社 2010 年版，第 35 页。

② 同上书，第 36 页。

公民功能和歪曲他们的公民能力。”[1]正是由于“公民只具有被代表角色的意义。在这种公民权中，个体的特性神奇地消失了”[2]。

总之，代议制是生成于民主逻辑的必然性之中的，启蒙时期的民主理想无论是以议会主权还是以人民主权的形式出现，都内在地包含着一旦付诸实施就必须借助于代议制的逻辑。的确，代议制表现出了把民主付诸操作性实践的功能，但是，随着代议制的出现，早期的民主理想也就向现实低下了头，不再是一种纯洁而神圣的理想了，而是转化为一种世俗性的操作方案了。在政治学的意义上，这是精英民主制的滥觞。也就是说，代议制造就了一种现实主义的民主形式——精英民主制，并实现了对理想主义民主的彻底置换。就精英民主制还被作为一种民主制度而得到人们的接受而言，是因为它在还原论的推理中还是能够追溯到人民主权原则的。尽管人民主权原则在代议制出现后就被虚置了，但其意识形态功能却是非常强大的，特别是得到了选票的证明，仍然能够促使人们陶醉于民主的臆想之中。所以，代议制的出现不仅没有引起人们对这个社会走向反民主方向的质疑，而是使民主的信仰更加坚定了。但是，一旦我们从政策问题建构的角度来看这一问题，情况就不同了。因为，代议制赖以成立的代表与被代表关系使政策问题建构权发生了异化，当公民转化为被代表者的时候，除了定期行使选举权之外，民主对他们而言，已经没有任何实质性的意义了。

---

① [美]本杰明·巴伯:《强势民主》,彭斌译,吉林人民出版社 2006 年版,第 177 页。

② [美]谢丽尔·西姆拉尔·金、卡米拉·斯蒂福斯:《民有政府:反政府时代的公共管理》,李学译,中央编译出版社 2010 年版,第 41 页。

第二章　从民主的路径转向科学的路径

第一节　移动于政治部门与行政部门之间

在社会治理的发展史上，政策问题建构权一直处于变动之中，也一直是在不同的部门之间进行移动的。本来，政策问题建构权是一项立法权，在民主的途径中自下而上地集中起来，集中到了立法部门。虽然出现了提案权与立法权的分化，但在很长一段时间内，政策问题建构权由立法部门掌管并没有受到怀疑。然而，在政治—行政二分原则提出之后，政策问题建构是被视作为政治部门的权力，而行政部门则定位在政策执行的角色上。显然，政治部门与行政部门的划分已经使立法部门的色彩弱化了，政治部门显然不限于立法部门的范围，而是把立法部门变成了政治部门的一个构成部分。因而，政策问题建构权的主体在范围上得到了极大的拓展。不过，在政治与行政二分的框架中，行政部门是被排除在政策问题建构主体的范围之外的，在“新政”时期，行政权的扩张则使政府把手伸向了对政策问题建构权的争夺上了。随着行政部门攫取了政策问题建构权，人们则因为行政部门的属性而将这一权力认定为管理权力，西蒙为此作出了最为典型的证明。在 20 世纪中后期公共行政的发展中，由于行政部门的政治属性得到再度确认，以至于政策执行也被看作是具有政治性质的行政活动，从而使人们重新认识到政策问题建构权的政治属性。

一、政策问题建构权的归属

在 18 世纪，启蒙思想家所面对的是如何建构工业社会的治理体系的问题，其中，“三权分立”原则的确立意味着解决了社会治理体系自身的权力平衡问题。然而，在社会治理体系自身建设的问题得到解决之后，如何开展社会治理？依然需要进行探索。在随后的思想史上，这一问题得到了解决，所呈现给我们的是两条发展主线：其一，是通过民主的途径；其二，是通过科学的途径。虽然这两种途径并不是截然对立的，在某种意义上，还是相互支持和相互补充的，而且在启蒙思想中就已经包含了发展出这两种途径的基因，但是，它们在历史发展中却走上了两条截然不同的道路。特别是到了20世纪，当社会治理的科学途径得到彰显的时候，民主的途径则受到了极大的抑制。这个时候，人们致力于倡导通过所谓的“科学方法”来对外部环境加以控制，以此彰显人类的理性。

这一趋势不可避免地延展到了政治领域，从而以一种思维定势加予我们，那就是，在面对日益复杂的社会问题时，通过寻求科学理性去提高政府的治理能力。这被认为是社会治理走向成熟的标志，也被认为是一条正确的途径。正是在科学的途径中，开启了政治与行政分化的进程。事实上，工业化进程本身在社会生活的几乎所有领域都表现出不断分化的状况，政治—行政二分也应视为这一总的社会分化进程中的具体体现。所以，政治—行政二分是近代以来社会发展理性化和专业化的必然结果。同时，政治与行政的分化又反过来进一步促进了整个社会治理领域的理性化和专业化，使社会治理呈现出科学的特征，并展现出科学相对于民主的优越性。

如果说启蒙时期确立的权力分立原则是出于社会治理体系建构的需要，那么，政治—行政二分则是要解决如何开展社会治理的问题。而且，在政治—行政二分完成后，也就自然而然地把视线转向了对治理工具的选择方面。结果，政策被作为一个非常有用的工具而被提到了显著位置上。一旦开始探讨政策的问题，整个政策过程也就可以在政治—行政二分的结构中加以拆分并进行功能定位。因而，政策制定被归入到了政治方面，而政策的执行则被归于行政方面。这样一来，政策问题建构也就是一个政治过程，基本上是由议会承担的，是发生在议会中的提案权，也是立法权得以实现的前提，而行政部门则被排除在了政策问题建构之外。然而，在社会理性化的过程中，代表了专业技术和理性的行政领域却常常被作为政策问题建构的重要主体，从而使政策问题建构权走出了政治领域而得以扩散。总的说来，关于政策问题建构权的厘定，是与政治与行政的关系密切联系在一起的。在政治与行政一体化的条件下，政策问题建构权的主体是不明确的。随着政治—行政二分原则的提出，政策问题建构也就自然地归属于政治部门了，被作为一个政治过程来看待，行政部门则被定位在政策执行的角色上。

我们知道，在《行政之研究》一文中，威尔逊第一次明确地提出将行政从政治中分离出来。其实，政治—行政二分的思想在他的《国会政体》中就已经出现了。在《国会政体》中，威尔逊鉴于美国国会的混乱状况，在思考如何解决这一问题时就已经提出了政治与行政分开的观点，并认为这是拯救国会的唯一可行的解决方案，那就是，“在一个要以自治的精神来建立行政机关的国家里，对行政机构进行任何真正和持久的改革的先决条件之一，是将政治机构与非政治机构清楚地区分开来。”①在《行政之研究》中，威尔逊对《国会政体》中的这一思想作了进一步的论证，或者说，换了一个角度重申了政治—行政二分原则。如果说在《国会政体》中出于挽救国会的目的而提出了政治—行政二分的思想，那么，在《行政之研究》中，则从改造行政的角度而将其作为一项原则提了出来：“力求使政府不走弯路，使政府专心处理公务减少闲杂事务，加强和纯洁政府的组织机构，为政府的尽职尽责带来美誉。”②

虽然威尔逊在这两份文献中是出于不同的目的提出了把政治与行政区分开来，但结果却是一致的，即通过把政治与行政分开来的方式去解决当时美国政党分肥制带来的政治领域的混乱。当然，在《行政之研究》发表之前，《彭德尔顿法案》已经颁行。不过，我们也必须看到，任何一项出于制度建构之目的的法案，如果得不到理论上的支持，都不可能真正发挥作用。《彭德尔顿法案》虽然先于《行政之研究》四年就获得通过，但它的通过主要是对一位当选总统被刺杀这样一个突发事件的直接回应，是缺乏理论准备的，因而，并没有充分发挥其应有的作用，政党分肥制所带来的政治混乱局面依然没有得到矫正。可见，《行政之研究》一文的发表是有着积极意义的，它用专业化为人们确立起一种新的观念，那

① ［美］威尔逊：《国会政体：美国政治研究》，熊希龄译，商务印书馆1986年版，第159页。
② ［美］威尔逊：《行政学研究》，彭和平等编译：《国外公共行政理论精选》，中共中央党校出版社1997年版，第5页。

就是把政治与行政分开，以便其各尽其责。事实上，这对于行政走上一条专注于技术和效率提升的道路而言，是一份无论给予多高评价都不为过的文献。

在《行政之研究》中，威尔逊的论证思路是这样的：首先证明政治与行政是不同的，然后再去描绘行政建构的方式和路径，并在其间说明行政建构的经验在欧洲大陆已经有了深厚的积累。在描述政治与行政之间的差异时，威尔逊认为，“行政管理的领域是一种事务性的领域，它与政治领域的那种混乱和冲突相距甚远。在大多数问题上，它甚至与宪法研究方面那种争议甚多的场面也迥然不同。”①政治是“在重大而且带普遍性的事项”方面的国家活动，而行政管理则是“国家在个别和细微事项方面的活动。因此，政治是政治家的特殊活动范围，而行政管理则是技术性职员的事情”。②“政策如果没有行政管理的帮助就将一事无成”，但行政管理并不因此就是政治。③行政是独立于政治控制之外的，“行政管理置身于‘政治’所专有的范围之外。行政管理的问题并不是政治问题，虽然行政管理的任务是由政治加以确定的，但政治却无需自找麻烦地去操纵行政管理机构。”④

在政治—行政二分的前提下，把以专才、职业化、功绩制为基础的行政与以妥协甚至腐败为特征的政治区分开来，就可以让行政成为独立于政治领域、专注于技术的事务性领域，从而只关注政策制定之后的执行。也就是说，“行政就是公法的明细而系统的执行活动。一般法律的每一次具体实施都是一种行政行为。”⑤“然而指导这些应予进行的工作的一般性法律，却显然是在行政管理之外和行政管理之上的。有关政府活动的大规模计划并不属于行政管理范围。因此，宪法所要认真过问的只是政府用以控制一般性法律的那些手段。”⑥可见，在《行政之研究》中，威尔逊是出于专业化以及技术的考量而提出了将行政从政治中分离出来。正是由于这个原因，其后行政的发展走上了科学化、技术化的道路。

在威尔逊之后，古德诺对“政治”与“行政”分别进行了定义，他认为，

①④　[美]威尔逊：《行政学研究》，彭和平等编译：《国外公共行政理论精选》，中共中央党校出版社1997年版，第14页。

②③　同上书，第15页。

⑤⑥　同上书，第16页。

政治与决策或国家意志的表达相关;行政则与这些政策的执行相关。①古德诺说,“在所有的政府体制中都存在着两种主要的或基本的政府功能,即国家意志的表达功能和国家意志的执行功能。在所有的国家中也都存在着分立的机关,每个分立的机关都用它们的大部分时间行使着两种功能中的一种。这两种功能分别就是:政治与行政。”②显然,在古德诺这里,仍然是在传统的意义上使用“政府”这个概念的,因而,他是在“政府”这个概念下对政治部门和行政部门进行区分的,认为这两个不同的部门分别发挥着政治功能和行政功能。

根据古德诺的意见,政治主要表现为利益表达与党派竞争,履行政治功能的立法部门负责在具体的和特殊的利益表达中发现那些具有普遍性的公共意志,实现政策问题建构,并把政策问题转化为相应的政策。一旦政策被制定了出来,行政部门就承担起了政策执行的任务。这样一来,行政因为独立于政治之外而不再受到利益纷争的困扰,从而在“价值中立”的前提下去执行政治部门所作出的决策,所需要考虑的只是执行过程的科学性以及通过什么样的技术去提高政策执行的效率。所以,在古德诺看来,政策问题建构以及政策制定都是由政治部门承担的,属于政治事务,行政部门只负责政策的执行,既不参与政策问题建构,也不投入到政策制定的过程中去。或者说,行政部门对政策问题建构是没有发言权的,是无法施加影响的。

如果说威尔逊提出的政治—行政二分还只是一种显得较为抽象的规定的话,那么,古德诺则因为找到了政策制定与执行的根据而使这项原则得到了证明。所以,在古德诺这里,政治—行政二分原则在政策过程的视角中成为覆盖完整政府过程的全面性原则。而且,古德诺也应当被看作是较早把政策过程明确区分为政策制定与政策执行的学者。由于古德诺实现了对政治—行政二分原则的进一步深化,使得完整的政策过程可以进行阶段性的把握,即把政策制定与政策执行区分开来。所以,基于古德诺的论证,政治—行政二分原则得到了普遍接受,从而使政治学的发展出

① [美]弗兰克·J. 古德诺:《政治与行政:一个对政府的研究》,王元译,复旦大学出版社 2011 年版,第 11 页。

② 同上书,第 13 页。

现了一次新的学科分化，即从政治学中分离出了行政学。这样一来，自启蒙以来对理性的尊崇也因政治—行政二分而在政治领域中隔离出了一块新的领地，从而使理性变得更加纯粹，即变成了具有科学和技术色彩的工具理性。也正是由于这个原因，"行政学"一经产生就与管理学建立起了密不可分的联系。或者说，行政学在与管理学的联手中努力剪断其与政治学之间的纽带，使之与政治学愈行愈远。然而，也正是由于古德诺所作出的规定，把政策问题建构的过程留给了政治学，即把政策问题建构限定在了政治领域中。

显而易见，政策问题建构以及政策制定必然涉及价值判断，而政策执行则不需要考虑价值的问题，政策执行所要考虑的是在科学化、技术化的追求中获得效率。正是根据这一原理，在马克斯·韦伯致力于官僚制理论建构时，对官僚——行政官员——这一专门从事政策执行的行动者提出了"价值中立"的要求。也就是说，以官僚制来命名的或以官僚制为特征的行动体系必须在面对政治的以及社会的各种各样的价值判断和利益诉求时坚持价值中立。不仅在执行政策的过程中，而且在所有的行政活动中，都决不偏向各党派、各利益集团以及不同的公民群体中的任何一方，只能根据价值中立的原则去探索执行政策的方法与技术。

简言之，政策问题建构和政策制定是政治即价值层面的问题，而政策执行则是行政亦即工具层面的问题。因此，古德诺在主张政治与行政分离的前提下又要求政治对行政适度控制，让行政忠实于政治，从而保证行政作为政治的工具而服务于政治所代表的人民利益。当然，古德诺所探讨的主题是政治与行政的关系问题，但他在解决这一问题时，所遵循的路径则是政策过程，以至于把完整的政策过程区分为两个阶段：政策问题建构和政策制定构成了一个阶段；对政策的执行则构成了另一个阶段。在公共行政学的发展史上，政策问题引起广泛关注并得到了深入研究是发生在 20 世纪 60 年代的事情，但是，政策研究所结出的硕果在一定程度上应归功于古德诺所播下的种子。尽管古德诺在世纪初关于政策方面的探讨是从属于论证政治—行政二分的需要，却无意中为政策研究开辟了一块领地。

二、政策问题建构权的行政化

我们知道，对于公共行政这门学科的产生而言，威尔逊提出的政治—

行政二分原则是一项奠基性的理论贡献。但是,如果没有城市管理的实践要求,也很难说公共行政能够作为一门相对独立的学科而登上科学的殿堂。事实上,20 世纪初服务于城市管理要求的美国市政研究运动对公共行政这门学科的产生作出了巨大贡献。而且,政治—行政二分原则也恰恰是在"市政经理制"的推广过程中得到验证的。基于市政研究运动而建立起来的城市管理体制使决策与执行明确地区分开来了,那就是,城市议会负责决策而不干预行政执行,市政经理则负责行政执行而不参与决策。

在某种意义上,20 世纪的所谓"环式民主"就是在城市管理过程中形成的。其基本过程:选民通过投票选出最能体现其意愿的代表进入城市议会,在城市议会中完成政策问题建构并进行决策,然后交由市政经理将政策付诸实施。政策问题建构以及决策是一个自下而上的过程,在上行的路线中,每一个阶段都包含着谈判、协商、讨价还价、妥协和交易,从而使政策问题建构以及决策成为一个充满价值判断的过程。一旦政策被制定了出来,则交由行政部门加以执行,即进入一个下行的过程,体现为政策自上而下的实施。在政策实施过程中会对存在于选民中间的社会问题再次产生影响,所催生出来的新的想法或者新的利益诉求也会在几年后的选举中得到体现,再次通过自下而上的表达而完成新的政策问题建构。总之,政策问题建构是在无法消除偏好的政治领域中完成的,只有通过民主的方式去抵销差异万千和相互冲突的偏好。一旦形成政策,在执行的过程中就必须排除民主的干扰,即通过求助于技术和知识而使政策得到高效执行。这样一来,科学与价值就被严格地分为两个世界,而这两个世界归并到一起时,则构成了一个完整的环式民主圈。对于政策的执行而言,就是要把民主的结果付诸实施。

城市管理的实践是与市政研究运动联系在一起的,或者说,是市政研究运动推动了 20 世纪初美国的城市管理实践。1906 年,美国第一个"市政研究所"在纽约成立,研究所在政治—行政二分原则的庇护下通过宣示"政治中立"而获得了开展研究活动的空间。这个时期的市政研究是把提高市政行政——城市层面的公共行政——的专业化水平作为主要目的的。古立克描述了当时的情况:"外行仍然在很大程度上处于控制地位,专业化只是在偶然的情况下才得以体现,而对公共行政职业的直接培训,则是闻所未闻的事情。……在公共行政——不逊于人类行为的其他领域——中，我们需要用胜任替代无知，用内行替代外行，用专家替代万金油，用更多的分工与专业化替代表面的灵巧，用经过系统训练的管理人员替代未受训练的新手。"①因此，市政研究运动在事实观察的基础上研究了制度设计以及专家队伍建设等方面的问题，并通过研究成果增益于城市当局的城市管理。

在市政研究运动中，对政策问题建构以及政策制定方面的问题没有触碰，或者说，市政研究运动的核心主题是政策执行问题，是通过经验研究而去寻求政策执行的科学模式。这一点与私人领域中正在兴起的"科学管理运动"有着高度一致性。从效果上看，在市政研究运动的推动下，城市管理水平得到了大幅提升，市政当局的影响力也因其管理上的成绩而得到承认，这无异于为行政"坐大"提供了一个契机。也就是说，市政当局的管理能力引起了广泛关注，以至于整个社会都看到了行政的力量。在这种情况下，政府开始把市政当局当作榜样，在政府这样做了的时候，政治部门也自然而然地表达了对政府的信任，对行政权的扩大采取了一种默认的态度。也正是在这个时期，"大萧条"的出现为政府行政权的扩张提供了机遇。一旦行政权的扩大达到了一定程度，政府就不再安于仅仅扮演政策执行者的角色了，而是将手伸向了政策问题建构方面。

政策问题建构是政策制定的前奏，所以，一般认为，政策问题建构属于政治过程而不是行政过程。的确，在政治—行政二分原则下，行政部门及其文官是没有政策问题建构权的。因为，政治—行政二分原则仅仅把政策执行权留给了行政，如果行政参与到政策问题建构的政治过程中来，那无疑是一种僭越。我们看到，也许是受到了古德诺明确地把政策制定与政策执行区分开来这样一项理论规定的影响，在将近30年的时间内，美国的行政部门都没有染指政策问题建构以及政策制定。不过，英国的情况有所不同。在英国，虽然根据1870年颁布的"第二枢密院令"建立起了以考试和功绩为录用和晋升标准的现代文官制度，但

① Luther Gulick, *The National Institute of Public Administration: A Progress Report*, New York: The National Institute of Public Administration, 1928, p.52.

由于英国并不像美国那样有着典型的宪政传统，而是坚守着议会主权的治理理念，以至于行政无法完全与政治相分离。也正是这个原因，英国的行政实际上是参与政治过程的，即参与政策问题建构和政策制定活动。

根据亚达尔·霍尔的描述，“尽管现代议会制政府永久性的界分了部长与文官各自的范围，但是，向负责的文官咨询和征求意见却是一种非常普遍的现象。无论过去还是现在，任何一位在职的文官都会告诉你：当部长倾向于制定一项新政策时（不论是作为他个人考虑的结果，还是政府或者党派的意愿），通常都会咨询他的首席负责官员。他会说：‘我想去做这或者做那’，‘或者去采纳一项政策或者改变政策，考虑一下，让我知道你的看法，我们在这方面能做什么。’”[①]如果一项政策或政策条款（外交政策或国防政策）不是在征询文官的情况下制定的，那肯定是一项极其特殊的例外。事实情况是，在制定政策时，通常都会向负责文官咨询，而且这是一种通行的并得到政治部门认可的行为。这是因为，“在考虑和决定一项新政策时，部长甚至政府——无论其在职时间长短——都希望使政策获得连续性，而政策的持久性程度以及保持政策持久的希望，都被寄托在了行政机器的专业性知识之上，负责官员的知识在多数情况下是可依靠的对象，正是这些负责官员能够对政策的持久性或风险提出建议。”[②]总之，“绝不存在这样一个时期，其中文官在实际上没有以相应的具体身份参与到政策中去，更不存在文官在政策过程中没有发言权的情况。”[③]按照霍尔的这一描述，文官一直是政策问题建构权的实际掌握者，因为，当部长希望提出某一政策时，假如负责官员表达了反对意见，那么，部长就会打消相关念头，因而，也就不会在政治过程中出现该项政策制定的讨论了。

在文官制度建立之后，行政是与常任文官联系在一起的，把常任文官当作政策的执行者，也就在事实上把他们造就成政策专家了。因为，他们在政策执行过程中是最能体验到政策的各个方面的奥妙所在的。而且，

---

① Sir Adair Hore, Officials and Policy, *Public Administration*, Vol.5, No.4, 1927, pp.461-470.一般说来，部长是政治官员，由选举或任命生成，而文官则是指“永业制”官员。

②③ Sir Adair Hore, Officials and Policy, *Public Administration*, Vol. 5, No. 4, 1927, pp.461-470.

也正是在政策执行过程中，他们最能够发现哪些问题在政策的覆盖范围内和哪些问题处在政策调控之外。他们在政策执行过程中是直接与社会接触的，这是政治家们通过走访、调研、征求民意等所不及的，更何况政治家们对民意进行抽象时往往由于缺乏切身感受而把那些最重要的部分舍去了。另一方面，常任文官的终身任职使他们获得了和积累起了大量经验，而政治家们的任期制则使他们还未学到应当学习的东西时就离职了。所以，正是文官的政策执行者角色使他们成了政策专家，培养了他们对政策问题的敏感性，拥有了无可比拟的政策问题建构素养。虽然文官在政治—行政二分原则下无法涉足政策制定（事实上，文官参与政策制定的事例比比皆是，到20世纪后期，绝大多数政策都是由行政部门拟订草案），但政策问题建构权逐渐向文官这里转移却是一个不可逆转的趋势。也许是由议员在议会中提出议案，但哪一位议员会不在事先向文官充分征询意见的情况下而冒险提出议案呢？因此，政策问题建构权的行政化是在文官制度的逻辑中生成的必然结果。

不仅文官在政策执行过程中获得了政策问题建构能力，而且，政策本身无非是社会治理的工具，行政所面对的所有社会事务也都可以成为政策的内容。行政活动赖以展开的主要工具也就是政策，如果没有行政的参与，怎么能够保证政策是有用的工具呢？虽然根据政治—行政二分原则应把政策问题建构、政策制定与政策执行分开，但是，当我们把政策作为社会治理工具来认识时，又不能把行政排除在政策问题建构和政策制定的过程之外。霍尔认为，“政策包括很多事情。它涉及积极的创新；它将永远包括——通过规则或步骤使一个原则运转起来或发挥作用；最后，正如严格的或宽松的，大方的或节约的，称心的或相反的——策略。一句话，描述部门的行政及其表现的各种各样的形容词表明，政策还包括某些特定行政部门的精神、趋势或者偏好。由于政策涉及方方面面，负责的文官通常会出于显而易见的理由涉入政策之中，因为他对于行政机器负有基本责任。”[①]根据霍尔的意见，文官不仅不应被排除在政策之外，反而应当对政策制定负有责任，应当“负有与政策相关的具体责任，而且这种责

① Sir Adair Hore: Officials and Policy, *Public Administration*, Vol.5, No.4, 1927, pp.461-470.

任是一种制度责任”①。正是制度规定了文官应当主动地接受政策制定者的询问，应当主动地提出政策问题建构的建议和意见，“因为他的部门的实践和政策的经验暗示了这种需要。如果他忽视了向部长提供建议，那他就绝对是失职的。”②

三、回归政治的政策问题建构权

虽然威尔逊提出了政治—行政二分原则，但他也同时看到，要想真正弄清楚行政与政治的区分却不是那么容易的事情，“没有一条用以区别行政和非行政职能的界限可以从政府的这个部门划到那个部门，而不用像翻山越岭那样，要跨过其高度使人昏眩的分界群峰和穿过由法律规章所组成的稠密丛林，并且随时随地碰到的都是一些‘如果’和‘但是’，‘既然’与‘无论如何’之类的词语，直到这些界限在不习惯于这一类调查方法，并且不熟悉使用进行逻辑识别的经纬仪的人们的眼里变得完全辨别不清时为止。”③实际情况是：“一大堆行政管理工作都是‘无声无息地’在世界大部分地区进行着，而这些行政管理工作现在是一会儿被政治‘管理’，一会儿被宪法原则弄得混乱不堪。”④尽管如此，在市政研究运动中，出于寻求职业庇护的需要，学者们却刻意强调行政与政治的区别。然而，随着行政研究从城市层面上升到政府层面，市政研究运动所反复申述的坚持“价值中立”的行政研究也就开始变得很难坚持下去了，因为此时的学者们不得不对诸多政治问题发表意见。而且，也正是在这个时候，由于“新政”把大批行政研究者拉进了政策过程中来，彻底瓦解了市政研究运动只研究管理问题而不关注政治过程的学风，并使这些市政研究运动中成长起来的学者深深地介入到了政策过程之中。参与“新政”，就要求学者们不仅要为政府的政策执行出谋划策，而且事实上也置身于政府与政治部门的博弈之中了，因而，就不得不在政策问题建构方面开展更为积极和更为主动的行动。

古立克是市政研究运动中的一位出类拔萃的学者，他在“新政”甫一

---

①② Sir Adair Hore, Officials and Policy, *Public Administration*, Vol. 5, No. 4, 1927, pp.461-470.

③ [美]威尔逊：《行政学研究》，彭和平等编译：《国外公共行政理论精选》，中共中央党校出版社 1997 年版，第 15 页。

④ 同上书，第 15—16 页。

出台时就扮演起了吹鼓手的角色,认为“新政”是国家的决定,他努力论证“新政”,认为“新政”“使得政府成了掌握美国经济生命的最高的控股公司”。“在这一过程中,政府承担的新功能本质上是设计和强制推行一个延续国家生命的总体计划。这将要求对实际工作进行新的划分,因此也是一种新的分权理论。”①在古立克看来,他所说的这种“新的分权理论”“将不会关注检查与平衡,不会强调政策与行政之间的分化,而是实现了在政策否决权与政策计划和执行之间的分化。”②他认为,这表明了政府即将进入一个新的世界,政策的制定与执行已经不再是分权的根据,而且政策制定与政策执行也不再能够彼此分离。“行政部门将被要求起草总体规划。协商性和咨询性的代表团体被要求考虑和采纳这一计划各部分的最大轮廓。行政部门将被给予足够的权力去设计出这一计划的剩余部分及其相互关联,并将其付诸实施,不仅是通过所设立的政府机构,而且是通过准私人性质的新机构去加以实施。未来的立法部门将拥有两种权力:第一,对主要政策的否决权;第二,审计和调查的权力。在这一完整过程的背后,则是公民中的大多数通过政党或压力集团去实施对政府的控制。这些就是新的分权理论得以建立的必要基础。”③

在古立克看来,政治是控制治理者的行动,“行政是一个决策—行动—决策—行动的过程”④,因此“政治不能脱离行政,行政也不能脱离政治。因为,根本就没有人希望消除对治理者的控制而使其能自由的去做想做的事情,如果那样做的话,将使时光倒转,将会把人类多年赢得的最宝贵的胜利扔掉”⑤。古立克同时还看到,由于行政人员手中拥有大量的自由裁量权,实际上成了非常重要的政策问题建构者。虽然政治所拥有的权力表现为在更为宏观的层面上去对政策总体方向进行控制,但行政在政策的具体化过程中是在不断地进行政策问题建构与政策实施的。特别是当古立克提到了“否决权”的时候,显然是要说全部政策过程都是由政府掌握的,政治部门仅仅对那些不满意的政策进行否决。古立克的这一说法虽然显得有些极端化,但是,如果说这是对“行政国家”的最早表

---

①②③④⑤ Luther Gulick, Politics, Administration, and the “New Deal”, *Annals of the American Academy of Political and Social Science*, Vol.169, The Crisis of Democracy, 1933, pp.55-66.

述，是可以接受的。实际上，“行政国家”的出现与“新政”之间也的确有着很大的关联性。

市政研究运动中的另一位著名学者——西蒙是以“管理就是决策”的著名论断而让人们常常提起他，就这个论断来看，无疑包含着对行政部门决策权的论证。我们知道，政治部门是不从事管理事务的。根据古德诺的看法，政治部门是专门的决策机构，行政部门则是专门的执行机构。然而，西蒙提出了“管理就是决策”，这无论在何种意义上都是要说明行政部门拥有决策权。既然行政部门拥有了决策权，那么，作为决策前提的政策问题建构权由谁来掌握呢？其答案无疑是行政部门。在西蒙看来，“首先，立法机关出于政治原因，常常避免制定明确、具体的政策，而是把这些政策制定工作推给管理机构去做。其次，管理者可能根本不像这里所描绘的那样，是一个中立而顺从的人。他可能（而且往往）有他自己的一套明确的个人价值观，希望他管理的组织按他的意图行事；他可能抵制立法机关独揽政策制定权的作法，他还可能在执行政策的过程中故意破坏立法机关的决定。”①

从西蒙的论述中能够推导出来的合理结论是，政策制定的权力实际上是掌握在行政官僚手中的，正是因为行政官僚有权制定政策，也就不可能设想他们做到价值中立。因为一切政策都必然会反映一定的价值，而行政官僚制定政策时，必然会不可避免地把他们所拥有的价值带入。在甄别和筛选政策问题的时候，究竟哪些社会问题会进入他的眼帘并被他确认为政策问题，是由他所拥有的价值决定的。在西蒙之前，行政部门获得政策问题建构权已经是一个事实，但决策的权力依然是保留在政治部门的。现在，西蒙要求承认行政官僚的决策权，显然是更进了一步，即认为行政部门不仅有政策问题建构权，而且在开展行政活动时也进行决策，或者说是通过决策去开展行政活动的。既然行政部门获得了决策权，而且是通过行政官僚去付诸实施的，那么如何决策以及做出了什么样的决策？也就是由行政官僚所拥有的价值决定的了。即使考察政策执行的问题，也可以发现，每一位行政官僚在执行政策时都包含着他自己对政策的

① ［美］赫伯特·西蒙：《管理行为——管理组织决策过程的研究》，杨砾等译，北京经济学院出版社1988年版，第58页。

理解和解读。也就是说，都包含着对政策问题的重新建构和决策等内容。由此可见，即使我们对西蒙作出极度温和的理解，也可以认为他是不主张把政策问题建构看作政治家的“专利”的，而是要求行政部门及其官员拥有这一权力。

我们知道，早在20世纪初，韦伯就对社会职业化过程中出现的官僚与政客的分立和并存现象给予了充分关注。根据韦伯的看法，行政部门中的职业官僚不断膨胀，他们受到了技术训练，以行政管理为职业，他们有能力而且也在事实上控制了整个官僚机构。本来，在政治部门与行政部门分立的条件下，政策问题建构以及政策制定是由政治部门作出的，而行政部门及其行政人员专司政策执行。然而，在行政官僚职业化的过程中，政客失去了对行政部门的控制，也就不能保证行政部门亦步亦趋地执行政治部门制定的政策，更不能阻止行政部门去开展政策问题建构和进行决策。阿伯巴奇等人对此的看法是，“政客们缺乏专门知识、信息、甚至时间去决定一个现代国家每年都要遇到的成千上万的政策问题。像英国一位心灰意冷的政客所指出的：‘对于未来政策应如何发展的问题，部长们可能征集到广泛的意见。但是，在政策性目标转变为现实性计划上，在这些计划的执行上，而且再进一步讲，在政策响应新的且未预料的发展问题上，部长们如果不是整个地、那么也是很大程度地依靠他们的官方（官僚机构）顾问。’”①

就政策问题的性质而言，每一个问题，“‘不管它似乎多么有技术性，都能呈现出政治意义，而政治的考虑对它的解决，都能具有技术性的影响。’政策与实施间的区分，决定与执行间的区分，都类似寓言中龇牙咧嘴的怪人——在考查中，他的本质消失了，留下的只是一串令人失望的傻笑。”②行政部门对政策问题建构权的攫取已经不可避免，然而，正当行政部门中的官僚们为了自己战胜了政客而陶醉时，却又受到了第三股势力的挑战，那就是技术专家对政策问题建构权的觊觎。“在正常状况下，完全发展了的官僚机构中的官员，总是超限度地使用权力。‘政治主人’发现自己处于‘外行’的位置，站在‘专家’的对立面，而‘专家’面对的则是训

①② ［美］乔尔·阿伯巴奇、罗伯特·普特南、伯特·罗克曼等著：《两种人：官僚与政客》，陶远华等译，求实出版社1990年版，第6页。

练有素的官员，后者立足于行政管理体制之内。”①

不过，笼统地谈论政策是没有意义的，因为政策是具体的。即使对政策加以归类，也可以看到政策有着性质以及层次上的不同。认识到了这一点，如果再说行政部门完全攫取了政策问题建构权并制定政策的话，那就是不合乎事实的判断。其实，一些政策是继续由政治部门制定的，另一些政策则是由行政部门制定的。“在时间的透镜下是长久性的、具有广阔范围、并用来解决争议性问题的政策动议权，通常是中央政府具有的。在过去的数年里所做出的那些政策性决定，具有积极政策的特征，如果人们要追溯这些政策性决定的起源，那么，就会发现这些决定总是在政治性行政机关（内阁）或议会中产生的。”②这是就政策制定而言的，如果观察政策问题建构的话，情况又有所不同。就政策问题建构而言，无论是政治部门还是行政部门，都表现出了对技术专家的高度依赖。这样一来，又引发了一种新的情况，并向我们展现出了一幅新的图景：一方面，政治部门和行政部门都依赖技术专家；另一方面，政客与行政官僚也都同时感受到来自于技术专家的挑战，从而联起手来共同面对技术专家。当然，这并不是说政客与行政官僚结成了某种形式的联盟，而是说他们都通过相互渗透的方式而争取自己的政策问题建构权。这种现象也被称为官僚“政客化”与政客“官僚化”，即政客与官僚在政策过程中的实际区分走向了消失，从而导致政治与行政之间的界限开始变得模糊。

里普森描述了这一情形：“19 世纪，在选民范围扩大和政府行为扩张的刺激下，两种势力机关——政党和建立在业绩体制上的文职官员——得到确定。当这些被叠加在原先已存在的三个部门上时，这两个新来者与三个较老的实体之间的结合产生了原初的摩擦，因为早先的制度框架不得不使自己适应入侵者。在 20 世纪政府管理过程中政党与文职人员的合作不断增加。它们间的这些合作将管理技术应用于政治实力，有效的权力正是掌握在它们的手中。现代国家的大部分工作都是由政党和文

① ［美］乔尔·阿伯巴奇、罗伯特·普特南、伯特·罗克曼等著：《两种人：官僚与政客》，陶远华等译，求实出版社 1990 年版，第 6 页。

② 同上书，第 17 页。

职官僚一起完成的。”①从美国很多总统和州长的地位中可以看出，“当每一机关的潜能得到发展，其领导者不仅是狭义的行政首脑，而且成为政党的领导、首席立法官员和公意的动员者。”②

政治与行政界限的模糊化在对政策执行问题的研究中得到了理论证明。一般认为，美国的杰弗瑞·普林斯曼和阿伦·威尔达夫斯基(Jeffrey Pressman and Aaron Wildavsky)是政策执行研究的开创者，他们在《执行》一书中提出了“政策执行是政治过程”的观点。在普林斯曼和威尔达夫斯基看来，执行是“在目标设定与达成目标的行动之间的互动过程”，或者说，是“在因果关系链上为达到目标而塑造联系的能力”。因而，“执行在根本意义上是政治性的，因为在其名下开展的活动界定了谁从政府中得到了什么，何时以及如何得到。与法律制定者一样，行政人员以及在执行过程中与之打交道的人，都对项目目标施展了权力，影响了项目的产出和结果。”③执行过程中包含着动用权力资源、开展结盟，也包含着有意识的使用策略、重塑政策问题，还包含塑造政策形象等问题。也许在具体的表现上，所有这些都与国会中或其他立法部门中的一些表现不尽相同，但是，它们都毫无疑问地属于“政治过程的基本元素”。

表面看来，“管理就是决策”与“执行是一个政治过程”这样两个判断有着很大的相似性，甚至人们会认为这两个判断说的是同一回事儿。其实，它们之间还是有着很大不同的。如果说“管理就是决策”所关注的是行为的性质，那么，“执行是一个政治过程”所关注的则是开展活动的方式。正是这种对形式方面的关注，使政治部门与行政部门间的界限消失了。在某种意义上，我们倾向于认为，“执行是一个政治过程”这一判断所实现的是一场革命性的视角转换，它使以往关于行政部门是否应当拥有政策问题建构权的所有争论都变得没有意义了。也就是说，根据三权分立的思想，政策问题建构权应当归属于立法部门；根据政治—行政二分原则，政策问题建构权应当归属于政治部门；现在，既然政策的执行也是一个政治过程，那么，三权分立框架和政治—行政二分原则也都被突破了。因而，行政部门理所当然地拥有了政策问题建构权。

①② ［美］莱斯利·里普森：《政治学的重大问题(第10版)》，刘晓等译，华夏出版社2001年版，第231页。

③ ［美］杰伊·M.沙夫里茨等：《公共政策经典》，北京大学出版社2006年版，第219页。

在行政部门及其行政人员拥有政策问题建构权的问题上，“新公共行政运动”给予了充分肯定的回答，在他们看来，“公共行政并非仅仅是执行公共政策的手段，它也是公众如何理解世界——尤其是政治世界——以及如何理解他们自己在这个世界中的地位的决定性因素。”①在新公共行政运动的眼中，官僚体系并不是仅仅满足于承担政策执行的使命，“公共组织还引导公众的注意力，并且在设定公共事务的议程方面扮演重要角色，同时也帮助建立社会的价值观。因此，公共组织不只是处于政治的外围边缘，而是更处于政治活动的主流地位。”②弗雷德里克森进一步指出，“立法经常要求延伸性授权”，“设计具体的执行步骤，并使其符合实际，切实可行，还必须具备高度的政治灵活性，这就全看行政官员的本事了。”③

显然，行政人员在执行政策的过程中是享有自由裁量权的，这种自由裁量权不仅是他执行政策的保障，而且也让他有了不断地进行政策问题建构的空间。“一种全新的政治接近和代表形式目前正出现在政府的行政部门之中。而且，对于重大的政策决策来说，这种形式的政治接近和代表可能同立法接近或代表一样的至关重要。新公共行政不仅试图尽可能有效且经济地贯彻执行立法机关制定的法令，而且它们两者也都试图影响和执行更普遍地改进大众生活质量的政策。如果行政机构是基本的政策战场，那么公务员直率的政策倡议就是必不可少的。政策倡议和管理一样有悠久的历史。”④所以，在政治部门与行政部门之间长期存在的政策问题建构权的争夺，使整个社会治理发生了变化，使得两个部门之间的界限变得模糊了。

第二节 社会治理职业化中的技术精英

职业活动是工业化的产物，政治生活中的职业政治家的出现，也应当

---

①② [美]罗伯特·登哈特：《公共组织理论(第三版)》，扶松茂、丁力译，中国人民大学出版社 2003 年版，第 119 页。

③ [美]乔治·弗雷德里克森：《公共行政的精神》，张成福等译，中国人民大学出版社 2003 年版，第 66 页。

④ [美]乔治·弗雷德里克森：《新公共行政》，丁煌译，中国人民大学出版社 2011 年版，第 6 页。

看作现代化的成果。职业政治家的出现使社会治理活动不再像农业社会那样以等级身份为依据。在现代民主政治及其代议结构中产生的政治家不应看作是一个身份群体，而是一个职业群体。在更广泛的意义上，在政治活动职业化的基础上产生了整个社会治理活动的职业化。政治生活和政治活动中的职业化有一个形成和演变的过程，在职业化扩大到了整个社会治理活动的范围时，又受到了官僚制的格式化，从而把包括政治家在内的所有社会治理者都纳入到了严密的职业体系之中。官僚制在对专业知识和标准化技术的追求中实际上塑造出了一个职业等级体系，结果，社会治理者也就被形塑成为技术专家。虽然政策问题建构权更多地被认为是一种政治权力，而在实际上，政策问题建构主体则是一群技术精英，并在官僚制这一分工—协作体系中按照自身的职业活动逻辑开展行动。这样一来，在实现了政策问题建构权理性化的同时，也脱离了人民，甚至经常性地与人民相对立，总是在科学的名义下为利益集团所用。

一、政治活动的职业化历程

在从农业社会向工业社会转变的过程中，社会的组织化与人的职业化是工业化进程的两个最为鲜明的特征。我们知道，农业社会并未实现职业分化，人的生活处在一种混沌的却又完整的状态之中。尽管在手工业的意义上也有着不同的行业，但是，由于生活与职业的完整统一而没有出现分工—协作意义上的职业。所以，专门性的职业活动只能看作是工业化、现代化的产物。总体看来，在农业社会的等级身份制条件下，个体所从事的活动往往是与出身相关联的，身份决定了人们可以从事什么样的活动。比如，西欧议会中的议员就是与其身份联系在一起的，成为议员是由其出身决定的。同时，成为议员也是他作为某个等级的成员应当从事的活动，属于一种身份志业而不是职业。

在 13 世纪，出现了被学者们认为是现代议会前身的“贵族会议”，直到 16 世纪中期，出席议会还依然是每一位贵族都享有的特权，身份成为获得议会成员资格的必要条件和充分条件，至于占这个社会中绝大多数的平民，则被拒绝在议会大门之外。所以，此时参加议会活动是一种身份标识，而不是一种职业活动。随着代议制的确立，也随着选举权的扩大，政治活动的身份标识渐渐褪去，从业于政治活动的职业性质逐渐显现了出来。这一政治职业化的过程是以平民代表进入议会为标志的。因为，当平民代表进入议会的时候，也就意味着身份不再是从事政治活动的必要条件，或者说，身份的价值开始减弱。当身份不再是必要条件的时候，人们进入议会去参与或直接开展政治活动也就有可能成为一种职业。事实上，也正是在这个时候，开始了政治职业化的进程。

政治职业化的真正实现是与等级身份制的彻底崩解联在一起的。起初，平民代表虽然被允许成为议会成员，但按照欧洲当时的等级划分，骑士属于第二等级，市民属于第三等级，而此时的下院代表仍然斤斤计较骑士与市民代表的数量和比例，以至于代表候选人的身份依然是一个得到人们较多关注的因素。所以，在中世纪后期和近代早期，从代表的身份制向代表职业化的转变是一个艰难的政治演化过程。直到 15、16 世纪农奴制彻底瓦解时，身份才不再成为代表生成过程中必须考虑的因素。这个时候，随着政策问题建构权从上院向下院的转移，下院代表的生成逐步走上了通过民主途径选举的道路，贵族也逐步地被从治理体系中剔除了出去，从而出现了具有职业特征的和领取薪俸的专职人员。在时间点上，这个过程可以以英国 1642 年爆发的内战为标志。因为，经历了内战，王权倾覆，议会成为社会治理体系的核心。议会设立了几个专门委员会，雇用若干专职人员，执行国家的管理职能，一批领取固定薪金的职业管理人员也因此而产生。

不过，在“光荣革命”后很长一段时间内，贵族仍凭借强大的社会经济势力操控议会的选举以及其他活动。但是，此时能够参与政治活动的资格已经不再完全是由其身份决定的了，贵族阶级对选举以及议会活动的操控更多地是基于其雄厚的财力而非身份上的特权。所以，“光荣革命”后贵族控制议会以及政治活动的情况所反映出的只是政治活动职业化过程中的一种过渡现象，是在身份制去势时旧势力所作的反抗。在实际政治过程中，政治以及社会治理活动中的“去身份化”已经成为必须接受的历史趋势。比如，从桑德兰伯爵 1700 年向威廉提的一份建议中就可以看到，“除了那些因职务而有资格入阁的人之外，任何人不得入阁。”①这无疑是说职务需求已经压过了身份要求。

如果说等级身份制的终结为政治活动的职业化扫除了障碍，那么，社

① 程汉大：《英国政治制度史》，中国社会科学出版社 1995 年版，第 261—262 页。

会分工则为政治职业化开辟了道路。职业化与专业化是对同一社会现象的两种表达。在宏观的社会视野中,我们往往是把专业化称作为职业化的,所要突出强调的是职业主体的地位。而在组织的微观视角中,我们更为习惯于使用"专业化"这一表达式,所要强调的是对人们拥有专业知识方面的要求。就近代社会而言,在资产阶级革命取得了决定性胜利后,工业化进入了凯歌行进的进程之中,特别是市场经济的确立,使社会化大生产在市场的平台上展开,通过市场而使全社会转化为一个似乎是自然而然的分工—协作体系。在这个分工—协作体系中,每一个人都需要通过选择某个职业才能进入社会之中,需要拥有一定的专业知识和技能才能在社会中找到自己的立足之地。

近代以来的全部社会发展历程都证明,人们走上了职业化和专业化的道路,而且形成了路径依赖。社会每前进一步,都意味着社会分工的进一步深化和知识及技能的专门化,进而,也使得整个社会呈现出职业种类增多的趋势。在工业社会走向成熟的时候,职业活动几乎涵盖了人们的全部社会活动,除了日常生活之外,在广泛的公共生活和私人生活领域中,人们都是通过选择和进入到某个特定职业之中并扮演着职业角色的方式去开展社会活动的。从另一个角度看,也可以认为,近代以来的职业化进程是与人的职业意识的生成关联在一起的,正是因为人们有了职业意识并获得了与职业相关联的道德意识后,才使职业化成为一个稳定的历史演进趋势,并逐步达到了职业化的成熟形态。

与职业相关联的道德意识的出现也就是涂尔干所说的职业伦理的产生,因为,社会大分工条件下的职业化把人们的关注点从"做人"引向了对"做事"的关注。也就是说,在农业社会的历史阶段中,人们在社会交往中是直接以人的人格品质和道德素养为支撑力量的,而在职业化进程中,或者说在职业活动的意义上,人们之间的交往开始通过"物"或"事"的中介进行。在这一条件下,即使人们之间有着直接交往,也是服务于"从业"和"做事"的目的,属于目的性的交往。当伦理思考关注"做人"的问题时,会穷究修身之道,但是,当伦理探讨关注"从业"和"做事"的问题时,则会把视线转移到人的担当上来,要求人们承担起职业责任。所以,涂尔干在谈论职业伦理时所关注的是职业的道德意识问题,认为"某些有关职员和工人效忠和献身于雇主的懵懵懂懂的普遍观念,某些有关雇主在经济支配中应该适度调整的说法，某些有关对所有不公平竞争的谴责，都是我们正在讨论的各种职业的道德意识”①。

在这一时期的政治生活中，人们也开始关注从事政治活动的人们是否拥有敬业精神和是否拥有履行职责的意识。我们发现，1711 年，一个名叫罗杰斯特的人就明确地阐述了内阁大臣的责任问题，“我们向来认为安娜女王应为每一件事情负责，我希望结束这一时代。根据我国的根本宪法，内阁大臣应为一切负责。”就在这一年，英国在同西班牙的战争中惨遭失败，上院议员费勒斯认为，发动这场“错误战争”的责任在于本届内阁。而且，费勒斯的这一观点得到了上院的接受，认为“本届内阁大臣……应为我们在西班牙战争中的不幸负责”②。与此同时，内阁大臣自身的政治责任感也逐渐增强，他们认为，向国王提供建议、参与决策等是自己的权利和义务，如果国王刚愎自用，拒不采纳他们提出的明智的建议，那么他们就应辞职。就当时的情况看，这种责任观念已经充斥于各种政治出版物中。比如，当时的一本小册子就这样写道：“如果政府提出了某些建议，就要为其负责。……如果没有提此建议，则应辞职。”③

可见，关于职业的道德责任意识在这一时期开始生成，并得到了广泛接受。同样，在议会代表身上，我们也可以看到这种对职业伦理的思考。议会代表是由选民选出的，因而，在应该忠实于选民的特殊利益还是应该致力于公共利益实现的问题上，其实是可以理解成作为一个议会代表的职责问题的。此后，这一问题一直引起人们的广泛思考，对这一问题的思考也推动了人们对职责问题的广泛关注。这说明，职业化是与责任制联系在一起的，近代以来的职业化必然会要求建立起与之相适应的责任制。尽管在工业社会的其后发展过程中，责任制是通过法律的途径而不是伦理的途径建立起来的，但也说明责任制对于职业化决不是可有可无的。我们发现，如果一个社会不能建立起责任制的话，那么，它的职业化就是不健全和不成熟的。反之，在每一个充分实现了职业化的社会中，都有着完整的责任制度。

职业化的另一个面相是社会的组织化，或者说，职业的现实形态是通过组织来加以诠释的。组织是职业以及职业活动的载体，在没有组织的

---

①　[法]爱弥尔·涂尔干：《职业伦理与公民道德》，渠东、付德根译，上海人民出版社 2001 年版，第 11—12 页。

②③　程汉大：《英国政治制度史》，中国社会科学出版社 1995 年版，第 261—262 页。

地方，是不可能有任何可供观察的职业以及职业活动的。正是在此意义上，涂尔干才会说，“在社会生活的整个领域里，根本就没有职业伦理。”① 在政治生活领域中，我们看到，18 世纪后期以来，政党组织的生成和发展为议会代表的职业化提供了坚实的基础。之所以我们需要通过组织来理解职业化，是因为组织将专业分工转化为职位体系，使得人们可以在获得某个职位的同时进入职业活动之中。从近代早期的政治演进看，由于选举权扩大到了广大平民，出于赢得选举的需要，议会中原先代表不同利益的临时性派别开始发展为有组织的政党，从而将分散的个体组织了起来，成为一个严密的体系。19 世纪起，如果不通过党派组织的话，候选人参加竞选获胜的几率可以说微乎其微。一项数据表明，“1818—1820 年间，党派议员占 75%，而非党派议员只占 8%。”②所以，政党组织成为政治选举必备的武器，而且，即使当选为议员，在议会中开展活动也是归属于某个政党组织的。结果，政党组织逐渐有了稳定的建制，出现了一群专门从事党务活动的人。这些专门从事党务活动的人“通过代表制度由大众选举产生，而对那些代表来说，一旦当他们长期任职，便逐渐成为代表大众处理事务的永久性代表”③。而且，这种政治职业化现象逐渐地扩散开来，弥漫到了整个政治生活之中。

官僚制理论使职业化得到了确认。实际上，官僚制组织是在 18 世纪呈现出了一些端倪，尽管韦伯在探讨官僚制时追溯到很久远的历史。在法国大革命期间，某些政党组织已经开始向官僚制的方向转变，在 19 世纪的最后几十年间，官僚制组织已经在公共领域和私人领域普遍地建立了起来。正如韦伯所观察到的，到 19 世纪末，美国国家结构中的官僚制成分已经远远大于非官僚制，由组织以及长于选举策略的专家领导下的政党，逐步在政治生活中占据了支配地位。韦伯在描述这种情况时说，“以往在从属于超凡魅力还是服从于显贵统治之间发生的摇摆，如今已代之以官僚制组织与超凡魅力领导权的斗争。官僚制越是向前推进，有俸

① [法]爱弥尔·涂尔干：《职业伦理与公民道德》，渠东、付德根译，上海人民出版社 2001 年版，第 11 页。

② 程汉大：《英国政治制度史》，中国社会科学出版社 1995 年版，第 360 页。

③ [德]罗伯特·米歇尔斯：《寡头统治铁律》，任军锋等译，天津人民出版社 2003 年版，第 31 页。

官职和其他机会带来的利益越是充足，政党组织越是肯定会落入专家的股掌之中，不管他们是直接以党的官员面目出现还是最初以独立经营者的面目出现——比如美国的党老大。”①因而，技术精英和传媒名流开始活跃于政治生活中，以至于各政党都必须求助于这批人。

我们知道，官僚制是建立在分工—协作基础上的，是具有层级结构的组织系统，反映了工业社会对理性和专业化的追求。有了官僚制组织，其每一职位和岗位都被赋予了明确而具体的权力，每一职位和岗位上的官员掌握和行使的都是本职位的法定权力，并被要求照章办事。随着社会组织化程度的提高，当整个社会都被组织编织起来后，官僚制事实上成了一种覆盖了整个社会的组织现象。或者说，官僚制是所有组织共有的基本内容，而且也都是以职业体系的形式出现的。结果，把职业活动中的职权、职责都结构化到了组织体系中，实现了对职业活动的科学管理。在某种意义上，官僚制就是现代职业体系的典型形式，它按照劳动分工确定机构和人员的职责，“依赖的是专门素养、工作职能专业化以及在逐一掌握条理性相互协调的职能时那种惯常的精益求精态度”②，使近代以来的职业化进程获得了稳定的形式。结果，一旦人们进入职业活动中，就会显示出非常优异的表现，那就是，“精确、迅速、明晰、档案知识、连续性、酌处权、统一性、严格的隶属关系、减少摩擦、降低物力人力成本，在严谨的——尤其是独断形式的——官僚制行政中都可以达到最佳状态。”③因此，“一旦官僚机器实际存在了，被统治者就不可能摈弃，也不可能取代它”。④

在官僚制得到普遍确立的条件下，在分工—协作已经成为理性化的社会活动方式而得到了人们普遍接受的条件下，政治活动也不例外。此时，开展政治活动的人早已不再是身份象征，而是整个社会活动中职位要求的体现。因而，政策问题建构不再是一种身份专属的权力，而是存在于组织之中和以组织的形式出现的管理手段。在官僚制组织中，专门开展政治活动的人只不过是选择了“以政治为业”。在这种职业活动中，职权与职责都得到了科学规定，标准化的技术知识被用于进一步增添职业活

① [德]马克斯·韦伯：《经济与社会》(第二卷)(下册)，阎克文译，上海人民出版社2010年版，第1284页。

②③ 同上书，第1113页。

④ 同上书，第1128页。

动的科学性。因此，由具有专业知识的专家去开展政治活动也就是理所当然的事情了。候选人基于其掌握的知识、技能和才能而当选为代表并进入到专门机构（如议会）中开展专业化的政治活动，然后，把专业知识应用于政策问题建构。可见，职业化的政治家们无非是掌握了政治方面以及某些技术方面专业知识的专家，他们在官僚制组织的分工—协作体系中努力运用其专业知识参与到政治生活之中。其中，对于他们来说，最主要的活动就是从事政策问题建构。所以，到了20世纪，政策问题建构走上了科学化的道路，可以认为这是一种合乎逻辑的发展。

二、技术精英及其职业化的政策问题建构

随着政治领域与行政领域的官僚化，基于知识与技术的科层制度渐渐成型。官僚制不是身份等级体系，却又是一个确定无疑的等级体系，是一种表现在岗位和职位上的技术等级体系。虽然组织成员间会因为岗位和职位而处于不同的等级之中，但他们共处于一个理性化的组织中又是一个不争的事实。所以，他们都运用科学知识和专业技术开展职业化的活动，而且，这种职业活动反映了按照官僚制组织原则行事的要求。官僚制组织原则决定了他们个人的一切非理性的因素或可能导致非理性行为的因素都必须加以祛除。也就是说，他们作为人的那些可能造成差异的因素，都必须被抹平。试想，当组织成员作为人的因素都被作为巫魅而加以祛除后，剩下的还有什么呢？显然，就仅仅是理性化的技术因素。所以，官僚制所突出强调的是理性和技术，而且，是工具理性和技术。

官僚制是在近代理性主义发展中产生的一项最具有典型性的社会进步成果。根据欧克肖特对“实践知识”和“技术知识”的区分，官僚制所突出强调的是技术知识，因而，掌握和运用这种知识（被抽象了人的特性）的组织成员就是典型的技术专家。欧克肖特的观点是：“称为实践知识的东西根本就不是知识，严格说来，它主张没有知识不是技术知识。理性主义者认为，一切人类活动中所含有的唯一知识要素是技术知识，我称为实践知识的东西实际上只是一种无知，如果它不是实际有害的话，可以忽略不计。”[①]由组织所支持的职业——特别是在官僚制组织这里——是一个凝

---

① [英]迈克尔·欧克肖特：《政治中的理性主义》，张汝伦译，上海译文出版社2004年版，第11页。

聚了专业知识的技术实体，技术知识是从事和开展职业活动的唯一武器，每一个组织成员都是以技术专家的姿态出现的。在此，岗位和职位系统上的等级又把技术专家分类为普通专家和技术精英，处于官僚阶梯较高层级上的技术专家也就必然是技术精英了。

政治活动职业化意味着，以政治为业的人与其他组织成员的生成有所不同。在民主政治的框架下，以政治为业的人是通过选民的选择而成为职业活动者的。不过，我们也必须看到，以政治为业的人亦如其他领域中的组织成员一样，是以技术与科学知识为其投身于政治活动的基本条件的。一般说来，那些准备投身到政治活动中去的候选人，基本上能够娴熟地运用专业技术和科学知识去营造可资公众依赖的形象，能够在争夺公众选票的"战争"中展现其专业和技术优势。因为，在很大程度上，竞选本身也就是一种技术较量。密尔曾说，"选民应该选择比他们自己更有智慧的人作他们的代表，并且应该同意按照那个较高智慧来统治自己，这是很重要的；而另一方面，在他们对谁具有这种智慧，以及对假定具有这种智慧的人用他的行为证实这种假定到如何程度作出判断时，又不可能不多半要考虑到和他们自己的意见(当他们有意义时)是否一致。"①事实上，选民在这两个方面都很难达到知情的程度，他们并不知道所要选出的代表是否真的与他们的意见相一致，也不知道他已经选出的代表是否拥有高于他们的智慧，选举的结果只不过是选择了一个娴熟于技术的班底，这个班底通过对技术的应用而实现了对选民的完全操控，让选民以为是自觉自愿而实际上则是被诱导到投了某个候选人的票。

在此过程中，候选人个人的能力显然是不能忽视的因素，因为，"在产生代表机构时就不可能再如先前那样盲目授权、按照姓氏笔画或者长幼排序，因为如今的代表机构若想完成一些特殊的职能，其成员代表必须具备某些特殊的个人才能。"②这些所谓个人的特殊才能，其实也是科学知识以及某些方面的技术。总的说来，在政治的民主、自由、平等、公正等所有不可测定的价值说辞背后，真实发挥作用的是技术和科学知识。一旦

① [英]J.S.密尔：《代议制政府》，汪瑄译，商务印书馆1981年版，第181页。

② [德]罗伯特·米歇尔斯：《寡头统治铁律》，任军锋等译，天津人民出版社2003年版，第24页。

选举运动风停雨歇后，政治活动的大门渐渐闭合，政策问题建构的过程也就开始了。这个时候，专业技术和科学知识也就撕下了民主、自由、平等、公正等假面而直露于政策问题建构的行动之中，那些因选举而成为职业政治家的人就会摆出了一副技术专家的姿态，或者被真正的技术专家排挤到会场的边缘或墙角。当他被排挤到了会场的边缘或墙角时，如果他还不学会保持沉默而冒昧发言的话，可能就是一种自取其辱的做法。所以，政策问题建构是由技术专家完成的，也正是因此而使我们的社会呈现出了技术精英治理的特征。

从理论上看，现代民主制度是让每一个人都拥有平等进入政治系统的权利，但选举又是一个筛选过程，谁能够在一次又一次的筛选中被保留下来，所依靠的就只能是开展政治活动的专业性知识和技术了。所以，当政治成为一种职业活动后，也就只有技术专家才能谋取到这一职业，只有技术专家才能胜任这一职业。一般说来，政策问题建构过程是由技术专家主导的，但在民主理念已经稳固地确立了起来的社会中，政治活动的大门毕竟无法完全闭合，总会留下一条让公众窥视的缝隙。这样一来，在政策问题建构过程中，公众就有可能形成一些与他们所选举出来的职业政治家们相左的意见。有的时候，还会在媒体上出现一时的争论，但其结果往往是再一次地通过技术和科学知识而巧妙地将其化解，使得政治家们的全部意志都得到贯彻，而公众似乎在所有意见都归零的情况下却被告知取得了胜利。特别是在一些强势的政府执政时期，公众在争论中败北了，用来说服公众接受失败的理由恰恰是技术和科学知识。

现代社会治理已经形成了这样一种惯例，人们已经习惯于接受由掌握了专业知识的代表进行政策问题建构，并认为那是理性主导下的必然选择。在科学知识和技术成为高于民主的信仰之后，选民们"应当容忍候选人在他们的根本信条以外的不论多少事情上表达不同于他们的意见和采取相应的行动；他们应当努力不懈地寻求具有才干能被委托以充分权力照他自己的判断行事的代表；他们应该把尽一切努力将具有这种品质的人送进议会看作是他们对同胞所负的责任；由这样的人作代表较之由声言在许多问题上和他们意见一致的人作代表对他们来说是有着大得多的意义的，因为他的才能所带来的好处是确实可靠的，而在分歧之点上假定他是错的而他们是对的则是很可怀疑的事情”①。就像医生因为掌握了更多的专业知识而使得病人必须听从医生的摆布一样，在政治领域中，大众必须接受技术精英的指挥，因为技术精英总是被认为具有普通人所不具备的才能和知识。正如我们所看到的，在政府体制和公共事务方面，问题之多是普通人所无法理解和驾驭的，什么飞机大炮、铁路、大道、发电厂、水坝、金融、法律、国际贸易、税务等，都是专业问题，都不是一般选民能够掌握和能够发表正确意见的。所以，也只有求助于专家的知识和技术。即便政治家们没有这方面的知识和技术，也不会影响到他们的职业角色扮演，因为他们在职业活动中已经学会了驾驭拥有这些知识和技术的专家。

在职业政治家和社会治理者所构成的技术精英群体中，也会存在着对技术和专业知识拥有上的差异，因此，他们在政策问题建构中所享有的权威也会表现不同。阿诺德在对美国国会的研究中发现，联盟领袖与一般议员在政策问题建构中所发挥的作用大为不同：“只是将议案投入国会议案箱并等待什么事情将会发生的议员总是会感到失望。在国会中什么都不会发生，除非有人为之计划并付诸行动。必须有人去确定问题，形成可供选择的方案、发起行动、动员支持、安排妥协，并且努力工作以亲眼看着国会通过特定的议案。”②而后者就是联盟领袖而不是一般议员所发挥的作用。

一般说来，领袖们在政策问题建构过程中会采取不同的策略，阿诺德将其概括为包括“说服策略”、“程序性策略”和“修订策略”三种。③说服策略涉及创立、激活或者改变议员、关心的公众和不关心的公众的政策偏好，这一策略能够在国会内甚至在相关公众中形成适合最初议案的政策偏好；程序性策略主要是通过运用立法规则和程序去影响议员的政治估算，以此构造立法情势，降低挑战者制造竞争性议题的能力；修订策略主要是用于通过改变某项政策的组成部分而将某项政策问题建议模型化，使之更符合议员和公众的偏好或潜在偏好。总之，通过所掌握的经验以

① [英]J.S.密尔：《代议制政府》，汪瑄译，商务印书馆1981年版，第186页。

② [美]R.道格拉斯·阿诺德：《美国国会行动的逻辑》，邓友平译，三联出版社2010年版，第100页。

③ 同上书，第104页。

及所具备的智识，领袖往往深谙如何控制议会议题，总是清楚地知道如何应用和解释规则、如何避开有争议的问题和如何使对手保持沉默，会适当地运用各种技术对大众施加影响，即使这种技术无助于正确的政策问题建构。最为常见的是，领袖们往往因为其掌握了政治活动的技术而采用各种修辞和玄妙的词汇，去使大众无法明白他们的用意，从而形成大众对他们的盲从。

政治以及社会治理的职业化不仅意味着只有技术精英才能成为职业政治家和社会治理者，而且在官僚制的等级结构中又生成了精英领导者，这是技术专家精英化的逻辑在组织内部的进一步延伸。米歇尔斯曾说，组织是寡头统治的温床。的确如此，在工业化进程中生成的官僚制以其严格的等级序列而持续地把制造技术精英的运动推向无以复加的地步，以至于“无论它是一个政党、工会组织，还是其他任何类型的协会，其贵族化倾向是显而易见的。组织的结构在赋予自身稳定性的同时，却使组织化的大众发生了深刻变化，完全改变了领导者与被领导者之间的关系地位。组织使得政党或专业工会分化为少数领导者和占人口大多数的被领导者”①。

由于任何组织都会带来技术的专业化，使得对技术的崇拜气氛弥漫于一切组织之中。结果，只有技术专家才会被认为具有做出决定的技能。而且，在层级结构中，级别越高，其掌握的专业知识也就被认为越具有权威性，也就越能对政策过程施加影响。这就是韦伯所描述的一种情况：官僚制“最终成为‘独断’机构，所有官员均被整合进一个等级制度，位于顶点的是一个单独的首脑”②。由技术专家转化而来的技术精英也就成了一个独立的行动主体——职业化的领袖。领袖一旦产生，无论在能力上还是在道德上，都被认为是些最能干、最成熟的人。米歇尔斯通过对德国政治过程的考察发现，按照德国的宪法规定，国家由议会多数党负责组阁，重要的职位由党代会中代表主流意见的党员担任，这就有可能使党内新生力量经常性地代替元老而身居要职。实际情况并非如此，在有着严

① [德]罗伯特・米歇尔斯：《寡头统治铁律》，任军锋等译，天津人民出版社 2003 年版，第 28 页。

② [德]马克斯・韦伯：《经济与社会》(第二卷)(下册)，阎克文译，上海人民出版社 2010 年版，第 1090 页。

密组织的政党内部，政党领袖的职位总是被同一群人所牢牢控制。“在德意志帝国，首相的平均任职期限为四年零三个月。而在社会党各部任职的官员中，我们发现同一批人在同一个岗位上连续任职竟长达四十年之久。”①可见，在政治以及社会治理领域，真正拥有政策问题建构权的人往往并不是那些活跃于前台的总统或首相，而是那些处在官僚制组织层级结构高层的政治家和管理者，他们是真正的领袖，是以技术精英的面目出现的领袖。

这样一来，我们在现代政治以及社会治理过程中所看到的一幅景象就是：一方面，通过民主的方式选举出职业化的政治活动者，他们是代表，多数情况下也因为是代表而成为议员。一旦这些被选举出来的专门从事政治活动的人进入了职业体系之中，就被强行地纳入到了官僚制组织体系之中，并在组织的阶梯中一步步地从一般技术专家而攀登到技术精英的位置上。另一方面，一些人不是通过政治的途径而进入政府成为职业官僚的，他们在一开始就是凭着技术和科学知识而被选拔到一定的岗位上，并以某些方面的专业知识和技术去开展社会治理活动。这些人也同样是在官僚制组织的阶梯上不断地向上攀登的，一直攀登到成为技术精英的位置上。这是两条有所区别的道路，却殊途同归，在这两条道路上一步一步地攀登到顶点的人都变成了技术精英。正是这些技术精英，牢牢地控制了政策问题建构权。

三、政策问题建构理性化的后果

近代政治以及社会治理要求一切需要得到政治的以及整个社会治理体系去解决的社会问题都需要首先转化为政策问题，然后，才能进入政策过程。在谁应拥有政策问题建构权的问题上，根据民主政治的设定，是人民拥有政策问题建构权。如果说人民这个概念是宽泛的、模糊的和缺乏内涵的话，那么说公民、公众拥有政策问题建构权则是不应有疑义的。事实上，在近代以来的民主制度设计中，权力的归属是一回事，而权力的行使则是另一回事儿。比如，在实际的政治过程中，公民只能在代议制框架下通过投票去选举出自己的代表代为行使权力，而一旦这些被选举出来

① [德]罗伯特·米歇尔斯：《寡头统治铁律》，任军锋等译，天津人民出版社 2003 年版，第 85 页。

的代表成为职业化的政治活动家，也就成了政策问题建构的专家。职业政治家专门从事政策问题建构的工作，也因此而垄断了政策问题建构权。

现代社会也是一个以分工为特征的社会，每一个人都处在社会分工体系之中。当代表专门从事政策问题建构的事业时，也可以理解成是与选举了他的那些选民之间构成了分工关系。结果，代表成了一种职业。当代表成为职业政治家后，必然会被结构化到官僚制组织之中，在官僚制组织中再度实现分工。当然，在近代以来的分工结构中，社会治理体系内部也形成了这样一种分工，那就是政治部门在分工系列中承担着政策问题建构、政策制定的职责，而行政部门则承担着政策执行的职责。我们在谈论官僚制的时候，更多地是指向行政部门的，其实，政治部门也同样是按照官僚制的方式组织起来的。在政策问题建构和政策制定等整个过程中，都是基于官僚制组织的平台而展开的。所以，那些被选民选举出来的代表一旦成为职业政治家，也就进入了官僚制组织这样一个技术等级体系之中，并在政策问题建构、政策制定的整个过程中都遵循着技术理性。

就政策问题建构而言，技术理性实际上表现为职业理性，应当说是由专业化的政治家集团所掌握的职业理性。为了使这种理性不受到干扰，就必须在一个封闭系统中进行。所以，无论政治系统在表面上与公众之间保持了何等密切的联系，而在事实上，却是一个封闭性的系统。特别是在政策问题建构方面，表现出了高度的封闭性。造成这种封闭的原因：第一，出现了职业化的政治家集团；第二，只有这个职业化的政治集团而不是公众才能掌握和运用技术理性；第三，虽然社会问题产生于社会之中，但那是一种经验事实，当社会问题向政策问题转化时，必须进行理性加工，如果不对各种各样的干扰作出排除的话，就无法使政策问题建构过程合乎理性的标准和达到理性的要求。所以，政策问题建构是一种专业性很强的活儿，必须由职业化的政治家们依据其掌握的技术理性来加以承担，而且需要在一个封闭系统中承担。这样一来，政策问题建构过程也就是发生在一个封闭系统之中的了。

尽管政策问题是关系到公众切身利益的事项，但由公众选举出来的政治家们却因为在封闭系统中专门从事政策问题建构和政策制定，也就脱离了公众。在这种情况下，公众的权利就是：每隔几年扮演一次选民的角色，通过自己的选票去选择他们的代表，让代表进入政治系统，成为职业政治家。然后，就等待着接受这些代表为他们做主。而代表们则运用技术理性去决定哪些问题可以建构为政策问题，那些与公众切身利益相关的事项，却极有可能受到了忽略。总的说来，当政策问题建构是在一个封闭系统中进行的时候，既使技术理性的优势得到最大程度的体现，也增强了掌握技术理性的政治家群体的职业神秘感，而且这种职业神秘感本身就是一种权威。这样一来，职业政治家们对社会问题无论作出了什么样的解读，都会被认为是正确的。即便他们作出了完全错误的解读，也只能在经历了一个较长的时间段后才会被发现。所以，并不是因为职业政治家们掌握了技术理性而使他们比公众高明，而是因为他们在运用技术理性的时候使系统封闭了起来，是因为政策问题建构过程被搞得神秘兮兮而反衬出了政治家的高明。

在政策问题建构方面，理性与非理性只有一步之遥，至少表现出来的情况是这样的。现实情况往往是，为了使技术理性的运用得到保障所营造出的封闭系统总是使政策问题建构的目标和性质发生异化，即把出于解决社会问题的政策问题建构行动转变为政治家职业群体对社会的统治。当政策问题建构是在一个封闭系统中进行的时候，而且由职业化的政治家集团所垄断的时候，那些本来应当通过政策问题建构去解决的紧迫的、严重的、消极影响极大的社会问题却得不到解决，反而会成为政治家们巩固其权力和地位的机遇。也就是说，职业政治家们往往不是通过政策问题建构去解决那些社会问题，而是试图把政策问题建构作为其强化统治的手段。

所有这些，都是由政策问题建构系统的封闭性带来的。我们看到，一方面，是因为技术理性的运用必须建立在一定的控制条件下，出于控制的需要而使得系统变得封闭了；另一方面，是由于政治活动的职业化而导致了系统的封闭性，因为一切职业群体都具有天然的排外倾向，都会要求职业群体相对于外部的封闭，政治家职业群体也不例外。结果，政治系统变得封闭，尤其是政策问题建构过程，显得极为封闭。封闭的第一特征就是保守秘密，只有保守秘密才能使封闭成为可能，也只有保守秘密才能增强职业神秘感，才能建构起和维持住权威。结果，也就自然而然地走向对社会、对公众的统治。这就是韦伯所说的，“凡是越来越强调保守‘官方机密’的地方，我们就可以认为那是统治者打算勒紧统治缰绳或者他们感觉统治受到了威胁的征兆。但是，任何支配，只要确立为一种持续性的支配，必定都会在某个关键环节上成为秘密统治。”①封闭是为了支配，支配必然伴随着封闭，政治活动的职业化所演绎出的正是对大众的支配。由于技术理性的引入，这种支配也被称作为“技术统治”。

在近代社会的职业化过程中，在技术理性的目标异化刚刚显现出来时，涂尔干就试图通过职业伦理的建构去解决这些问题。涂尔干非常强调职业伦理的重要性，他指出，“从某种意义上讲，个体可以自行其是，摆脱所有的社会约束，也可以不受道德约束的束缚。然而，职业伦理却不可能摆脱所有道德体系的基本条件。既然社会作为一个整体，对职业伦理没有什么兴趣，那么社会中就必然还有各种专业群体，它们包含着这些道德，而它们的使命就在于保证人们遵守这些道德。这些群体惟有通过把具有同一职业的个体或职业群体结合起来，才能得以形成。”②

对于涂尔干的贡献，我们可以作出这样的解读，那就是希望通过实践理性去矫正技术理性的后果，以求防止技术理性走向非理性，或者说，希望杜绝技术理性导致反理性的结果。然而，涂尔干的贡献并未在社会发展——特别是职业化——的过程中得到充分的重视，更没有转化为制度化的职业规范。因而，才会出现普遍性的职业群体封闭化的问题。所以，在社会治理的领域中，政治家群体也打上了职业封闭性的烙印。政治家们所承担的主要是政策问题建构和政策制定的职责，由于他们是通过职业活动去承担这些职责的，以至于政策问题建构和政策制定也就是在封闭系统中进行的。反过来，社会治理过程也变成了每日每时都在制造技术精英的活动，而技术精英更以自己所掌握的技术理性而获得了傲慢的资格，他们垄断了政策问题建构权，让政策制定脱离了公众，使政策问题建构和政策制定从属于他们的统治要求，至于公众切身感受到的社会问题，至于公众受到什么样的社会问题困扰，都变得不再重要。

当政策问题建构和政策制定笼罩着专业主义的气氛时，当技术理性事实上造就了一个统治结构时，公众的自由被重新套上了枷锁，处在受支

① ［德］马克斯·韦伯：《经济与社会》（第二卷）（下册），阎克文译，上海人民出版社 2010 年版，第 1091 页。

② ［法］爱弥尔·涂尔干：《职业伦理与公民道德》，渠东、付德根译，上海人民出版社 2001 年版，第 9 页。

配、被压迫的地位上，更不用说公众已经被完全剥夺了政策问题建构权了。在现实的政治生活中，作为选民代表的政治家们表面看来也可能会时常与选民保持联系，在口头上也会宣示他们如何让政策问题建构反映选民的利益，但从职业化的视角来看，政治家们的这些做法其实只是韦伯所说的一种对职业的“经营”。也就是说，代表所关注的并不是选民的真正利益，更不是公共利益，而是出于维护和巩固自己作为代表的地位之需要，他们唯一的目标就是要争取连任。

密尔描述了议员职业化之后出现的一幅景象：“议会议员的职务本质上将成为一种职业，和其他职业一样，从事它的人主要着眼于金钱上的获利，而且受到一种本质上不稳定的职业的令人沮丧的影响。它将成为低等阶级的冒险家们所想望的目标：六百五十八人占有着议会席位，另外十倍或二十倍的人在期待着这种席位，依靠着对选民作一切许诺，诚实的或不诚实的，可能的或不可能的，并彼此争着煽动最下流的那部分群众的最卑劣的感情和最无知的偏见，就会不断地喊出高价来吸引或保住选民的选票。”①韦伯也描绘了职业政治家经营选票的景象，指出国会议员和国会里的党领袖在需要有政治行动的时候都知道如何向地方望族求助。根据韦伯的看法，政府部门的一切措施都会考虑到对选举的影响，“为了连任，议员也必须维持和地方望族的结合。”②阿诺德在对美国国会的观察中也发现了议员在政策问题建构中所运用的独特技巧：“议员和联盟领袖必须评估公民在国会提出的不同政策议案的偏好和潜在偏好。议员需要知道通过一个新的议案是否可能导致一场抗议风暴从而可能威胁到他们的政治职业生涯、预测某个复杂的议案的某些很小的部分是否可能最终触犯他们的某些选民从而导致他们减少政治支持度，以及认识到哪个议案可能广受他们的选民欢迎从而他们能够适当地摆正立场。对于每个国会议题，议员需要估计他们的选民中哪些可能有一天获得政策偏好，这些选民是如何可能因该议题而分化，以及他们可能对之感知有多深。”③这些技巧其实是政治家们必须掌握的一些技术知识，依靠这些技巧和对专

---

① [英]J.S.密尔：《代议制政府》，汪瑄译，商务印书馆1981年版，第170页。

② [德]马克斯·韦伯：《学术与政治》，钱永祥等译，广西师范大学出版社2004年版，第234页。

③ [美]R.道格拉斯·阿诺德：《美国国会行动的逻辑》，邓友平译，三联书店出版社2010年版，第19页。

业知识的运用，那些富有经验的议员也就实际控制了会议的议题，操纵了整个局势。

另一方面，在技术精英高超的技术与政治技巧的运用中，普通选民是难以跟上精英的步伐的，更不可能扭转精英控制的局面。在代议制框架中，公众只能根据政党宣示的路线而在代表候选人中作出选择，而在实际的政治活动之中，政党所宣示的路线、公众的偏好等与议员的行为间只有极其微弱的联系，因为，没有什么东西可以保证议员遵守他所在政党曾经作出的承诺。同时，公众本身也时常表现出了非理性的特征，如态度经常摇摆不定，参与能力不足等。正因为如此，技术精英往往对公众的理性表达了诸多疑虑，“这种疑虑类似早期的保守主义倾向反对启蒙主义。民主的公共生活被指责为虚伪的、动摇的和昙花一现的幻想。它非但没有成为国家必不可少的原则，反而被看作把国家引入歧途并且置它于连绵不断的动乱中。这种指责同时还起了替按官僚主义原则管理公共舆论辩护的作用。鉴于民主的公共生活对当前秩序的稳定性造成迫在眉睫的威胁，正在篡夺权力和或许失去了理性的公众不断地被劝告不要超越消极的顺从。一切生活领域的非政治化被视为恢复民主秩序的一个必要条件。从此开始，公共事务更加安全和有效地受专业管理人员的领导，只不过偶尔受到据说没有能力领导独立自主生活的公众的牵制。”也就是说，“在一个民主政体中人民选择他们信赖的人。接着，这个被选中的人说，‘好了，闭上你们的嘴，听我的’。”[①]这就是现实的政治景象，公众选举了他们的代表，而代表进入职业政治家集团后则成了技术精英。正是因为成为技术精英，也就获得了无视公众要求而自在自为地开展政策问题建构的权力。

总之，在政策问题建构理性化的进程中，公众失去了在国家政治生活中的话语权。根据美国的小尤金・约瑟夫・迪奥尼(Eugene Joseph Dionne)的看法，美国人之所以对政治不感兴趣，其原因恰在于此。各政党已不再代表普通公民的观点和利益，精英们主宰着政治程序，以至于普通人觉得不真实的议题随处可见。“这些让对立的意识形态双方都做出刺耳的

---

① [英]约翰・基恩：《公共生活与晚期资本主义》，马音等译，社会科学文献出版社 1999 年版，第 178 页。

忠诚宣誓的议题，似乎与大多数人面临的日常生活没什么关系。”①我们知道，民主生活需要建立在公众辩论的舞台上，然而，封闭的政治系统却在技术精英主导下排斥了公众辩论，让公众变得对公共事务越来越无知。

在政治活动职业化的条件下，在分工所造成的不同群体之间的鸿沟不断拉大的情况下，“精英只与自己人交谈，原因之一就是缺乏促进跨阶级广泛交流的机制。公民生活需要让人们以平等的身份交往，不去考虑彼此的种族、阶级或原来的国籍。由于从政党到公园和非正式聚会场所等公共机构的衰败，对话已经差不多变得和知识生产一样专业化了。社会各阶级都使用各自的语言与自己人交谈，外人无法介入。他们只有在典礼仪式或法定假日里才会彼此接触。游行和其他类似活动无法弥补非正式聚会的缺乏。甚至那些乍看起来与政治或公民艺术毫无关系的家、酒店和咖啡店，曾为海阔天空且自由随意的、让民主蓬勃发展的对话提供了空间，而今它们也快不复存在了，因为人们的聚会场所改成了购物中心、快餐店和外卖店。我们的饮食也越来越与礼仪和仪式没有关联，变得极为功利化，总是匆匆忙忙解决了事。我们快节奏的生活习惯使我们根本没有时间，更重要的是没有空间好好交谈，即使在提倡促进交流的城市也是如此。”②

第三节 政策问题建构专业化对民主政治的影响

近代以来的整个社会发展都包含着专业化的向度，政策问题建构也同样经历了一个专业化的历程。专业化把启蒙思想中的科学内涵发掘了出来，从而把技术专家推入社会治理的中心。在政策问题建构以及政策制定过程中，技术专家获得了垄断权，确立起了话语霸权。与此同时，政治精英要么把自己武装成技术专家，要么向技术专家缴械投降而做技术专家手中的玩偶。至于公众以及他们的意见，则因为缺乏专业知识的支持而总是被排斥在政策问题建构过程之外。从上述的考察中可以发现，

① 转引自[美]克里斯托弗·拉希：《精英的反叛》，李丹莉译，中信出版社2010年版，第82页。
② 同上书，第87页。

在社会等级制的条件下，臣民是不可能获得政策问题建构权的，即使在民主体制得以确立的情况下，公众也需要通过他们的代表去行使政策问题建构权。一旦公众把政策问题建构权交由代表去行使，政策问题建构权也就不再是一项权利，而是以权利异化形式出现的权力。因而，政策问题建构不再是公众应有的权利，而是由少数人掌握和行使的权力。结果，公众参与被认为是没有意义的事情，民主也走向了衰落，代之而起的是科学的兴起。专业化是政策问题建构科学化的原因和动力，在促进社会治理科学体制生成的过程中而彻底地剥夺了公众的政策问题建构权。

一、政策问题建构的专业化

18 世纪的启蒙运动给人类带来的最为伟大的成就就是理性。如果说启蒙思想家们对近代以来的基本社会制度和生活方式作出了设计的话，也是因为其中所包含着的理性而使这些社会建构方案有了似乎永不衰退的魅力。理性所提供给我们的是一种思维方式，有了这种思维方式，人们在社会建构中所展现出的一切创新都能够沿着启蒙思想家们开辟的道路前进。即使近代以来的所有社会建构方案都遇到了致命的挑战，基于理性的思维方式也会极力维护之。也就是说，近代以来的整个社会发展都是理性运行的成果，不仅所有的社会建构都是理性的建构，而且一切呈现在我们面前的社会发展成果也都体现了理性和包含了理性。社会分工是理性的，对社会的治理也是理性的，在社会治理中所选择的各种路径和所有手段也都是理性的。理性造就了专门知识，理性反映在职业活动中，理性培育出了掌握专门技术的专家。因而，在社会生活的每一个领域中，我们都可以看到专家的身影。

有了专家，我们所从事的每一项事务都可以得到专家的指导，我们甚至希望与我们相关的一切都由专家去作出安排。在政治生活中，在社会治理过程中，向专家咨询或让专家直接参与其中，已经成为一个普遍性的事实。专家意味着技术，进而，也意味着科学。在任何一项得不到专家参与的事务中，其科学性都会受到质疑，也会被认为是缺乏技术含量的。随着社会治理更多地求助于政策时，政策问题建构以及政策制定过程中的技术也逐渐地把政治笼罩在其阴影之中，甚至让人们感觉到这完全是一项技术性的活儿。所形塑出来的社会治理模式也表现出这样一种情况：不是技术从属于政治，反而是政治需要听从于技术。所以，在政策问题建构过程中，不仅需要由专家来主持，而且政治家们也需要扮演专家的角色，或者说政治家们需要努力使自己变成专家。结果，不仅公众的政策问题建构权被无情地剥夺了，对于作为公众代表的政治家来说，如果不能使自己成为专家的话，也会被排斥在政策问题建构过程之外。

如果希望为政策问题建构专业化和科学化找一个具有起点意义的历史性事件的话，我们看到，欧洲中世纪后期出现了一次大瘟疫，瘟疫的流行让人们深深地感受到神启的知识不能解决问题，于是求助于技术知识。这可能是用科学代替神意的开始，也可以看作是近代理性主义的滥觞。从16世纪到18世纪，科学知识以及技术理性逐步被应用于制度设计，从而把社会的发展置于一个新的平台上，或者说，开拓了社会发展的新空间，塑造出了今天人们所拥有的现代西方社会生活形态。在近代早期的一个较长的历史阶段中，尽管宗教的神启知识以及手工艺在几个世纪的时期内依然顽强地存在了下去，但科学知识与技术理性的成长也是非常迅速的。到了18世纪，科学知识与技术理性在量上的积累已经达到了足够向旧世界发起总攻的程度，因而，出现了启蒙运动，并通过资产阶级革命开辟了新的世界。始于中世纪后期的现代化进程是由三个方面的力量共同推动的，它们是科学技术发展、思想启蒙和资产阶级革命。科学技术和思想启蒙都直接地对理性作出了诠释，资产阶级革命虽然在形式上并不能看作是理性的展现，而其目标则是要建构起一个不再是神启的而是理性的世界。所以，对理性的追寻以及对理性加以无限张扬的要求都是现代化的主题。反过来，理性为科学技术的发展和民主制度的建构提供了基础性的支撑，也提供了无穷尽的动力。所以，理性即是现代社会的全部奥秘所在。

当理性取代了神意后，畅想科学技术的发展和社会治理领域中的专家治理就自然而然地走进了人们的视野和受到了人们的关注，并成为思想的主题。从思想史上看，笛卡尔是较早通过对理性的阐释而去向往科学技术发展前景的人，而培根则表达了技术专家治国的憧憬。在《新大西岛》（亦译为《新亚特兰提斯》）中，培根描述了一个虚构的岛上的乌托邦国家，表达了技术精英治理的理想。这显然是一种新的治国理想，完全不同于那个被奉为欧洲思想传统的“哲学王”。在培根的这个理想国家中，繁荣和幸福取决于而且也直接来自于集中精力从事科学研究。这表明，在培根的观念中，科学技术的兴起和发展已经是在历史的行进中所获得的一种新的社会特征。不过，在把科学和技术治国这一理想转化为实践方案的设计方面，是圣西门作出了最初的尝试。在思想史上，人们一般认为，圣西门的工作是对培根哲学的进一步阐释，或者说，圣西门把培根的思想转化成了具体的规划。的确，在圣西门所构想或创立的“实业制度”中，牧师和政治家被要求由科学家和技术人员来置换，圣西门所构想的是由科学家与技术人员主导国家治理，即由技术人员对国家实施管理活动。显然，在圣西门的这一治理方案的设计中，如果说国家治理中包含着政策的话，那么，政策问题建构也必然是由技术人员主宰的。

既然现代社会是建立在理性的基础上的，既然科学知识及其技术是这个社会的支撑力量，那么，掌握了科学知识以及技术的人也就成了理性的化身。在社会治理方面，由这些理性的化身去主持也就是理所当然的事了。从近代社会的发展史来看，大致到了 19 世纪 60 年代，随着工业化进程取得了长足进展，产生了一个新的脑力劳动者阶层，这就是技术专家。或者说，如果排除了身份因素的话，脑力劳动者与体力劳动者的分化大致是在 19 世纪中期完成的。这一脑力劳动与体力劳动的分工模式的确立，使脑力劳动者可以专心致志于掌握和应用科学技术知识，并通过对科学技术知识的应用而获得对整个社会的统治和支配。

脑力劳动与体力劳动的分工是与近代以来整个社会大分工的趋势一致的，而分工本身就是专业化，在一切分工的地方都造就出了专家。在近代以来的社会背景下，所谓脑力劳动者，也就是在自然以及社会等各个方面掌握了科学技术知识的专家。在社会治理的领域中，他们是专业化的掌握了治理方面的知识和技术的专家。正是在 19 世纪中期，社会治理表现出了对技术专家的依赖，“在 1837 年至 1848 年间，英国的政府发挥了前所未有的干涉作用。到 1858 年，建立了 16 个委员会，分别调查贫民救济、公共健康和卫生、铁路和工厂制度、囚犯教育、矿山和移民等项事务。这些委员会在调查后向议会和政府提出证词和数据，作为政府制订政策的参考依据。”①政府机构出现了提供专业知识的委员会，毫无疑问地造就出了专家，让专家基于其所掌握的专业知识去开展政策问题建构，至少

① 沈汉、刘新成：《英国议会政治史》，南京大学出版社 1991 年版，第 305 页。

是要求专家在政策问题建构中发挥影响力。

到了19世纪后期,由技术专家担负社会治理的行动开始逐渐地转化为了制度安排,其标志性事件就是“彭德尔顿法”的通过。一般认为,这个“法案”意味着文官制度的确立。所谓文官,无非是职业化的专家集团,是社会治理中的一支专门从事行政管理事务的专家队伍,构成这支队伍的成员都是行政技术方面的专家。如果说“彭德尔顿法”催生了文官这一技术专家集团,那么,这个技术专家集团究竟应当掌握什么样的技术,也就必然会作为一个问题而被合乎逻辑地提出来。历史的发展正是如此。到20世纪初,一批进步的改革家不加掩饰地提出采取理性计划,倡导在公共计划和理性政策发展中使用社会科学方法。他们甚至把政治过程贬为非理性的,要求用经过科学规划的决策程序去替代或消除政治过程的非理性。这就是人们常常提及的进步主义运动。

在某种意义上,进步主义运动张开了双臂去拥抱科学管理原理,将其引入公共部门。作为进步主义运动代表人物的沃尔特·李普曼在要求把弗雷德里克·泰勒的科学管理原理引入公共部门方面表现得无比激进。他认为,在公共部门中,纪律和辛苦工作是第一位的,在评价公共部门中的机构时,就应当像评估机器的投入—产出比一样,要准确地分析和确定利润与成本之间的关系。在进步主义运动的推动下,科学管理的精神深深地渗入了公共行政之中。多年后,德怀特·沃尔多在谈到这一历史事件时作了这样的评价:“科学管理和公共行政是同一现象的相互关联的两个方面,这一现象是将科学的方法与精神扩展到人类关注的更广阔范围的运动。”①

1906年,美国的市政研究运动兴起,它是进步主义运动的一部分,市政研究运动的主将也基本上是进步主义运动的领导者。“他们对科学的吸引力和前景非常敏感,并且相信将事实发现作为科学的方法,作为一种解决人类问题的充分模式。他们接受了,同时也推动了,政府的新的实证意义,以及近乎于一个有计划的且管理良好社会的观念。他们憎恶‘坏的’商业,却在商业组织和程序中发现了一种公共事业的可接受的蓝本。”②面对长期困

① Dwight Waldo, *The Administrative State*, New York: The Ronald Press Company, 1948, p.47.

② Ibid., p.32.

扰纽约的腐败和管理问题，他们深信科学管理的思想能够直接应用于政府改革。“市政腐败和无效率，在很大程度上是因为群众和公务员没能抓住效率原则和有序管理的核心所造成的。这是可以在严格的数据收集和科学评估中找到解决方案的”。[①]基于这一信念，纽约市政研究所提出了改革规划，主要内容就是引入科学程序。

要求引入的科学程序主要是基于详细的财政会计系统(包括对市政官员的责任和义务)进行典则编纂，同时，对市政官员的行为以及人员和设备等进行成本分析，还包括对城市中无序人员的数量、财政审计的频率、牛奶供应的状况等方面进行评分。“总体而言，城市在 1 300 个标准问题上被评估”，他们被“建议去编纂他们工作的所有方面的典则，以便发现‘无效’的行为并加以消除。”[②]在此过程中，进步主义者还用实际行动进一步诠释了威尔逊的政治—行政二分原则，那就是让制定公共政策的权力从议会中剥离出来，交由专家组成的管制委员会以及专业的城市管理者去行使这种权力。虽然还无法判断当时就有了使政策问题建构科学化的明确追求，但这种做法无疑会达成这一效果。或者说，以当时的情况，进步主义者主要是想让政策问题建构以及政策制定更少受到纷乱的政治意见的干扰，而客观效果则走上了政策问题建构和政策制定科学化的道路。正是在此背景下，1919 年，美国工程师威廉·史密斯发明了“技术专家治国”(technocracy)一词。

“新政”是政策过程科学化历史上的一个重大事件。就新政而言，面对经济颓势的“大萧条”局面，罗斯福政府大力推行公共计划，以求经济快速复苏。其实，当时存在的问题并不是应否实施公共计划，而在于公共计划的形式以及如何实施公共计划。为完善政府的公共计划项目，政府努力增强和扩大统计数据的收集，并在此基础上提出了更为全面的经济和社会计划方案。为了使这一点能够得以顺利展开，政府也就不得不求助于专家，以至于后人在总结“新政”时期的创新举措时，总会提到罗斯福的著名“智囊团”。事实上，罗斯福深受其顾问的影响，而且开始在公开场合越来越多地使用技术语言，如“社会实验”、经济“集体主义”、“政府计划”

---

① Frank Fischer, *Technocracy and the Politics of Expertise*, Sage Publications, Inc., 1990, p.81.

② Ibid., p.82.

等，都是在罗斯福的演讲中经常使用的新词汇。

雷克斯福德·特格韦尔（Rexford Tugwell）是最热心的计划倡导者，他甚至预测到了以“计划经济”代替资本主义“商业系统”的需要，同时，他也倡导政府的政策制定应交由具有科学计划能力的独立精英集团去做。在特格韦尔离开“新政”时期的联邦政府去担任纽约市计划委员会主席一职后，“技术专家治国”的思想得到更详细的阐发。1939年，特格韦尔在一次讲话中明确提出了将计划专家纳入政府中的一个独立部门的想法，并认为这些专家应与其他部门中的工作人员享有同等的地位。他甚至建议将这一专家机构命名为“直接部门”，设想这一部门所雇用的应当是掌握最新科学和技术的专家。“正如司法部门中的成员一样，应给与这些专家以长期职位，以保证他们远离政治影响。”①这些设计显然是合乎文官制度的逻辑的，而且，也正是这种方案，使得文官的专家属性更为清晰地显露了出来。

进步主义运动与“新政”营造了重视技术专家的氛围，也许这种对技术专家的重视促进了整个社会也开始荡漾一种可以称作为“专家主义”的意识形态气息。至此，近代以来的专业化历程开始收获了“专家”这一成果。在专家近乎被神化的条件下，专家治国也就是理所应当的事了。所以，特格韦尔的贡献只不过是点破了“专家治国”的历史趋势，将这一点作为一个明确的主张表述了出来，尽管他在提出这一主张的时候还是直接针对政治而言的，那就是让“远离政治、出于兴趣而科学工作的专家”治理国家。然而，正如古德曼所说，虽然特格韦尔仍然带有早期进步主义者对科学技术的态度和追求，但得益于“新政”，“技术专家治国开始以其鲜明的特征在联邦政府的官僚机构中出现了。之前还仅仅是一种理论，而现在已开始在组织实践中成形”。②

二、技术专家对政策问题建构权的垄断

“新政”确立了技术专家在政策问题建构中的地位，也促使政府在整个行政管理过程中都更多地求助于技术专家。这为“二战”后美国政府中技术官僚的大规模发展奠定了基础。实际上，“二战”之后，技术专家已经

---

① Frank Fischer, *Technocracy and the Politics of Expertise*, Sage Publications, Inc., 1990, p.90.

② Ibid., p.91.

成为一个新兴的社会阶层，尤其是在政策问题建构中，发挥着举足轻重的作用。我们已经指出，在“二战”期间，技术专家在行政机构中受到了重视，这也刺激了新的行政设备和技术的广泛应用。

作为一个新的社会治理现象，技术专家在实践中的广泛介入无疑会受到学者们的关注，因而，相应的理论研究也很快在学术界扩散开来。同时，战争所带来的债务问题也激发了政府预算制度的改革，从而要求技术专家来帮助政府建立更为科学的预算制度。随着“二战”的结束，当许多曾经在政府计划部门中发挥了重要作用的学者们重操旧业后，也将自己在“二战”期间的政府工作经历应用于学术研究之中，从而提出了许多更为实用的可以用来指导政府运行的思想和观点。至此，政府内外都成了技术专家的天下，也就使得政府获得了广泛干预经济和社会的能力。也正是在这一时期，凯恩斯主义的干预模式得到了广泛接受。这说明，一方面，经济和社会的发展提出了政府干预的要求；另一方面，政府由于拥有了大批技术专家以及帮助技术专家开展行动的理论，也树立起了干预经济和社会的信心。特别是在“冷战”时期，技术专家更是被作为制胜的武器来加以使用的。

由于美国在“二战”期间的优异表现以及战后它在国际社会中所确立起来的霸主地位，使得很多国家对“美国模式”推崇备至，进而将美国模式确立为自己的理想。也就是说，很多国家认为美国已经实现了或者基本上实现了“好社会”的目标，而这一情形恰恰需要归功于技术进步的力量所造就的史无前例的极大物质繁荣。很多学者甚至认为意识形态方面的争论已经没有意义了，余下的问题只能是技术性的。“到了意识形态靠边站并为社会工程师让路的时候了。政策科学中的技术专家前方的工作很大程度上只是更好地运作公司资本主义的技术引擎的问题了。”①技术专家在社会治理领域中的全面入侵还包含着影响更为深远的内涵，那就是，出于对技术的高度崇尚，使来自于19世纪传统的公私部门间的制度障碍开始变得模糊，或者说，技术突破了公私界限。因而，私人领域中的许多做法都可以原封不动地引入到公共部门中来，

① Frank Fischer, *Technocracy and the Politics of Expertise*, Sage Publications, Inc., 1990, p.95.

而公共部门中的权力支配过程也在私人部门中因为其官僚制的典型化而得到了效仿。可以说，自战后起，科学的发展和技术的进步都迅速地被引入到了社会治理过程之中，特别是在政策问题建构以及政策制定方面，专家逐步地占据了支配性的地位。在此基础上，技术专家治国也就成了一个不可阻遏的趋势。

对技术专家治国进行剖析，可以发现，其中包含着一种技术至上主义的信条。在某种意义上，我们可以说工业社会因此而经历了一次意识形态转型。如果说中国的“五四”运动把启蒙思想概括为“科学”（赛先生）和“民主”（德先生）是准确的话，那么，就西方来看，近代早期实际上奉行的是民主的意识形态，而在20世纪，则改宗为科学了。技术主义作为一种意识形态而登上了历史舞台，意味着科学替代了民主。因而，所反映出来的是新旧意识形态的更迭。技术主义意味着科学的宗派开始占据了上风，或者说，从原先民主的阴影下走了出来，开始让民主从属于科学了。虽然决策系统还没有完全实现技术化，但技术结构以及技术专家治国已经成了美国政府机构、公司部门、综合性大学等的主色调。

由于知识精英与技术专家在国家治理体系以及决策过程中占据了核心的、不可或缺的位置，技术专家也就确定无疑地成了政策过程中的一种新的权力系统。比如，战后建立的经济顾问委员会就充分地体现了对技术的高度重视。受到凯恩斯干预经济政策的影响，这个为总统提供建议的机构开始赋予技术转型以具体的含义，而且也很快地发展出了政策技术。在肯尼迪政府中，经济顾问委员会中的经济学家甚至成了事实上的权力执掌者。在这一时期，可以经常地看到新闻记者以及其他政治栏目的作家将此奉为“新的圣职”。不仅经济学家的这一新的地位令人印象深刻，而且社会学家和政策科学家也开始努力描绘这种新的专家模式，使得其影响迅速地扩展到和遍布于几乎所有的领域。

肯尼迪1962年在耶鲁大学的演讲中谈道：“我们大多数人多年来都一直有一个政治的视野，共和党的或民主党的——无论是自由的，保守的，还是温和的。事实是，我们现在面临的大多数问题是技术问题，是行政问题。它们需要非常精确的判断，它们不再具备在过去曾经常性地搅动整个国家热情的特征。现在，处理这些问题往往要超出大多数人、大多数政府行政人员的理解阈限，在处理这些问题的过程中，专家的观点也可能存在分歧，但是，我们仍然使传统的政治系统有效地运转着。”①对于肯尼迪的这篇演讲，人们认为其中暗示了技术专家治国的成功，所表达的是对技术专家在权力的最高层取代了传统的政治力量这一现象的肯定，甚至可以理解成对技术专家治理的赞赏。

由此可见，技术专家不仅在新政时期非常活跃，而且在肯尼迪政府中所扮演的治理角色也非常成功。在肯尼迪之后，约翰逊政府更是表现出了对专家的高度依赖，不仅在“越南战争”和“反贫困战争”中，而且在“伟大的社会”计划中，甚至在整个联邦政府的预算决策技术专家系统——计划、项目和预算系统(PPBS)中，社会科学家们都发挥了重要作用。正是源于这项重要的创制，公共政策科学诞生了。政策科学的诞生代表了政策研究科学化进入了一个新的阶段，这是“改革的专业化”发展的结果。当政策研究明确地打出了追求科学的旗号时，专家也就正式走上了政策问题建构的圣坛。在“大政府”和技术复杂性的背景下，政治决策很快被限制在高层的组织和技术精英手中。在政策问题建构的理论研究和实际行动中，“民主参与”很快就被人们忘却了，专家治国则成为政治以及整个社会治理科学化追求的标志，也是政策过程的真实写照。

唐·普莱斯在《科学产业》一书中揭示了美国宪政系统面对的深层困境，他认为科学与技术的发展已经铲除了美国政府所建立于其上的传统宪政原则。由于公共部门与私人部门之间的关系变得更为密切，由于社会的复杂性所引发的官僚政府的膨胀，对传统的联邦制衡体制的思维构成了挑战。用普莱斯的话说，“我们传统的反应——自动的政治反射——在处理目前的问题上变得不可靠了。”②面临日益复杂的社会问题，在技术力量大力发展的背景下，普莱斯描绘了一个新出现的“产业”结构，那就是一个由纯粹的科学家、专业人员、行政人员以及政治家构成的新系统，形成了一个新的功能制衡系统，并取代了原先建立在宪政原则基础上的系统。③

公共行政学家怀特在回顾肯尼迪、约翰逊政府时期的做法时感叹这是一个“行动知识分子”的“黄金时期”。所谓“行动知识分子”也就是直接

① Frank Fischer, *Technocracy and the Politics of Expertise*, Sage Publications, Inc., 1990, p.96.

②③ Ibid., p.99.

参与到政府过程中来的知识分子，他们不同于坐而论道的那类知识分子。正是这些新的知识分子，与政治领导人一起出现在了白宫和国会中，扮演起了非常重要的角色，构成了“伟大的社会”的驱动轮。“作为新一代具有问题解决技巧的知识分子，他们寻求‘界定国防，指导外交政策，重新设计城市，消除贫困，重新组织学校’以及更多。这些政策专业人员代表了消除‘政府’与‘真正好思想的主要生产者’之间鸿沟的桥梁。白宫被看作一个传送带，把包装和提炼学者的思想作为项目并卖给国会。”①

总的说来，在约翰逊时期，社会科学家深深地介入到了政府之中，广泛地服务于政策问题建构以及政策制定。约翰逊总统在介绍其“伟大的社会”计划时，将这一点誉为决策中的革命，认为这将有助于计划与协调，能够促使美国彻底地终结贫穷。所以，技术专家治国运动在约翰逊时期达到了高潮。我们发现，约翰逊的“反贫困项目”可能是与政策研究联系最为紧密的政府项目，正是在这一反贫困项目中，“政策知识分子”发挥了突出作用。在某种意义上，反贫困政策为专家直接介入政策问题建构提供了经典案例，在其后的公共政策运动中，学者们对此一直津津乐道。

从约翰逊政府的反贫困项目来看，的确可以看到政策专家在政策问题建构方面所扮演的建构者角色。因为，从文献来看，在约翰逊的“伟大的社会”计划提出之前，美国并没有人对贫困问题表达特殊兴趣。如果说“新政”中包含着强有力的福利措施（包括社会保障、失业保险、公共福利以及公共住房等），那么，战后的福利状况一直有增无减，并不构成贫困凸显的问题。事实上，在60年代早期，并未出现贫困的压力，在反贫困项目提出之前，美国也没有发生因贫困的原因而引发的抗议运动。虽然这时有少量的贫穷黑人到街头游行示威，但这是美国社会的一种常态现象。而且，这些参与游行示威的贫穷黑人所提出的基本上也都是获得公民权的要求，而不是消除贫困。另外，在那些属于主流知识分子的报刊中也很少出现针对贫困的讨论。

由此可见，约翰逊的反贫困项目是在几乎没有政治压力的情况下提出的，而且也迅速地把政策制定者的视线引向了贫困问题。弗兰克·费

---

① Frank Fischer, *Technocracy and the Politics of Expertise*, Sage Publications, Inc., 1990, p.152.

希尔在谈到反贫困问题时说，“它们来自于白宫内部，从本质上看，这场伟大的政府反贫困运动的主要压力来自于肯尼迪与约翰逊政府内部。”根据新保守主义者的看法，“贫困议程是在人员装备良好的知识分子队伍(大多数都是学术型)思考社会改革问题时产生的。一些知识分子是老的新政主义者，但是很多是来自二战后快速成长起来的社会科学家阶层。他们一起构成了新保守主义者称为‘大社会智囊团’的群体。”①这些政策专家享有接近总统约翰逊的简便通道，他们发现约翰逊不仅懂得关于贫困的很多知识，而且希望用之于为其政治服务。所以，在很短的时间内(大概是在约翰逊 1964 年当上总统后的 6 个月内)，就由这些政策专家们所起草的大量项目与议案组成了一个主要的立法项目，并在对贫困开战的旗帜下提交国会。

反贫困项目的主要制定场所是白宫，白宫同时又选派出大量的官员去发表演讲以支持反贫困的立法。一旦这项反贫困法案设立了，白宫和其政策顾问就保留了实施这项政策的主动权。“一方面，经济协调办公室的立法就能保证自上而下地得以完成。这必将是通过赋予由白宫任命的专业行政人员以更大的自由裁量权来实现的。另一方面，新闻媒体充满了来自白宫的事实与辞令，那就是关于国内五分之一人口的贫困处境，而这一群体被宣称为此前受到了严重忽略。”②这样一来，贫困问题很快地就成了主要的新闻靶的。可见，贫困问题之所以被提上了政策议程，并非来自于穷人的诉求，而是因为社会福利专业的技术专家相信这一措施是有效社会行动的必要部分，完全是政策问题建构的结果，而不是在民主的途径中被发现或提出的问题。

其实，新保守主义在当时就已经意识到了政策专家藉此争夺政治权力的意图，并基于这一现实而将政策专家称为“新阶层”。新保守主义对技术专家治国和其政策科学技巧颇多微词，他们抱怨道：政策科学家受到了抽象的模型建构艺术的训练，并不了解实际政治的需要；政策科学家既不能表达政策制定者的意图，也不能讲述普通市民的意愿，因此，是无法生产出“有用的知识”的。然而，当知识和技术在政策制定中发挥着越来

---

① Frank Fischer, *Technocracy and the Politics of Expertise*, Sage Publications, Inc., 1990, p.154.

② Ibid., p.155.

越重要的作用时，知识本身已经成了政策过程中的一种特殊的政治商品，以至于新保守主义者也最终被缴械了，开始对政策科学家的政策问题建构行动表示认可，认为政策科学家们具有一种特殊的能力，那就是："政策专家变成了社会变化中的一支独立力量，他们能够让人们意识到一些政治家和公众都没有看到的'问题'。专家们能够从社会的不均衡中去发现某一问题的存在，并将其告诉人们，进而将其转化为强制性的政治需求。"①

按照新保守主义者的说法，"将这种压力转化为政治改革议程的能力在自由民主改革者的成功中扮演了关键的角色。伟大的社会议程就是一个主要的例子。"②结果，新保守主义者的观点发生了 180 度的转变，甚至劝说更多的传统保守主义者放弃对知识分子的敌视态度。这样一来，在是由政治家治国还是由技术专家治国的问题上，也就有了明确而又一致的答案。不仅如此，新保守主义还为自己设计了行动路线，认为自己应当自觉地投身到技术专家的队伍中去，而不是反对专业知识。正是从这时开始，一直以自由民主精神捍卫者自居的保守主义者接受了技术专家，不再把那些曾经被他们视作为争夺政治权力的"新阶层"的出现看作美国政治中的一种过失。一些新保守主义者甚至提出训练和雇用他们自己的专家的方案。这样一来，保守主义者的原先对手归位了，而技术专家则成了原先两种政治势力争夺的对象。实际上，这是政治的堤坝完全溃决的标志，技术专家已经在政策问题建构和政策制定中获得了主导权，政治家们反而成了技术专家的提线木偶。

美国的"智库"建设大致也是在这个时期盛行起来的，特别是保守主义智库在这一时期得到了大量投资，并在保守主义的政策议程界定方面发挥着核心作用。这一时期比较活跃的智库有"美国企业研究所"、"胡佛研究所"、"美国传统基金会"、"当代研究所"、"自由之家"以及"教育事务研究所"等。我们看到，在一个相对较长的时期内，"布鲁金斯学会"给民主党政府提供了大量咨询建议，而新保守主义智库机构也不甘其后，同样为共和党政府提供了大量服务。到了里根时期，虽然呈现出对新保守主

①② Frank Fischer, *Technocracy and the Politics of Expertise*, Sage Publications, Inc., 1990, p.157.

义智库机构的依赖降低的迹象，因为里根政府认为“很难评估这些研究机构的影响力，但他们在‘里根政府’的决策中所发挥的影响还是非常明显的。‘例如，估计超过三分之二的基金会的政策建议被第一任期的里根政府所采纳”①。

不过，对于政策专家的表现，特别是对技术专家治国的问题，一直存在着质疑的声音。随着 PPBS 在联邦卫生、教育和福利等领域的运用惨遭失败，人们开始对政策过程的片面技术化提出批评。但是，对于技术专家而言，面对这些批评却丝毫无损，而付出代价的则是 PPBS 在 60 年代末被其他制度安排所取代。当然，我们也看到，毕竟一股质疑政策技术专家的声音一直不绝于耳，以至于到了尼克松政府时期，政策知识分子的身影一度从政治的中心舞台上消逝了，似乎尼克松政府的政治基调是由律师和商业人士来定的。然而，“这并不意味着社会科学从政治场景中衰退了。实际上，被重新工具化而转向去界定保守主义的议程了，社会科学在尼克松政府时期仍然发挥着重要作用。”②

大致是从约翰逊政府后期开始，政策专家的活动重心发生了位移，从而造成了上述所说的尼克松政府排斥政策专家的假象。如果说传统的专家多集中于对社会问题的分析和对政策方案的设计上，那么，从约翰逊政府后期开始，政策专家则更多地把精力放在了政策评估方面了。政策专家兴趣点的这种转移首先反映在胡佛研究所和美国企业研究所中，可以说政策评估的兴起是自此开始的。对此，也许人们会以为政策专家的这种表现意味着他们放弃了政策问题建构方面的垄断权，其实不然。因为，随着政策科学的发展，政策问题建构的科学性如果希望得到进一步增强的话，就必须得到政策评估的支持。有了政策评估所提供的结论，就可以使政策问题建构奠基于更为科学的基础之上。所以，政策专家对政策评估的重视反而使他们更加牢固地掌握了政策问题建构权。政策是政府赖以开展社会治理的基本工具，掌握了政策问题建构权也就意味着牢牢地控制了社会治理的主导权，这就是技术专家治国的奥秘所在。20 世纪 80 年代开始，理论界出现了反思技术专家治国的声音，但直到今天，我们仍

① Frank Fischer, *Technocracy and the Politics of Expertise*, Sage Publications, Inc., 1990, p.159.

② Ibid., p.161.

然没有看到技术专家的政策问题建构权受到丝毫削弱的迹象。就此而言，政策专家的政策问题建构权显然是非常稳固的。

三、政策问题建构科学化的反民主性质

在近代以来的社会治理发展史上，政策问题建构追寻科学与技术的步伐从未停止过。进入 20 世纪后，面对社会问题的日趋复杂化，传统的那种政党主导政策问题建构权的局面也显得越来越难于应付复杂的社会问题。这是因为，如果通过民主的途径去发现政策问题的话，就会发现那些根本性的和主要的社会问题往往会被淹没在高分贝的利益表达噪音之中。因此，政治精英必须求助于技术专家和传媒名流，这也就为专家主导政策问题建构提供了机遇。专家控制着专业知识，因为其专业知识而有着普通公众不及的优势，即使是政治精英，也不具有专家们所掌握的知识。

民主制度的设计虽然是为了保证各种意见和各种诉求都能够得到倾听，而在社会问题复杂化的条件下，让不掌握专业知识的人去主导政策议程，显然是不可能求得科学合理的政策问题建构的。事实上，在各种各样的利益诉求演化成了政治噪音的时候，通过民主的途径是无法确定哪些社会问题应当向政策问题转化的。即使在民主的途径中确认为政策问题的一些社会问题，也可能并不是那些主要的和关键性的社会问题。与此相反，在社会问题复杂化的条件下，真正对一个社会及其一定时期有着关键性影响的社会问题往往需要通过专家的分析去使其显现出来，需要在专家的专业术语中得到描述。这犹如棱柱对光线的折射，社会问题是经过专家的眼睛折射出来的。表面看来，最终的决策方案依然是由政治家作出选择，但专家却界定了他们进行选择的框架，而且通过阐释不同的方案以及选择的具体可能性而对政治家产生影响。

所以，实际上是专家们主导了政策议程。“行政与技术专家，在当前的对问题的思考的过程中完全占据了主导地位。人们只能透过一个过滤器——专家们用这个过滤器来抵抗任何形式的政治干预——来看问题。”①正是在此意义上，专家被描述为政策问题建构中的“隐蔽的层级”，在政策问题建构中发挥着实质性的影响。随着专家的身影出现在了政策

① [法]米歇尔·克罗齐耶:《法令不能改变社会》，张月译，上海人民出版社 2008 年版，第 169 页。

问题建构舞台的中心，政策问题建构权发生了根本性的转移。在代议制中，由代表构成的政治精英享有政策问题建构权，在对理性与技术的追求中，技术专家悄悄地从政治精英手中夺取了实质性的政策问题建构权。行政部门作为专家的集中之地，渐渐取代了政治领域而成为政策问题建构权施展的主要场所。“经过技术训练的行政和政策专家，至少在主要的时间段中决定着经济和社会政策的方向以及发展进程。”①

技术专家夺取政策问题建构权的过程也是民主走向衰落的过程。我们看到，长期不变的一点是，议会是意愿表达并加以综合的场所，在议会中，民意代表的参与以及多种声音的争鸣都使得政策问题建构表现出了民主的特征，至少在形式上是民主的。然而，当技术专家粉墨登场后，政治精英却成了技术专家的傀儡，需要由技术专家告诉他应该看什么？什么是需要解决的政策问题？政策问题是什么模样？没有得到专家分析与首肯的问题，基本上是无法被正式确定为政策问题的，即使被确认为政策问题，其合理性也会受到质疑。在政治精英对技术专家的依附中，人民的意愿被当作非理性的嘈杂之音而被过滤掉了。如果说人民有意愿的话，政策专家也完全可以对人民的意愿加以引导。即使政策专家把他们所虚构出来的某个东西加予人民，人民在对那个东西加以理解后，也会以为那就是他们的真实意愿。即使他们不同意专家强加的那个意愿，也会在专家的合理性论证面前说不出个所以然。另一方面，政策问题建构的主战场也从政治领域转移到了行政领域。显然，行政一直是一个集权体系，在官僚制中得到集中的权力是沿着自上而下的路径实施控制的。当政策问题建构的主战场转移到了行政领域后，政策问题建构权就会集中在官僚机构的顶端，从而使政策过程表现出与自下而上的民主路径完全相反的流程。

知识与技术在政策问题建构中的增长是工业社会理性发展的必然结果，也是社会理性化的可喜成果。如果考虑到“民主”和“科学”在启蒙思想家那里是两个并行而又相容的主题，那么，当掌握了科学与技术的专家成为政策问题建构的核心力量时，从逻辑上看，本不应当带来民主的衰落

① Frank Fischer, *Technocracy and the Politics of Expertise*, Sage Publications, Inc., 1990, p.19.

这样一种后果。然而，理论上的这种推断却受到了现实的无情鞭挞。当技术专家被纳入到官僚结构中时，当技术专家与官僚制组织的职位结合到了一起时，专业知识成了增强权力的资源，成了支持和护卫集权的铠甲，服务于权力的排外性，进而，在官僚制组织的外层也同时在技术专家群体的周边打造了一层厚厚的茧壳，形成了一个排斥公众也排斥政治家的封闭体系。其实，专家本身就意味着某种封闭，无论是在大学校园还是在官僚机构中，技术专家都是处于一种具有垄断倾向的组织和制度中的，都会努力捍卫自己的独立领地。实际上，与其说专家享有的权力是基于知识，还不如说是源于精英体制的封闭性。“人们越是要求保护自己不受新事物——也就是不受知识——的影响，技术专家就越是有更多的机会强化他们的权力。原因在于，他们不是从知识的自由发挥之中，而是从不确定性与限制之中获取收益。假如知识对所有的人都是清晰可见的话，那么技术专家统治将是不可能的。”①

在技术专家眼中，只有掌握了科学技术的群体才是理性的，而公众则被贴上了非理性的标签。为民众代言从来不会成为技术专家的口号，他们会认为那是代表用来掩饰其非专业色彩的借口，或者说是近代早期经常使用的一种陈词滥调。就技术专家而言，他们在整个政策过程中行使权力的时候根本不会想到代表公众这回事儿。结果，技术专家与公众之间的隔阂和不信任感增加了，同时，精英集团的自我保护措施也导致了它与下属集团之间的鸿沟扩大了，以至于整个社会呈现出疏离，充满了矛盾，并经常性地陷入冲突之中。作为民主标志的公共舆论与公开交流日益式微，作为行政部门的政府则染上了浓重的独断专行风气。不仅技术专家，而且整个政府都拥有了自信：我这样做是基于技术的合理性，你愿意理解可以，不愿意理解也要执行或服从，甚至任何解释和说明都是多余的。

克罗齐耶在谈论法国的权力结构时作了这样的描述：“无论在什么地方，无论在哪一社会阶层，法国人一旦步入某一个具有影响力的集团，就会本能地千方百计地限制他人进入其中。另一方面，他们继续维护建立

① [法]米歇尔·克罗齐耶：《法令不能改变社会》，张月译，上海人民出版社2008年版，第127—128页。

在这样一种基础之上的管理模式：与人保持距离，保守秘密，限制交流。”[①]何止法国人，在任何一个地方，这都是我们经常看到的现象。这一点在技术专家那里，只能说有过之而无不及，每一个获取了政策问题建构权的专家都会努力进一步扩大自己的权力，往往是通过给专业技术设置更高的标准或门槛来限制其他人的进入。“任何一种复杂的人类体制，皆不可能取消专家与领导者的专业化职能。拥有这些职能的一些人，作为个体的他们，有时会有兴趣维护一种公开的竞争，然而，一旦它们建立起一个具有内聚力的群体，独占的倾向与限制他人进入的倾向，即会无法抗拒地显现出来。”[②]这是精英们很容易就学会的一种保护自我利益和维护既得权力的手段。

我们还看到，科学与权力相结合所带来的必然是技术等级的强化而不是弱化，所导致的必然是政策网络更为封闭而不是更为开放。一旦政策网络变得封闭，这种封闭性就会反过来进一步促进对科学技术的强调。在专业圈子内，科学已基本上成了一种宗教，技术专家无时不追求着建立自己的领地。所以，在技术专家职业化的过程中，在政策问题建构和政策制定专业化的过程中，公共话语的领域变得越来越狭窄，以致沉寂了起来。在专家的眼中，公众只是人数占了多数的只会瞎嚷嚷而实际上非常无知的人群，公众中的每一个个体都仅仅关注自己的利益和要求，至于哪些问题是这个社会中的最基本的、最关键的和最紧迫的问题，公众是不可能知道的。所以，只有依靠专家才能建构出政策问题。

结果，“我们感到自己对一切都失去了控制。到处都是专家，他们的作用在于强加各种界限，迫使人们认识到他们的局限性，确定正确的选择。一切最为重要的决策，都由技术专家做出。然而，这些专家高高在上，对人们的现实状况毫不关心。”[③]的确如此，当政府开始重视科学和技术的时候，政策问题建构也就不再向公众开放了，对于公众的批评也会漠然置之。在现实中，我们经常看到一些莫明其妙的政策出笼了，它们被许诺能够解决某些社会问题，而在实施的过程中却往往使那些问题变得更

① [法]米歇尔·克罗齐耶：《法令不能改变社会》，张月译，上海人民出版社2008年版，第30页。
② 同上书，第127—128页。
③ 同上书，第152页。

加严重了。这就是科学和技术走上反民主道路后所收获的恶果。其实，产生这种恶果的原因是非常清楚的，那就是，社会并不总能被有效地纳入到科学理解的范畴中去。特别是当科学为技术专家集团所垄断的时候，当技术专家在一个排斥了公众的封闭性知识系统中去进行政策问题建构的时候，在政策问题只是由专家依据专业知识制造出来的情况下，就必然会脱离公众的实际需求，甚至经常性地朝着解决问题的相反方向走。这样一来，政策问题建构以及政策的制定都变成了专家们自娱自乐的游戏，而社会则必须接下这种政策问题建构派生出来的各种恶果。

在由技术专家主导的政策过程中，政策问题建构成了一种专业化的生产模式。在这儿，政策是在相当有秩序的阶段序列中创造出来的，几乎就像是在组装线上的产品。对此，也竟然有许多政治学者津津乐道政策的“组装要素”。从现实来看，我们也承认一个完整的政策生产线已经建立了起来，从社会问题“提上议事日程”到政策问题得到权威确认；从政策问题经过了立法机构和执行机构的流程到提出解决政策问题的各种可能性方案；从对多种可能的解决方案的分析、合理化、筛选和修正再到决策……这犹如在一个有条不紊的生产线上行进一样，而且是如此科学、如此合乎技术合理性。但是，我们也必须看到，在工业社会的治理模式中，在官僚制的严密分工—协作体系中，级别种类的分割，技术的分割，职业性的屏障等等，都阻碍了人们(技术专家)对社会问题的全面检视。所以，由专家们建构起来的政策问题与真实的社会问题之间是有着巨大的不一致性的。专家用技术的话语权排斥了公众的声音，专家指鹿为马而把自己建构起来的政策问题强加于公众，告诉公众这就是社会问题的实质所在。

近代以来的科学化、技术化追求在20世纪以“价值中立”的命题呈现给了我们。也正是因为“价值中立”的假设，使得人们认为技术专家的政策问题建构完全排除了价值观的影响。实际上，这种看法是非常可疑的，也是非常幼稚的，因为技术专家一旦与权力结合到了一起，也就成了一群用科学话语掩盖其价值观的逐利者。我们看到，到了20世纪60年代之后，在技术专家全面夺取了政策问题建构权时，“价值中立”的立场也就被他们抛弃了。很多政策专业人员在公开以接受咨询的方式进行运作时，甚至毫不掩饰自己的政治偏好。最为重要的事实是，专家已经与政治精英联起手来，“专家和掌权的人，都会藏在电脑后面进行干预或强化他们的解决方案。然而，这种行为却不是新出现的。在所有的时代，专家都将自己解决问题的方案强加于人，而领导者总是把自己的意志和愿望藏在专家的决定后面。”①

所以说，专家与知识分子所声言的科学性、客观性其实只不过是维护他们所获得的那种霸权地位的合法性借口。“即使在更人文化的学科方面，如社会学、人类学和城市规划，学术专家也已经凭借自己的以精密计算为基础的资料库将严肃的批判性工作挤了出去，这种工作经常被当作‘意识形态的’、‘新闻的’或‘纯属非专业性的’而予以排除。在这里，科学作为合法化的话语又一次与社会力量的极权主义者融合在一起，来建立一个技术专家治国型知识分子的霸权。”②在一个具有控制导向的管理型社会治理模式中，任何形式的话语霸权都必然是与社会控制的规则相互交织在一起的。因为话语本身就是被用来维持秩序的，一种取得霸权地位的话语也总能够得到权力结构的支持和合理解释。所以，技术专家取得了话语霸权后，就会时时处处在其话语中注入价值因素，或者说，让其话语霸权服务于他们的价值。正是这些技术专家控制了整个政策过程，并以对政策过程的控制为根据地而去扼杀民主的追求和排斥参与的呼声。

总之，这场始于“新政”的技术专家治国到了 20 世纪 60 年代已经形成了路径依赖。此后，任何一项新技术的出现都增强了这一路径依赖而不是相反。到了 20 世纪后期，随着信息技术、计算机技术的应用，技术专家的地位变得更加稳固了。与此同时，民主的要求虽然变得越来越强烈和越来越激进，但面对技术专家稳固的地位，却总是一筹莫展。这就是工业社会科学化、技术化追求所呈现给我们的一番景象。可以说，近代早期的民主梦想已经被技术冲击的七零八落了。

---

① ［法］米歇尔·克罗齐耶：《法令不能改变社会》，张月译，上海人民出版社 2008 年版，第 153 页。

② ［美］卡尔·博格斯：《知识分子与现代性的危机》，李俊、蔡海榕译，江苏人民出版社 2002 年版，第 132 页。

第三章　精英政治中的政策问题建构权

第一节　政策问题建构权扩大化的历史轨迹

从上述的考察中，我们已经看到，政策是现代社会治理的基本工具，而政策的来源又可以追溯到政策问题建构权。中世纪后期，政策问题建构权进入了一个持续扩大的进程中，随着平民代表进入议会，打破了政策问题建构权的封闭性，此后又经过一次又一次的改革而使政策问题建构权逐步地向更广泛的阶层开放。到了近代，随着普选权的确立，人民的政策问题建构权也在理论上得到了确证。但是，在代议制中，普选权的实现所带来的结果则是治理精英的出现。公众把代表选举了出来的时候，也就把自己的政策问题建构权交给了这些治理精英，致使政策问题建构权出现了异化。在公众丧失了实质性的政策问题建构权后，存在于社会发展中的那些真正与公众切身利益相关的问题往往无法进入政策议程，治理精英则可以通过政党以及借助于舆论等各种各样的手段而把那些与公众利益无关的事项作为政策问题建构起来。

一、从封闭转向开放的政策问题建构权

尽管公共政策的出现是晚近的事情，但在中世纪，政策已经开始成为一种得到广泛应用的社会治理工具。梳理政策发展的历史可以看到，政策问题建构权的演进展示了人类社会治理发展的过程。在近代之前的等级社会中，政策问题建构权是身份精英群体所享有的一种特权，只是当人类进入了工业化进程后，政策问题建构权才开始逐渐地褪去特权色彩，进入了持续扩大化的进程，转变为公民的一项权利。

政策问题建构权的扩大化是与权利观念的生成联系在一起的，特别是普选权的确立，为政策问题建构权的扩大化提供了政治上的支持，普选权以及在普选权基础上建构起来的代议制为政策问题建构提供了一个基本框架。在某种意义上，可以作出这样的理论推断：人民的普选权也就是它的政策问题建构权，所谓“人民主权”、“民主治理”等，都无非是说人民有权提出政策建议并将这些建议转化为政策，从而实现对社会（实质上是对自我）的治理。普选权从理论上确立了人民的政策问题建构权，但在这里，政策问题建构权是一项权利。然而，人民或公民是无法直接应用这项权利的，以至于必须将这项权利转交给由他们选举出来的“代表”。在这个转交过程中发生了神秘的变化，作为一项权利的政策问题建构权在代表手中却像变魔术一样变成了权力。所以，实际运行中的政策问题建构权是一种权力。

当政策问题建构权被移交给了代表后，普选权与实际运行的政策问题建构权之间出现了分离。那就是，代表行使政策问题建构权，而人民则行使普选权。尽管这种分离是近代以来的客观历史事实，但是，由于普选权的存在，稳定地把政策问题建构权引向了持续扩大化的方向。可以说，近代以来政策问题建构权扩大化的历史也就是社会治理不断地走向开放的历史，不过，这一历史进程又不断地受到社会治理科学化追求的干扰。特别是在20世纪，政策问题建构权在得到了官僚制的支持后而更多地落入专业人员的手中，各种各样封闭性的专业群体掌握甚至控制了政策问题建构权。这是与政策问题建构权扩大化的趋势背道而行的另一种现象。对这一历史演进过程的概括，可以提炼出这样两个问题：其一，谁有权制定政策？其二，政策为谁而制定？在政策成为社会治理的基本工具的条件下，这两个问题显然是社会治理必须回答的最为根本的问题。

在现代语境中，人们给予更多关注的往往是制定政策的方式方法，即关注政策过程的科学性。我们认为，如果不从根本上解决上述两个问题的话，对政策科学性的关注可能是没有什么意义的。在回答“谁有权制定政策”和“政策为谁而制定”的问题时，自然而然地把我们吸引到了对政策问题建构权的关注上来了，即谁有权把社会问题确认为政策问题。在对这一问题的思考中，我们需要考察政策问题建构史，需要从政策问题建构权的演进中去回答现实政策过程中的各种各样的问题。一旦我们考察政策问题建构史，就会发现，欧洲中世纪是可以作为源头来认识的。我们知道，欧洲中世纪与中国封建社会有所不同，它不是基于“圣旨”而开展治理，而是发展出了某种可以让人联想到现代政策的因素。所以，我们从欧洲中世纪开始梳理政策问题建构权的历史在学术上是能够成立的。正是这一原因，我们一再地从中世纪后期开始我们关于每一个具体话题的叙事。

前述一再强调，在中世纪的神权国家中，政策问题建构权是掌握在教会手中的，教会不仅通过宗教而且也通过神权国家体系对政策的实施而实现对整个社会的控制。在政教分离的过程中，产生了绝对国家，使王国的政策过程脱离了教会的控制，国王成了政策问题建构的主宰者。结果，一切政策问题建构都从国王的利益出发和以国王的利益为转移。即使出现了等级会议等议事机构，也是受到国王控制的。包括会议的准备与组织，议程的安排，贵族请愿书的处理，拟定法规草案等，都牢牢地控制在国王及其“代理人”的手中。也就是说，在等级制的条件下，身份决定了人们能否拥有政策问题建构权。这意味着政策问题建构权是一种特权。

由于等级身份具有封闭性的特征，因而政策问题建构权也是一种封闭性的特权，是由封闭的身份精英所掌管的权力，而广大的非特权等级则与政策问题建构无缘。尽管政策问题建构权从教会向世俗国王的转移并没有改变治理体系的结构，但拥有政策问题建构权这种特权的人的形象则大不相同了。因为，当教会掌握着政策问题建构权的时候，是代表神的旨意去行使政策问题建构权的，而国王却没有神的光环，国王是世俗的首领，是人的形象。对于学术研究而言，这一点也许并不重要，但在实际历史进程中，却肯定是非常重要的经验事实。因而，基于这种经验事实，我们可以想象，当政策问题建构权掌握在人的手中时，尽管依然是一种特权，却缺失了神圣性，从而使怀疑甚至觊觎这种特权的心理因素得以滋生。而且，一旦客观条件具备，就会转化为一种要求，即要求国王以及身份精英放弃对政策问题建构权的垄断。事实上，这种要求的实现是用几个世纪的脚步踏出的一条道路，是从中世纪走向近代的社会发展和变革的整个进程。

在12、13世纪，英国工商业出现了新的发展，家庭手工业在英国的东南部地区已初具规模，英国西南部地区则出现了新兴采矿业和冶金业，内外贸易都迅速地发展了起来。工商业发展带来了城市的繁荣，城市规模迅速扩大，新兴城市也不断地涌现出来。到了13世纪中叶，英国已经拥有了100多个城市。城市和商品经济的发展给农村庄园经济造成巨大冲击，封建经济关系显露出衰落的征兆。城市市民主要由从事手工业和商业的人构成，伴随着商品经济的发展，市民阶层的队伍不断壮大，而且有了一定的经济基础，成为国家税收的主要来源。此时，由农村骑士和城市市民组成的"平民"也萌生了参与政治生活的要求，而国王也看到了他们的财富累积，开始采取一定的方式将他们吸纳到政治生活过程中来。因此，新崛起的平民阶层获取了一些影响政策过程的机会，可以在政策问题建构中表达他们的意愿。在某种意义上，这可以视为对特权阶层所构成的封闭体系造成的挑战，使得原先作为特权的政策问题建构权被稀释，展现出某种虽然模糊却有着广阔发展前景的走向社会平等和自由的趋势。事实上，国王已经开始越来越多地使用平民代表，通过平民代表去获取与政策问题相关的信息。

到亨利二世时期，"代表制"方法的运用从司法领域扩大到了财政税收领域。"当征收非封建性赋税时，通常由各郡选出数名'公正可靠'的骑士，组成陪审团，对居民土地财产进行估价，确定税额，并监督税款的征收。1213年，约翰国王曾召集各郡骑士代表参加牛津大会议，'与国王共商国家防务'，这是迄今所知地方平民代表参加中央政治活动的最早记载。"①到了亨利三世时期，使用地方代表征税已经成为一种惯例。"1220年的土地税、1225年的1/15财产税、1232年的1/40财产税、1237年的1/30财产税都是由骑士代表确定税额并负责收集的。"②除此之外，召集城市代表参与会议的事例也时有发生。比如，1225年，亨利三世召集沿海各城市代表"商讨国防及反对国王敌人问题"；1235年，再次召集沿海各城市和拉伊、温切尔西两个古老城市的代表"与国王一起讨论王国事务"③。13世纪中期，把平民代表吸收进议会的做法逐渐地走向制度化的方向，因而，政策问题建构过程也出现了打破封闭而走向开放的特征，即政策问题建构权呈现出了扩大化的趋势。在这一过程中，1253年的贵族

①②　程汉大：《英国政治制度史》，中国社会科学出版社1995年版，第87页。
③　同上书，第88页。

叛乱应当说是值得一提的事件。因为，正是这次事件引发了国王对平民参与议会的重视。当时，在加斯科尼发生了贵族叛乱，亨利三世率军前往镇压，但这涉及军费增拨的问题，因而需要扩大税收范围以及增加税赋额度。然而，自13世纪初起，“税收应得到纳税人同意”的思想已经传播开来，这一思想引发的直接后果就是拒绝纳税的事不断发生。为了应对这一问题，国王希望通过召开议会寻求对策。在议会的准备过程中，王后和康沃尔伯爵统治下的各郡被要求选派两名骑士代表参加议会扩大会议，而且，两名骑士代表都应通过选举产生，并能够代表郡内的所有居民。这就是议会产生和发展过程中的一个标志性事件。

不过，在此后的一段时间内，议会的参与者还是以大贵族为主，并没有形成骑士代表必须与会的制度。不过，它毕竟开了平民参与会议的先河。1265年的“西门国会”进一步显示出平民代表参与会议的做法得到了巩固。因为，这次会议从每个郡召集了两名骑士代表，并第一次从各城市召集了两名市民代表，从而标志着城市市民开始进入政治生活。当然，只是到了14世纪初，平民代表参与会议才真正显现出制度化的特征。1325年以后，“无平民代表即可召开议会的时代最终结束”①，平民代表开始成为议会不可缺少的组成部分，政策问题建构权向平民代表开放从此成为一项规则，政策过程被特权阶层所垄断的历史因此而出现了实质性的松动。

到1377年，议会正式分为上院与下院，贵族与平民分开议事。1322年的约克法规首次明确确定政策与法的制定在议会中进行，议会的立法权因此而得到了确认。最初，下院是作为民情的表达机构出现的，以请愿方式介入政策问题建构。但是，请愿权的行使具有很大的局限性，因为请愿书对国王没有任何法律约束力，国王完全根据自己的判断而决定同意或拒绝。因而，在政策制定过程中，对请愿书进行随意增删、篡改的情况经常出现。在这种情况下，下院为了维护平民利益，或者说为了获得立法动议权，开展了长期斗争，直到15世纪中叶，才以下院可以通过立法议案(bill)的方式行使政策问题建构权。与之前的请愿方式不同，除经提出者同意，其他人不得对立法议案作出实质性的改动。这样一来，下院的立法

---

① 程汉大：《英国政治制度史》，中国社会科学出版社1995年版，第94页。

动议权获得了较大程度的保障。不过，就这段历史来看，虽然平民在政策问题建构中的影响力不断扩大，但国王所拥有的立法否决权却一直未受触动。所以，政策问题建构权依然是掌握在国王手中的。

到都铎王朝时期，议会成为国家的最高权力机构，经历过宗教改革，也确立起了世俗权力的“绝对”地位。更为重要的是，国王与议会的关系也逐渐发生变化，开始由“国王和议会”转变成为“国王在议会中”。这就是所谓议会主权的确立。此时，议会两院的构成成分以及地位也都发生了新的变化，议会制度开始呈现出了一些现代特征。总的说来，在这一阶段，上院的总体规模变化不大，但教会贵族和世俗贵族的比例则发生了变化。亨利七世时，教会贵族占上院多数，共 49 人，世俗贵族仅 29 人。宗教改革后，修道院被解散，31 个大修道院长退出上院，亨利七世和亨利八世又册封了 42 名新贵族，从而使世俗贵族在上院中的人数扩大了一倍多。到都铎末期，世俗贵族达到 59 人，成为上院的多数。教会贵族则减为 26 人，因而处于一种从属的地位。[①]除此之外，到 1536 年，正如莱尔男爵所宣称的：“每个世俗贵族都应当收到议会召集令状，这是制度。”[②]至此，不仅所有的贵族都被视为上院的成员，而且其出席权必须得到尊重。至于他们是否与会，以他们自己的兴趣而定，却不能不在召集会议时不知会他们。这种情况不仅反映了政策问题建构权上教俗关系的变化，也同时反映了政策问题建构权成了贵族阶层中的每一位贵族都必须享有的特权，国王不能完全根据自己的喜好而决定让哪一位贵族或不让哪一位贵族出席会议。

与此同时，下院的变化更加明确地反映了政策问题建构权扩大的情况。在都铎王朝时期，下院人数增加了 60%，由亨利七世时的 296 人增加到伊丽莎白女王时期的 467 人。这一方面是由于都铎王朝增设了大批议会城市，总计达 134 个，由此导致议员人数的增加。另一方面是因为开辟了部分新的选区，如威尔士被分成 12 个郡，获得 23 个席位。[③]王室领地蒙默斯和切斯特先后被定为单独的选区，位于法国的国王领地加莱也一度被允许选派议员。这样，都铎时期国王辖下的几乎所有地区在下院

---

① 程汉大：《英国政治制度史》，中国社会科学出版社 1995 年版，第 162 页。

② 刘新成：《英国都铎王朝议会研究》，首都师范大学出版社 1995 年版，第 29 页。

③ 程汉大：《英国政治制度史》，中国社会科学出版社 1995 年版，第 163 页。

中均有自己的代表,尽管代表权是极不平等的。就下院的构成成分来看,除了乡绅和市民代表外,下院中还有一部分是政府官员和普通法律师。这两部分人虽然数量不多(各为50—60人),但能力颇大。政府官员是国王的代言人,在下院居领导地位,他们经常提名议长人选、解释王国政策、引导下院辩论,使之达成有利于国王的决定。普通法律师则精通法律和议会规则,在安排议程、起草法案、维护下院特权等方面发挥着重要作用。

1688年"光荣革命"后,下院的地位进一步提升,王权逐渐衰落,政策问题建构权基本上从国王转移到了下院代表手中。议会的组成成分也继续向多元化的方向发展,总体趋势是工商业代表逐渐取代贵族在下院中的主导地位。到1832年,下院中的土地所有者代表是489人,金融、工商界代表是248人。到1865年,土地所有者代表降为436人,而金融、工商业代表则上升为545人。此后,土地所有者代表所占的比例进一步下降。到1900年,土地所有者代表仅占下院总数的23%,而金融、工商业代表则上升到77%。[①]这些数字上的变化向我们证明,政策问题建构权在一个漫长的历史过程中一步步地走向了扩大化的方向,也就是逐渐地走向了开放。尽管从封闭到开放是一个艰难的过程,但每前进一步都显现出走向开放的坚定脚步。也就是说,政策问题建构权沿着从教会向世俗政权、再到贵族、土地所有者、继而骑士和市民方向持续扩大。

总之,在欧洲从中世纪向近代社会的转型过程中,政策问题建构权走过了这样一个历程:从一种被教权垄断的权力转变成为世俗王权垄断的权力,并在世俗化的过程中向贵族阶层扩散,进而逐步地向平民阶层扩散。到了中世纪后期,平民的性质也发生了变化,开始由骑士、市民转变成工商业者和新兴资产阶级。当这些新的社会因素在议会中占据了优势地位后,议会的性质也发生了根本性的变化,从而使政策问题建构权在整体上获得了新的性质。欧洲经历了这样一个过程,在其他地区,只要社会治理使用了政策工具,也大致会经历过相似的历程。虽然在每一个地区走完这段历程所花费的时间大不相同,但政策问题建构权的扩大化以及社会治理体系从封闭到开放的转化,都有着相同的轨迹。即使在这一进程中存在着各种各样的阻力,而其趋势则是不变的。

---

① 程汉大:《英国政治制度史》,中国社会科学出版社1995年版,第240—241页。

二、普选权确立中的政策问题建构权

普选权是资产阶级革命的成果，但是，如果没有启蒙思想家的普遍人权设定的话，普选权的确立也就得不到理论上的证明。在理论上，人民主权原则是普选权的终极性理论基础。同时，也正是人民主权的原则，确定了政策问题建构权的最终归属，尽管政策问题建构的实践是需要通过代议制而使代表的请愿以及提案权得以行使的。显而易见，由于平等、自由等人权观念的确立使得每一个人参与政治生活和获得政策问题建构权具有了正当性。当然，正如卢梭所看到的，在人口规模稍大的国度中去让每一个人都参与到政策问题建构过程中来是不可行的，所以，需要通过代议制的方式而使每一个人的政策问题建构权都得以行使。这样一来，普选权是位于代议制前端的，而代表的请愿和提案权则是建立在普选权的基础上的。当然，人们并不是在资产阶级革命发生后立马就获得了普选权，在某种意义上，正是代表生成方式的变化而把人们引向了获得普选权的方向。所以说，普选权的确立也经历了一个长期的过程。相应地，政策问题建构权的分布也在这一漫长的历史过程中一步步地随之发生变化。在民主政体中，政策问题建构权主要是掌握在议会手中的，所以，关于政策问题建构权的考察也需要从议会的生成和变动入手。

如果单独考察普选权的发生史，是可以将先前出现的选举权看作其源头的。在英国，第一个选举法规颁布于 1406 年。之后，1429 年的法规进一步对郡区选民的财产资格作出了规定，即规定年收入 40 先令以上的自由土地持有人拥有选举权。①1452 年的法规再进一步规定选举人必须居住于参选郡内或在参选郡内拥有地产。关于被选举权，1445 年的法规要求骑士代表必须由“真正的骑士”或具有骑士财产资格的乡绅担任，即必须是年收入 20 镑以上的土地所有者。这些法规产生的背景是农奴制解体，因为农奴制的解体使得自由农民队伍迅速扩大，选民数量也因此而大增，以至于不得不对选举权采取财产方面的限制。另一方面，虽然在名义上自由农民也拥有选举权，但土地贵族显然仍拥有财产上的优势，所

① 据 1436 年纳税人登记簿估算，当时英国选民在 1 万到 1.5 万人之间，到 16 世纪初，英国有选举资格的人数达到 3 万名左右，乡绅阶层基本上都拥有选举权。即便如此，到 1832 年前，有选举权的人仅占成年人口总数的约 5%，其中绝大多数是贵族。见[英]埃弗尔·詹宁斯：《英国议会》，蓬勃译，商务印书馆 1959 年版，第 393 页。

以，财产限制本身所反映的是土地贵族牢牢控制选举权的要求。1429年法规直言不讳地承认了这一点：由于“近年来许多贫穷卑贱之徒”也参加了选举，要求与殷实富足的骑士乡绅享有同等的发言权，致使选举中经常发生殴斗、骚乱甚至凶杀等不幸事件，所以必须对选民规定必要的财产限额。

可见，关于财产限制的法规实际上是要把刚刚摆脱农奴制枷锁的公簿持有农和小自由土地持有农排斥于议会选举大门之外。由于这个原因，人们往往把这些法规讥讽为“剥夺选举权法规”①。这也说明，在中世纪后期，选举权是一种新生事物，而土地贵族则是一种陈旧的社会因素。在每一次历史性的社会变革过程中，旧的势力在抵挡不住新生事物的成长时，就会摆出顺应潮流的姿态，而实质上则是希望努力去掌控新生事物。本来，土地贵族并不希望看到选举，也不可能产生希望自己拥有选举权的念头，但历史的发展把选举的问题推展了出来，他们也被卷入到了选举过程中来。这个时候，让他们与平民一样享有同等的选举权显然是他们不能接受的，因而需要设置一道防线，以保证对部分平民的选举权加以排斥。这就是为什么会出现对选举权进行财产限制的原因。由于法规对选举权作了财产限制的规定，致使享有选举权的人数被限制在了极低的水平，以至于有的城市选民只有几十人或几人②，更多的人则被排除在选民之外。

都铎王朝时期，选举混乱的状况是非常严重的。此时，就选区划分来看，选区分为以郡为单位的农村选区和以选邑为单位的城市选区。牛津大学和剑桥大学单列为大学选区。所有英格兰的郡都是选郡，每个郡都有权推举两名议员。城市则必须向国王申请，经批准后才能成为选邑。③选邑的设立、议员名额、选邑的取缔，都由国王决定。就选民和被选举人的资格来看，财产限制等规定依然有效。因此，“都铎时代的议员绝不是

① 程汉大：《英国政治制度史》，中国社会科学出版社1995年版，第117页。

② 如温切斯特只有60人，索尔兹伯里56人，巴思23人。新出现的议会城市阿里斯伯利则只有市长夫妇二人是选民（见程汉大：《英国政治制度史》，中国社会科学出版社1995年版，第117页）。

③ 刘新成：《英国都铎王朝议会研究》，首都师范大学出版社1995年版，第34页。

全民的代表,因为选民只限于少数成年男子。”①但是,由于社会经济的发展,年收入达到40先令或20镑以上的人数大大增加,选民和有选举权的人数都增加了,人们对担任议员的兴趣也提升了,因而出现了竞选,有时竞选还相当激烈。不过,当时的竞选并非基于政治观点的不同,而是个人或家族的权势之争。16世纪的选民在进行政治表态时,所考虑的只是在贵族的派别角逐中自己应该站在哪一边,并不像现代的选民那样,因赞同某人的政见而拥护他成为议员。这一点是不难理解的,因为在人尚未实现个体自觉的时候,所选举出来的代表就不可能是普遍个人利益的代表。另一方面,在很大程度上,选举也只是走走形式,“出于财政上的需求,在郡被要求选送骑士代表出席议会之前很久,国王就已将郡作为法人组织来进行谈判了。”②“郡是作为一个有组织的单位而出现的,长期以来它一直过一种共同的生活,享有共同的权利,承担共同的义务。”③

此时的所谓代表并“不是一群未予组织的乌合之众的代表,而是一个法团组织的代表。从理论上来说,整个郡就是由其郡民众大会来代表的”④。而这一组织又在身份精英的控制之下,因此,选举出来的议员显然不是所在选区人民利益的代表,而是贵族们意愿表达的工具。所以,在竞选过程中,竞选者从未靠公布“政治纲领”而赢得选票,竞选所依靠的是达官显贵、监选官的营私舞弊或滥用职权,贵族以及政府官员对选举有着关键性的影响力。一般说来,贵族或显贵们往往凭借特权而向选郡推荐自己中意的人选。例如,1584年选举前夕,蒙塔古勋爵写给苏塞克斯郡郡守的一封信就可以证明这一点。在信中,蒙塔古勋爵说,“我想应该通知您,我周围的贵族和乡绅都认为罗伯特·塞克威尔先生和托马斯·沙利先生最适合担任(苏塞克斯郡议员)……,我希望您把我的意愿转告那里的选民。”⑤实际上,在许多城市,议员的提名权确实都被权贵所垄断。“伊丽莎白女王时,埃塞克斯伯爵控制着12个城市的提名权,莱斯特伯爵控制着7个城市的提名权。”⑥权贵们提出的候选人多数都能获得顺利通过,因为违抗权贵意志的城市往往会遭到报复。1819年的一张通告中所

---

① 刘新成:《英国都铎王朝议会研究》,首都师范大学出版社1995年版,第69页。

②③④ [英]F.W.梅特兰:《英格兰宪政史》,李红海译,中国政法大学出版社2010年版,第30页。

⑤ 刘新成:《英国都铎王朝议会研究》,首都师范大学出版社1995年版,第38页。

⑥ 程汉大:《英国政治制度史》,中国社会科学出版社1995年版,第163页。

列出的一长串选民名单就从反面证实了这一点，那就是宣布这个名单上的人已经搬出了勒斯布里奇爵士的房屋（也许他们实际上依然住在这些房屋里），其原因就是他们“在上次选举中没有投票给巴罗勒特的妹夫柯林斯先生”①。

在郡选区的选举中，郡长经常利用职权（如通过预先透露选举日期、临时改变选举地点等）去帮助自己所喜欢的候选人，让其当选。如“1593年诺丁汉郡的选举，原定在郡府大厅举行。选举那天，郡长突然决定将选举地点迁出城外，目的是为了让索尔兹伯里伯爵提名的候选人顺利当选。当选举结束后，其他竞选人及其支持者仍然等候在郡府大厅，茫然无知”②。选举计数过程亦无公正可言，因为，在这样一种等级社会中，选民的不平等地位往往是通过某种标识来确认的，依附于同一豪族的选民往往会在选举时穿上戴有这一家族标识的统一服装，郡守往往见到哪一队中有穿着某个贵族家服的选民后便裁定哪一队所支持的候选人当选。另外，在清点人数时，郡守总是先点他支持的一方并故意放慢速度，其他候选人的支持者往往会因为等得不耐烦而离去。在这种混乱的选举制度下，许多城市的议席被骑士或乡绅侵占，出现了“口袋市邑”和“乡绅入侵”的现象。“口袋市邑”所指的是一个人或一个家族支配下的市邑，其所选议会议员由这些人包办，仿佛议席就在他们的口袋之中。③“乡绅入侵”则是指非本市的乡绅成为该市议员，以该市市民的名义代表该市参加议会。虽然议会在1414—1445年间多次颁布法规，规定市民代表必须由居住在市内的市民选举产生，骑士或乡绅不得充当市民代表，但这些法规却收效甚微。因此，在1478年议会下院中仍有一半市民代表是乡绅。这一方面是因为乡绅的政治参与意识相对较高，另一方面是因为少数权贵垄断了城市议席，往往为乡绅的侵入打开了方便之门。一些在郡区不能当选的乡绅也往往会借助于权贵扶植而以市民代表的身份跻身议会。

总的说来，从17世纪末到19世纪初，议会的地位处于不断提高的过程中，也基本上形成了选举制度。表面看来，自由农民与城市市民也都拥有了选举权，而在实际上，选举权则被牢牢地控制在贵族手中。一些数据

① 聂露：《论英国选举制度》，中国政法大学出版社2006年版，第47页。
② 程汉大：《英国政治制度史》，中国社会科学出版社1995年版，第163页。
③ [英]埃弗尔·詹宁斯：《英国议会》，蓬勃译，北京：商务印书馆1959年版，第26页。

显示，18世纪初，英国人口约725万，选民只有24.5万，占不到全部人口的3%。而且，代表不是根据人口而是根据选区确定名额，即每个选区均选派两名代表，结果是议席与选民不成比例，各选区间差别极大。“在英格兰，平均每郡选民数为4 000人，但最大的约克郡共有2万选民，较小的拉特兰郡只有600选民。在苏格兰，每郡选民平均只有80人，像布特郡，只有8名选民。选邑之间的差别更为悬殊。据统计，每个选邑平均有选民400人，1 000名选民以上的选邑只有22个，选民在500—1 000人之间者有33个，其余约150个选邑平均不足200选民，最小的加顿颠只有2名选民，可它与约克郡一样，也有两个议席。各选区的选民数与人口数同样不成比例，普利茅斯市共有2万居民，只有80个选民，温切斯特市居民为3 400人，选民却有40多人。”[①]另外，由于各选邑是在不同历史时期由国王根据自己的需要设置的，因而选邑的分布也是极不均匀的。在英格兰，大多数选邑位于南部和沿海地区，其中康沃尔郡最多，共有21个选邑，其次是怀特郡16个，德文郡12个，多塞特郡9个。可见，从总量上看，选民仅限于全体臣民的一小部分。从代表比例上看，选区选民与人口数不成比例，无法均匀地代表个体。

在个体权利意识开始觉醒的情况下，个体是不满足于权利的非普遍化状态的。正是由于这个原因，资产阶级革命发生了。这是一场“为权利而斗争”的革命，所以，提出了把选举权作为一项基本人权而非一种特权的要求。当然，“为权利而斗争”只是资产阶级革命的政治原因，而工业革命则为资产阶级革命提供了经济动力。18世纪，英国开始进入了工业革命加速化的进程，催生了要求参与政治生活的资产阶级，而这个阶级所提出的第一个要求就是扩大选举权。此时，在思想界，启蒙运动方兴未艾，思想家们提出了普遍人权的原则，从而为选举权的扩大以及普选权的确立提供了思想和理论基础。引申而言，政策问题建构权也就不再是归于贵族以及由贵族所控制的少数“代表”了，而是应当归于人民。尽管在启蒙思想家那里也存在着如何让人民行使主权的争论，但人民而不是少数贵族拥有主权则成了这一时期所提出的共同要求。稍后，基于实践的可操作性考量，对选举制度进行了改造，并一步步地走向了代议制。

---

① 程汉大:《英国政治制度史》，中国社会科学出版社1995年版，第220—221页。

在代议制的框架及其逻辑中，选民扩大到构成了人民的每一个人，每一人都有权行使自己的选举权，这就是普选权。当然，普选权的确立也经历过一个渐进的过程。我们发现，边沁在当时就曾大力宣传降低选民的财产资格限制，即要求扩大选举权。根据边沁的意见，应当让凡识字的成年人包括妇女都享有选举权。而且，边沁对选举过程也进行了规划，提出在选举中采取无记名投票的方式。边沁的这些要求显然反映了普选权确立过程中的一种现实，那就是，普选权还是一个需要努力去争取的东西。正是在这些要求的推动下，英国发生了选举制度改革，这场改革“造端于1832年大改革法案，中继于1867年与1884年两宗改革法案，再接再厉于1918年人民代表法案，及1929年平等选举权法案”①。作为这些法案的结果，就是普选权的确立。

1832年的改革是选举制度改革的第一步，主要包括三方面的内容：第一，调整了议席的分配。取消了人口不满2 000人的56个“衰败选区”的议席，31个人口在2 000—4 000之间的选区减少一个议席，并把总共空出来的143个席位分给曼彻斯特、伯明翰等22个新型城市、较大的郡以及苏格兰和爱尔兰。下院总人数没有变化，仍为658人。第二，重新规定选民财产资格。在城市，拥有年值10镑以上的住房或其他房屋的房主以及每年缴纳10镑以上房租的房客均有选举权。在各郡，年收入10镑以上的公簿持有农，年收入10镑以上租期60年和年收入50镑以上租期20年的长期租地农以及年缴纳地租50镑以上的佃农都有选举权。这就大大地扩大了选举权的范围，因而，除大工厂主、大商人和银行家外，大批小商人和手工作坊主也获得了选举权。第三，规定了选民登记程序，缩短了选举时间。事实上，在这次改革中所确立起来的选民登记制度一直沿用至今。

选举权的进一步扩大是在1884年的改革中实现的。这一年，《人民代表制法》得以颁布，它把城市中的“房主选举权”原则扩大到各郡，使部分农业工人也获得了选举权。这样，城市和农村地区的选举资格统一了起来，基本上实现了每一个户主都拥有选举权，选民总数达到了450万人。1885年又通过了《重新分配议席法》，对议席进行了重新分配，基本

---

① ［英］戴雪：《英宪精义》，雷宾南译，中国法制出版社2001年版，第3页。

接近于平均代表制原则。其后,又进行了一系列选举制度改革。如1918年授予了年满30岁的妇女以选举权,1928年又将妇女选举权的年龄限制降低为21岁,使女性选民人数达到1 500多万。至此,从形式上看,性别限制与财产限制已经取消,成年公民普选权终于得以实现。如果说选举权在一定程度上包含着政策问题建构权的话,那么,普选权的确立无疑意味着所有选民都可以通过选举的方式去参与政策问题建构。也就是说,普选权从理论上确认了全体公民的政策问题建构权,尽管在实践中并不是每一个人都能够直接地行使这种政策问题建构权。

三、政策问题建构权扩大化中的异化

选举权的普遍化意味着政策问题建构权的扩大化,但这个政策问题建构权扩大化的过程却是十分艰难的,经历了几个世纪的历程。从中世纪后期开始,政策问题建构权逐步从封闭走向开放,伴随着近代早期的民主思想而进入了持续扩大化的进程。我们知道,在资产阶级对工业社会进行安排的时候,是把启蒙思想中的人权普世性主张作为一项基本原则而加以应用的,所以普选权的确立也无非是"普世人权"主张在实践中的体现。既然普选权得到了实现并获得了制度化的保障,那么政策问题建构权扩大到每一个人这里也就是不言而喻的了。所以,普选权在理论上使得每一个公民都获得了政策问题建构权,剩下的也就仅仅是如何行使政策问题建构权的问题了。

然而,一旦考虑如何让每一个人都能够行使政策问题建构权的问题,又重新把人们的视线引回到了普选权上来了,从而形成了一个逻辑上的循环。如果仅仅满足于这种逻辑循环的话,那就等于是原地兜圈子。历史的发展向我们表明,学者们没有停留在启蒙思想家们的视域中,而是把视线转向了启蒙思想家的原则性设定之外去寻求解决方案。另一方面,在选举实践中也已经触及到了另一个问题,那就是如何去组织选举以及如何把选举出来的代表安排到组织体系中去。这样一来,寻求组织的方式去落实普选权和保障普选权也就是自然而然的事了。其中,政策问题建构权也正是在人们开始寻求组织这一形式时才凸显了出来。

从历史进程看,到了19世纪,西方国家普遍进入了组织化的进程中,不仅政治生活中政党的组织化特征已经达到了极其发达的地步,而且政

府也已经被建构成了一种非常严密的组织体系。在这种条件下，人们在社会建构方面的一切观点都难免被打上组织的印记。我们知道，党派最初起源于议会内部，是议会中的不同派别，是代表了不同利益的人的一种临时聚合形态，在很大程度上还是议会中的一群乌合之众。然而，随着选举制度的改革，随着选举权扩大到了选举过程而出现了竞争的时候，不仅使议会中的党派变得常规化了，它的松散临时性聚合色彩也开始为有组织的行动所取代。而且，党派也开始逐渐走出议会，把活动扩展到了各个选区，通过有组织的行动去纠集选民。

这是因为，随着选民群体的扩大，政党仅仅驻足于议会之中已经无法有效影响选民，以至于不得不走出议会而到各选区去直接与选民打交道。正是由于这一原因，英国议会中的两党斗争突破了威斯敏斯特大厅而扩散到了地方选区。为了选举，两党都开始在选区中为选民办理登记手续。在登记过程中，两党都尽力说服选民选择自己的党派。这样，两党的选民登记处又逐渐发展成为地方委员会，接受中央党部的领导。至此，政党也就拥有了严密而完善的组织体系，并可以通过这种组织去实现对社会的影响和控制。显然，政党是在选举中组织起来并发展壮大的，同时，出于赢得选举的需要，也出于赢得政策问题建构权的要求，又去不断地加强和完善政党组织。在政党组织化的同时，两党在扩大各自的影响力和争夺舆论空间方面也积极活动。结果，组织与媒体再度被组织了起来，使政党拥有了极强的动员、聚集、分化选民的能力，并能够有效地将民众纳入到政党的利益诉求与意识形态中，至于民众个体的利益表达途径，则被阻断了。当然，启蒙思想中的原则性设定并没有被废止，在理论上，每一个人也都还被认为经由普选权而拥有政策问题建构权。但那只是名义上的事了，在实际的政治运营中，民众连自己的选举权的应用也受到了政党的操纵，更不用说去自主地表达自己的利益主张和诉求了。“在这种扩大的公共领域面前，协议本身变成了摆设。为了发挥展示功能，公共性失去了其批判功能；甚至争论也蜕变成了象征，对此，人们无需争论，只能认同。”[1]政党成了自下而上的民意表达通道，但同时，却对选民以及议员实施着自

① [德]尤尔根·哈贝马斯：《公共领域的结构转型》，曹卫东等译，学林出版社 1999 年版，第 241 页。

上而下的控制。

政党除了通过本党议员去对政策问题建构施加影响外，还会通过本党的内阁成员去进行政策问题建构。因为，英国的内阁大臣大都是下院多数党的最重要成员，在某种意义上，19 世纪英国的政党对于国家和政府的控制作用主要是通过内阁来实现的。正如 J.J.帕克(J.J.Park)所说，英国没有一个“偶然发生的或万幸发生的政府”，而是一个高度组织化的体制，“这一体制在我所读过的任何书中都没有完整地描述过”。①事实上，这意味着已经发生了一场“无声无息、无人察觉”的革命。这场革命是由这样的事实构成的，即“或者是执行部门汇入了立法部门，或者是立法部门汇入了执行部门”。帕克继续写道，我们发现，在得到议会中多数支持的基础上，一个行政管理部门一旦形成，它自身就不仅承担起执行权，而且承担起管理、控制直到政治性立法的全部事务。②

在专业分工、层级节制的要求下，行政部门建立起了互相排斥、互相隔离的封闭性体制。同时，政党也被建构成了官僚制体系，成为一种组织化的力量。结果，一群专门从事党务活动的代表产生了，而且，“逐渐成为代表大众处理事务的永久性代表。”③这样一来，工业革命虽然使身份精英消失了，却又在工业社会的发展中造就了另一种形式的精英——技术精英，不仅政府掌握在了技术精英的手中，而且，政党也是由技术精英主导的。“随着组织规模的日益庞大，大众对它的控制便越来越徒有虚名。普通成员不得不放弃自己行使行政管理职能或监督整个管理过程，而不得不将这些职能委托给那些值得信赖的专业领薪官员。而普通成员惟一能做的就只有接受最终的工作报告，以及偶尔任命特别的调查委员会。”④随着政党组织的完善，“贵族化倾向是显而易见的。组织的结构在赋予自身稳定性的同时，却使组织化的大众发生了深刻变化，完全改变了领导者与被领导者之间的关系地位。组织使得政党或专业工会分化为少数领导者和占人口大多数的被领导者。”⑤米歇尔斯由此得出结论：“组织

①② [英]M.J.C 维尔：《宪政与分权》，苏力译，三联书店 1997 年版，第 206 页。

③ [德]罗伯特·米歇尔斯：《寡头统治铁律》，任军锋等译，天津人民出版社 2003 年版，第 31 页。

④ 同上书，第 29 页。

⑤ 同上书，第 28 页。

是寡头统治的温床。”[①]在官僚制组织所带来的少数人治理的结构中，政策问题建构权也必然集中在了少数人手中，即使大众依然享有名义上的政策问题建构权，而现实的情况则表明，普通大众与政策问题建构活动是无关的。

到了此时，代议制中的代表与被代表之间的划分发展成了精英与大众之间的区分，这一区分直接地反映在政策问题建构权上。“那些富有经验的议员深谙如何控制会议的议题，如何应用和解释规则，在适当的时机提出动议；总之，他们善于运用各种手段避开有争议的问题，从敌对的多数派阵营拉拢支持者，或在最坏的情形下至少可以使对手保持沉默。各种手段无所不用其极，从投票之前运用直接的或经常模棱两可的方式表述议题，到通过各种迂回技术对大众施加潜在的影响。即便这种技术对问题本身并没有多少帮助，却会给公众留下极为深刻的印象。作为大臣、报告起草人和专家，许多代表能够准确把握有争议的问题背后的方方面面，他们善于转移话题、拐弯抹角以及运用玄妙的词汇在最简单的问题上兜圈子，使人陷入五里雾中，而其中的来龙去脉只有他们自己熟悉。这样，不管是出于善意还是恶意，他们本应是大众的‘理论阐释者’，结果却使大众无法跟上他们的步伐，明白他们的用意。这样，他们便摆脱了所有对他们进行控制的技术手段。他们就这样操纵了整个局势。”[②]

精英们主宰着政治程序，普通人觉得不真实的议题却随处可见。往往是通过民主氛围的营造而让公众感觉到政策问题建构权似乎触手可及，实际上公众却永远抓不住他应拥有的政策问题建构权。回头观察议会，则可以看到，在少数精英掌握并牢牢地控制了政策问题建构权的情况下，议会变成了一种摆设，“因为议会只是对关起门来作出的决议予以通过而已，这不仅满足了一种形式上的需要，而且也向外界展示了政党的意志。”[③]即使对议会作出最高的估价，它也只是一个“公共讲坛；在全国人民面前(全国人民通过广播和电视以特殊方式参与这个公共领域)，政府

① [德]罗伯特·米歇尔斯：《寡头统治铁律》，任军锋等译，天津人民出版社2003年版，第28页。

② 同上书，第72页。

③ [德]尤尔根·哈贝马斯：《公共领域的结构转型》，曹卫东等译，学林出版社1999年版，第240页。

和执政党向全国展示和论证它们的政治纲领，反对派则以同样的公开方式攻击这个纲领，并提出自己的纲领”①。所有这些都是通过选举营造出来的。我们知道，孟德斯鸠曾对选举寄予厚望，认为“只有通过选举，人民才能当君主，因为选举表现了人民的意志。主权者的意志，就是主权者本身”②。然而，孟德斯鸠没有想到的是，恰恰是选举造就了技术精英，而且，也正是选举赋予了技术精英以合法性，让他们以合理、合法的方式排斥了投给了他选票的人，剥夺了投给他选票的人的政策问题建构权，并把所有的政策问题建构权都占为己有。至此，我们看到，公众的悲哀就在于它无权主宰自己，无论在什么时代，在关涉到他的切身利益的社会治理问题上，总是无法自主。

在君主制的条件下，政策问题建构权掌握在压迫它的君主手中，而在民主制的条件下，公众在名义上已经做了主，实际上却在用选举的方式选出替它做主的人，让那些选举出来的人去掌握政策问题建构权和通过政策问题建构权的行使去决定他们的命运，甚至是实施着对他们的压迫。在20世纪，随着公共性的问题得到了哲学家以及多学科的社会科学家们的广泛关注，随着“公共政策”概念的提出，政策问题建构权已经不再被认为是一项纯粹的政治权力，而是一项行政的和管理的权力。这在理论上应当说能够导向公众真正获得政策问题建构权的方向，然而事实却是另一种情况。那就是，技术专家垄断了这项权力，而公众则因为技术的原因而被排斥在外。这不能不说是政策问题建构权的又一种异化形态。

第二节 知识分子及其向技术专家的蜕变

对于社会的发展而言，知识分子发挥着非常重要的作用，在政策问题建构权扩大化以及技术精英实现了对政策问题建构权的垄断过程中，知识分子都发挥了幕后推手的作用。不过，知识分子是一个历史范畴。尽管在每一个时代都会有一群掌握知识的人，但知识分子作为一个社会阶

---

① [德]尤尔根·哈贝马斯：《公共领域的结构转型》，曹卫东等译，学林出版社1999年版，第240页。

② [法]孟德斯鸠：《论法的精神》，张燕深译，商务印书馆1996年版，第8页。

层的产生大致是在12世纪。在工业化、现代化的过程中，知识分子所扮演的重要角色基本上体现在舆论的营造上，或者说，知识分子通过公共舆论而促进了近代以来的社会以及政治的发展。但是，到了20世纪50年代，知识分子实现了向技术专家的转化，并以技术专家的身份介入到了政策过程之中，从而直接地参与到了社会治理过程之中。当知识分子转化为技术专家后，成了专业化知识和技术的象征，它在历史上曾经拥有过的批判性和自主性也基本丧失了，不再担负起集中公众意见、刺激政治体系的功能。特别是在技术专家与技术合理性的社会之间实现了相互建构之后，甚至使整个社会治理体系都包含了某种"反民主"的倾向。

一、知识分子的兴起及其历史作用

作为一个群体性的概念，"知识分子"一词在每一个历史时期都未曾获得过确定的内涵。即便是在某一具体的社会背景中，知识分子与非知识分子之间也不存在一条明确的分界线。或者说，人们往往是把那些受过良好教育的人称作为知识分子的，而那些没有受过教育或较少受过教育的人也就自然而然地被认作为非知识分子。然而，在一个国民普遍受到良好教育的国度中，可能"知识分子"一词会失去价值，因为它已经无法用来指称某个特定群体了。在20世纪，当"新左派"重谈知识分子问题时，实际上是在职业化的意义上来对特定人群加以界定的，是把那些专门生产知识的人群以及那些专门运用知识进行社会批判的人群称作为知识分子的。总的说来，每一个社会中都存在着一个可以被称作为知识分子的人群，这个群体对社会治理产生着直接或间接的影响，甚至有的时候能够产生关键性的影响。

在人类历史上何时出现了知识分子群体？可能是一个很难考证的问题。在中国春秋战国时期，就有了士大夫阶层；在西方的古希腊，我们也看到有着一大批可以被归入到知识分子阶层的思想家。可以这样认为，既然在古希腊存在着不事农耕工商的"逍遥学派"，也就意味着有着一个知识分子阶层。就苏格拉底有着大量时间在街头与人辩论而言，专门致力于知识创造和思想传播在当时可能就已经是一项事业了。然而，学者们一般把近代知识分子的源头追溯到中世纪，认为中世纪产生了一个没有教职而专门从事知识生产的知识分子群体。我们认为，作为一个相对独立的群体并能够对社会治理产生影响的知识分子则是近代社会的产物。尽管早在14世纪就出现了为后人所乐道的关于威廉·奥卡姆向路易四世建言的故事——“你若用你的剑保护我，我将用我的笔保护你”——可以证明知识分子的存在，但从中世纪后期的文学作品看，在出现了王权与教权之争的时候，国王更看重的是武士和剑客，对作为文人的知识分子似乎没有多大兴趣，源于王室“宫廷管理”的行政管理队伍，也更多地是由文盲担任各类官职的。

正是在近代以来的社会发展进程中，知识分子作为一个独立的群体才在社会大分工的框架下得以产生，并独立于社会治理行动之外去用批判的眼光时时审视着社会治理过程，不断地通过提出不同意见而作用于社会治理的改善，通过制造公共舆论而对社会治理者施加压力。在20世纪中期，知识分子实现了一次根本性的蜕变，获得了技术专家的形象，即以技术专家的面目出现，并深深地涉入社会治理过程中来，特别是以政策问题建构的方式而直接地影响社会治理过程。很快地，由知识分子蜕变而来的技术专家就获得了政策问题建构的垄断权，甚至在整个政策过程中发挥着无可替代的作用。更为重要的是，把社会治理改造成了一种“专家治国”模式。今天，我们已经不能不接受技术专家作为“理性的代表”和“科学的代言人”这样一种角色了，不能不服从他们通过政策途径而实现的社会治理了。

根据历史唯物主义原理来推断，知识分子是在劳动分工中产生的，其产生之初，也应当归属于劳动阶级，他们深切地感知到从事某种职业活动的必要性，认识到了科学研究与教学、生产之间的联系，“他们不再认为科学需要像珍宝一样看管起来，相反，相信应该让科学得到广泛流传。学校就是车间，思想从中就像商品一样生产出来。在城市建设的过程中，除了手工工匠与商人，重又出现怀着同样的生产热望的教授们。”[①]这些教授们的活动与城市建设紧密相连，与普通的劳动者之间不存在任何隔阂。然而，在大学出现之后，这种隔阂却很快发生了，知识分子脱离劳动者阶层的状况出现了。具体说来，随着教师和学生团体在城镇基层运动中的发展壮大，13世纪出现了大学，知识分子大多被囊括进了大学围墙之内。从此，知识分子的命运与大学的命运紧密联系在了一起。

---

① ［法］雅克·勒戈夫：《中世纪的知识分子》，张弘译，商务印书馆1996年版，第56—57页。

我们知道，中世纪的教权力量无处不在，中世纪的大学是属于教会的，知识分子也要依靠教会来开展活动。虽然大学最初是在教会势力与世俗势力斗争的夹缝中产生的，但随着大学社团的成功组织以及影响力的增长，教会势力与世俗国家都逐渐感到了大学的威胁，这就注定了大学以后的发展必然是面对教会势力和世俗势力的双重压迫。事实上，教会率先采取了行动，试图把大学与知识分子都纳入其领导之下，因而，学校的领导人也基本上成了大主教，最早的大学成员也基本上是教士，他们接受教会的管辖，其教学从属于教会的领导。

在知识分子产生之初，大学教师整体上依赖于学生给付的报酬为生。这使教师可以不依赖于地方当局、王侯、教会以及资助者而能获得自主性。但是，随着大学规模的扩大，已经不能够完全依赖学生的给付来维持学校的正常运转了。因为，没有这么多愿意花钱来增长知识的人，这样一来，资金来源落到了教会身上。正是由于这个原因，知识分子出于生存的需要而不得不请求教皇赐予领地，从而在经济上把自己和教会捆绑在了一起。当时出现的现象是："只有心甘情愿在物质上仰赖教会的人，才能够成为大学教授。"①13 世纪末，当世俗王权发现了大学是一支不可忽视的社会力量时，王室也开始与教会争夺大学，从而使大学出现了分化。一些大学在世俗王权的物质诱使下投靠了王室，以至于大学教师们要么接受了教会的教职，要么接受世俗的高层职位。所以，这时的大学教师基本上都成了主教、副主教、教会机构成员或王室顾问、部长等。

虽然知识分子在中世纪是依赖于占统治地位的教会势力而存在的，却也表现出了一种努力远离统治集团的倾向，特别是在教权与王权争持不下的时候，知识分子甚至有着属于自己这个群体的独特价值观，并在一定程度上保证了自己的自主性。一般认为，中世纪的知识分子并不属于哪一个阶级。尽管知识分子主要活跃于经院和以经院哲学家的面目出现，而且在教学与研究中使用的主要是经院哲学方法，注重于语法和论证方法，信奉圣经经文的权威，努力在圣经经文中去追寻抽象的、永恒的真理，但他们却与教会保持了一定的距离，似乎拥有一种受到先验价值观影响的意识形态，并力图维持这样一种意识形态。更为重要的是，知识分子

① [法]雅克·勒戈夫：《中世纪的知识分子》，张弘译，商务印书馆 1996 年版，第 88 页。

在哲学、神学、历史和文化等领域总是以“通才”的面目出现，以此与教会中的神职人员相区别。而且，更多的经院学者保持着一种相对于神职人员的高傲，以至于罗马教廷在一些大主教出缺的时候很难说服经院学者替补之。

中世纪的知识分子不仅努力保持与教会间的距离，而且由于他们所使用的经院哲学的方法和语言也使他们脱离了世俗生活。此时的知识分子主要使用的是拉丁语，这在当时社会中属于一种“高贵”的语言，无论是教会的信众还是王室的臣民，都因为语言方面的原因而被排斥在了知识分子群体之外。因此，知识分子既远离了当时正在兴起的市民社会，也疏远了普通教徒，成为一个独享拉丁文的优雅斯文的群体。尽管如此，葛兰西所说的那种情况也一直存在着，那就是，统治精英们从来没有停止过在意识形态上征服知识分子，知识分子往往被用来在宗教、文化和社会生活上完成统治功能。事实上，在知识分子作为一种社会力量登上历史舞台后，教会就一直在努力争取它，而且也确实把大部分知识分子吸收到了教会之中，或者，让知识分子通过自己表面上的独立而为教会服务。教会往往施展引诱和惩罚两手，对于那些愿意向教会靠拢的，则赐予教职；对于那些不愿意服务于教会的人，则贬为异端并施以惩罚。所以说，“不管怎样，那种认为传统知识分子能独立于阶级政治之外的观念，从来都是纯粹的神话。”①

总的说来，在中世纪，知识分子在兴起之初是以一种独立的社会力量登上历史舞台的，但它很快就在教会与王室的争夺中分裂了。一部分知识分子依附于教会，而另一部分知识分子则依附于王室，成了从属于不同权威的依附群体。不过，由于知识分子主要从事的是文化工作和其他一些非技术性的工作，致力于宣传道德标准、信念体系。所以，与经济制度保持着一种若即若离的联系，与大多数人的日常生活相脱离。“传统知识分子被看作是跨时代共享的历史信念和价值的承担者；那种永恒感、和谐感只不过是幻想。无论他们的观点表面上看来与世俗的社会利益有多么远的距离，知识分子依然坚定而有组织地把自己

---

① [美]卡尔·博格斯：《知识分子与现代性的危机》，李俊、蔡海榕译，江苏人民出版社2002年版，第16页。

安置在统治阶层内部。”①

到了中世纪后期，知识分子已经完全归附于世俗统治阶级，大学成员们替自己建立起贵族体制，求助于各种手段以进入贵族社会，知识分子开始过上了贵族生活。“他们用他们的衣着和他们职位的标志搞起贵族的象征。讲桌越来越多地装饰起华丽的华盖，使他们显得与众不同，高高在上，神气活现。金指环和博士四角帽，以及人们在‘正式集会’或‘开学’的日子献给他们的帽子，也日益变得不再是职务的标志，而成了荣誉的象征。他们身披长袍，披风的兜帽是灰鼠皮做的，经常还带着银鼬皮衣领，更重要的还有在中世纪作为社会等级和权力象征的皮手套。”“博士学位通过后的庆祝活动，也越来越多地加上了贵族趣味的内容：芭蕾舞，戏剧演出，体育竞赛。”②教师的头衔也经历了变化，起先在 12 世纪，“师长”往往是对手工业师傅、工场领导的称呼，而到了 13 世纪，师长则专门用来称呼教师。而且，很快地，“教师们并不教学生成为有用的人，而是要教学生怎样让人叫‘拉比’。”在福音书中，“拉比”是对主人的称呼。当知识分子乐意于人们称他们为“拉比”时，实际上已经自喻为“主人”了。在 14 世纪，这是一个非常流行的现象。经历了这一转变，知识不再是知识分子冥想的材料，也不再代表知识分子无私的追求，而是变成了占有财富的工具，知识分子也借此跻身于身份精英阶层。

正是在 14 世纪，人文主义思潮开始兴起，并对经院哲学形成了冲击。当然，在人文主义兴起之初，与王室之间是有着密切联系的。因为，早期的人文主义者是贵族，他们置身于封闭的研究院里进行写作，不是在大学里而是在“王室学者学会”里从事教学，直接为王侯效力。可能正是由于这一原因，人文主义者逐渐地投身到了世俗王权反教权的斗争之中，成为王室依靠的力量。随着反教权运动的扩大化，需要号召广大教众转投到王室一边来，人文主义者也就走出了王室的教学机构，一场声势浩大的人文主义运动也就随之展开了。当面向社会时，人文主义的标识性特征也逐渐明晰了起来，那就是高扬理性和反对宗教神秘主义。

---

① ［美］卡尔·博格斯：《知识分子与现代性的危机》，李俊、蔡海榕译，江苏人民出版社 2002 年版，第 17 页。

② ［法］雅克·勒戈夫：《中世纪的知识分子》，张弘译，商务印书馆 1996 年版，第 111 页。

由于人文主义者强调理性与知识，反对宗教神权对人们思想和精神的禁锢，对教会造成了实质性的冲击，使世俗王权与教会的长期较量有了一个了断。结果是，世俗王权从此开始占据了上风。这就是人文主义对国家的出现所作出的贡献。正是人文主义者的这一贡献，使得世俗国家从根本上摆脱了神权国家的控制。同时，以人文主义为标识的知识分子也在这一过程中确立起了自己的地位，那就是成了理性与科学的化身，并得到了王室更多的器重，能够在王室的社会治理中发挥更多的作用。从这段历史看，人文主义运动催生了绝对国家，使王权在与教权的斗争中取得了决定性的胜利。也正是由于人文主义者作出了这一贡献，以至于他们更加充满信心和有了自傲的资本。进而，他们也变得并不热心于世俗王权的具体社会治理事务，而是把张扬理性和致力于科学研究作为他们应当承担的使命。所以，此时的知识分子并没有深深地介入到政治过程之中去。用埃里克·约翰·霍布斯鲍姆(Eric John Hobsbawn)的话来说，这一时期的知识分子还“是前政治人群。他们还未找到或刚开始发现一种具体的语言来表达他们对世界的抱负”①。

二、知识分子的消逝与技术专家的登台

在工业化、城市化进程中，由于流动性因素的增长而逐渐打破了社会的等级结构，使等级身份制逐渐走向解体。由于原有秩序的瓦解，带来了诸多不确定性。应对这种不确定性又向知识提出了要求，并要求知识分子介入到对社会问题的思考和解决上来。对知识的需求也相应地提高了知识分子的地位，从而使知识分子可以不再依赖于“恩主”的供养，在经济上获得相对独立的地位。更为重要的是，让知识分子意识到了知识的力量。也正是在这一条件下，培根提出了“知识就是力量”的论断。到了18世纪，知识分子开始表现出了对政治的兴趣，开始谋求直接影响和刺激政治的行动，试图将理性注入到社会发展中去。因而，习惯于学术冥想的知识分子开始越来越接近世俗生活，并在逐步世俗化的过程中蜕去冥想的特征。这样一来，与工业社会相适应的新型知识分子逐渐成长了起来，他们是一群博格斯所说的那种雅各宾式的知识分子。所以，在近代早期出

① [美]卡尔·博格斯：《知识分子与现代性的危机》，李俊、蔡海榕译，江苏人民出版社2002年版，第14页。

现的知识分子是作为社会变革的普罗米修斯式的代理人出现的，他们担负起了稳定社会和建构秩序的职责，他们对人类事务具有强烈的使命感，致力于通过理性与知识而为人类的未来设计种种宏伟蓝图。他们完全背离了中世纪知识分子的那种生存模式，摆脱了传统知识分子的那种内省而孤傲的精神气质，演变成为一种更有雄心、更加现世化的社会角色。可以说，自启蒙时代开始，就形成了“知识与权力”共生的现象。而且，知识与权力的这种关系一经产生，就显现出了一种无限的自我成长趋势。到了工业社会晚期，随着知识分子再次蜕变为技术专家的时候，知识与权力的共生也发展到了极致。

不过，在近代以来的很长一段时期内，霍布斯鲍姆所说的知识分子的那种非政治特征都是非常明显的。尽管“知识就是力量”已经成为人们的共识，尽管知识分子也难以抵御国家权力的诱惑，但是，直到 20 世纪，知识分子的非政治特征都是界定知识分子群体的一个主要标志。也就是说，在近代以来的一个很长时期内，知识分子所持有的都是倡导理性、致力于科学和超越现实的态度，所挥洒的都是批判的激情，而不是直接参与政治生活，更不会看到自命为知识分子的人去参选某个政治职位。所以，在这一时期，知识分子基本上是徘徊在政治生活的边缘地带的，而不是直接进入到政治系统中心。从理论思潮上看，启蒙运动中确立了自由、民主、平等、法治等观念，同时也呼唤出了诸如自由主义、乌托邦式的社会主义、马克思主义等思潮的诞生，这些都表明近代以来的整个世界是由知识分子建构起来的。正是知识分子的理想，转化成了现实的政治制度和社会生活。然而，知识分子的实际表现却是，他们并没有置身于他们所建构的世界中心，并没有到他们所建构的政治体系中去谋取权力，反而是在这个世界的边缘地带去护卫理性，时时准备着对那些破坏启蒙时期核心价值的行为发动批判。

当然，我们所说的知识分子的非政治性只是指他们并没有直接投身到政治活动之中去。其实，在近代以来这个政治覆盖了整个社会的条件下，在民主政治把每一个人都纳入到政治体系之中来的情况下，知识分子也是无法游离于政治之外的。应当说，知识分子是通过某种间接的方式参与到了政治活动之中，是通过制造公共舆论而作用于政治的，是通过公共舆论而对政治生活产生影响的。也就是说，近代社会实现了公共领域与私人领域的分化，知识分子虽然没有直接进入政治的中心，却是公共领域中最为活跃的群体，他们总是扮演着公共舆论的制造者和领导者的角色，总是能够把公共舆论引导到他们所希望的方向。根据哈贝马斯的研究，到 18 世纪末，“代表型公共领域”已经成为一个从国家当中分离出来的社会构成部分，而在德国，甚至形成了一个具有批判功能的公共领域。在公共领域中，公共交往网络是随着“读众”的产生而出现的。一般的读众主要是由学者群以及城市居民和市民阶层构成的。其阅读范围已不限于为数不多的经典著作，而是扩展到了当时的最新出版物上。随着公共舆论领域的形成，读者数量大幅增加，与之相应的书籍、杂志和报纸销量也出现了倍增的势头。结果，公共舆论的影响力得到大幅提升，能够通过影响议员的观点而进入议会或者在外围对议会施加影响。其中，公共舆论事实上成了政策问题建构过程的重要影响因素。

密尔在思考代议制的影响因素时，曾准确地描述了公共舆论在政治过程中的作用：“在政治中，若还说什么公众意见现在统治着世界，那几乎是多余的废话了。唯一实称其名的势力，只是群众的实力，或者是作为表达群众倾向或群众本能的机关的政府的势力。”①显而易见，公众除了用投票来表达他们的意见之外，是没有发声的机会的，公众是没有能力去制造公共舆论的。只有知识分子，才能把某些普遍性的意见表达出来，并引起公众的同感，从而把公众的投票行动集中到某个具体的方向上去，甚至会把公众的投票引导到某个具体的人那里去。因此，知识分子也以自己特有的方式而对政治中心施加了压力，使政治家们必须关注公共舆论。可见，在近代以来的社会中，知识分子似乎是天然地与公共舆论联系在一起的，并通过其驾驭公共舆论的技能而展示出了一种独特的政治智慧。这就是博格斯所说的，“政治智慧绝不是一个简单的大众意识问题，而是依赖于专业化的技能，这种专业化技能是知识分子贵族的内在特性。普通大众——大多数是穷人、未受教育者和乡下人——总是无法超越偏见、歪曲的意见和狭隘思维，不能对公众生活作出一个有识见而又连贯的决定。”②显然，在对公共问题的讨论中，知识分子具有一般公众不具备的优势，他们能够深入地分

① ［英］约翰·密尔：《论自由》，许宝骙译，商务印书馆 1959 年版，第 78 页。

② ［美］卡尔·博格斯：《知识分子与现代性的危机》，李俊、蔡海榕译，江苏人民出版社 2002 年版，第 21 页。

析社会问题的症结之所在，给人以专业和内行的感觉。

如果说中世纪后期和近代早期的知识分子是作为理性代言人的形象而获得了道德威望的话，那么，随着工业社会的政治生活以及公共生活基本定型之后，知识分子在制造公共舆论的过程中已经不再满足于吃“道德威望”的老本了，而是需要表现出在分析和认识社会问题方面的独特技能，需要拥有一种远比公众更为专业的形象。也只有这样，才能赢得公众，才能够让公众响应他们所制造的公共舆论，才能够使公共舆论拥有成为对政治家们施加压力的声势。这样一来，知识分子自身也承受了一种压力，那就是不能仅仅作为公众意见的收集者、加工者和传声筒，而是需要成为专家，在道德威望之外，还需要同时确立起专业知识的权威。

托克维尔描述了近代早期知识分子大举侵入公共舆论的过程：“强盛期的贵族政治不仅领导公共事务的整个过程，而且还支配着舆论，为作家的写作定基调，为新观念提供权威性。到 18 世纪，法国贵族完全丧失了这方面的支配权，他们的声望随着权力的下降而下降，原先他们占有的对公共舆论的统治地位现已成真空，因此作家毫无费力地篡夺了这个位子，并且丝毫不必担心有朝一日被赶走。”①不过，也应当看到，知识分子在公共舆论领域中的主导权并不是轻易获得的。由于知识分子并不处于政治的核心地带，他们往往受到政治权力的压制甚至迫害，而且这是经常会发生的事件。也就是说，在近代以来的社会中，事实上存在着两种权力：一种是政治以及治理权力；另一种是话语权力。政治家以及社会治理者掌握了政治以及治理权力，而知识分子所掌握的则是话语权力。启蒙思想家的政治设定为话语权力提供了巨大空间，而近代的政治以及社会治理实践又时时处处排挤着话语权力。所以，在近代以来的民主社会建构中，知识分子受到迫害的事件随处可见，尽管知识分子从来也没有打算过与政治家以及社会治理者直接争夺权力。

从近代早期的情况看，知识分子基本上是以书籍、报刊和评论为生的，他们是散文家和高雅的作家，他们为公众创作优雅的、易接受的作品，并因此而成为公众崇拜的偶像。无论是作为批评家、辩论家还是作家，这

① 转引自[英]齐格蒙·鲍曼：《立法者与阐释者——论现代性、后现代性与知识分子》，洪涛译，上海人民出版社 2000 年版，第 44 页。

个时期的知识分子都是依靠作品为生的人，虽然生计有时可能非常艰难，但他们从不屈从于任何人，从而保持了人格上的独立。正是这些，成了这一时期知识分子一直为后世所敬仰的原因所在。鲍曼在描述这一时期知识分子与公共舆论的关系时写道，知识分子"并没有'接管'对公共舆论的领导权，他们成为了公众，创造了公共舆论，由于这种创造，他们赢得了一种权威身份，这种权威身份使他们能够与'掌握政府'大权的人进行谈判或者竞争。事实是，他们拿起了从世袭贵族的疲惫乏力的手上落下来的美德这一武器，对它进行重新设计，使之再度熠熠生辉；事实是，贵族的退位为他们重新设计和重新磨亮美德这件武器提供了坚实的基础"①。

对于政治家以及社会治理者而言，肯定能够明显地感受到，在政治以及社会治理权力之外还存在着一种话语权力，这毕竟不是一件令人舒服的事。所以，当知识分子主导的公共舆论发挥了引导民意的功能时，往往会让政治家们寝食难安。这样一来，政治家们必然会觊觎话语权，必然会有着向公共舆论领域殖民的冲动。因而，政府开始有了控制那些知识分子赖以发表作品并得以谋生的新闻媒体的冲动。1769 年，维也纳政府发布了一项新闻出版规定，规定了控制新闻媒体的具体措施，因而，"为了让报纸撰稿人了解境内哪些规定、活动和其他发生的事件可以公诸于众，当局每周都会作出归纳，并把它们交给报纸发行人。"②到 19 世纪中叶，公共舆论方面的控制与反控制的斗争变得日趋激烈，出现了像《莱茵报》那样连篇累牍地评论官方书报检查制度的文章，再如《新莱茵报》那样进行"街垒战"的现象，这在当时显然不是孤立的事件。

意外的是，并不是政府及其政治家们对知识分子的排挤，而是市场经济的发展以及社会的科层化，彻底铲除了知识分子赖以生存的土壤，从根本上动摇了知识分子的信念，并使"知识分子"成了一个失去指称对象的词语。在 20 世纪，知识分子死了，而技术专家则降生了。当然，知识分子的湮灭是一个痛苦的过程，而这个痛苦过程又是一个令人欢天喜地的转机。这一点可以在 20 世纪的"格林威治村"的兴衰中看得非常清楚。众

① 转引自[英]齐格蒙·鲍曼：《立法者与阐释者——论现代性、后现代性与知识分子》，洪涛译，上海人民出版社 2000 年版，第 45 页。

② [德]尤尔根·哈贝马斯：《公共领域的结构转型》，曹卫东等译，学林出版社 1999 年版，第 20 页。

所周知，格林威治村是雅各比笔下的一个典型的波西米亚群落，它以承诺保证人生自由、艺术自由、性自由和思想自由而吸引了美国的知识分子。由于这里只需要付廉价的租金就能进入，因而使知识分子趋之若鹜。

在20世纪初的几十年里，格林威治村是人们逃离职业压迫的避难所，让独立的知识分子享受着放浪形骸的生活。格林威治村虽然远离城市，却拥有着城市的氛围和特质，咖啡屋里安置着游荡的作家，他们生产着报纸、杂志上的大多数格言、警句和散文。然而，它并没有能够阻止城市化对它造成的致命冲击，而是在城市化进程中被消灭了，从而也导致了知识分子的消逝。在20世纪中期城市化进程中，格林威治村的廉价租金被取消了，边缘化的知识分子与艺术家被挤了出去，房地产开发商占据了波西米亚式生活中心地带的地皮，书店或咖啡屋相继换成了健身中心和酒吧，廉价而又让人心旷神怡的公共空间不复存在了。城市生活环境的暗淡无光使得文化生活也不再神采飞扬，波西米亚式的文化人在城市的延伸中完全垮掉了。结果，知识分子发生了分化，一部分继续往乡下转移，但再也无法形成自由的舆论空间；另一部分则被带入市场的交换体系之中，被安置在了大范围的等级组织中。总之，知识分子的身影渐行渐远，以至于从人们的视线中消逝。

二战后，随着官僚体系的进一步完善，随着城市化水平的迅速提高，随着科学、技术、教育等文化资源的快速积累，政治文化也表现出了从分散到集中的趋势。在这一进程中，知识分子的地位发生了根本性的变化。传统知识分子所坚守的形而上学的意识形态让位于世俗的观点，知识分子不再被视为先验论价值观的宝库，而是或者被忽视或者被融入到社会治理的工具系统之中。一部分知识分子在市场的熏陶下成了商人、工人和手工艺者，或者受聘于大公司，成为大型商业组织中的职员；另一部分知识分子则随着战后高等教育的大发展逐渐放弃其作为自由撰稿人的职业，进入大学校园享受那种稳定的薪俸。到20世纪50年代，美国的知识分子几乎都从城市进入了校园，从咖啡屋转移到了自助食堂，他们不再为了吃饭和付房租而烦恼，却将自己的自由梦想断送于冷漠而平庸的编辑之手。到60年代，大学已经从根本上囊括了一切知识性工作，校园外的知识分子生活显得不切实际了。此后，很多知识分子就再也没有离开校园，或者说，他们找不到其他的去处。校园中的知识分子受到大学这样一个官僚组织的支配，通过大学而与政治联系起来，成为决策者重要的技术支持力量。所以，在所谓“体制”外，知识分子消失了；而在“体制”内，知识分子转化为了技术专家。

当知识分子被吸收到了大公司、政党、利益团体、教育体系以及国家的机构网络中时，他们的生活被重塑了，同时，他们的精神也被彻底地重铸了。这个时候，知识分子已经实现了职业化，成为职业活动者。因而，他们已经不再是传统意义上的知识分子，而是成了技术专家。特别是在国家的政治过程中，知识分子完全是以技术专家的面目出现的，基于他们所掌握的技术与知识而获得职位、地位。这一方面是社会治理以及政治生活的技术理性化所使然；另一方面，职业化、专业化也是近代以来整个社会的发展逻辑，知识分子也难以逃离这一逻辑，必然会步入职业化、专业化的轨道。所以，知识分子全面转型为技术专家了，原先与知识分子相联的独立人格也在这一历程中为工具人格所替代，在各行各业中成为表现优异的工具。在公共生活、政治生活中，当知识分子以技术专家的身份出现时，他们不再提出异见，而是积极参与到社会治理过程中来，特别是在政策问题建构以及政策制定过程中，积极地用其专业知识和技能去提供支持，甚至跻身于社会治理体系的中心，直接地扮演社会治理者的角色，努力营造技术专家治国的图景。

三、技术专家与世界的相互建构

雅各比认为，当知识分子加速进入商业组织或者大学的时候，也就是知识分子消逝的时候，而且，“消逝的知识分子就消逝在大学里。”[①]虽然知识分子并不是一夜之间就作出了进入大学的选择，也不是突然之间抛弃了高傲的心态而甘愿去过那种平庸的生活，可是，二战后，优秀的知识分子基本上都作出了这种选择，那些无法得到大学雇佣的知识分子也都到商业组织或政府中去谋取职位了。其实，早在20世纪初，韦伯就提示人们关注学术职业化的现象：“相对于学术作为一种职业的经营，以学问为生命志业首先受到的限制，就是学问已进入一个空前专业化的时代，并且这种情形将永远持续下去。从表象与实质两方面来说，我们都必须认清，个人惟有通过严格的专业化，才能在学术研究的世界里，获得那种确

---

① [美]拉塞尔·雅各比：《最后的知识分子》，洪洁译，江苏人民出版社2002年版，第13页。

实感到达成某种真正完美成果的意识。”①

在一个技术理性主导的时代，专业知识的获得与利用成了人们争取更为优越的社会地位的主要门径，一个人如果成了技术专家，接踵而至的不仅是物质利益，而且也是无尽的荣誉。在这种情况下，谁还愿意坚守那种传统的高贵精神？谁还愿意坚持去做怀疑者和批判者？所以，知识分子的消失和技术专家的产生都是社会发展的必然结果。也许人们会以为技术专家是指那些在商业组织以及政府中拥有专业知识的技术理性化身，会把大学中的教授们视作为知识分子，其实不然。在技术、知识以及组织的专业化方面，大学本身就是最为严格的遵守专业主义标准的地方。二战后，当大学把大批知识分子吸纳进来之后，就通过大学的系科和专业设置而把知识分子改造成了技术专家。当原先知识分子所持有的那些先锋意识之锋芒被全部磨平后，专业化的教授就产生了，他们完全蜕变成了失去知识分子灵魂的专家。

1963 年，美国加利福尼亚大学校长克拉克·克尔在其《大学的作用》中系统地阐述了现代大学的概念以及对美国知识分子地位的影响。根据克尔的看法，大学已经发展成为“多科大学”，其中知识生产已经被功能性地融入了占支配地位的经济、政治和军事结构中。大学的任务就是努力将学术生活与工业制度联合到一起，大学不仅不允许有自主性，反而应当是国家统治的主要工具。“在这样的教务‘分化’领域里，学术人员甚至可能成为‘基本上是一个专业人员。他的家庭办公室和基本的雇员都在多科大学的校园里，而客户却分散在全国各地’。”②所以，大学教授不仅不再是知识分子，反而是标准的技术专家，是技术专家的典范，也是技术专家的师长。

表面看来，大学教授的工作有着一定的自主支配空间，人们也将此误认为是大学教授的自主性。另一方面，由于大学发展史上的那种自主性给人留下了深刻印象，以至于也把二战后的大学误解为自由和自主的场所，甚至会误把大学里的教授和学生看作为追求真理和知识的人们。所

① [德]马克斯·韦伯：《学术与政治》，钱永祥等译，广西师范大学出版社 2004 年版，第 161 页。

② [美]卡尔·博格斯：《知识分子与现代性的危机》，李俊、蔡海榕译，江苏人民出版社 2002 年版，第 138 页。

有这些，都是由一种传统观念强加于当下大学的，是一种已经不再与现实相符的误解。“现实是高等教育正全面地融入与资本主义利益有联系的并为之服务的公司—国家网络之中”①，官僚主义者、实业家和政治家已经完全主宰了学术领地。大学内部的学术研究、课堂关系以及行政机构，都受到了经济利益集团的影响，都不可避免地受到官僚机构的支配，大学成了官僚制最为典型的组织，陷入一种无休止的分工与专业化追求之中。在这一环境中，技术专家接受训练并获得技术证书。

在美国，二战后的学术界虽然在每一个学科的建设中都做了大量工作，但所有这些学科都无非是用来服务于既有阶级和权力结构的合法化的。在高等教育现实中的每一个向度上，大学都被吸纳进统治结构之中，沦为权力结构的工具。随着联邦和州的支持、基金会的赠予以及私人捐助源源不断地流入大学，大学内部则用更加严格的科层化来回应之，以证明这些资源都被合理地使用了。结果，学者们开始像官僚一样思考问题，并且以“专家”的身份去做掌权者的同谋，与官僚一道和像官僚一样去开展行动。当大学教授们以技术专家的身份介入到政治过程中的时候，他们就成了治国的技术精英了。再当他们退回到大学中时，依然是用技术专家的眼睛关注着政治过程，并用技术专家的思维方式去思考，至于工业社会早期知识分子的那些激情与批判能力，早已消逝无踪了。

大学既是人才培养的生产线，也是知识生产的车间。在技术理性已经等同于理性的时代，“几乎所有形式的学术成就都充满了与高度理性化制度相一致的实证主义世界观。”②在实证主义对学术领域实现了完全殖民的情况下，只有量化的方法才被认为是接近真理的唯一渠道。教师的职位升迁、学生的奖学金获得等，都受到实证主义标准的指导，要求用数字来加以衡量，缺乏量化的论文则受到杂志编辑、论文评阅人、基金委托人的质疑。总之，为了使研究领域“经得起检验”，就必须动员量化方法，就必须制作模型。这样一来，学术领域在专业化方面走上了“邻人”陌生化的地步。不用说同事、同学，甚至师生之间，也无法以文沟通，他们相互如此陌生，谁也无法知道他人在说什么和想什么。学术不再是创造思想，

① [美]卡尔·博格斯：《知识分子与现代性的危机》，李俊、蔡海榕译，江苏人民出版社2002年版，第122页。

② 同上书，第138页。

沟通思维、传播知识的活动，而是制造隔离和让人彼此区隔的专业化行为。结果，彼此无关的学科和亚学科体系大量繁殖。

同时，各学科又都永不停歇地生产出狭隘的主题、行话，以至于共同的语言和共同的视野再也不存在了。当这种专业化之风被带入社会治理的领域中，或者说，当社会治理感染了这种专业化，也就无可避免地显现出了碎片化的特征：每一个具体的微观领域中的政策都具有严密的科学性和技术化的可操作性，而在解决真正的社会问题时，却陷入一筹莫展的境地，甚至许多极其科学的政策却不知道是为了解决什么样的社会问题而出笼的。技术专家们各自用技术语言表述政策问题，但“要理解复杂而又快速的社会变化领域——包括技术本身的重大影响，专家特有的话语似乎并不合适”①。学者们一方面分享着由于技术崇拜所带来的特权和权威，并不竭余力地捍卫技术的地盘；另一方面又在独白和相互拆台中而无法全面地把握任何一项社会问题的实质。在专业技能和经验性资料的分析中，对意义和观点的追求不可避免地迷失了，每一门学科都在自己的狭隘空间中提出要求，而关乎人类社会的重大问题——诸如战争、和平、社会的根本性变革等——都变得越来越模糊。专业化使人类失去了主题，却让每一个人津津乐道于话题。技术专家不断地提出话题，让人头晕目眩，以至于无法辨识社会发展的方向。

随着知识分子转型为技术专家，随着技术专家成了技术理性的化身，技术专家使自己完全工具化了，成为一种工具性的存在。“作为物质现实和合法化的意识形态，技术利用了它自己的议程和社会优先权。”②当泰勒的科学管理思想渗透到了社会的每一个角落时，技术理性取得了无所不在的霸权地位。表面看来，技术专家因为承载着技术理性而获得了社会地位，而在实际上，他们完全成了科学管理的工具，不再拥有过往知识分子的那种批判精神和规范缔造者的品质。总的说来，技术专家缺失的是对社会问题的道德关注，也正是由于这个原因，他们成了实用主义的牺牲品。在技术专家成为实用主义的奴仆后，在所有的方面都失去了创造性；当技术专家参与到政策过程中来的时候，所发挥的作用就是把政策目

---

① [美]卡尔·博格斯：《知识分子与现代性的危机》，李俊、蔡海榕译，江苏人民出版社2002年版，第141页。

② 同上书，第101页。

标调整到适应特定的技术规定上来。因而，政策问题建构越来越从属于专业性的技术目标，而且距离社会问题的本来形态越来越远。结果，社会问题不仅得不到解决，反而因为技术专家的政策问题建构而不断地引发了新的社会问题。

与此相对应，大学体制几乎完全融入了权力结构之中，几乎所有领域和派别中的学术输出都必须符合权力的逻辑，都必须服务于权力所要求的资源配置。这就是诺姆·乔姆斯基(Noam Chomsky)所指出的："在学术生活中，专业主义的精神特质被用来掩盖某种'智力的系统性腐败'，在这种腐败中，知识分子急切地在科学客观性和学术独立性的伪装下为既定利益服务。"①乔姆斯基没有意识到的是，造成了"智力的系统性腐败"的已经不是知识分子了，而是技术专家。虽然技术专家是从知识分子转型而来的，虽然技术专家拥有着专业知识，但当他们成为技术专家后，却丧失了独立思考的能力，丧失了自己的政治意志。因为，"学院的等级制度……迫使我们警惕那些富于想象力的、富于冒险精神的知识分子"，即使在他们的个人生活中，教授们也不能"有明显的不一致"。②正是因为技术专家接受了大学以及社会为他们准备好的职位，才丧失了对人类价值的终极关怀。

大学校园里的技术专家被结构化到了一个管理世界之中，他们不再面向公众写作，他们的工作、晋升以及薪酬都依赖于专家评估，他们只关注专题讨论和专业期刊。显然，专业刊物的读者非常有限，也就是说，技术专家所面对的是公众中的很小一部分。"教授们专享一种专业术语和学科。他们聚集在年会上交流论文，于是形成了自己的世界。一个'著名'的社会学家或艺术史家的著名是相对于同行而言的，其他人并不知道他。知识分子既然成了学院派人士，就没必要在公共读物上写文章了；他们不写，最终也就不能写了。"③所以，他们生产出来的是带有浓烈学究气的东西，除了专家之外无人能懂，也无人愿意读。由于技术专家与公众的疏离，摆在他们面前的就只有一条路，那就是趋附于上层社会。"最终入

① [美]卡尔·博格斯：《知识分子与现代性的危机》，李俊、蔡海榕译，江苏人民出版社2002年版，第132页。

② [美]拉塞尔·雅各比：《最后的知识分子》，洪洁译，江苏人民出版社2002年版，第65页。

③ 同上书，第5页。

侵大学的不是一般新左派知识分子，而是那些满脑子装着学术话语、观念，并全神贯注于这些话语、观念的青年左派知识分子。”[①]教育、技能、证书等将专业人员与普通大众隔离开来，整个社会分裂成两个部分，一部分人会讲专业“行话”和“神秘语言”，而另一部分人只知道使用日常语言。会讲“行话”和“神秘语言”的技术专家因为依附于权力体系而获得了社会精英的地位，而那些只会讲日常语言的人只能沦落为广大公众。

一个社会中出现的问题绝大多数是与公众相关联的，而技术专家与公众的分离也就使他们不再拥有对社会问题的敏感性。因而，当技术专家着手于政策问题建构时，虽然他们也用大量的问卷去表明他们所使用的数据来自于公众所生活的社会，实际上，他们所搜集的所有数据都从属于问卷设计前就已经拟定的假设。所以，政策问题只不过是技术专家假设的或想象出来的问题，而不是对社会问题的反映和凝炼。在技术专家这里，“知识不再是被普遍认为的一种理想，而是被当作一种工具和手段。在权力和财富的社会里，知识的价值在于它是权力与财富的一种工具，当然，也是交谈时的一种装饰品。”[②]技术专家引导公众舆论关注政策问题的技术方面，而且他们总是以技术权威的形象而将其观点强加给了公众，以至于公众在技术权威面前也不知道自己是否被蒙蔽了。这就是建构了技术专家而又被技术专家所建构了的世界。

在技术专家的推动下，科学化、技术化追求也渗透到了公共舆论空间。借助于科学技术，依赖于技术专家的精英地位和技术权威所实现的是舆论的单向传播，而技术专家于其中所起到的只是工具的作用。因为，“传播领域受到公司和政府的大规模力量的控制；舆论与其说是由知识分子控制的，倒不如说是由那些控制财富和权力的人来控制的。上层对资源的掌握允许精英们对话语实施限制，并在一定的参数内限制知识分子工作的自主性。尽管公共领域有显著的差异和自由，但是，它最终依然是很受限制的——尤其是关于政治信息。”[③]即使在专业化极强的交流中，

---

① [美]拉塞尔·雅各比：《最后的知识分子》，洪洁译，江苏人民出版社 2002 年版，第 125 页。

② [美]查尔斯·赖特·米尔斯：《权力精英》，王崑、许荣译，南京大学出版社 2004 年版，第 439 页。

③ [美]卡尔·博格斯：《知识分子与现代性的危机》，李俊、蔡海榕译，江苏人民出版社 2002 年版，第 105 页。

"人们也失去了讨论他们的社会需要和政治利益的智力和能力。技术官僚统治理论轻而易举地就用实用主义的标准清除了人们关于社会需要的关注，让人们不再追问造成社会问题的根源，也不再去思考衡平社会问题的艺术。"①

约翰诺·斯拉瑟尔描述了官僚制之下的专家治理特征："生活的新部分越来越向大公司的市场策略开放，被技术工具所掌控，新的职业越来越专业化，结果，人们对外部服务的依赖程度加大了，而他们则因这种帮助而丧失了所有能力。""加入政治议程的问题变得越来越复杂；相关的数据越来越被赋予了过多的权力；塑造公众意愿和决策的过程都变得越来越不可理喻。尽管这个领域里的努力一直都放在了教育公众上，而作为外行的公众政治能力则被低估了，恰是这种能力，对民主构成了支撑。我们正在滑向专家统治。"②在这里，斯拉瑟尔是把专家统治与民主对立起来看待的，事实也正是如此。当技术专家独占了话语权后，公众则陷入了失语状态，公众因为不具有专家们才拥有的知识和技术，从而丧失了表达能力。当公众需要技术专家来为他们作主的时候，也就不再有民主可言。尽管进入21世纪后因为网络平台的建立而使得公众有了表达空间，但是，一旦技术专家出来说话，公众也就陷入了对自我的怀疑之中。

我们知道，民主需要得到两个方面因素的支持：其一，是思想敏锐和有知识的公众；其二，能够对公众做出理性反应的政治领袖。随着技术理性的泛滥以及技术专家主宰了政治过程后，受益于技术进步的公众却有了一种无目标、漂浮不定和没有安全感的感受。我们已经处在这样一个社会之中，对技术标准的强调是以牺牲日常道德生活为代价的，在技术无所不在的统治之下，人们对制度以及自身都丧失了信心，除了依赖于技术之外，人们不知道还能够独立和自主地去做什么。因而，人们只有听命于技术专家，每一件事都求助于技术专家，听取技术专家的意见，以至于技术专家成了社会的灵魂，而技术专家自身却又纯粹是一种工具，或者说，技术专家自己定位在工具的地位上。当公众不再驾驭工具反而受到工具

① Frank Fischer, *Technocracy and the Politics of Expertise*, Sage Publications, Inc., 1990, p.48.

② Johanno Srrasser, Decade of the Experts? in 1984 Revisited ed. *Irving Howe* (New York: Harper & Row, 1984), pp.162-163.

的统治,那意味着什么还不是一目了然的吗?所以,当技术专家从事政策问题建构和政策制定的时候,排斥了对一切社会问题的优先关照;当技术专家参与到社会治理的过程中来时,排斥了民主。

技术专家的确是一群拥有知识的人,但他们所拥有的知识不是用来服务于民主生活的,反而是用来反民主的。难免米尔斯要说,在今天的世界,知识与民主没有关系。可见,工业社会在自身的发展过程中造就了知识分子,从而使这个社会有了能够促进自身进步的"牛虻",而在工业社会的进步中却又消灭了知识分子,即在用技术专家置换了知识分子之后而消灭了知识分子。随着知识分子的消逝和技术专家的登堂入室,工业社会在整体上也走上了自反之路。正是在这个社会的自反之中,我们看到了后工业化为我们展示出了一幅新的未来图景。

第四章　科学化追求中的政策问题建构

第一节　科学语境中的政策问题建构

社会治理无非是要解决社会问题，然而，社会问题的解决有许多方式和方法，自从社会治理发明了政策工具之后，就一直是通过把社会问题转化成政策问题而去达成治理目的的。从我们上述的考察中已经看到，在近代早期，政策问题建构是一个政治过程，特别是在启蒙运动之后，社会走上了按照民主的理想去加以建构的道路，政策问题建构的机制也在民主的道路上得到不断完善。然而，在政治现代化的进程中，政治本身走上了科学化、技术化的道路。其中，政策问题建构在政治科学化、技术化的道路上发挥了引领作用。结果，技术专家主导了政策问题建构过程，以科学的客观性和技术的可操作性排斥了价值考量，使政治过程异化为技术过程。表面看来，政策问题反映了客观现实，被认为是社会问题的镜像，而且几乎每一项政策也都能够取得巨大成功，但是，如果在更大的范围或更长的时间段中而不是就每一项政策的具体效果来看的话，则可以看到，每一个具体的政策所取得的成功却是以制造新的社会问题为代价的。事实上，在政策成为基本的社会治理工具的条件下，政策科学家或技术专家们是在科学的名义下把一些虚假的政策问题强加给了公众，真实的社会问题往往被掩盖了起来，而且不断地积累，以至于我们的社会滑向了风险社会。

一、基于科学化、技术化追求的政策问题建构

在近代以来的政治民主制度框架下，政策问题建构是被作为政治过

程中的一部分来看待的，而且，根据三权分立理论，政策问题建构权主要是由立法部门执掌的。所以，可以认为政策问题建构权是一项政治权力或立法权力，应当在民主制度的框架下运行，应当反映民主精神并以民主程序为保障。也就是说，根据近代启蒙思想的精神，政策问题建构权的运行无非是民意的表达与聚合过程，是通过民主的途径而把社会问题汇聚到立法部门中，并由立法部门将其转化为政策问题，然后制定相关的法律或政策，交由行政部门去加以执行，以求达到解决社会问题的目的。在此意义上，无论我们把政策问题建构权看作政治权力还是将其称为立法权力，在运行中都包含着一定的价值判断，从属于某种价值实现之目的。

但是，在近代社会对理性、科学和技术的追求中，政策问题建构走上了谋求科学性、技术合理性的发展道路，其中的价值内涵变得越来越稀薄，对政策问题建构过程中的科学和技术的关注排挤了对价值的关照。对此，有些学者认为政策过程的科学化、技术化把公共政策从非理性以及没有尊严的政治中拯救了出来；也有学者认为，这种科学化、技术化使社会治理忽视了社会公平、正义等重大的和基本的人类价值。就现实而言，政策问题建构中的科学化、技术化追求使得那些掌握了知识和技术的专家在社会治理中扮演了关键性的角色，造就出了一个专家治国的局面，以至于近代早期启蒙思想家们的民主理想破灭了。当专家走进了社会治理体系的中心时，由于仅仅关注行政管理和社会治理中的科学和技术而失去了对人的生存与交往中的那些基本价值的持有，也在某种意义上使社会治理者自身沦落为异化了的“单面人”。

总的说来，在从中世纪走向近代的过程中，当人们不再争论“一个针尖上能够站几个天使”的时候，对理性和科学的追求也就成了知识活动的主旋律。近代社会的发展包含着两个维度，一个是民主与法治的追求，另一个则是对理性和科学的信仰。在社会治理过程中，这两个维度交缠在了一起，尽管有的时候人们对民主与法治谈论的多一些，而在另一些时候则呼唤科学的春天。换一个角度看，近代社会又是走在领域分化的道路上的，整个社会的分化是近代以来社会发展的基本特征，可以说无处不存在着分化，以至于我们今天所面对的是一个碎片化了的社会。因碎片化而复杂化，因复杂化而具有不确定性。在社会分化的第一级层面上，我们看到的是公共领域、私人领域和日常生活领域的并存。在日常生活领域中，显然是缺乏科学追求的；在私人领域中，科学追求有着无限的动力；而在公共领域中，起初突出的是民主和法治的主题，到了20世纪，科学追求也被作为一个重要主题提了出来。

在20世纪的后期，科学追求已经成为排斥了民主和法治的最高主题。所以，在社会治理的过程中，似乎所有的问题都可以通过科学化、技术化的路径加以解决。为了科学的理由，民主、法治、公平、正义等都得为之让路。与之相应，掌握了科学技术的人群也就成了社会治理精英，把持了社会治理的几乎全部权力。如果说在农业社会中是由身份精英主导社会治理的话，那么，在进入工业社会后，人们设想由人民大众及其代表进行社会治理，而在工业社会的行进中，则走上了由技术精英治理社会的道路。在20世纪，社会治理的现实就是技术精英主导甚至把持了治理权，人民大众则完全靠边站，即使发声，也没有人理会。人们可以谈论所谓"民主行政"、"参与治理"等，而一旦技术专家出场，公众立刻就鸦雀无声了。正是在这种背景下，政策问题建构也像决策和执行一样，被纳入到了科学化的轨道。

我们一再指出，政策是现代社会治理的基本工具，或者说，政策成为社会治理的基本工具本身就意味着一种治理文明形态的出现。通过政策而不是倚重于权力去开展社会治理，所反映出的是社会治理的进步和文明化。在工具的视角中，政策的科学化以及在可操作性意义上的技术化都是合理的追求，不应遭到任何质疑。但是，一切工具都是为人所用的，是被用来解决问题和达成行动目的的。如果人们在使用某种工具时不仅不能解决问题反而使问题变得更加严重了，那么，我们应当如何来认识这种工具以及这种工具的使用方式呢？政策就是这样。政策原本是社会治理的工具，而社会治理是为了谋求一种合乎人的本性的生活形态，是为了保障人的生活水平的不断提高和促进人际关系走向和谐。政策作为社会治理的工具应当发挥着促进社会治理目标实现的功能，可是，当人们的视线局限于政策的科学性和技术水平方面时，政策的性质和功能都发生了变化。社会治理也因此而发生了变化，科学成了目的，政策的科学性和技术水平成了关注的重心，而社会治理的应有目标却迷失了。这就是社会治理的异化，是社会治理追求科学化、技术化的一种自反形态。其中，政策过程的科学化、技术化，特别是政策问题建构的科学化、技术化追求，起到了推波助澜的作用。

应当承认,政策问题建构追求科学化、技术化是合乎近代以来社会治理建构的逻辑的,而且在启蒙思想中也是包含着对理性和科学的追求的。威尔逊所提出的政治—行政二分原则使行政成为一个相对独立的领域并走上科学化、技术化道路,这虽然与启蒙思想存在着形式上的差别,而在实质上则是合乎启蒙思想的逻辑的,应当看作是对启蒙思想的进一步阐发,是启蒙思想的精细化发展。我们可以断定,威尔逊虽然在对行政的“拯救”中使行政走上科学化、技术化追求之路,但他显然没有想到行政部门会攫取政策问题建构权。从古德诺对行政的规定来看,是严格地把行政定位在执行的地位上的。事实上,虽然在20世纪初已经出现了行政部门参与政策问题建构的迹象,但在“新政”之前,政策问题建构仍然主要是在政治领域完成的,是由政治精英主导的。那时,尽管文官队伍已经成长起来,但其活动基本上还是在政治—行政二分原则之下展开的,与政治部门保持着分立的态势。也就是说,政策问题建构是政治部门应当承担起来的一项职能。然而,当行政部门在科学化、技术化追求中取得越来越大的进展时,而且在引起了代表和政治家们越来越多的关注时,政治部门对理应关注的价值问题则逐渐地冷淡了起来。

政治部门以及整个政治过程永远都不可能在科学化、技术化追求中交出令人满意的成绩单,在它自身表现出了科学化、技术化追求无力的情况下,就会让其他部门代替它去实现这种追求,或者说,让其他部门去致力于科学化、技术化追求,而自己则从旁监督。这样一来,出于科学化、技术化要求的政策问题建构向行政部门转移也就是必然的了。在政治—行政二分的情况下,行政部门因为与政治纷争相隔离而专注于技术,从而获得了技术上的优势。特别是在20世纪初期私人部门的管理技术迅速发展的条件下,科学管理的许多技术创新也被引进到了行政部门之中,使得行政部门表现出了技术水平上的大幅提升。因此,当行政部门获得了政策问题建构权后,立即就显现出了对社会问题甄选上的科学性,即不是根据公众的意见而是根据社会发展的要求去把那些具有重大影响的社会问题转化为政策问题,让计划专家和管理专家在政策问题建构上发挥主导作用。美国的进步主义运动倡导在公共计划和政策过程中使用理性的社会科学方法,倡导用科学规划的决策程序取代政治的非理性,这些都反映到了政策问题建构中来。

我们看到，由于政治—行政二分原则得到遵守，也由于科学管理为行政提供了科学方法和哲学基础，数学和科学成了解决管理问题的工具，即通过对各种稀缺资源进行最优配置而去实现效率目标。因而，政策问题建构更多地是基于科学的考虑而不是如实地去反映社会问题。这说明，政策问题建构的科学化是与整个行政管理的科学化一致的，其中，政治—行政二分原则为行政部门的管理科学化、技术化提供了前提，而在科学管理运动中形成的经验与方法，也被引入到了行政部门中来，从而使行政管理的科学化、技术化成为现实。但是，承担着科学、技术追求的主体如何能够得以完善，也是一个需要加以解决的问题。恰在此时，韦伯的官僚制理论弥补了这方面的需要。也就是说，尽管科学管理使得公共行政朝着科学化的方向迈出了一大步，但公共行政的科学化、技术化的道路最终是在韦伯的理论中得到确认的，可以认为，正是韦伯，系统地运用技术和行政策略将现代理论努力追求的理性化的人引入到了行政实践中来。韦伯认为，官僚制是一种基于合理性设计的组织形式，是工业社会组织的典型形态。尤其是自19世纪末文官制度建立起来之后，现实的官僚体系已经形成，官僚制就是从理论上对行政组织所进行的描述。在官僚制组织理论建构起来之后，官僚体系因为有了官僚制理论的指导而得到迅速发展，成为工业社会中最具合理性的组织形式。从此，行政管理的科学化、技术化追求有了组织依托。

官僚制组织所拥有的是一种在现代化过程中出现的法理型支配类型，这种支配形式是以规章制度为组织的合法性基础的，它的基本特征是：有持续不断受规则约束的行为与正式经营；有明显范围的权限（管辖权）；对各种职位的组织依照官职层级制的原则；用技术性的法规、规范来节制一个职位行为。①但是，这些原则的运用与实施只有在与专业训练结合起来才能达到理性的目标。因而，只有受过专业训练的人才能成为官僚组织中的一员，这也反过来证明了专门知识与专业技术是官僚组织不可或缺的。这就是韦伯所指出的，“现代的官员接受了一种必然会日益符

① ［德］马克斯·韦伯：《经济与历史：支配的类型》，康乐等译，广西师范大学出版社2004年版，第390页。

合现代生活理性技术的专业训练。一切当今世界的官僚制都是在这条道路上运行的。”①换一个说法就是，“凡是现代专业官员占据主导地位的地方，他的权力都被证明实际上是不可摧毁的，因为满足了他最基本需求的整个组织都要依靠他的运作模式。”②

可见，专业技术上的优势使得官僚制组织始终优越于任何其他形式的组织。“高度发达的官僚机器和其他组织相比，犹如一套机械装置和非机械化产生方式的关系。精确、迅速、明晰、档案知识、连续性、酌处权、统一性、严格的隶属关系、减少摩擦、降低物力人力成本，在严谨的——尤其是独断形式的——官僚制行政中都可以达到最佳状态。与任何团契行政、荣誉行政或业余行政方式相比，训练有素的官僚在所有这些方面都处于优势地位。而且，只要涉及错综复杂的任务，那么有薪的官僚劳动不仅会更精确，归根结底，往往还会比形式上无薪的荣誉服务更便宜。”③所以，官僚制是一种科学化、技术化了的组织形式，官僚制增强了行政管理的科学性，大大提升了发生于行政部门中的一切行为的技术水平。

在官僚制组织理论得以产生的同时，作为社会治理工具的政策在使用频率上也越来越高。这是因为，与 19 世纪及其以前的任何时候相比，20 世纪的社会复杂性程度都得到了大幅增长，不仅依靠权力、经验和智慧的治理捉襟见肘，而且通过集中公众意见的民主治理和由党派主持的治理也都遇到难以为继的问题。因而，呈现给我们的一个明显的社会治理现象就是，越来越多地求助于政策这一社会治理工具。与其他社会治理工具相比，政策具有更为充分的理性特征，在某种意义上，这也可以看作是近代以来理性追求的最大成果。随着官僚制组织理论的产生，也确实找到了能够使用具有理性特征的社会治理工具的理性化主体。

近代理性追求的这两大成果中都包含着科学化、技术化的内涵，或者说，理性追求表现出了一种科学化、技术化的发展趋势。一方面，政策这一理性的社会治理工具得到了广泛应用；另一方面，使用这一工具的理性主体得到了理论确认，从而为我们勾勒出了一幅社会治理的新图景：第

①② [德]马克斯·韦伯：《经济与社会》(第二卷)(下册)，阎克文译，上海人民出版社 2010 年版，第 1569 页。

③ 同上书，第 1113 页。

一，社会治理主体围绕着政策这一理性工具而进行安排和配置；第二，对社会治理主体的理性安排和配置则形成了分工—协作体系；第三，分工—协作对每一个部门以及每一个职位都提出了专业化的要求，需要专业知识来提供支持；第四，作为治理工具的政策出现了科学化、技术化的路径依赖，表现出对一切新的科学理论和技术手段的急切追求；第五，整个政策过程的驾驭和主持权都向科学化、技术化、专业化水平较高的部门以及人的手中转移。结果，政策问题建构权也逐渐地转移到了行政部门手中。

应当看到，官僚制是一种理想的组织形式，在私人部门中也普遍存在着官僚制组织的原型。而且，到了 20 世纪，政党、议会等几乎所有群体性活动的地方都被按照官僚制的方式组织了起来。然而，比较而言，行政部门则是官僚制水平和程度最高的地方。在行政部门这里，专业化、技术化、科学化以及理性特征都发展得较为典型。所以，政策问题建构权向行政部门转移也就意味着政策问题建构过程的科学化、技术化。或者说，政策问题建构的科学化、技术化追求决定了这种权力必然会向行政部门转移。

二、决策技术多样化条件下的政策问题建构

在 1937 年出版的《行政科学论文集》中，古立克和 L.厄威克提出："在行政学领域中，无论是公共的还是私人的，基本上说来，'好'就是效率。行政学的基本目标就是以最小的人力和物质消耗去完成工作，因此，效率是行政学的公理。"①的确，在公共行政的理论和实践中，效率成为一种行政文化，是最基本的信念。随着这一信念的确立，就为行政职能的扩张打开了方便之门，整个社会都愿意把更多的事情交给行政部门。在这一语境下，政治家们也是乐意于把政策问题建构权交给行政部门的。因为，政策问题建构显然要集中公众要求、收集社会信息和征询专家意见，行政部门对效率的追求也保证了它在这些方面都是高效的，这决定了行政部门获得政策问题建构权也在情理之中。

在理性主义决策模型建构起来之后，政策问题建构成了生产流程中

① Luther Gulick and L. Urwick, *Papers on the Science of Administration*, The Rumford Press, 1937, p.192.

的一个阶段，就像是在组装线上完成的产品，往往是根据科学方法和原则选择所需要的“组装要素”，并对其分析、合理化、筛选和修正，从而使政策问题得以建构起来。沃尔多在20世纪40年代回顾美国行政学发展的历史时说，“在美国过去的50年中，一直都存在这样一些词汇，如原因、反应、科学、专家、进步和效率等。”①其中，效率是第一位的。也就是说，在美国的行政学发展中，科学化追求是主旋律，再加上实用主义和功利主义的哲学导向，使研究者与实践者都努力通过科学的途径去获得效率。反映在政策问题建构方面，也就意味着更多的科学方法与技术得到使用。当然，实证主义方法是整个社会科学研究中的主流，这一方法也被用到了政策问题建构中来。我们知道，实证主义坚信科学是研究人类行为唯一正确的方法，强调量化研究而否认感性经验在科学研究中的作用。尤其是在“二战”之后，当逻辑实证主义的中心转移到美国后与行为科学结合到了一起，使社会科学的美国风格更加彰显，政策问题建构也被要求严格地按照这一方法进行。

在这一问题上，最为成功的政策科学建构是由哈罗德·拉斯韦尔做出的。拉斯韦尔基于其在“二战”中的经验，号召发展一种严格的社会科学概念，其中包含了一个集合了多学科的“政策科学”，从而开创了理性主义的政策研究传统。在拉斯韦尔的努力下，逻辑实证主义方法被原封不动地引入了政策问题建构中。不过，一个一直令人困惑的现象是，在20世纪60年代的政策运动中，早期的政策科学家起初并没有在政策过程的科学化方面表现出多少热情。这是因为，“二战”后的社会在复杂性方面迅速增长，在科学管理运动中生成的管理技术已经不能够满足要求。不过，这只是政策科学家们的一个短暂的犹豫，很快地，他们就发现了运筹学这一新技术，并用来增添政策过程中的科学成分。

运筹学是在“二战”期间成长起来的。在战争期间，为了解决武器装备的数量、军事物资分配等问题，决策者非常重视对可供选择的措施进行数量分析，从而引发了分析工具和方法的时兴。其中，表现最为优异的就是包括线性规划、系统分析等在内的运筹学。总的说来，运筹学应用科学

① Dwight Waldo, *The Administrative State*, New York: The Ronald Press Company, 1948, p.19.

知识和方法来研究复杂问题，旨在为完成组织目标所需的决策提供数学基础，因而在战后被广泛地应用于非军事性质问题的解决。特别是在管理领域，应用运筹学来理性决策一度成为时尚。在运筹学得到广泛应用的同时，电子计算机也诞生了。电子计算机的发明和应用增加了运筹学的实用价值。因为，电子计算机能借助于数字分析而对那些过于复杂的数学系统进行处理，从而使决策建立在科学的数量分析的基础上，这也同时包括政策问题建构的科学化。显然，在社会较为简单的情况下，对于社会问题的识别是比较容易的，而当社会变得复杂时，就很难直观地去把握真正的社会问题了。运筹学的应用解决了这一问题，使决策者可以通过量化分析而在纷繁的社会问题背后去发现那些具有普遍性的和潜在影响较大的问题，并将其转化为政策问题。对此，即使主张"有限理性"的西蒙也认为，"我们现在正处在决策过程的技术革命之中"。①

运筹学有着诸多分支学科，但其共同特点表现为对数学模型的依赖，有着对理想目标的无尽追求。正是针对这一点，西蒙提出了"有限理性"的主张。其实，西蒙对运筹学广泛应用于决策过程是持肯定意见的，只不过他对应用运筹学的决策所追求的目标和所希望达到的决策境界表示怀疑，才提出了"有限理性"。在西蒙看来，决策过程需要把经济学的效用和选择概念与数量工具结合起来，在面对某些类型的问题时，科学方法以及数学都能够为决策提供更好的信息，即发现真实的政策问题。但是，就决策类型而言，存在着程序化决策和非程序化决策，程序化决策所指的是常规性的、重复性的决策，决策技术除了包括传统的习惯、标准操作程序等之外，还包括运筹学、电子数据处理等现代工具；非程序化决策所指的是结构不良的、新的决策，决策技术主要包括判断、概测法、人员培训等传统方法，也包括编制探索式计算机程序等现代方法。

西蒙是把运筹学的应用归入到程序化决策中的。或者说，在西蒙看来，运筹学是在较为复杂的条件下进行程序化决策时应优先采用的技术，在非程序化决策过程中，其他的方法和技术都远比运筹学更为有用。既然存在着程序化决策和非程序化决策两种类型，而且存在着多种可供选

---

① [美]赫伯特·A.西蒙：《管理决策新科学》，李继译，中国社会科学出版社1982年版，第227页。

择的决策方法，那么，基于运筹学的理性决策就不应绝对化。所以，西蒙认为，“不管过去二十年出现的程序化决策制定技术的意义如何重大，不管由于转用更复杂的程序而在减少以前被认为是非程序化的领域方面的进步有多大，这些发展对管理决策制定活动的重要部分仍然未加触动。许多，或多数由中层和高层管理处理的管理问题仍不能顺当地进行数学的处理，也许永远不行。”①

尽管如此，西蒙对决策中的技术应用还是给予了充分的肯定，特别是在非程序化决策中，技术的应用有着非常重要的意义。西蒙认为，“非程序化决策制定过程正在经历一场革命，其重要性有如目前在企业组织改变程序化决策的革命一样。有关人类问题解决的本质已经有了某些重大发现，而它们在商业应用的最初的潜在可能已开始出现。这些发现定会对企业组织制定非程序化决策的方法产生日益增大的影响。”②同时，西蒙也努力寻找克服新方法局限性的途径，他提出了两点：“其一，是找到如何从实质上增加人类在非程序化环境中解决问题的潜力。其二，是找出用计算机帮助人类解决问题而又不用先将问题简化成数学形式或数字形式的方法。”③也就是说，运用技术的方法去解决技术的局限性，这就是西蒙给出的一条路径。

在决策中突出强调技术的作用不仅形成了技术依赖，也提高了技术专家的地位。因为，越是重视技术，知识与权力的结合也就越紧密，专家也就在政策制定中享有更多的话语权。而且，专家们不会满足于政策问题确认后的技术参与，而是很自然地进入了政策问题建构过程。在政策问题建构科学化、技术化追求中，政策问题往往被界定为政策目标与现实情况的差距，或者，是对尚未达到预期目标的现实的描述。由此推论，政策问题就是一种外在于主体的客观现实，主体的行动只不过是在揭示这种客观存在，但不能以自己的价值追求影响到政策问题的客观性。也就是说，客观存在的是社会问题，政策问题建构者无非是要将社会问题转化为政策问题。社会问题是芜杂的，必须通过观察、分析而把真正的社会问

①② [美]赫伯特·A.西蒙：《管理决策新科学》，李继译，中国社会科学出版社1982年版，第53页。

③ 同上书，第54页。

题揭示出来,这就意味着需要依赖于技术专家的活动。

技术专家不只是一个人,即使一个技术专家也可能掌握不止一门技术,技术专家在知识和专业上的差异也会表现为技术的多样性。此外,还有多种因素会影响到技术专家对社会问题的认识。因此,为了保证技术专家作为人的因素不至于影响政策问题的客观性,就必须要求技术专家保持价值上的超脱,以求做到对事实的如实描述。或者说,社会问题只是一些现象,只有通过技术专家所掌握的科学和技术才能将其转化为真正的"事实"。当社会问题转化为政策问题时,所获得的也就是终极意义上的"事实"。在这个过程中,如果技术专家持有某种价值倾向的话,就会妨碍对客观事实的揭示。所以,必须对技术专家的价值加以祛除。这些都是合乎科学的思路。但是,一旦这样做了,政策问题在何种意义上是社会问题的真实反映?也就变得非常可疑了。在决策科学化、技术化成为一种话语霸权的条件下,技术知识拥有了绝对性的地位,相应地,技术专家也就垄断了发言权,似乎只有他们才能够认识和把握社会问题,才有资格将社会问题转化为政策问题。因而,在整个决策过程中,对技术专家的依赖日益增强。

在 20 世纪 60 年代,随着 PPBS(Planning, Programming, Budgeting System,即计划项目预算系统)的普遍应用,直接促成了公共政策运动的兴起。公共政策运动是管理型社会治理的又一个巅峰表现,是工业社会为了寻求理性的治理手段而在规则制定方面的突破。公共政策运动将人们的视野引入了对规制制定的关注,特别是作为其重要分支的政策分析,更是强调尽一切可能将量化分析引入到政策研究中。这种以模型、数据为支撑的学术思潮使合理性的追求也渗透到了政治领域。

20 世纪 70 年代,政策科学的地位得到大幅提升,然而,也正是在这个时候,科学与民主间的龃龉变得越来越严重。因为,对科学化、技术化的强调总也无法整合到民主的框架中,所以,在科学化、技术化的追求对民主构成了实质性冲击的时候,科学与民主之间的冲突也就显性化了。科学与民主的矛盾回射到了政策科学的研究中来,出现了技术取向的政策分析与强调政治价值的政策过程两种研究路径。总的说来,在 20 世纪 70 年代之前的政策研究中,大多数"政策科学"文献都带有一种狭隘的技术取向特征,主要集中于方法论问题。这也反映了政策分析在政策科学中所占据的分量。政策分析强调程序与技巧，政策问题建构被要求设计出“最佳”答案，因而，表现出了对专业技术的使用与方法论的思考。在此之后，在一定程度上是因为重申了民主，出现了两种研究路径并存的状况，重视政治价值的政策过程研究显然是在对政策科学技术化追求的反思中出现的。

20世纪是自然科学凯歌行进的世纪，在自然科学所取得的巨大成功的影响下，社会科学的研究者也急于进入“正统职业”的行列，因而表现出了以坚定的信念和热情效仿自然科学方法的激进行为。邓恩列举了一系列政策问题的分析方法，包括边界分析、类别分析、层次分析、综摄法、头脑风暴、多角度分析、假设分析、论证图形化等方法[①]，而在政策问题建构过程中，最为经常涉及的则是因果论证、数量测定、假设评估、异同比较等逻辑方法。应用这些方法，政策问题建构过程也就简化为对政策目标与现实之间的距离进行测量和计算，对于每一项列出来的得失作出加减，以实现充分的量化。

这样一来，不仅政策问题建构过程可以计算，政策问题本身也应量化，政策问题建构的精确性也就取决于古贝等所谈到的“硬性数据”[②]，即可计量的数据，可以精确地测量出来，并且能够用强大的数字和统计工具进行分析。根据这样一种思维，无法被测量的事物就是不真实的，只有数据才能说明问题，因而，政策问题就是由一些可以还原为数据的因素构成的。结果，出现了金登所描述的现象：问题并不是通过某种政治压力或对人的认识的重视而引起政府决策者的关注，问题引起政府决策者关注的原因常常在于某些指标完全表明那儿本来就有一个问题存在，指标被用来描述问题，而问题则经常地被用来讲政治故事。[③]

在政策问题建构的科学化、技术化追求成为时尚的年代，对理性计算和控制系统的质疑也在增加。例如，罗伯特·A.达尔和C.E.林德布洛姆

① [美]威廉·N.邓恩：《公共政策分析导论（第二版）》，谢明等译，中国人民大学出版社2002年版，第178页。

② [美]埃贡·G.古贝、伊冯娜·S.林肯：《第四代评估》，秦霖等译，中国人民大学出版社2008年版，第13页。

③ 参见[美]约翰·W.金登：《议程、备选方案与公共政策》，丁煌、方兴译，中国人民大学出版社2004年版，第114页。

就批评了理性综合方法，认为它是不可行的，他们分别通过“多元主义民主”和“渐进主义模式”来对政策问题建构进行新的解释。在代表了理性和大规模规划的PPBS系统失败之后，更多的学者开始反思，对把政策问题简化为一系列定量指标或数据的做法提出质疑，认为这样做不可能刻画出政策问题的全貌。在尼克松政府时期，政策专家的身影一度从中心舞台上消逝了，正是我们前述所指出的，尼克松政府的政治基调更多的是由律师和商业人士来定，但“这并不意味着社会科学从政治场景中衰退了。实际上，被重新工具化再去界定保守主义的议程，社会科学在尼克松政府时期依然发挥着重要作用”①。不过，政策分析在这一时期还是发生了一定的转向，通过强调一种新的政策技巧来使政策更为科学，这就是政策评估研究的兴起。

政策评估与政策分析有所不同，“政策分析主要强调预期政策目标的意涵，而评估研究则表现出了回溯性，致力于对产品结果的测量。”②政策评估得出的结论在这一时期得到了高度重视。1967年，国会修订了一些基本的反贫困法案，将评估要求包括进去。1969年后，尼克松政府很快增加了新的和更为紧急的对项目结果进行衡量的命令。政策评估应当属于政策过程的后端，但评估研究也对政策问题建构产生了影响。由于政策评估的结果得到高度重视，实际上也意味着作为政策过程前端的政策问题建构需要更进一步地贴近“科学政治”的要求，以使得技术专家不得不采取新的方式继续扮演作为“内行”的政策科学家的角色。

三、政策问题建构中的虚假政策问题

在技术进步所取得的辉煌成就下，政策问题被当作一个有着特定目的并加以定制的问题，政策问题的建构始终在追求一种理性建构，是需要经过科学构思、理性计划的行动。在对科学的作用和使命的无可争议的理解和接受中，在实现美好社会之梦想的责任感召下，人们坚信能够对政策问题进行全面科学的建构，并且放心地将政策问题建构权交给专家和精英。技术决策虽然没有完全取代利益集团政治，但专家的观点却总被

①② Frank Fischer, *Technocracy and the Politics of Expertise*, Sage Publications, Inc., 1990, p.161.

视为优先于公众要求的。实际情况是，在技术追求中，政策问题建构的主体不再是公众，也不再是公众的代表，是否掌握技术则成了能否拥有和行使政策问题建构权的标准。而且，在技术的魔力下，行使政策问题建构权的技术专家与未能参与政策问题建构的普通公众之间的紧张关系竟然神奇地消失了。对于技术精英所进行的政策问题建构，往往很少听到批判的声音，因为技术的光环已经被转换为对专家的政治臣服。也就是说，技术被等同于科学，科学被认作理性的全部。这样一来，通过科学知识与技术建构起来的政策问题就被认为是揭露了客观真理，反映了客观事实。对于事实，是不应存在异议的，因此，技术专家建构的政策问题也就不存在协商的余地了。对此，汉娜・阿伦特称之为“事实的强制性”。

当技术专家拥有了政策问题建构权的时候，不仅公众失去了这一权力，而且公众的代表也失去了这一权力。因而，“在政治科学中，对统计技术、博弈论和理性化选择模式的崇拜已经将政治研究降低为一个越来越徒有其表的(和无生气的)事业，这一事业排挤任何类型的批判工作。政治领域在历史上就被理解为一个截然不同的公共场所，在那里，公共利益和目标将被论及，民主参与和社会改革也可能被论及。这种领域已逐渐被转变成一个点，在这一点上，它只指称一系列无联系的老一套做法。经验性和形式性的工作过多地论及那些最容易测量到的现象——选举、政党、利益团体、立法行动、政策制定步骤等等。从这一范式中被排除的是广泛的‘意识形态的’或‘规范的’话语，这种话语不符合实证主义假设(大部分包括对社会运动的研究)。”①

由于在政策问题建构中强调科学和技术，要求价值中立，使得政策问题建构不再是一个政治过程，而是从属于技术话语，方法论的思考往往掩盖了真实的社会问题。其实，许多社会问题是无法还原为单纯的理性知识和“硬性”数据的。在我们这样一个信息社会中，数据是随处可得的，但是，现实社会却是复杂的，远不是在统计数据中能够得到真实反映的。仅仅依靠统计数据，是无法准确地建构起政策问题的。统计数据不仅无法准确描述人们希望建构的政策问题，反而使真实的社会问题变得模糊起

① ［美］卡尔・博格斯:《知识分子与现代性的危机》，李俊、蔡海榕译，江苏人民出版社 2002 年版，第 142—143 页。

来。数字的清晰和形式上的逻辑合理性常常是一种科学的幻相，而对数字的强调又可能使得社会问题的其他部分被忽略。相较于数据的数量，思想的质量似乎在政策问题建构中更为重要，当思想和价值观的话语被挤到一旁时，公众话语必然会在技术主导下被非政治化，以至于公众在数据面前也怀疑起了自己的要求，也不知道哪些问题应当成为政策问题。

对科学和技术的信仰赋予了技术专家以这样的权力，让技术专家通过政策问题建构的实际行动去告诉公众哪些问题是属于他们的问题，是需要被作为政策问题建构起来的。实际上，正如罗伯特·福迈尼所指出的，风险评估和成本—收益分析是一对息息相关的技术，我们时常要依靠的这些技术"根本不能产生我们所欲望的确定答案"。[①]实证主义所要求的定量研究根本不具有形成正确结论的科学性质，实证主义方法论所形成的"科学"的政策问题只是一种神话，是一种理论幻觉。科学与政治不同，科学要求价值中立，而政治则必然是包含着价值的。在科学与政治求同的过程中，虽然人们相信真正代表了公共利益的政治也是科学的政治，但是，那是就科学能够真实地反映公众的意见和要求而言的。从现实的政治运行来看，运用实证方法的科学所注重的是形式，在祛除了价值的时候，往往是无视公众的意见和要求的。由于科学已经拥有了绝对性的信仰功能，即使科学拒绝和排斥了公众的要求，公众也不可能对科学提出怀疑，更不用说表示抗议了。公众可以对某个政府作出抗议的行动，也许会对某项政策表达不满，但是，作为政策源头的政策问题建构从来也不可能成为公众拒绝的对象。因为公众相信科学，所以，专家任何时候总是对的。

政策问题建构本来是一个政治过程，如果科学的(价值中立的)客观性能够服从于政治的话，是可以成为有用的工具的。但是，在政策问题建构过程中，科学和技术排挤了政治，或者说，让政治从属于科学和技术了。进而，让复杂的社会现实服从单一的科学标准，让平等、效率、公正等多重要求从属于简单的可操作性技术。结果，也就必然导致政策问题建构的异化。正如斯通所指出的，"我不相信有什么能为社会上所有的人都接受并以同样的方式影响每一个人的客观、平等的标准，我同样不相信所有的

---

① 引自[美]戴维·约翰·法默尔:《公共行政的语言——官僚制、现代性和后现代性》，吴琼译，中国人民大学出版社2005年版，第278页。

分配从道德意义上来说均是对等的。”[①]当科学的客观性面对社会问题的复杂性时，恰恰变得不再客观了；当技术的可操作性面对多元目标时，反而会导致荒唐的后果。所以，当科学和技术排挤了政治时，政策问题建构过程所给予我们的只能是一些虚假的政策问题。

我们知道，在18世纪的启蒙运动前后，科学是具有批判功能的，它在张扬人类理性的过程中是要将人从宗教教条中解放出来。“然而科学理性的理论到头来不仅仅瞄向神灵，而且还对准了一切形而上学的思想——包括道德和自由。‘知识’与‘信息’被剥离开，规范和事实被分隔；科学手段日益脱离了对人类解放的承诺，将自然改变为一种统治对象，而科学手段本身则沦为谁出价最高就为谁效命的娼妓。”[②]因而，技术成为历史谋划的媒介，在技术的作用下，文化、政治和经济都并入了一种无所不在的制度中。这一制度用生产效率和增长潜力稳定了社会，吞没了或者排斥了所有的其他选择。数据本身不能说话，但经常“会受到正被测度的人、进行测算的人以及对别人所作测度解释和利用的人的有意、无意的操纵”[③]。如通过统计数据引起人们对某一事情的关注而不是为了激发人们变革的激情，或者说是为了维护自己的功绩与地位。

从这个意义上看，使用数字所进行的测量也是为了达到一种权力控制。正是出于权力控制的需要，才会存在着大量的关于测量什么以及如何测量的考量。在进行测量的过程中，选择什么样的手段以及意图得出什么样的结果，或者说对数字作出什么样的解释，都无非是从属于控制的目标。斯通对于这点说得非常精彩，“数字总是对世界的描述。既然作为描述，它们相比诗歌或者油画也就不具有什么更大的真实性。数字对于经验的反映可能多多少少与通常的反映相关，但正如现实主义、印象主义以及抽象派的表现主义绘画一样与普遍的反映多少有所相关而已。数字的真实性就与艺术品一样，就好比诗歌和绘画是人们收集、引用、展示以

① [美]德博拉·斯通：《政策悖论——政治决策中的艺术》(修订版)，顾建光译，中国人民大学出版社2006年版，第17页。

② [美]斯蒂芬·埃里克·布隆纳：《重申启蒙——论一种积极参与的政治》，殷杲译，江苏人民出版社2006年版，第3页。

③ [美]德博拉·斯通：《政策悖论——政治决策中的艺术》(修订版)，顾建光译，中国人民大学出版社2006年版，第178页。

及对其做出回应的艺术品一样。但是,数字作为公共政策中描述社会的方式的主导地位只是新近的事情,也许是在文化史上的当代现象——并非数字具有某种现实的结果。”①在价值中立的面具之下,在科学和技术的神圣性武装之下,技术专家不仅排挤了政治,而且可以轻松地祛除关于政策问题的道德考虑。所以,作为政策问题灵魂的道德与价值被忽略了,不管公众受到什么样的社会问题所困扰,只要技术专家指出某个问题是政策问题,公众就必须接受。“科学击败了改革与倾向性。但是这个胜利却给道德与伦理领域的事业带来了难以预料的后果,以科学为后盾的技术理性冲击了规范判断,将伦理考量交给了事后诸葛亮。”②

当然,我们也必须承认,科学化、技术化的政策问题建构也在一定程度上或一定范围内解决了某项社会问题,但那可能是某个不甚重要的问题。在科学化、技术化的政策问题建构中,重要的、关键性的甚至实质性的社会问题往往被掩盖了起来,或者因为问题的复杂性而被有意识地忽略了。所以,在科学化、技术化的政策问题建构每一次都取得了巨大成功的背后,是那些重要的社会问题不断地积累起来。也正是由于这个原因,我们看到社会治理如此高效而社会问题却越来越多,我们的生存环境、社会生态都日益恶化。我们对政策专家的每一决策都抱着赞赏、敬畏的态度,我们以为它能够使我们的生存状况得到根本性的改善,然而,滑向风险社会的速度却日益加快。所有这些,均拜技术专家所赐。这是因为,技术专家以科学的名义进行了政策问题建构,其实他们总是用虚假的政策问题欺骗了我们,我们对其科学性表达信服的时候,却把人类的命运交给了他们而任由他们摆布。这就是政策问题建构科学化、技术化的后果。走出这种状态,也许需要一种政治自觉,即还原政策问题建构的政治属性。

第二节 出于谋求确定性的政策问题建构

工业化、城市化进程将人类抛入了一个充满异质性、不确定性因素的

① [美]德博拉·斯通:《政策悖论——政治决策中的艺术》(修订版),顾建光译,中国人民大学出版社2006年版,第185页。

② [美]艾赅博、百里枫:《揭开行政之恶》,白锐译,中央编译出版社2009年版,第49页。

社会中，传统的供给社会秩序的机制失灵了，以至于必须设计出统一的制度与管理体系而将不确定因素纳入可控的范围。这就是从自然秩序向创制秩序的过渡。在创制秩序的获得中，政策问题建构是对社会问题进行认识和管理的过程。随着全球化、后工业化把人类社会推入高度复杂性和高度不确定性的阶段，社会问题再也无法被纳入形式上统一的制度规制之中了。也就是说，高度复杂性和高度不确定性意味着供给和保障创制秩序的因素陷入失灵状态，以至于创制秩序受到挑战并需要谋求新的秩序取代创制秩序。在高度复杂性和高度不确定性条件下，社会问题的解决无法在确定性的制度框架下进行，工业社会的政策问题建构方式也必须作出根本性的调整。具体地说，政策问题需要在人们的合作行动中来加以即时建构，所获得的将是一种合作秩序。

一、通过创制秩序谋求确定性

在农业社会的历史阶段中，人被固定在一定的地域范围内和一定的社会等级结构中，无论是就人所处的地理位置还是社会地位而言，都缺乏流动性，人生活在自己所熟悉的一个小圈子中，形成一个熟人社会。熟人社会中极少出现陌生人或者异质因素，因此，农业社会是一个具有高度确定性的社会。在这一社会中，基本上不存在需要寻求确定性的问题。熟人社会依靠自然演进的秩序来调控人的行为，对于偶尔出现的陌生人或者异质因素，会通过自然形成的权威将其驱除，以回归自然秩序，从而达到维护确定性的目标。但是，在工业化、城市化进程中，社会流动性的加强促使熟人社会解体，并被陌生人社会所取代。在陌生人社会中，每一个人都处在不确定性之中。无论是在个人与他人的关系中还是在面对社会的时候，人们都会感受到无处不在的来自不确定性的压力。所以，工业社会以及陌生人社会就是一个不确定性的社会，正是在这样一个不确定性的环境中产生了对确定性的追求。

就社会秩序而言，如果说农业社会中的自然秩序赋予了社会以确定性的话，那么，从农业社会向工业社会的转变，则是自然秩序的瓦解。或者说，自然秩序已经丧失了赋予社会生活以确定性的功能，从而不得不把人们对确定性的追求寄托于创制秩序。创制秩序来源于制度和政策的创制过程，是通过创制规则和规范去获得社会的确定性的。这样一种通过创制方式获得的确定性表现为秩序，称作为“创制秩序”。创制秩序使工业社会中的各种各样的社会问题变得具有可控性，特别是在创制秩序获得中所形成的一种社会中心—边缘结构，制造出了社会精英，并使他们稳固地处于社会的中心而实施着对社会的治理。处于社会中心的精英们在社会治理过程中最为习惯使用的而且最为行之有效的治理方式就是通过政策工具去解决社会问题，而政策则是首先通过社会问题向政策问题的转化而制定出来的。

20世纪后期以来，人类开始进入了全球化、后工业化的进程，社会相应地呈现出高度复杂性和高度不确定性的特征，并向社会精英主导的政策问题建构提出了挑战。在高度复杂性和高度不确定性条件下，政策问题建构已经不再可能由社会精英来把持，而是需要在多元社会治理力量的合作行动中来加以建构。也就是说，我们所在的现实是一个正在走向后工业社会的过程，它不同于人类历史上的任何一个阶段。在这一走进全新历史阶段的时代中，赖以开展社会治理的一切都要发生变化，或者说，历史上曾经出现过和曾经拥有的一切与社会治理相关的因素都无法原封不动地搬到我们这个时代中来。虽然工业社会通过政策工具开展的社会治理让人感觉到它是非常成功的，却不可能在新的现实面前得到复制。既然我们的社会呈现出了高度复杂性和高度不确定性的特征，那么，我们就必须寻求与这一条件相适应的社会治理方式。

在农业社会，一个地域中的人构成了一个共同体，处在一个封闭的系统之中，虽然他们是熟人，却很少交往。在某种意义上，一个共同体中的人也是彼此隔离的，以至于源自于远古的生活方式得以维持而很少变化，甚至可以说时间近乎静止。所以，这种社会中的一切都是具有确定性的，而且拥有着自发的自然秩序，任何异质因素或向这种确定性提出挑战的因素，都会被自然秩序所消解。自然秩序意味着，人们在共同体中拥有固定的身份和位置，即明了自己在社会等级结构中的地位与角色，既能知以往也能测未来，通过安分守己而对社会的确定性作出响应，同时也增益于社会的确定性。所以，农业社会中的确定性是一种自然状态，是在自然秩序的运行中获得的。“自然而然”就是人们的习惯和根深蒂固的观念，任何有违于自然的因素都会得到人们的抵制和扼杀，每一个人的每一项行为都在消除不确定性方面作出了贡献，并维护着社会的确定性，尽管在这之中并不包含着自觉的寻求确定性的意识。另一方面，农业社会中出现的大多数社会问题都可以在之前的解决经验中找到解决方案。事实上，在世界上的每一个地方，都可以从历史记载中去发现社会治理的智慧和经验。在这个历史阶段中，一般性的社会问题往往在习俗、道德或者惯例的作用中就能够得到解决，只有那些特殊的、重大的事件才会被记载下来，并成为后来人们治国理政的知识和智慧。

到了中世纪后期，由于人口的激增引发了劳动力过剩的问题，这在过往的社会治理经验体系中是无法找到解决方案的，以至于人们为了谋生而走出祖辈生活的地域，开始流动了起来。当大量的农奴因离开家园而脱离了主人的控制时，就出现了“无主者”，而且这些“无主者”迅速积累起来而成为数量巨大的流动人口。这种“流浪汉”的迅速增长显然对社会秩序构成了冲击，不仅“流浪汉”不再处于社会等级结构中，而且打破了自然秩序的宁静。“流浪汉”所进入的是一个不确定性的空间，而且“流浪汉”本身就是社会的不确定性因素。所以，社会的不确定性因素开始进入一个迅速增长期。

随着有着悠久历史的确定性状态被打破，不确定性带来的是人们安全感的丧失。对此，鲍曼是这样描述的：“因为这一正在进行的封闭和垄断的进程把愈来愈多的人抛上了街头，因为这些没有主人的流浪者习惯于四处游荡，在公众的感觉中，他们的人数比实际上的大大增加了，因为这些无主者在一段非常短的时期内造访了许多地区，并令当地人惊恐万状。”[①]而吕西安·费布弗则用“无时不在恐惧之中，无处不在恐惧之中”来描述一只脚踏上了现代门槛的人们。这个时候，人们无比怀念那个正在失去的确定性世界，但历史前进的脚步又不容许人们往回走。所以，必须寻找能够重建确定性的方案，从而最大可能地消除不确定性带给人们的恐惧感。这就是创制秩序取代自然秩序的原动力。

也就是说，在人类进入了不确定的世界后，开始出现了寻求确定性的追求。自此之后，寻求确定性、营建作为安全保障的创制秩序等，构成了现代化过程中的人们一直难以抗拒的诱惑，而且一直延续到了法制的成长填满了全部社会空间的时候。应当说，创制秩序的建立得益于18世纪的启蒙思想，正是社会契约论关于国家与社会关系的基本假设，提供了通

---

① [英]齐格蒙·鲍曼：《立法者与阐释者》，洪涛译，上海人民出版社2000年版，第55页。

过创制秩序去谋求确定性的基本思路。考察现代化进程所开拓出来的这个社会,可以看到它两个基本面相:其一,一直奔跑在流动性增长的道路上,从人的流动到物的流动再到符号的流动,整个世界都被带动了起来,都展现出流动性的日益增强;其二,从不松懈的对确定性的追求,而在尝试过所有能够带来确定性的方式方法之后,找到了最能提供确定性的法律制度。因此,现代社会前行得越远,在对法制的路径依赖中陷得也就越深。

市场经济就是在流动性的道路上生成的,诚如鲍曼所言,"市场并不追求确定性,也不会像变戏法一样变出确定性,更不用说会产生可靠性了。市场使不确定性(其别名有:竞争、去除管制、易变性,等等)茁壮成长,不确定性自身还衍生出大量的不确定性作为自己的养分,不确定性远不是市场型理性的一剂毒药,而是其必要条件与不可避免之后果。"①但是,市场主体又渴望确定性,或者说,没有确定性,市场行为就无法作出选择,甚至根本无法开展行动。其实,不仅是市场,而且整个社会生活也都需要寻求确定性的支撑点。因而,人们把视线投向了秩序,谋求市场秩序和社会秩序。正是这一要求,使近代以来的社会呈现出了另一个面相,那就是通过法律制度建设去获得一种非自然的人为秩序——创制秩序。有了这种秩序,也就意味着社会获得了确定性。

从农业社会向工业社会的转变是自然秩序的瓦解和创制秩序的生成过程。随着创制秩序建构路径的发现,社会的诸多不确定性都可以得到化解,使得人们重获安全感。正是这个原因,法律与政策在现代化进程中受到了极大追捧。就如鲍曼所看到的,"16、17 世纪的英国如同法国一样,疯狂地从事立法活动。新的立法思想已经明确,新的国家利益及其义务的合法领域已经被描绘完成,新的惩罚和改造技术也已被发明。"②与农业社会在驱除异质因素时所进行的对个体的肉体惩罚相比,18 世纪创制出来的制度规范不会塑造出残忍的恐怖场面。尽管不再以惩罚的严酷形式出现,但制度规范所实现的却是普遍而系统的惩罚机制,并能有效地防范不确定性因素对人们生活带来的各种各样的破坏性影响。也就是

① [英]齐格蒙·鲍曼:《寻找政治》,洪涛等译,上海人民出版社 2006 年版,第 22 页。
② [英]齐格蒙·鲍曼:《立法者与阐释者》,洪涛译,上海人民出版社 2000 年版,第 57 页。

说，普遍存在的不确定性都被纳入到了制度的规范之中，被转化成了可以控制的确定性，秩序以一种新的更为有序的方式得到供给。这种新的秩序是表面上气势汹汹的权力所无法实现的，其功能也是权力所无法比拟的。

当创制秩序实现了对个体行为的有效规范时，实际上所反映的是主客体的分离以及通过理性认知而实现的对客观现实的控制。现代社会中所创制的制度是人类的逻辑思维与理性能力运用的结果，是出于用来预测和控制现实中的不确定因素的目的。在这之中，所包含的观念是起始于笛卡尔"我思故我在"中"思"与"行"的区分。我"思"关乎人的思维，我"在"则是与人的"思"相联系的实践与现实。只有在我"思"的基础上，才能意识到我的存在。也就是说，因为我"思"而使我成为"在"并以行为主体的形式出现，是因为我"思"而使我具有了行为能力，从而能够用我的行为去消除"我在"之外的那些向"我在"提出挑战和对"我在"构成威胁的因素。对于"我在"而言，外在的即环境的不确定性显然会对"我在"构成威胁，因而，当"我在"因为"思"而成为"在"的主体时，行为也就指向了不确定性，即通过营建"思"的确定性去消除现实存在的不确定性。在所有消除不确定性的途径中，法律与政策是最为可靠的路径，法律、政策及其制度的创制也就成了消除不确定性的基本途径。所以，对确定性的追求走向了创制秩序生成的方向。

创制秩序正是在追求确定性的努力中生成的，在对创制秩序的追求中包含着这样一种行动逻辑：首先，为了消除局部的、具体事件的不确定性，创制出了规范；其次，在所创制的规范达成目标的同时也积累了经验，这些经验得到推广，从而实现向法律和政策方面的转化；再次，随着法律以及政策的系统化，制度形成了；第四，由于制度的确立而获得了创制秩序。在此过程中，对局部性创制规范的提升和对其成功经验的总结需要科学思维；同时，在制定法律和政策的过程中也需要科学思维；进而，就法律和政策不是孤立的而是作为制度的构成部分而言，应当包含着同一性的内涵，这也同样需要科学思维。所以，在创制秩序生成的历史中产生了对科学与技术日益浓厚的兴趣。结果，一方面，法制建设的过程仰赖科学思维；另一方面，自然以及社会中的一切不确定性因素也寄望于科学技术的发展去加以消除。

所以，在启蒙运动的推动下，科学的合法性成为一种正统信仰，在这种科学的宗教中，“一切都可以进行客观的研究；而且一切都是可知的——可靠并真实地可知。”①运用科学，专业性的公共部门能够凭借专业知识和技术来形成关于社会的认知，包括对社会的全面描述以及对社会发展的准确预测。作为客体的社会现实则被认为是客观存在的事实，社会认知被认为是对客观事实的准确揭示。也就是说，社会认知是在透过复杂的表象去揭示简单的事实，透过外在的不确定去揭示其背后的确定性，进而发现巩固确定性的方式。在此意义上，法律和政策无非是对确定性的反映，同时也能够实现对确定性的维护。我们也同时看到，法律和政策的确定性又是来源于科学和技术的，正是科学和技术所提供的确定性知识，使法律和政策获得了维护、巩固和营建确定性的功能。

对于科学和技术来说，“因为它似乎延伸在一个可以认出的初始点(在那里它打破完全的无知)和一个可以认出的终点(在那里它是完全的)之间，就像在学一种新的游戏规则时那样。它有知识的外表，这种知识可以包含在一本书的封面与封底之间，它的应用几乎尽可能是纯粹机械的，它不会设想一种本身不在技术中提供的知识。”②科学和技术本身就意味着确定性，通过知识和各种模型的应用，可以使确定性在时间的维度中得以伸展，指向未来。以法律、政策所构成的制度出现了，不仅可以实现对当下的调控，而且可以实现对未来的调控。所以，这是通过科学和技术的知识、经验等而继承了过去又作用于当下和未来的制度模式，所提供的是普适于当下和未来的创制秩序。

总之，创制秩序承载了人们寻求确定性的梦想。通过科学认识和技术应用而创制出来的形式统一性的规范体系提供了确定性，使人们的一切社会生活及其活动都有了依据。遵守规范和按照规范行事，就是合乎确定性要求的，而且也不断增强和创造确定性。这样一来，就会让人们感受到，整个世界都是预先设计好的，一切都是可以预测的，从而也是稳定的和具有确定性的。有了这样一个创制秩序，生活不会发生什么意外，所有的偏差都可以被随时简便地纠正过来。在对确定性的追求中，知识和

---

① [英]齐格蒙·鲍曼：《现代性与大屠杀》，杨渝东、史建华译，译林出版社2002年版，第92页。

② [英]迈克尔·欧克肖特：《政治中的理性主义》，张汝伦译，上海译文出版社2004年版，第11页。

技术使世界变得非常清晰，一切都是可以认识的和可以把握的，从而让人们拥有自信。这种自信首先表现在，让人们相信在这样一个因果链条上的一切都可以在给定条件后就收获相应的结果，而科学和技术所形成的路标又保证了现实可以在逻辑的驱动下拥有一条标识明显的、可以让人们径直向前的康庄大道。在这条消除了一切岔路口或者死胡同的道路上，法律和政策规制所实现的形式上的统一性已经将一切不确定性因素都纳入到了掌控之中，让一切都在创制秩序的庇护之下。

二、创制秩序中的政策问题建构

在每一个具有现代属性的国家中，其创制秩序供给都包含着一个共同的思路，即有一个掌握着最高权力的机构被安置在这个社会的中心，其他边缘群体无法接近。中心的权力能够渗透到边缘的每一个角落，并监视着边缘的一举一动，通过法律等途径对违规者实施惩罚。这就是边沁所描绘的"全景式监狱"，也就是福柯眼中的"不均衡监视"或者"监视的单向性"。

边沁的"全景敞视建筑"是这样一种建筑学形象：四周是一个环形建筑，中心是一座瞭望塔，瞭望塔有一圈大窗户，对着环形建筑。环形建筑被分割成许多小囚室，各囚室都有两个窗户，一个对着里面，与塔的窗户相对；另一个对着外面，光亮能从囚室的一端照到另一端。在每个囚室里，关进一个疯子或一个病人、一个罪犯、一个工人或一个学生。通过逆光效果，人们可以从瞭望塔观察到囚室里被囚禁者的身影，被囚禁者能随时被观看并得以辨认。被囚禁者能被观看，但自身不能观看；他可被随时探查，但不会有交流。也就是说，小囚室被安排具有一种向心的可见性，但彼此之间却是不可见的。也正是因为彼此不可见，被囚禁者无法联合起来，由此保证了秩序。

通过全景敞视建筑的设计，社会分成了"观看"与"被观看"者，形成了中心—边缘结构。在中心—边缘结构中，权力隐藏了起来，秩序不再是来自于权力对不确定因素的直接驱逐，中心可以洞察一切不确定性并及时制止。事实上，对于中心而言，由于边缘受到中心的确定性的压力而陷入不确定性的恐惧之中，也不可能制造不确定性。因为，通过这种建筑实现了中心与边缘的分立，通过这种中心与边缘的分立，中心全景式地洞察了边缘，消除了不确定性。这就是一种创制秩序。所以，创制秩序无非是通过物化设置所实现的中心对边缘的无所不在的控制。这种物化设置可以是边沁的全景敞视监狱，也可以是法律、政策以及管理措施所构成的制度。当边沁的全景敞视监狱被放置在整个社会中的时候，我们看到的就是法律、政策和管理措施所构成的制度，这个制度是创制出来的，供给了创制秩序，能够有效地化解不确定性。

在创制秩序中，通过制度而实施着对整个社会的有序管理，监视与被监视者实际上转化为了管理者与被管理者。具体而言，就是由公共部门实施着对私人部门以及日常生活的监视和管理。监视者与被监视者、管理者与被管理者的分立形成了社会的中心—边缘结构，在社会管理的意义上，就是公共领域处在社会的中心——尽管这与人民主权理论所描绘的构图不一致，而私人领域和日常生活领域则是层层扩展开来的边缘。公共领域中的实体性存在是公共部门，它处在监视者和管理者的位置上，实施着对私人领域、日常生活领域的管理，对确定性的追求是由公共部门通过法律、政策以及管理措施去实施管理而获得的。所以，公共部门又是法律的建构者和政策的制定者，而私人领域和日常生活领域则是公共部门所创制的法律、政策、管理措施的作用对象。公共部门所承担的行政管理职能、监视与控制职能以及安抚和教育职能在得以履行时，整个社会中所存在的不确定性以及有可能产生的不确定性都得到了消除和预防。

总之，在这一中心—边缘结构中，中心能察觉到一切问题和过错，能监视一切行动，“中心点应该既是照亮一切的光源，又是一切需要被了解的事物的汇聚点，应该是一只洞察一切的眼睛，又是一个所有的目光都转向这里的中心。”①处于中心的公共部门对社会问题保持着无时不在的监视，将所有的不确定性都置于自己的视线范围并用制度规范将其纳入可控的轨道，从而获得了创制秩序。因而，当社会秩序以创制秩序的形式出现时，也就突出了“社会工程师”的作用，制度设计、政策问题建构以及管理措施的创立，都是由它们作出的。所以，在这样一种创制秩序中，社会科学家、专业化的社会管理技术人员等主持了政策问题建构过程，掌握了政策问题建构的话语权，并以创制的方式实施着政策问题建构。

对于政策问题建构而言，社会问题总是被声称为认识对象，是通过科

① ［法］米歇尔·福柯：《规训与惩罚》，刘北成、杨远婴译，三联书店2003年版，第197页。

学话语和技术手段而被认识并转化为政策问题的。其中，逻辑归纳、理性分析和科学推论被认为是唯一合理的政策问题建构方式。社会问题可能是自发的，也可能是人为制造的，但只要它是作为问题而存在的，或者说，只要它被认为是社会问题，就是确定性框架中的异质因素，就是一种不确定性。因而，维护确定性的行动就是首先将其纳入政策问题建构过程，进而创建政策（广义政策是包括法律以及具体的管理措施的），通过政策的实施去消除不确定性。科学和技术是存在于整个政策过程中的，从政策问题建构到政策制定再到政策输出和政策实施，都可以看到科学技术于其中所发挥的作用。显而易见，作为社会问题的不确定性因素总是以分散的、具体的、个别发生的形式出现的，个体对社会问题的感知与理解也是多种多样的，科学认识和理性思维的功能就体现在对这些个别的、具体的、分散存在的问题进行归纳、抽象和概括，从中发现具有普遍性的、一般性的社会问题，然后将其转化为政策问题。所以，政策问题是对具有普遍性的社会问题的认识，是经归纳、抽象和理性分析而建构起来的。

既然从社会问题向政策问题的转化需要经过理性加工，就必然会出现两种情况：其一，政策问题与社会问题是一致的；其二，政策问题与社会问题不一致。如果政策问题与社会问题不一致的话，肯定是因为理性加工过程出了问题。所以，就应当要求从事理性加工的政策问题建构者秉持价值中立，不能因为自身的任何偏见而造成政策问题与社会问题的不一致。然而，不用说政策问题建构者作为现实的人会拥有某种政治观点和观念，更不用说政策问题建构者有着自身的利益追求并可能受到利益集团的收买和控制，而且科学技术自身也意味着某种价值，科学和技术自身也会导致某种偏见。以科学和技术的名义把现实中那些不合乎科学技术既有范式的因素加以删除，只把那些能够被纳入到科学技术思维路径中的因素作为真实的社会问题对待，是一种必然会出现的现象。也就是说，社会问题在理性加工中往往实现了变性，尽管社会科学家和社会管理专业技术人员声称自己秉持价值中立，然而，他们往往是不自觉地为社会问题作了变性手术，创造出了并不合乎现实社会问题的政策问题。以至于我们看到的政策问题建构往往是与社会问题关联度不大的创造过程，是社会科学家、社会管理专业技术人员的智力产品，或者说，是从既有的知识体系中推导出来的一种结果。

在社会的中心—边缘结构中，在监视者、管理者与被监视者、被管理者的分立中，受到社会问题困扰的被监视者、被管理者并不具有政策问题建构权，不同的人群、不同的人所遇到的问题是不一样的，但监视者与管理者却要把完全不同的问题归入到同一类别中，说它们属于同一社会问题，将其转化为政策问题并强加于不同的人群和不同的人，从而使完全不同的不确定性归于相同的确定性。的确，对于社会管理而言，管理的有效性包含在对社会问题的概括、分类、定义之中，这些政策问题建构工具表面上也确实让人觉得仅仅关乎科学，是具有客观性的和价值中立的研究路径。实际上，这些政策建构工具都有着与创制秩序的同一性，都是根源于和服务于创制秩序的，包含着创制秩序的理念。这些工具的使用只是为了使问题变得清晰而简单，以便实施对社会的有效控制和满足创制秩序的要求。

这就如同国家在地籍图的绘制中，对复杂客观存在进行简单化就是在施加控制。“地籍图是控制工具，它同时反映并强化了决定调查的那些人的权利。……地籍图也是武器，它所提供的信息使一些人获得利益而损害另外一些人的利益，在 18 世纪和 19 世纪的抗税斗争中，统治者和被统治者都明确意识到这一点。最后，地籍图是积极行动的：正像占领新世界和印度一样，在勾画一个现实世界的同时也就消除了原来世界。”①通过这些工具而实现的对社会问题的简化，使原本复杂和模糊的社会变得清楚了，以至于可以对这个社会进行重新规划，进而实现有序的管理。“某些类型的知识和统治需要缩小视野。狭窄的管道式视野的最大好处就是可以在复杂和难于处理的事实面前只集中关注有限的一些特征。这种过分简单化又会反过来使处于视野中心位置的现象更清晰，更容易被度量和计算。简单化加上重复的观察可以对一些被选定的事实得出总体和概括的结论，从而形成高度简化的知识，并使操纵和控制这些事实成为可能。”②

为使整个社会井然有序，为使社会问题更为简单清晰，服务于创制秩

① 转引自[美]詹姆斯·斯科特：《国家的视角(修订版)》，王晓毅译，社会科学文献出版社 2012 年版，第 54 页。

② 同上书，第 3 页。

序的社会管理发明了各种各样的工具，如同度量衡的统一、语言的标准化一样，也常常用统一的标准来衡量社会问题。常用的标准包括社会问题所涉及的人数，社会问题所处的地域和领域等。有了统一的标准，也就可以将不清晰的、地方性的社会问题取消，代之以标准化和统一的表述模式。显然，每一社会问题都有着自身特定的发生情境与发展历史。也就是说，每一社会问题都是具体的，都属于一种地方性的实践。但"具体"太过复杂，"复杂"则意味着"不清晰"，如果不将它们转化为简单明确的规范语言，也就无法将其纳入创制过程。因此，必须使用一定的标准将社会问题进行归类，即将社会问题简化为一系列的指标和数据，使复杂的现实被简化为纲要的条目。

所以说，"单向监视倾向于消除其对象的个体间差异，倾向于用能够在数目字上进行管理的千篇一律性取代质的多样性。这种倾向后来体现为对人这一对象进行科学的'客观化'，分为各种类型，使之适应于统计学处理技术，在这种统计学的处理过程中，个体性、人格意义、动机等，都是多余的。"①实际上，只有将客观世界的规律看得就如几何学的命题一样简单明了，将人等同于抽象意义上的个体和数字，才能实现有序的管理，从而维持创制秩序。总之，在国家所创制的封闭系统中，一切都要有利于观察和控制，没有意外。社会问题越静止、越是标准化和格式统一，也就越清晰，越有利于创制秩序的实现。

根据福柯的研究，到 18 世纪末，出现了对犯罪与惩罚的种类进行分类的要求，这体现了现代社会规训机制的发展，基于分割与区分而进行的制度化管理也从这时开始出现了。福柯是这样描述 18 世纪末社会对付流浪人口等不安定因素的：流浪者、精神病人、不守法者被给以精细的分类与登记，在对被排斥者的个性加以区分的基础上，将其放在精神病院、教养所等机构中加以规训。这是通过一系列可以度量、监视的技术和制度的发明而实施的，它使这些原本会遭受社会排斥的人包容进了制度框架之中，实现了专业技术的监控。检查与分类不断进行，每个人都被镶嵌在一个固定的位置，每个人都被置于连续的监视之下，以此达到了秩序井然的目标。可以看到，在分门别类中，社会被塑造成一个封闭的、被割裂

① [法]米歇尔·福柯：《规训与惩罚》，刘北成、杨远婴译，三联书店 2003 年版，第 62 页。

的空间，以达到易于监视与管理的目的。

对社会问题进行分类，并运用不同类别的专业知识进行政策问题建构，实际上就是将不同问题置于专业知识的控制之下。一旦出现新的社会问题，根据相关的标准就能将其归于已经确立起来的某一种类型中，所有的社会问题都不会超出现有政策分类框架的范围，经过了标准化的认定过程，就不会再有独特的问题了，也不再有任何新奇的与变化成长的空间了。正是这一原因，创制秩序表现出了对专业知识与技术的依赖，而且这种依赖又决定了社会必然会走向精英治理的方向。面对现代社会中的不确定性因素，每个人都对科学与理性抱着神圣信仰，相信专业知识和技术就是社会安定的保障，而专家又是科学和技术的化身，对科学与技术的迷信也就被投射到了专家身上，信赖并托付于专家。所以说，“个人有限性产生了真正的依赖，因为这种有限性把‘助人者’抛到了不确定性这一源头的附近，也就是抛到统治者的位置上去了。”①

“助人者”是基于普通民众所不具备的技术与知识而占据中心位置的，而且分工与专业化更加增添了技术的优势，以至于制度供给必须由专门的人员来完成，而且慢慢发展成了一种职业。为了维护自己的中心位置，“助人者”常常采用的方式就是垄断自己所掌握的知识和技能。人是流动的，但垄断专业知识和技能的群体是不变的。科学一直保持着它作为可信赖的知识的形象，“普通大众说起科技专业知识，通常是敬畏交加，犹如他们所理解的呆板僵化的‘科技人员’或疯疯癫癫的科学家一样，既缺乏幽默感又不了解普通人。人们常常是带着某种嫉妒的眼光去看待那些据称是由专门知识构筑起来的专业；专门知识恰似某种不对外开放的商店，其内部人员(比如律师或社会学家)所使用的专门术语仿佛是存心修筑起来以阻隔外人进入的厚重高墙。”②

虽然在工业化的过程中将价值巫魅清除掉了，但与此同时，知识与技术的封闭性却使得专家同样拥有了神秘的光环，使得他们可以控制政策问题建构中的各种资源。除此之外，专家也常常通过一些策略操控人们的不确定感知，如通过专业技术的应用等，专家隐蔽地巩固了自己的中心

① [英]齐格蒙·鲍曼：《立法者与阐释者》，洪涛译，上海人民出版社2000年版，第24页。

② [英]安东尼·吉登斯：《现代性的后果》，田禾译，译林出版社2000年版，第78页。

地位。“以某种方式操纵普通人的信念，增强他们的不确定性的感受，增强他们个人抵抗不确定性的灾难性的后果时的无能为力感（这一策略是运用控制论一般法则的一个实例，根据这一法则，系统愈复杂，它的子系统便‘愈是不稳定’）。倘若对于控制不确定性所不可缺少的知识是非常玄奥的（秘不示人则更好），倘若对于控制不确定性所必需的那些手段无法为普通人占有，或者，倘若在控制不确定性过程中，巫师、教士这一类人的参与被看作是必不可少的因素，那么，就能最大限度地增强普通民众对于不确定性的感受及其无能为力感。”①

三、超越寻求确定性的思维定势

创制秩序很容易塑造出鲍曼所说的园艺文化，这种文化“把自己定义为是对理想生活和人类生存环境完美安排的设计”②。在现代社会中，“园丁们把社会看成是一块需要专业设计、然后按设计的形态进行培植与修整的处女地。”③不同于农业社会中出现的“牧人”，在园艺文化中，创制者所扮演的是“园丁”而不是“牧人”，他们不再表现出一副悠闲的模样，而是肩负起了看管自己领地的神圣使命。在他们看来，任何自生自长的事物都必定是错误的，不是被栽种的事物就不应生长，都应该从科学设计的植物园中驱除。这群“园艺师”将一个自然场所加工成完全人工设计的有秩序的空间，在整体布局和整形、剪枝、种植和清除选定植物方面有很大的选择权，能够将一切不符合自己意愿的野草完全清除掉。这样一个空间就是一个经过长期管理的科学森林，其中人类将自己的秩序、效用和美的原则赋予自然。为了建造美好而井然有序的花园这一崇高目标的实现，也必须适时对有如杂草般的不确定性因素进行整理或拔除，而这就需要由自觉设计的制度来完成。如果这是为了消除不确定性因素，那么，对政策问题进行人工设计就更有必要了。

创制秩序是在社会控制中生成的，反过来，又是服从于社会控制的。当运用权力来排除异质因素时，就要控制不确定性因素的进入；当通过制度和政策来将不确定性因素置于被管理的地位时，也就是将不确定性因

---

① ［英］齐格蒙·鲍曼：《立法者与阐释者》，洪涛译，上海人民出版社 2000 年版，第 14—15 页。

② ［英］齐格蒙·鲍曼：《现代性与大屠杀》，杨渝东、史建华译，译林出版社 2002 年版，第 124 页。

③ 同上书，第 149 页。

素纳入可控的范畴。这两种类型的控制都是与不确定性的斗争。如果没有权力而希望控制不确定性，那就是与风车斗争的堂吉诃德；如果不是通过创制秩序去与不确定性进行斗争，那就是生命与癌细胞的搏杀。创制秩序中的控制是通过创制规范进行的，在创制规范的过程中，专业知识和技术发挥了主导作用，因而弱化了权力控制，也在控制不确定性方面显现出了权力不及的巨大优势，而且也显得更加隐蔽和更加稳定。

创制秩序生成和存在于其中的工业社会是一个低度复杂性和低度不确定性的社会，这个社会中的不确定性虽然是以社会问题的形式出现的，却能够被纳入到认识和控制的范畴中来，是可以通过"化简"的方式和"以不变应万变"的制度来加以化解和消除的，从而证明创制秩序的可靠性和有效性。然而，20 世纪 80 年代以来，随着人类进入全球化、后工业化进程，社会的复杂性与不确定性与日俱增，事实上，人类已经进入一个高度复杂性和高度不确定性的历史阶段。致使人类在工业社会所创制出来的所有应对不确定性的方式、方法都陷入了失灵的状态(尽管人们现在还不愿意承认这一点)，创制秩序因而难以为继了。从 20 世纪后期以来的社会管理实践看，面对高度不确定性的社会问题，一切沿用工业社会的方式、方法去消除不确定性的努力都会导致不确定性的升级；在通过压制和管控的方式去处理瞬息万变的社会问题时，却把人类引入了风险社会和危机事件频发的境地。

整个工业社会的社会治理史就是与不确定性斗争的历史，政策问题建构就是消除不确定性的着手处，正是通过政策问题建构而把作为不确定性因素的社会问题纳入到了可控制的范围内，并凝结成确定性的和供给确定性的创制秩序。然而，由谋求确定性的所有行动所汇集起来的却是制造不确定性的力量，从而把人类导向了高度复杂性和高度不确定性的状态。正是基于这样一个现实，吉登斯把我们的世界说成是一个人为制造的不确定性的世界，认为不确定性不是我们所能补救的，而是我们创造的，我们甚至在以更大的规模来重新创造不确定性，通过我们补救不确定性的努力来创造不确定性。[①]也正是这一通过消除不确定性而制造不确定性的做法，使人类社会被带入了全球化、后工业化进程中，开启了一

① 转引自[英]齐格蒙·鲍曼:《寻找政治》，洪涛等译，上海人民出版社 2006 年版，第 136 页。

个快速流动的时代。

在我们这个时代，社会问题瞬息万变，呈现给我们的是，拒绝工业社会处理社会问题的一切“化简”原则和“以不变应万变”的行动纲领。在这样一个高速流动的不确定世界中，影响社会的权力脱离了政治，稳定的制度丧失了可靠性，因而也不再提供安全感。这让人清晰地看到，在既有的创制秩序中，在既有的谋求确定性的制度中，由于对社会问题的分类，由于采用不同标准而对社会所实施的隔离，在人们之间播下了猜忌、分裂的种子，让人们以“经济人”的身份而在利益追求的名义下进行你争我夺，在合法竞争的名义下开展斗争。然而，主持了这一切的阴谋家（人们往往称其为政治家）却躲在争论和异议背后阴笑。

在我们这个时代，社会资源的流动已经超越了地域的限制，国家最多也只能充当警官和法官的角色，在“运动场”的边缘巡逻，解决贸易纠纷。人类生活已经被扔到了国家主权所不及的地方，“如果说传统的主权世界是有着固定边防线的民族国家的世界，那么，新的跨国的全球空间是（至少暂时是）‘完整而统一的’，换言之，它没有明显的边界，它充满了不固定的/流动的意义，并徒然地寻求（或极力避免?）固定的位置。新的力量恰恰存在于这样的世界。”①这是一个高度复杂性和高度不确定性的社会，一切都是短暂的，无法被转化为持久，无处不在的偶然性无法演化为惯例，随机性行为选择既不考虑也不按照规律行事。基于老眼光所看到的无序已经成为常态，危机事件就是会在不确定的时间、地点以不确定的形式出现的事件，而且受到其影响的人群也是不确定的。

在高度复杂性和高度不确定性条件下，由专家所主导的政策问题建构越来越显得笨拙无能。其一，专家所依赖的知识和技术不仅不再能准确地把握社会问题，反而是，由他们所建构起来的政策问题总是与社会问题相去甚远；其二，专家所建构起来的政策问题由于与社会问题的不一致性而使政策脱离现实，以至于在政策发挥作用的过程中制造了更大的不确定性。当然，导向这一结果的责任并不能够完全归罪于专家，而是由知识的性质所决定的。我们知道，人类的知识可以分为两种类型：一类知识所追求的是可理解性或者可阐释性，它允许和需要一个相当大的不精确

① ［英］齐格蒙特·鲍曼：《被围困的社会》，郇建立译，江苏人民出版社2005年版，第248页。

性甚至是模糊性的空间；另一类知识追求确定性，包括对客观对象的准确认识和精准描述，努力去揭示对象世界中的因果关系，当它得以成立的时候，却牺牲了解释力。综观近代以来的政策问题建构史，可以看到，即使处在政策问题民主建构的阶段，也包含着对后一类知识的渴求，所以才走上了由专家主持政策建构过程的发展道路。

在政策问题建构中，思维的历程是从具体的经验知识上升到抽象的理性知识的过程。为了将变化和多样的社会问题囊括到所建构的政策问题中，人们采用"证实"的方式而不是以"探索"的态度进行政策问题建构，所奉行的原则是：通过政策问题建构去既解决现实中的社会问题又防范这些社会问题再度出现，即使这些社会问题再度出现了，也已经有了预设的政策在等待它了。特别是在专家把持了或垄断了政策问题建构权之后，更乐意于把政策问题建构行动置于科学预测的基础上。这样一来，政策问题建构所关注的也就是抽象假设在现实中实际存在或出现的可能性。其程式就是，先提出假设，然后到现实中去寻找证明假设的材料，更多的时候，是通过逻辑分析的方式去验证假设，把政策问题建构完全放置在思维的逻辑"游戏"中。

虽然刑事侦察和法官办案不赞成有罪推定，而政策问题建构却完全走上了提出假设和验证假设的道路。而且，一般说来，只要专家们提出了某个假设，也就总能使他所提出的假设得到证实。当然，在科学与民主的媾和中，也会使用诸如民意调查等民主的方式，但在专家主持了这一过程时，民意调查只不过是被用来验证那些事先假设的一个最为简单的途径。而且，民意调查的结果往往是需要专家通过某些量表来进行分析的，希望得到的结论也是必须由专家去做出的。在专家所提供的科学结论面前，民众即使觉得不是那么回事儿，也必须接受。正是这样，政策问题建构往往是不可能实现对社会问题的成功描述的。事实上，专家们从不打算去对社会问题作出真实的描述，他们所关注的只是社会问题中那些自己感兴趣的方面，或者，是为了去证明自己所提出的假设是正确的和非凡的。

如果说政策问题建构是谋求确定性的行动起点，那么，通过提出假设和验证假设的方式所进行的政策问题建构在何种意义上能够使社会治理的确定性追求达到目标，显然是不言自明的。这就是巴伯所说的，"寻求确定性似乎让理论家不再把注意力放在使政治生活能够被理解并且使政治实践具有充分根据的要求上面，同时使它转向要求具有绝对的可理解性和不可变更的正当性——即使在研究中以偏离或者放弃主题为代价。”①由此可见，正是政策问题建构中的理性知识和专家主导，把人类社会引进了高度复杂性和高度不确定性的状态。更为可悲的是，在人类被理性知识和技术专家引入到这种状态后，却表现出了对理性知识和专家的更高程度的依赖。以至于人们出现了这样一个幻觉，那就是，在今天这样一个高度复杂性和高度不确定性条件下，离开了理性知识和专家，我们就不会举步落脚了。

创制秩序是建立在对社会的有效控制的基础上的，而有效控制又需要以对控制对象的清晰认识和了解为前提。就如我们一再指出的，为了实现对控制对象的认识，就必须求助于科学分类等工具以实现对复杂问题的化简，即从差异万千的现象中去发现同一性的因素，找出社会问题背后的原因，从而转化为具有普遍性的政策问题。在这样一种思维路向中，政策问题并不是社会问题的直观反映，而是反映了社会问题深层的更为真实的一面。然而，正是给予了科学以更多荣誉的这种政策问题建构方式，使专家拥有了不顾社会问题的真实情况的权力，他们可以把与社会问题根本不相关的事情作为政策问题进行建构，并告诉公众以及决策者们，这才是真实的社会问题。

虽然我们不能说这是出于专家们的主观意愿，但他们所掌握的科学方法却让他们中的每一个人都循着这一路径去做。所以，一旦社会问题被抽象和简化为一系列的数据后，然后再被转化为政策问题，那么，所证明的就仅仅是理性知识的合理性了，而不可能是政策问题与社会问题的一致性。也就是说，被抽象和简化的社会问题合乎了理性知识所提供的标准，却与困扰社会、困扰公众的社会问题相差甚远。因而，“现代国家的官员，出于必要，至少一步，通常是几步，从他们所统治的社会中游离出来。他们通过一些抽象的象征来评估他们的社会生活，但是这抽象的象征总与它们所要掌握的真实社会距离甚远。”②

如果专家们所面对的是较为复杂的社会问题，在获得数据难度较大

---

① [美]本杰明·巴伯：《强势民主》，彭斌译，吉林人民出版社2006年版，第58页。

② [美]詹姆斯·斯科特：《国家的视角（修订版）》，王晓毅译，社会科学文献出版社2012年版，第94页。

的情况下，他们为了完成某个课题去伪造数据而为政策问题建构提供科学支持的话，那么，政策问题与社会问题的相关性就更无法评估了。然而，通过项目招标和课题发包的方式去开展政策问题建构时，这种情况又是极其普遍的。专家因此而获得了些微课题经费，而公众以及社会的损益却被抛弃了。只要专家们能够把自己的课题报告制作得精致一些，虽然数据是虚假的，也会得到决策者的欣赏，甚至会额外追加一些完成课题的奖励。这样的话，我们社会中的政策问题建构是多么可怕的事情。事实上，我们的社会以及公众所信赖的专家正是通过这种方式愚弄了我们，让我们为之付出了代价。当我们被置于风险社会时，特别是我们受到危机事件所困扰时，我们又把希望寄托于创造了这一切的专家。之所以虚假的政策问题能够得到普遍接受，这就如一个病人被误诊为癌症后，通过长时间的"放疗"和"化疗"之后能够证明他确实是癌症病人一样。正是因为政策问题与现实中的社会问题无关，才使社会问题变得越来越多和越来越严重。所有这些恰恰拜现代科学及其理性知识所赐，是因为专家把持了政策问题建构权而导致的结果。

人类社会已经步入高度不确定性和高度复杂性的时代，不管是否愿意，我们都必须学会与复杂性和不确定性共存，必须在高度复杂性和高度不确定性的条件下开展行动。其中，最为重要的就是，需要更新我们关于秩序与不确定性的理解。在工业社会中，无论是由政治家还是由专家来主持政策问题建构，都意味着秩序来自于某个中心的供给，而秩序供给又是为了维护自己的统治地位和出于自我利益实现的需要。所以，需要通过控制的方式去供给秩序和维护秩序。所谓控制，就是要消除一切不确定性因素，因而，在控制的实施中，秩序也被形塑为一种僵化的秩序，所获得的是一种静态的社会稳定性。然而，在高度复杂性和高度不确定性条件下，再也不存在任何单一的规范体系能将其纳入控制的范畴中，以至于僵化的创制秩序被宣告失灵，而且这是制度背后的控制逻辑的失灵。

在高度复杂性和高度不确定性的条件下，我们必须承认，社会依然有着秩序的需要，但那将是一种更具灵活性的秩序，是动态的社会秩序。这种社会秩序没有固定的结构或模式，也没有单一的供给主体，而是生成于人与人的互动关系和过程中的。事实上，20 世纪后期以来，全球化、后工业化已经推展出了一个新的"前沿地带"，"在前沿地带，机敏比枪炮更为重要。在前沿地带,围墙和栅栏仅仅宣布了意图,并不意味着现实。在前沿地带,人们很难把冲突限制在特定的区域,也很难划出清晰的边界。所有这些努力通常是没有结果的,其最终有效性一开始就受到了怀疑,所做的努力至少是不热心的:木头桩子怎么也不如石墙坚固。在前沿地带的战场上,几乎没有壕沟。众所周知,对手是不断移动的,他们的力量和可恶之处在于,他们的移动速度很快,而且神不知鬼不觉。事实上,他们是超区域的。夺得他们昨天占领的领土,并不意味着今天的胜利,更不意味着'敌意的终止'。当然,它更不能保证明天的安全。"①

在这样一个"前沿地带"中,社会问题急速变化,出现的是吉登斯所说的"流动的联盟"和"流动的敌意"。"联盟"和"前线"都在不断变化,任何僵化的制度都已失效,唯一可以依靠的,就是人们的合作行动。只有在人们的合作行动中,才能建立起与行动相适应的秩序。这种秩序显然不是一经确立就稳定地存在下去的创制秩序,而是包含在人们的合作行动中的合作秩序。

对于合作秩序而言,将不再是通过消除一切不确定性而使自己得到维系,反而是与不确定性共存的。以合作秩序形态出现的社会秩序将不再是社会发展的静态目标,而是合作行动的产品,是发生于和存在于合作行动之中的。合作行动中的不确定性不仅不会对这种秩序构成威胁,反而会促进这种秩序的成长和增强这种秩序的功能。在这里,作为秩序生成之基本途径的政策问题建构也不再是由少数人垄断的,而是在合作行动的过程中进行的。因而,政策问题建构权既不由政治家所掌握,也不由技术专家所垄断,而是归属于每一个参与到合作行动过程中来的人。

高度复杂性和高度不确定性条件下的人们是相互依存的,诚如鲍曼所说,"在这个行星上,我们都依赖他人,我们的所作所为都与他人的命运联系在一起。从伦理学的观点看,这使我们每一个人对他人负责。责任就'在那里',不管你是否承认它的存在,不管你是否愿意接受它,全球的相互依存网络都坚定地把它放在了应有的位置。"②人的共生共在已经成为我们必须正视的主题,在人类社会的进化中曾经广泛使用过的所有处

---

① [英]齐格蒙特·鲍曼:《被围困的社会》,郇建立译,江苏人民出版社 2005 年版,第 79 页。

② 同上书,引言第 19 页。

理人际关系的行为方式都必须得到重新审视，一切不能对人的共生共在的主题提供支持的行为都必须被抛弃，而在能够为人的共生共在提供支持的行为模式中，我们所看到的就是合作行动。如果说自然秩序并不存在着人的介入的话，那么，创制秩序则是由政治家或技术专家等这些社会精英通过政策问题建构来提供的。合作秩序则不同，它生成于人的合作行动之中，也是在人的合作行动中得到维护的。所以，在合作秩序的获得中，包含着完全不同的不确定性观念，不再要求消除不确定性，也不再要求实现对不确定性的控制，而是要求对不确定性的承认和利用，通过承认和利用而驾驭不确定性。

第五章　政策问题建构中的科学与民主

第一节　通过政策分析实现政策问题建构

在政策科学产生之初的20年中，政策分析是这门学科的主要标志。从政策科学的产生和发展来看，政策分析甚至一度主导了政策科学的发展方向。政策分析深受逻辑实证主义的影响，正是因为政策分析的兴起，使得政策问题建构更加突出了对专业知识与科学技术的应用，也更加强调政策问题建构是一个无涉价值的技术领域。可以认为，随着政策科学的发展转向了对政策分析的重视，加速了政策问题建构脱离政治领域的进程，并让根据价值中立原则建立起来的行政领域主导了政策问题建构。也正是这一原因，使得经济学家和运筹学家们攫取并垄断了政策问题建构权，不仅行政部门，而且政治部门也都表现出了对经济学家和运筹学家们的更多依赖。如果说近代以来的社会发展中包含着一条理性进化的线索，那么，政策分析则是继官僚制之后而进一步推动理性工具理性化的巨大推手。正是政策分析，使得工具理性在政策过程中占据了主导地位，也使政策问题建构的技术化发展到了极致。然而，政策分析的结果却是，规范性因素与价值内涵都在政策问题建构中被祛除了，以至于政策被打造成为一种科学与技术生产线上的产品。

一、走向政策分析的政策科学发展

正如德利翁和奥弗曼所说，“政策科学有一个很长的过去但却只有一个很短的历史。”①自从政策成为社会治理的基本工具以来，政策咨询就是一项事业，一直得到社会治理者自觉或不自觉的应用。然而，政策科学的产生却是20世纪的事情。直到1951年，“政策导向”的理念才由丹尼尔·勒纳和拉斯韦尔提出，这被看作政策科学得以产生的起点。

在政策科学产生初期，甚至可以说在很长一段时间内，政策科学是以政策分析的面貌出现。60年代中期，项目、计划、预算系统（PPBS）推动了政策科学的兴起，政策科学所倡导的方向就是以PPBS为典型代表的政策分析。但是，在政策科学的发展中，由于政策分析深受逻辑实证主义的影响而否定了拉斯韦尔早期对政策科学基本特征的界定，并赋予了政策科学以一种新的时尚，那就是把政策转化成了数字及其模型的组合，认为政策是由与价值无涉的技术加工而成的。进而言之，在政策分析中，我们所看到的是知识对政治的胜利，早期的民主梦想因为政策分析而让位于专业知识和科学技术所代表的理性，技术专家也得以跻身于治理精英的行列，以理性的名义从人民代表手中堂而皇之地夺过了政策问题建构权。

这样一来，政策问题建构权实现了从政治领域向技术舞台的转移。不过，在此过程中，也必须承认政治并没有因为技术专家的征服而丧失自己的地盘，而是变换了形态后以另一种面目出现了。这就是我们一再指出的，当掌握了知识和科学的技术专家战胜了民主政治中的代表后，自己却日益显现出了政治化的特征，甚至为了服从政治的目的而表现出对技术理性的怀疑或者歪曲。所以，当技术专家征服了政治和控制了政策问题建构权后，反而使政策问题建构的技术理性追求变得模糊了。这可以说是一种征服者遭到被征服者同化的现象：当专家摇身一变而成为政治家的时候，他们并不是由公众或选民选举出来的，他们并不以代表的身份出现，而是与公众无关的一个群体或阶层。因而，他们所代表的政治也就不再是民主政治，反而更多地具有了集权政治的特征，是借助于科学和技术而建构起来的集权政治。

既然政治因政策科学而发生了一场重塑运动，那么，对政策科学的发

---

① ［美］彼得·德利翁、［美］E.萨姆·奥弗曼：《政策科学史》，载杰克·雷斌等主编：《公共管理学手册》，张梦中等译，中山大学出版社2006年版。

生史进行梳理就是我们理解这一过程所应做的必要工作。一般认为，政策科学产生于美国的实用主义哲学导向和知识传统。我们知道，美国是实用主义哲学的诞生地，这种哲学的基本取向就是支持一个高度实用且功利的知识体系，尤其是杜威的实用主义思想对于政策科学的产生与发展产生了极大的促进作用。杜威主张用实用主义的方法来解决社会问题，在杜威的大量著作中，始终都是围绕着将情报信息运用于社会改革目标这样一个主题展开的。正是沿着这一实用主义的道路，政策科学得以产生了。拉斯韦尔曾经对杜威哲学在政策科学产生和发展中的重要作用给予了高度评价，他指出，“政策科学是杜威及其同仁在美国实用主义的发展中所建议的一般研究方法在公共政策中的现代应用。”①拉斯韦尔认为，政策科学的诞生就是为了解决社会问题，而且每一问题都是在具体的背景中发生的，因此，政策背景也应该通过分析和其他方法来讨论。在政策科学的随后发展中，这种实用主义导向几乎在每一个领域的政策分析中都得到反映。

早在 1925 年，时任美国政治学会会长的小查尔斯·爱德华·梅里亚姆就呼吁人们重视应用社会科学的研究：“我们有可能看到在社会科学本身的一个更为紧密的融合，在异化的必要过程中它们在很多情况下都过于孤立。在处理基本问题如惩罚与预防犯罪和酗酒、人类移民这一烦恼问题、黑人关系问题以及大量的工业行业农业问题等中，显而易见的是，无论是经济学本身，还是政治学本身，还是历史学本身的事实和技术都不足以来分析和解释这些问题。”②也就是说，要解决某一社会问题，就应该整合社会学、人类学、经济学以及政治学等多学科的知识，并将其应用到实际问题的解决中。可惜的是，梅里亚姆的声音当时并没有引起人们的足够重视，科学界并没有马上转向对应用社会科学的关注。不过，在随后的经济大萧条以及“新政”中，科学共同体逐渐放弃了之前对政治漠不关心的超然姿态，开始积极地投身于政治实践。

随着实用主义的观念得到广泛接受，社会学家、经济学家以及物理学

---

① 转引自[美]罗伯特·海涅曼等著：《政策分析师的世界(第三版)》，李玲玲译，北京大学出版社 2011 年版，第 35 页。

② 转引自[美]彼得·德利翁、[美]E.萨姆·奥弗曼：《政策科学史》，载杰克·雷斌等主编：《公共管理学手册》，张梦中等译，中山大学出版社 2006 年版。

家们开始努力把他们的专业知识和所掌握的技术应用于实践。同时,"二战"以及战后的一段时间也为他们这样做提供了绝佳的机会。战争期间对科学技术的需求推动了自然科学的大力发展,同时加速了自然科学理论向实际操作技术的转换。这一经验在战后得到社会科学的效仿,引发了科学技术化的运动。在政治实践中,战争期间政策实践中所积累起来的大量应用科学技术的经验也在战后政府结构的改造和政策过程中发挥了作用,表现出对技术和科学的重视,并努力寻求科学技术的应用,从而出现了约翰·施曼特(John Schmandt)和罗伯特·卡茨(Robert Katz)所说的情况:"在这个时期,美国人经历了从行政福利国家向科学国家的转型。"①当技术和科学知识在战后广泛地应用于对社会问题的观察时,政策问题建构的实践对技术的需求也日益增强,并促进了政府与科学家之间依存关系的形成。最终,在应用社会科学的发展中,梅里亚姆在芝加哥大学的学生拉斯韦尔确立起"政策科学"这门生产和应用与社会相关知识的学科。

但是,在拉斯韦尔提出了政策科学的构想后,并没有立即引起学界的关注。在大致 10 年到 15 年的时间内,政策科学一直处在拉斯韦尔独白的状态,这可能是因为当时的话语环境依然被行为主义所掌控。另一方面,战后的政治学内部出现了纷争,进而产生了分裂,各派学者都处于某种思想危机状态,也无暇关注政策科学这一新的学科构想,更不用说去理解它的价值了。所以,直到 1971 年,拉斯韦尔还是将自己的思想描述为"政策科学前瞻"。不过,这一时期的政治实践中包含着呼唤政策科学出现的巨大呼声。这是因为,战后的利益集团政治趋于成熟,对政策问题建构权的争夺也变得非常激烈,从而促进智库如雨后春笋般地成长起来,而智库的活跃也就表现出了对政策科学的渴求。在此过程中,兰德公司发挥了示范作用。

兰德公司在 50 年代就开始大力宣传将系统分析的方法应用于政策问题的解决中,受其影响,国防部的项目计划预算系统(PPBS)在各部门得到广泛推行,这对经济学和运筹学闯入政策研究领域来说发挥了推动

① 转引自[美]罗伯特·海涅曼等著:《政策分析师的世界(第三版)》,李玲玲译,北京大学出版社 2011 年版,第 14 页。

作用。基于系统分析的要求，运筹学与成本—收益分析得到了广泛应用，直接促成了对理性决策模型的青睐和推广，并使人们普遍接受了理性决策模型是理想决策样板的观念。由此可见，虽然政策科学的构想是由拉斯韦尔提出的，但真正促进这门科学成长的力量则来自于利益集团政治，是因为利益集团争夺政策问题建构权的活动日趋激烈而表现出了对智库的依赖，进而，智库的活动又需要得到政策科学的支持。因为，智库人员所开展的是科学研究而不是扮演中国的“师爷”角色，这决定了它必须依赖一门科学去开展研究。所以，正是现实政治实践的要求促使政策科学的产生与发展。当然，这与西方的社会治理传统也是分不开的。从西方来看，它在历史上并没有出现过模式化的“师爷”系统，以至于智库一经产生就表现出了对科学知识和理性的渴求，而在那些有着“师爷”传统的国家中，即使出现了智库建设运动，也往往是让智库扮演“师爷”的角色，会表现出明显的反科学和仇视科学的倾向。

即便是在美国，政策科学兴起的过程中也存在着反对理性决策模型的声音，如林德布洛姆就指出，理性决策模型不适合以“竭力对付”(muddling through)为特征的政治现实，相反，渐进决策模型更适合于一个追求民主的多元主义政治环境。显然，林德布洛姆代表了一种较为极端的声音，他的主张是要更多地关注政治而不是科学。比较而言，查尔斯·舒尔茨(Charles Schultze)尽管也反对完全理性的决策模型，但其声音要显得稍温和一些，他主张一种“基于自由放任的政治决策”与“理性目标导向的以系统分析为基础的政策决定”之间的“中间道路”。

不过，对“中间道路”作出巨大理论贡献的是德罗尔。1967年，在《公共行政评论》中，德罗尔呼吁发展一种新的职业，就是专门从事政策分析工作。他说，“当代美国联邦政府内部(还有其他一些国家内部)的主要改革动向是基于将一种经济方法用于公共决策。这种方法根源于经济理论，特别是微观经济学，福利经济学和定量决策理论；这种方法的主要工具是运筹学，成本—效果分析和成本—收益分析以及规划预算和系统分析；这种方法的新职业是系统分析员。”①在他看来，政府决策需要更高级

① [以]耶赫兹克尔·德罗尔：《政策分析员：政府机构中的一种新的职业角色》，载彭和平编：《国外公共行政理论精选》，中央党校出版社1997年版。

类型的知识，“这个专业知识在各种问题领域里为公共决策所做的事情，应该就是系统分析在防务决策的某些领域所做的事情。为了满足这个相当困难的需求，各种各样的导向、思想和系统分析工具必须得到开发，以便用于复杂的、不能定量化的问题和系统。更进一步说——这将是更重要和更困难的——政治学和政治现象必须作为分析的焦点。对提出的这个专业学科，‘政策分析’这个术语对其似乎是适合的，因为它在一个较宽的政治意义上将各类系统分析的政策概念结合起来。”①正是在德罗尔这里，“政策分析”的概念被正式提了出来，而且是作为将政治背景与系统分析相结合的一个概念。这也证明了“系统分析事实上成为政策科学的一个组成部分”②，从而使带有系统分析标签的“政策分析”概念可以更好地描述政策科学的特征。也就是说，根据德罗尔的意见，是要求把政策分析作为政策科学的基本内容看待的。

从政治运行的现实来看，在 50 年代，政策科学只是作为“政府的婢女”而存在，对政府的决策实践没有产生大的影响。虽然在外交和国防领域中的政策计划已经开展了很长一段时间，在五角大楼的国防部门和战争竞赛中也成立了政策计划委员会，但此时尚未确立起政策分析的意识，更不用说在政府部门中大范围地加以推行。直到 1961 年，罗伯特·麦克纳马拉接任国防部长后，带领了一批“年轻俊杰”进入国防部的领导层，出于对技术分析的衷情，他们应用大量的方法来分析军事管理和军事政策问题。不过，此时还主要是在“系统分析”的理念下去开展对国防政策的分析，所使用的方法也主要是成本—收益分析、运筹学和线性规划等。在看到了 PPBS 的广泛应用取得成效后，约翰逊总统深受鼓舞，并命令整个联邦政府执行这一系统，因而，系统分析得到了推广。

从实践来看，虽然系统分析在其他领域并不像在国防部门那样成功，但分析取向却很快被联邦官员、州的行政机构以及大量的分析咨询团体所采纳。“到了六十年代，美国政府的各种机构开始广泛地采纳系统分析方法。”③各种各样的专业力量纷纷建立“研究中心”——智库，以解决诸如国防、经济计划、技术发展、城市发展、反贫困等社会问题。随着多样化

① [以]耶赫兹克尔·德罗尔：《政策分析员：政府机构中的一种新的职业角色》，载彭和平编：《国外公共行政理论精选》，中央党校出版社 1997 年版。

②③ [美]R.M.克朗：《系统分析与政策科学》，陈东威译，商务印书馆 1985 年版，第 28 页。

的力量介入其中，也随着关注范围的扩大，系统分析已经难以适应多样化的要求，一些新的分析方法和路径也被不断地引入，从而超出了系统分析概念所能容纳的范围，以至于政策分析的概念得到了越来越多的援用。在“伟大的社会”时期，政策分析迎来了它的黄金时代。随着国内政策问题开始受到更多的关注，包括城市规划者，系统分析员，MBA 学员，经济学家以及律师都开始跨越专业限制来共同解决广泛的社会问题，他们纷纷发表自己对于社会问题的看法并努力对政策过程施加影响。

在 20 世纪 60 年代，政策分析取得了巨大进展，大量私人基金进入大学，诸如哈佛大学、伯克利大学、密歇根大学、宾夕法尼亚大学等在各种基金的资助下开设了公共政策研究生课程。而且，一些新的关于政策分析的研究生课程不断得以增设，许多具有政策分析导向的公共事务项目研究在大学里得到承担，而且 MPP 教育开始风行起来。在 20 世纪 70 年代，至少 13 种关于政策研究和政策分析的期刊得以创立，关于政策研究的组织以及政策分析和管理的学会在这一时期也得以成立。政策科学和政策分析等专业杂志的创立，一方面适应了政策科学发展的要求，另一方面也为政策科学的发展提供了理论上深入交流的平台，从而进一步推动了政策分析的理论研究。这也正是 E.S.奎德在《政策科学》杂志创刊词中所表达的愿望，“第一，为不同政策科学学科中的论文提供一个论坛，这些学科包括政治学、社会学、操作研究、统计决策理论等等，涉及政策制定、选择、评论、评估以及政策执行，还包括这些方面的方法论文章。第二，推动政策科学的发展，积极鼓励决策与行为科学的融合，促进新的跨学科活动。第三，在政策制定系统和能力的发展上提供帮助。”①1974 年 5 月，美国公共事务与行政学院国家协会（NASPAA）发布了成员学院纲领，将政策分析作为应被包含在所有公共事务项目中的五个核心课程之一而列入其中。至此，在德罗尔提出“作为职业的政策分析”的 7 年后，政策分析已经成为一项事实上的职业活动。

二、三个维度中的政策问题建构

在政策科学被提出时，拉斯韦尔界定了政策科学的三个特征：“多学科视角”（multidisciplinary perspective）、“性质是环境和问题导向”（con-

---

① E.S.Quade, Why Policy Sciences?, *Policy Sciences*, Vol.1, No.1, 1970.

textual and problem-oriented in nature)，以及“明确的规范性”(explicitly normative)。从政策科学的发展来看，被作为政策科学三大特征而确立起来的这三个方面实际上呈现出了各自独立发展的状况。但是，对于整个政策科学的发展而言，在这三个方面的独立发展中又实现了相互加强，展现出了政策科学的演进轨迹。总体而言，直到 20 世纪 70 年代末之前，这三个方面的发展具有明显的方向上的一致性，都指向了政策分析的兴起。

显而易见，在政策科学出现之前，是不可能产生对政策过程各个阶段进行区分的意识的，因而，也就不可能出现对政策问题的专门思考和研究。但在拉斯韦尔提出了政策科学后，特别是在他所界定的政策科学的三大特征中，关于政策问题建构也就有了可遵循的科学思路了：首先，政策问题建构应当是由多学科共同完成的事情；其次，政策问题有其历史和社会背景，因此，在政策问题建构中不能隔断问题的历史意识与社会关联；再次，政策问题具有明确的规范性，在政策问题建构中不能忽视价值取向与规范准则。遗憾的是，当政策科学走上了以“政策分析”为基本内容的发展道路后，拉斯韦尔用来界定政策科学的这三个特征之构想却被彻底抛弃了。

政策科学是一门应用性学科，它必然要跨越专业界限才能获得发展，这一点正是拉斯韦尔所强调的。拉斯韦尔实际上是明确地指出了政策科学不应被等同于仅仅由政治科学家所研究的东西，事实也确实如此，政策科学与政治学间的区别是不言自明的。但是，在政策科学与公共行政研究间的区别问题上，却经历了一场争论。在政策科学发展的初期，政策科学家有意识地保持了与公共行政学者的距离。虽然政策科学家与公共行政研究者所关注的场地是相同的，但政策科学研究早期的代表者们却认为公共行政所关注的是日常行政而不是政策制定方面的问题，而公共行政的研究者们则认为政策科学的兴起很少提供有新意或有用的东西。这就是政策科学发展初期所遇到的学科环境问题。

对于一门新学科的出现而言，界定学科边界往往是应做的第一步工作，所以，在政策科学与政治学、公共行政学之间产生争论是非常正常的事。而且，政策科学表现出的这种努力与政治学以及公共行政研究区别开来的追求，使得它的发展走向了德罗尔所指示的以政策分析为职业的、面向实践的职业这样一个建构方向。必须承认，政策科学是脱胎于政治学的，但当政策科学作为一门学科而确立起来后，为了与政治学拉开距离却主动地向经济学投怀送抱。特别是在政策分析得到了广泛接受和认可后，经济学迅速超越其他社会科学而成为政策分析最为重要的思想方法来源地。经济学家在其理论框架中创立了量化分析技术，并成功地将成本—收益分析植入政策分析中，而且也迅速地使其成为政策过程方案设计与评估的主导路径。经济分析方法远远超出了经济政策制订的领域，扩散到了几乎所有领域的政策制定中。这样一来，政策问题建构也就被看成是基于经济方法计算出来的结果，以至于罗伯特・L.莱恩伯里(Robert L. Lineberry)认为，政策科学是根扎在经济学而不是政治学中的。①

当然，政策科学之所以会被经济学所征服并乐意于做经济学的"二奶"，是与这一时期的政治学和行政学的无所作为联系在一起的。在战后一段较长的时期内，政治学和行政学研究都未能重拾战前的辉煌，而是被行为主义引向了重科学、轻价值的方向，致使理论逐渐枯萎，没有能力去对政府决策施加影响，至多只能提出一些无关痛痒的技术改进建议。当然，战后的社会恢复重建以及发展也决定了政治学和行政学无法有所作为。因为，这段时间并不存在着制度上重大变动的课题，这决定了政治学丧失了研究目标。同样，政府行政层面的体制、组织结构、操作方式等也回复到了战前，这也决定了行政学没有办法开拓自己的"市场"。战后的恢复和重建以至于其后的一段时间所涌现出来的越来越多的社会问题都需要寻求政策途径来加以解决，这就决定了政策科学的发展恰逢其时。与此同时，经济学也在政治学和行政学衰落的过程中呈现出一波强势发展势头，以至于政策科学的发展接受经济学的影响也成了顺理成章的事了。

正是这一科学环境决定了拉斯韦尔最初设想的"运用多学科的视角"出现了新的变化，所呈现出来的是经济学、运筹学成了政策科学的主要学科支撑，原本孕育了政策科学的政治学和行政学却退场了。经济学在战后迎来了30年的黄金发展期(应当说，经济学是在进入新世纪后，特别是

①　转引自[美]彼得・德利翁、[美]E.萨姆・奥弗曼：《政策科学史》，载杰克・雷斌等主编：《公共管理学手册》，张梦中等译，中山大学出版社2006年版。

在 2008 年的金融危机后，才真正走向衰落，成为一门衰败状态的学科），这一时期，掌握了经济学分析方法的经济学家（尤其是微观经济学）们在任职期间大多被看成是同行中的智者，尤其是在里根政府时期，所有新的联邦政府规则在颁布之前必须使用成本—收益分析。所以，政策科学事实上被经济学家们所俘获，经济学家倚重于方法论的成功而成为跨越各类型政策问题建构的专家。但这种情况在新世纪却带来了恶果，以至于各国政府都不得不在一个可能较长的时期内背负着这一负担。如果说经济学在战后创造了社会进步的辉煌，然而在新世纪中，却在为人类制造出越来越多的困难。

背景和问题导向是拉斯韦尔所看重的。在 1970 年《政策研究》杂志创刊时，拉斯韦尔重申了政策研究中的两种导向，认为“政策科学可以被看作是政策过程的知识和政策过程中的知识”①。他认为，强调“政策过程的知识”所关注的是政策过程的环境和问题导向，强调“政策过程中的知识”所关注的则是政策过程中的技术与知识。如果能够实现这两种取向的综合的话，那么，社会问题就能从其政治、经济、社会和文化环境中得到全面理解，也就能够获得拉斯韦尔提出的问题导向特征。考虑到 60 年代政策分析的辉煌，此时拉斯韦尔对这一观点的重申，目的不在于推动“政策过程中的知识”，而是 强调“政策过程的知识”。实际上，从 20 世纪 60 年代开始，“政策过程中的知识”与“政策过程的知识”就出现了分裂，并一直持续至今。“政策过程中的知识”是由运筹学家和经济学家的知识体系来主导的，所突出强调的是政策分析的地位；“政策过程的知识”则是由政治学家来加以推动的，所关注的是政策过程的各阶段。

政策分析是直接地从系统分析演化而来的，或者说，政府分析是对系统分析的应用和发展。奎德在《公共决策的分析》一书中指出，“就系统分析理论本身来讲，人们早就感到完全照搬运筹学来分析人类系统是不合适的；当前已经出现了一种不同的系统分析模式，这就是政策科学，并且正在为管理科学提供新的工具。”②事实上，这一发展过程是，系统分析取代了运筹学在政策科学中的重要影响，在系统分析的影响下，政策分析专

① Harold D.Lasswell, The Emerging Conception of the Policy Sciences, *Policy Sciences*, Vol.1, No.1, 1970.

② ［美］R.M.克朗：《系统分析与政策科学》，陈东威译，商务印书馆 1985 年版，第 13 页。

注于建立模型和技术,从微分方程到排队模式到线性规划到成本—收益分析,努力实现的都是对经济学、数学中发展起来的技术和方法的应用。反映在政策问题建构上,就是强调运用量化分析等实证分析的方法去尽可能精确地界定政策问题。因而,也就形成了这样一种思维定势:无论政策问题产生于哪个领域,都适用于具有普遍性的技术和模型。结果,也就把政策问题建构形塑为寻求最优模型和方法的过程。这些政策勇士努力的目标就是要找到合适的技术模式来建构政策问题,他们的箴言是,"拥有技术,愿意旅行"(Have technique, will travel)。①

经济学家与运筹学家促进了"政策过程中的知识"快速发展,但在此过程中,也引发了各种各样的批评。达尔就试图通过对民主和多元主义政治的强调去抵销理性计算对政策问题建构的影响。林德布洛姆也激烈地指出分析性的政策制定不可避免地存在着某些局限性,并认为,只有在与政治权力的联系中才能完成政策过程。"如果对政策应如何形成这样的问题提出一种纯分析性的、非政治性的方案,这本身就不可能实现。"②林德布洛姆特别强调"评估和经验分析是交错进行的,也就是人们在同一个时候既对各种价值作出选择又对政策进行选择。说的再详细一点,一个人同时既选择达到一定目标的政策又选择目标本身"③。根据林德布洛姆的看法,在目标没有得到一致认同时,对方案的设计与评估没有任何意义。这实际上是要强调问题导向对"政策过程中的知识"的意义。

与此同时,政策过程研究的倡导者则通过发展政策过程的知识来理解政策问题建构,他们关注政策过程的不同阶段,提出了政策过程的新模型。如威尔达夫斯基、加里·布鲁尔(Garry.Brewer)和德利翁等人都将聚焦点放在了对政策过程中不同阶段的研究。尽管他们所使用的基本上是与政策分析相同的词汇(如政策评估等),但对这些词汇的含义却做出了不同于政策分析者的理解,甚至许多时候做出了截然不同的理解。以"政策评估"一词为例,政策阶段的研究者所突出的是政策评估中的政治

① [美]彼得·德利翁、[美]E.萨姆·奥弗曼:《政策科学史》,载杰克·雷斌等主编:《公共管理学手册》,张梦中等译,中山大学出版社 2006 年版。

② [美]查尔斯·E.林布隆:《政策制定过程》,朱国斌译,华夏出版社 1988 年版,第 30 页。

③ Charles E.Lindblom, The Science of "Muddling Through", *Public Administration Review*, Vol.19, No.2, 1959.

和运作上的意义，也就是更为强调系统环境与问题导向；政策分析人士所说的政策评估则是指对政策分析相关的学科或领域所进行的研究活动，甚至因为过分强调政策评估中的量化分析而直接将政策分析与政策评估等同了起来。

尽管这一时期政策阶段理论呈现出了繁荣的景象，却没有完全动摇政策分析的地位。在一段时期内，关于“政策过程的知识”与“政策过程中的知识”在大学、研究机构和官僚机构中都引发了针锋相对的争论，在各类刊物中更是呈现出激烈交锋的状况。不过，由于系统分析在实践中的应用屡屡导致政策失败，特别是“向贫困开战”、越南战争等政策都证明了系统分析的失灵，以至于政策分析希望通过斩断与系统分析的联系去谋求新的发展。威尔达夫斯基在《从 PPBS 中挽救政策分析》一文中就努力去将诞生于系统分析的 PPBS 与政策分析区分开来，认为 PPBS 的应用碰到了不可避免的问题，甚至说“PPBS 败坏了政策分析”①。在作出这一批评后，他紧接着就指出，没有理由认为所有的系统分析都是坏的，“对系统分析的批评需要被再审查。”②

通过这样一种与 PPBS 的划界，政策分析与系统分析被区分了开来，从而在系统分析遭受诟病的同时仍能使政策分析获得继续发展的空间。所以，虽然 PPBS 后来被放弃了，但成本—收益分析和项目评估等遗产在很多政府层级中依然被等同于政策分析，而且依然活跃。基于现实发展，在 1971 年的《政策科学前瞻》中，拉斯韦尔将政策科学家定义为“在公共和公民秩序的背景下关注对决策有启示的技术”的人。③这一定义实际上指明了政策科学研究的方向，那就是这门科学应当密切关注公民对秩序的需求，而不是仅仅作为一项技术性的事业来加以建构。这实际上是明确地指出了政策过程不能单纯由技术专家来主导。不过，拉斯韦尔说这番话的背景却是：在量化方法席卷一切的时候，拉斯韦尔之前所关注的“背景”被遮盖了，而秩序作为一个更深层次的哲学关怀在战后的几十年中更是被人们遗忘了。

---

①② Aaron Wildavsky, Rescuing Policy Analysis from PPBS, *Public Administration Review*, Vol.29, No.2, 1969.

③ 转引自 G. David Garson, From Policy Science to Policy Analysis: A Quarter Century of Progress?, *Policy Studies Journal*, Vol.9, No.4, 1980。

其实,自政策科学产生之日起,就遭遇了依据“知识”还是“规范”去开展政策问题建构的问题。实际上,这构成了一场新的争夺政策问题建构权的斗争。正是由于这一原因,关于政策科学属于规范领域还是经验领域的问题在德罗尔之后饱受争议。其实,政策科学本身就包含了规范性的内容。因为,任何政策问题都包含着价值判断,拉斯韦尔在对政策科学的界定中也专门强调了这一点。但是,面对着政策分析所依赖的专业技术与官僚体制,政策科学的规范性研究被置换了。从这一时期的政策科学研究来看,不管是寻求“政策过程的知识”还是寻求“政策过程中的知识”,规范性的考察都被放弃了。

在对“政策过程中的知识”的寻求中,最直接地发挥影响作用的是逻辑实证主义方法,“今天的政策分析继承了实证主义遗产的明确无误的印记。”①作为一种哲学,逻辑实证主义在“二战”前就已经显现出了其影响力,而在战后对社会科学的影响变得越来越大。在整个 20 世纪 50、60 年代,学术研究中所弥漫着的是这样一种气氛:要求将社会科学改造成与自然科学一样的科学。这无疑是实证主义所营造出来的。就政策分析而言,实证主义的影响是全方位的,到了 20 世纪 60 年代,社会科学中的实证主义和技术专家主导达到了顶峰。理查德·弗伦奇曾经说过:“社会科学家有一个信念,他们的学科正在努力达到自然科学所特有的某种确定性,产生的结果能在所有项目中得以实施,因此,社会科学家们对‘硬’技术的运用持有信心。”②

在实证主义者看来,一切真正的知识都只能是科学知识。也就是说,这些知识必然是基于对事实的观察,对逻辑的推绎,以及对事实之间因果关系的确定。有了这种知识,政策问题建构就能通过先决条件来得到解释,也能通过因果关系而推断出未来可能发生的事情。由于任何道德因素和信仰支持都无法从事实中推断出来,因而,政策问题建构只需对事实材料进行加工,任何价值考虑都是没有必要的,甚至会显得多余。如果说工业化以来的“祛魅”在杜威的实用主义和韦伯的工具主义中得到了充分实现,那么,由于实证主义的风行,到了 60 年代,一切关于价值方面的考

---

①② Douglas Torgerson, Between Knowledge and Politics: Three Faces of Policy Analysis, *Policy Sciences*, Vol.19, 1986.

虑似乎都是可以肆意讥讽和嘲笑的事情。在政策过程中，这一点也表现得淋漓尽致。在这一时期，即便是对"政策过程的知识"的关注，也基本上放弃了对规范性方面的关注。在寻求关于"政策过程的知识"的人们看来，政策问题建构是一个渐进调适的过程。在这一过程中，任何价值取向都要经过中和与平衡，最终出现的结果也应当是因为不同取向的观念得到了整合后的结果，不再有任何价值倾向。一些学者甚至把政策科学等同于政策分析，或者认为"政策分析和政策科学可以互换，均指与公共政策评估相关的应用学科或领域。至于这个学科或领域的人们所从事的工作或活动，我们统称为'政策评估'"①。

与此同时，一系列专业性期刊的创立也为经验研究提供了平台。奎德看到，在《政策科学》创刊之前，没有哪个杂志专门致力于政策科学研究，尽管在诸如《公共利益和公共行政评论》中存在一些属于政策科学的观点，但重点往往没有放在方法论和定量分析上。因此，"《政策科学》将很可能会花大量精力于方法上，包括规范方法和描述方法，这种方法被用来设计，分析，和评估政策，并且因此支撑分析组件。"②显然，关于方法，是可以分为规范研究方法与实证研究方法的，而且奎德也认识到，"不仅是纯粹的讨论，或者说关于'硬'学科的'软'论文，而是关于新的学科的'硬'论文，这个学科不可避免地带有'软'的标签，如果就像德罗尔在这个问题上所谈到的，意识到了作为知识来源的超理性的甚至非理性的程序。很多人会对这种整合的、跨学科的政策分析方法感兴趣，因为他们不想被科学蒙蔽眼睛，或者被数学迷惑，或者被掩埋于社会和行为科学家的很多词汇以及特殊的语言中。"③但是，在实证主义的哲学语境中，实证研究方法实际上占据了当时政策研究的主流。

在《政策科学》杂志创办之初的前几年所发表的文章中，以及后来《政策分析》、《城市分析》等杂志的创办，都可以看出对实证主义方法论的强调。可能是由于杂志的引导而导致了一种过激的现象，那就是大多数政策研究的文献都带有一种狭隘的技术取向，更多地集中在方法论问题的探讨上。由于过分地强调程序、技巧等，导致了政策分析经常性地忽视甚

---

① [美]弗兰克·费希尔：《公共政策评估》，吴爱明、李平等译，中国人民大学出版社2003年版，第3页。

②③ E.S.Quade, Why Policy Sciences?, *Policy Sciences*, Vol.1, No.1, 1970.

至掩盖实质性政治问题。可见，无论是从学科导向、问题导向上看，还是就人们关于规范性的看法而言，政策科学在70年代以前的发展很明显地偏离了政策科学成立之初的宗旨。因而，政策问题建构也成为一个深受实证主义影响的领域，政策问题建构的话语权已经完全被掌握了政策分析方法的人所占有。具体来说，就是政策问题建构是由经济学和运筹学的定量分析方法所主导的，离拉斯韦尔最初的设想渐行渐远。

三、技术专家主导了政策问题建构

根据道格拉斯·托格森的研究，政策分析有三张面孔：第一张面孔受到科学理性的主导，受到实证主义全方位的型塑，显现出的是知识对政治的胜利，这也就是我们所经常看到的政策分析的主要特征；第二张面孔是把政策分析的技术导向看作一种噩梦式的东西，认为政策分析不应被视为对理性文明的展示，而是应该作出改变，即在政治背景中开展政策分析，这是为了捍卫政治并展示政治对知识的胜利；第三张面孔是政治与知识的相互支持，政策过程必然依赖于和得益于专业知识的发展，但也受到社会和政治力量的制约。政治与知识不是分离的、对立的，而是相容的和相互支持的。每一张面孔都是从过去发展而来的，但历史并非总是清晰地展示它们发展的线索。虽然20世纪70年代开始了从实证主义向后实证主义的转型，促使政治以及价值的因素在政策过程中的作用再度凸显，但“第一张面孔仍然笼罩着整个领域”①。至少在90年代民主化的口号被高分贝地重申之前，政策问题建构仍然是以第一张面孔出现的，只是在后实证主义开始逐渐地在政策过程中站稳了脚跟的时候，第一张面孔才变得模糊了，政策问题建构才得以挣脱纯技术的、量化分析的掌控。

政策分析崇尚科学，而科学能够增进知识，能够实现人们长久以来所追求的确定性，这在充满不确定性的工业社会中显然是极具诱惑力的。近代以来，特别是在20世纪中，人们渴望建构起反映了客观存在的真实政策问题，而且人们相信通过科学能够实现这一点，即能够基于科学知识而达成共识，形成正确的政策问题观念。然而，承载了科学知识和方法的政策过程却转化为消除一切政治辩论的技术活动，只要专家出面说话，任

---

① Douglas Torgerson, Between Knowledge and Politics: Three Faces of Policy Analysis, *Policy Sciences*, Vol.19, 1986.

何政策辩论也都失去了意义,专家控制了整个政策过程,科学让任何一个异议者都闭嘴。由于政策问题建构的责任光荣地落在了专家身上,“专家治国”的现象出现了,从而实现了“政治的科学化”。具体来看,20 世纪 60、70 年代,技术专家主要来自于经济学、运筹学、法律以及政治学等领域,但运筹学家和经济学家在政策过程中占据了主导地位,活跃于政策科学研究中的实际上是一些经济学家和运筹学家。经济学家和运筹学家将政策问题建构看作是一种纯粹的知识生产过程,是远离政治的,使得政策问题建构过程愈益贴合了实证研究。

不过,人们很快就发现,更多的力量进入了政策问题建构过程,除了系统分析员与经济学家外,受到政府高度信任的律师也凭借着他们熟悉国内政治的知识而成为通才型的专家,并为政策问题建构提供政治分析和理论判断。此外,政策制定系统本身也产生了自己的专家,他们深谙政治协商与谈判之道,对公众参与以及选民投票行为有敏锐的知觉。由于他们的行为有助于维护当权者的利益,因而成为决策者的重要“谋士”。在这一时期,除了政府内部吸纳了大量专家之外,政府外部也出现了大量的顾问团体和智库,他们作为远离政治的科学家代表,以客观中立的姿态提供政策信息与咨询。顾问团体和智库的发展非常迅速,而且在政策过程中的影响力越来越大,以至于人们将它称之为“第五部门”,成为与立法、行政、司法以及监管部门并立的新部门。这样一来,来自不同知识背景、具有不同专业技术的专家竞相在政策问题建构中展示自己所掌握的技术,他们联合起来以专业知识去赋予政策过程以合理性。可以说,专业联盟和政策专家构成了所有主要政策过程中的“隐蔽层级”,他们将专业知识嵌入现代政府的官僚结构中,推动了“专业化国家”的出现。

不过,究其实质,则可以看到,虽然介入政策问题建构过程中来的主体增多了,但它们基本上都持有实证主义的方法,不仅没有改变政策问题建构中的技术理性,反而是纷纷地在实证主义方法的应用上开展竞赛,而且在它们的竞赛中把技术理性推到了至高地位。更为重要的是,由于政策分析是在官僚结构中进行的,更加增强了专家的话语权。就技术的本性而言,应当是开放的,然而,正如我们已经指出的,当政策分析在官僚结构中去应用技术的时候,却把技术结构化到了官僚结构之中,从而使技术也变得封闭了。结构化的技术将技术的享有者与非享有者隔离开来,公众与技术专家被分成了两个阵营，专家因为掌握技术而享有权威，公众则陷入完全失语的状态。虽然技术专家分属于不同的阵营和来自于不同的领域，所掌握的科学知识也不尽相同，有的专家属于政府内的官员，直接参与社会治理和政策制定活动；有的专家则在政府之外而在政策过程中与政府开展合作或做交易，但所有的专家都拥有共同的方法和思维方式，属于同一个共同体。在这种情况下，我们所能看到的就仅仅是失语的公众与活跃的专家。

随着技术的结构化以及走向了神秘化的方向，专家与公众两个阵营之间形成了不可跨越的鸿沟。技术专家掌握了公众所不具备的专业知识和技术，因而被认为能够代替公众来更为理性地揭示社会问题，公众因为专业知识的缺乏而被剥夺了本应享有的政策问题建构权。对此，弗兰克·费希尔批评道，"政策科学运动和其文献都天真地追随着一些过时的假设。一是过分简单的假设，认为好的政策知识必然导致优化的政策决定；另一个是一种观念：即好的政策科学是'价值中立的'。当代经验却没有显示任何一种假设的可靠性。虽然两者都奠基于政策科学，但当他们汇聚到一起的时候，构成了政策科学最强有力的神话：即政策科学关注的即使不是全部政策，也已经超越了政治游戏。"①事实上，政策分析使科学与民主对立了起来，在对科学的追求中否定了民主，用反政治的方式开辟了另一种政治——技术霸权的政治。

总之，在政策分析的强势影响下，政策问题建构被形塑成一个技术理性的领域，政治的科学化、技术化使技术专家成为理性的化身，而公众则因失去了民主的支持而被排除在外。当然，即便是在技术理性霸权达到了顶峰的20世纪70年代，政策科学家也没有在实践中完全取代政策行动者的地位，当他们用科学来为既定的观点辩护时，往往被要求界定有效政策意见的范围，以至于以政治面目出现的政策辩论仍然时有发生。不过，由于政策科学家们可以把政治观点隐藏在科学的幌子之下，可以用科学的名义去主导政策选择，也导致了政治性质的改变，成为公共利益的异化形态。事实上，到了20世纪80年代，在社会生活的广泛领域中，技术

① Frank Fischer, *Technocracy and the Politics of Expertise*, Sage Publications, Inc., 1990, p.144.

专家的活动都具有高度政治化的特征，让人们感受到技术专家已经成为一个“新阶级”，是在为了维护特殊利益而行动。对于许多人来说，“政策分析家们开始表现得更像律师而不是科学家，十分热衷于提出适合其客户需要（而不是科学）的论据。”①

以专家面目出现的一批人习惯于谁给钱就为谁办事，他们声称价值中立，但他们在为付费者服务方面从来也不愿意中立，他们的专业知识和技术都只为那些愿意付费的人服务。只要你付费，不管有没有这样一种社会问题，都可以以技术的名义证明这是一个存在着的而且非常严重、非常急迫的问题，是必须转化为政策问题的，并努力促成一桩政策问题建构行动。所以，人们在这一时期看到的是，各种各样的项目和课题满天飞，公众没有能力去设立基金会，没有发包项目的意识，因而，也就不可能让掌握了专业知识和技术的专家去替他们说话。虽然公众在民主制度之中被声称拥有权利，但这些权利至多只是在专家觉得有用的时候才可以成为利用一把的资源，但它却是一种需要排在基金会付费后面的一项资源，或者在收取了基金会的付费后觉得可用时才利用一把的资源。

在现代社会，技术是社会精英群体的标志，所以，当技术专家出现在政治领域中时，必然会排斥公众的讨论，并以“中立”的姿态介入到政治事务中来，成为政策问题建构中一个“隐蔽的层级”。就这一时期的政策问题建构现实来看，技术专家一直努力去展示科学洞察社会问题实质的功能，并宣扬根据科学结论而进行的政策问题建构能够降低不确定性。在技术专家所展示的科学结论面前，无论是政治家还是公众，不管如何不情愿，也必须接受。这就是技术专家窃取了政策问题建构权的状况。对于政治家而言，出于自身的利益需要，往往能把公众蒙住就足矣。因而，也乐意于同政策科学家、技术专家合作，通过技术专家去说服公众认同其业绩。

出于谋求政治合法性的目的，决策者是愿意有一群技术专家围绕其左右并提供政策建议的。因为，有了技术专家，事情就变得好办多了。也就是说，在任何需要的时候，只要让技术专家出面，就能够有效地对付难

① ［美］弗兰克·费希尔：《公共政策评估》，吴爱明、李平等译，中国人民大学出版社2003年版，第9页。

缠的公众。所以,政策科学的发展促进了技术专家与政治家的联盟,政治家与技术专家在相互利用中达成了各自所需要的东西——合法性、声誉、良好的收益等。至于真实的社会问题,无论是政治家还是技术专家,都不愿意去触及,因为那些问题解决起来太过困难,谁也无法从中获益。因此,所有严重的和解决起来比较困难的社会问题都被搁置了起来,并不断地积累。

就公众而言,面对技术专家的一堆又一堆数据和技术模型也不知道他们所面对的是什么样的社会问题,而且他们总是能够被技术专家说服,相信技术专家强加给他们的所谓社会问题是真实的,愿意接受技术专家与政治家合伙作出的政策问题建构,并期待着生活状况的改善。然而,公众的良好愿望一次又一次落空了,整个人类也被带入了风险社会,在危机事件频繁发生的条件下,公众变得更加依赖技术专家。也许到了人类再也无路可走的时候,技术专家与政治家的合谋才会终止,但那也可能是人类历史的终结了。如果期望这一结果不出现的话,那么,政策问题建构的方式、方法和路径都需要实现根本性的变革,或者说,整个社会治理模式都需要实现根本性的变革。

第二节 徘徊在民主与科学之间的政策分析

社会治理模式根本性变革的要求是可以在20世纪科学与民主的矛盾中解读出来的,或者说,政策问题建构中所存在着的科学与民主的矛盾,决定了既有社会治理模式必须得到根本性的变革。实际上,自20世纪60年代起,基于科学的政策分析而做出的各种各样的政治决策都屡屡呈现出失灵的状况,以致引发了对政策分析的全面反思,并指向了决策者的观念以及工具理性意识。对这一现象的反思事实上导致了对“专家治国”合法性的质疑,再一次提出了决策民主化的要求。也正是在此过程中,政策问题建构被要求引入公众参与。但是,这波民主化浪潮仅仅表现为公众参与行动,而没有触动其背后的社会中心—边缘结构,以致公民无法在政策问题建构过程中发挥实质性的影响作用。不过,必须承认,公众参与运动毕竟是积极的,对于走向合作治理进程有着积极的历史意义。

在高度复杂性和高度不确定性条件下，政策问题建构方面的专家垄断权越来越多地受到质疑，这也许意味着一个真正的政策问题建构民主时代正在走来，意味着政策问题建构权将在公民、政府、专家的互动中进行重新分配。

一、政策失败以及对政策分析的反思

20世纪60年代，逻辑实证主义思维渗透到了政策过程的每一个环节，在政策问题建构方面，也是把政策问题看作通过科学知识和专业技术生产出来的产品的，是基于技术的可控性和可操作性要求进行的，目的是要弄清所有因果关系。这说明，决定论思维方式被充分地应用到了政策问题建构过程之中了。由于实证主义在政策过程中大行其道，政治的、伦理的因素或者因为无法量化而受到忽视，或者干脆就被作为不重要的因素而被舍弃了。结果，政策问题建构的话语权交给了一群使用相似研究方法以及具有相同知识背景和研究视野的技术专家，以致政策科学的发展与拉斯韦尔所倡导的“民主的公共政策”越走越远。

即便是在充分反映了实证主义取向的政策科学研究盛行的时候，反对的声音其实也未停歇过，只是由于这些声音在一段时间内显得过于微弱而受到了人们的忽视。随着实证主义的政策分析带来的负面效应不断地积聚了起来的时候，特别是在它导致了一系列重大的政治决策失败后，对政策分析的质疑汇成了反思实证主义分析方法的声浪。在这一波反思运动中，对逻辑实证主义的批判削弱了“专家治国”的根基，也同时带来了民主观念的复出。特别是在新公共行政运动的推动下，公众参与成了政策过程民主化的现实方案。但是，公众参与运动仍然没有改变政策过程背后的治理结构，更未触动既有的社会结构。所以，并未在政策问题建构方面如人们所期望的那样真正实现民主化。

当我们再一次回顾这一历史过程时，可以看到，大致是从60年代后期起，社会的复杂性与不确定性呈现出大幅增长的趋势，新出现的社会问题往往会涉及多个领域，也具有性质多变的特征，继续依靠单一技术理性的政策分析模式已经难于对政策问题进行准确建构了。正是这些原因，推动了政策科学逐步摆脱了对数理统计和分析方法的依赖，并开始到多领域的理论中去寻求支持。当然，也应看到，在从“二战”到60年代的这段时间内，公共政策过程中的政策分析占据主导地位并不是没有贡献的，

至少它使“政策过程中的知识”获得了长足发展。随着政策科学的进一步发展，在70年代兴起了关于政策评估研究，也开拓出了走向着重关注“政策执行”的道路；到了70年代末，又发现了“政策终结”的主题。这都反映了政策科学的进步，表明笼统的政策科学研究逐渐地被对政策过程的分阶段研究所替代，意味着政策科学中分化出了若干个专题，并把学者们分成了不同的研究群体，形成了多个专门研究分支。在政策学院中，它们是以不同的课程这种形式出现的。

在对政策过程进行分阶段的研究中，作为政策过程最前端的政策问题建构显然是一个需要加以研究的重要题域。罗杰·W.科布和埃尔德·D.查尔斯在1972年说，“合法的抱怨受到压制，被阻止进入正式的议程，或者不承认其在议题谱系上具有优先性。这是一个仅仅在最近一个时期才受到关注的问题。”①这说明，并不是有了政策科学之后，关于政策问题建构的研究就被提了出来。在一段很长的时期内，政策科学家甚至没有想到这一问题。只是到了20世纪70年代，随着对政策过程进行分阶段研究的做法开始流行的时候，才让人们关注到政策问题建构本身也是一个需要加以研究的问题。

在政策问题建构受到关注后，作为一个问题的政策问题建构甚至一度成为政策科学研究中的一个热点问题。在这一时期，许多学者对于政策问题建构主体以及议题建构的触发机制等问题都作出了探讨，取得了一批不同于实证主义政策分析的研究成果。可见，正是因为有了对政策过程的分阶段研究，才可以设想“每个政策阶段必须重复地与其他阶段连接在一起：发起与估计相连接，选择必须由执行来建议，正如评估必须先于和告知终结。发起和终结是一个政策周期的起点和终点，它们都来自完全相同的概念性和分析性筛子。人们逐渐接受：政策过程是一个无缝的网，而不是一系列分裂的单个阶段或过程，而这一过程的每个阶段都渗透着政策分析。但是负面仍然是类似于多年前‘所发现的’过程的持续‘再发现’”②。从这段评价政策科学史的话来看，政策分析的影响力并没

① Roger W.Cobb and Elder D.Charles, *Participation in American Politics: The Dynamics of Agenda-Building*, Boston: Allyn and Bacon, Inc., 1972, p.25.

② [美]彼得·德利翁、[美]E.萨姆·奥弗曼：《政策科学史》，载杰克·雷斌等主编：《公共管理学手册》，张梦中等译，中山大学出版社2006年版。

有因为60年代的反思而受到削弱，反而在政策过程的分阶段研究中渗透到了每一个专题的探讨中。这可以看作是政策分析的影响力得到进一步增强。由于有了对政策过程的分阶段研究，也就能够描述政策过程不同阶段的特点，从而使政策科学表现出了向拉斯韦尔所设定的“多学科特性”、“问题导向”以及“规范导向”等特征回归的趋向。关于政策问题建构的研究，也是与政策科学的这一总体发展趋向一致的。

但是，政策科学研究不能限于政策过程本身，也不能仅仅满足于“政策过程中的知识”，更不能把整个政策过程转化为纯技术性的活动。政策科学研究必须把政策放在社会的大系统之中，要充分考虑到政策过程之外有着许多无法人为控制的事件。政策分析之所以会在对包括“反贫穷战争”、越南战争以及70年代的能源危机等诸多重大事件的政策中遭遇失败，是因为它局限于“政策过程中的知识”和过于重视技术因素了。也就是说，在这种专注于“政策过程中的知识”和技术性的研究取向下，越是严格地基于政策分析去做出决策，也就越容易招致失败。例如，“反贫穷战争”是由约翰逊政府积极推动的覆盖了从教育到住房、就业等各领域的场面宏大、用意良好的政策，但这一政策在长达10年的实施过程中收获的只有错误和挫折，几十亿美元的投入似乎看不到任何有效的救济成果。相反，却引发了人们对沉重的国家财政赤字的担心。

卡罗尔·赫希翁·韦斯在总结“反贫困战争”时评价道，“一切都没有按照预期进行，这个倾注了极大希望和荣耀的项目并没有达到其改变穷人生活的目标。”[①]爱德华·班菲尔德(Edward Banfield)则认为，这个“伟大的社会”计划的搁浅完全是因为人们对政策分析的盲目崇拜而付出的代价。同样，在越南战争的决策中，空军和国防部大力推行PPBS，加上兰德公司的系统分析和成本技术的应用，使得越南战争的政策过程完全排除了社会和政治因素。也就是说，关于越南战争的决策过程是在应用定量政策分析的车间中进行的，所有的政策都是在理性计划与成本—收益分析中产生的，所遭遇的却是失败的结果。再者，美国70年代的能源危机也是过分依赖政策分析所致。美国是基于电脑模型进行了大量研究而

① Carol Hirschon Weiss, Evaluating Social Programs: What Have We Learned?, *Society* 25, 1987, p.41.

制定了能源政策，其中，运用了复杂的数学模型模拟了不同供需水平的可能性趋势，结果却在政策的实施中迎来了能源危机。正是这一系列政策分析失败的案例，迫使人们不得不对政策分析及其实证主义方法进行反思。

实证主义方法表现为对严格的数理统计与各种分析工具的应用，包括建模、统计数据、运筹学、成本—收益分析以及风险—收益分析等工具的应用，而且这些分析工具被认为具有普遍适应性，可以应用到任何领域，也包括在政策问题建构中的应用。然而，在将实证主义方法应用到政策问题建构中时，政策问题是否反映社会问题已经变得不再重要。因为，政策问题已经变成了类似于自然科学实验的作品，政策问题建构过程成了知识的应用和再生产的过程，是技术分析的结果，因而具有严格的科学性。也就是说，作为纯粹的知识应用和技术分析，使政策问题建构呈现出来的是严密的因果关系，变得可以通过数学模型来作出准确把握。也就是说，政策问题建构的逻辑过程使得每一个变量在因果关系中的位置都无比清晰。

基于这种思路，社会中所存在的问题被认为只是一些经验事实，是值得怀疑的，除非经过了实证方法的检验才能够确定这些社会问题是否具有转化为政策问题的价值。所以，政策问题被认为并不是表面上所看到的社会问题的反映，而是“真实的”社会问题的反映。但“真实的”社会问题却是由实证方法确认的，如果得不到实证方法的确认，即使在社会中存在着那些问题，也会被认为是假象，而不会转化为政策问题，更不会进入政策议程。既然实证主义方法被看得如此重要，方法的优化也就是第一位的了。所以，在政策分析领域中，人们普遍认为，只要实现了方法的优化，就能够使政策问题建构得到优化，认为发展出更为精确的统计和分析工具才是政策问题建构的关键。这一时期，人们普遍接受了这样一个观点：如果能够严格地应用模型和方法，也就能够在政策问题建构中获得具有科学合理性的政策问题，并进入决策过程。然而，正是对方法的崇拜导致了政策问题建构在现实中的失败。

如果说政策问题无非是社会问题的反映，那么，现实的社会并不对实证主义方法提供无条件的支持，不仅如生活的质量、生命的意义等较为复杂的、包含着诸多价值维度的问题无法被纳入到单一性的标准体系中，而且社会问题本身的诸多不确定性和易变性也对实证主义的定量研究方法构成了挑战。实证主义研究方法的应用所造成的学风是，无论一项政策问题是否适合于量化分析，实证主义的量化研究都要求将它们简化为一堆数据和模型。这样一来，其实是斩断了政策问题与特定的历史、社会发展之间的关联性。典型的例子就是我们上述所说的美国能源政策和约翰逊总统的“反贫困战争”。这些案例都说明，虽然整个政策问题建构和决策过程都是建立在实证主义分析基础上的，也显得非常科学，但政策实施的结果却是失败的。

经历了能源危机的事件，实证主义所坚持的技术客观性假设受到了质疑。我们已经指出，美国在能源政策制定中使用了大量的数学模型来增加分析的科学性，但在出现了能源危机后，当人们对这一能源政策进行反思的时候，却发现所应用的数学模型并没有保证政策的客观性，反而是用来论证了特定的政治主张，所支持的是一些政治目标。如果考虑到政策分析所处的政治背景，就会发现，通过数学模型去塑造政治中立的形象其实只是一个幌子，是要在这个幌子下用科学的名义去压制反对的声音。亨利·S.卡雷尔(Henry S.Kariel)揭示了政策分析中所隐含的政治维度：“在先在性的政治现实面前，并且相信这种政治现实是稳定的，政策科学毫不犹豫地站在了公认的利益一边，以求政策能够适应它。政策科学的从业人员即使察觉到这种交易是不科学的，也不会去阻碍现实中事先做好的界定，因而乐意于将流行的社会问题变成他们自己研究的科学问题。这样，他们的任务就是提供某种类型的知识，以便在既有的政治框架中去寻求有效的治理和将人融入现存体系。”①

如果认为政策分析能够完全逃离政治的掌控，那只能是一种天真而不切实际的想法。政策分析人员所创造的“硬性”数据以及客观性假设都只是用来掩盖现实的，至少客观效果是这样的。对于政策分析来说，政治目的和控制社会的谋划才是真正的“驱动力”。事实上，政策制定者是依靠技术来佐证他们的观点的，而技术的使用又受到政策制定者的驾驭。“传统的政策分析声称服膺于理性，但实际情况却不是这样的，它不仅是服务于特定的利益，而且加固了已经确立的政治世界的秩序和

① 转引自 Douglas Torgerson, Between Knowledge and Politics: Three Faces of Policy Analysis, *Policy Sciences*, Vol.19, 1986。

意识形态。”①在科学已经实现了意识形态化的条件下，只要运用数学模型等去标榜技术的客观、中立，无论结果是多么华而不实或者远离现实，都会得到政策制定者的采纳，进而获得政策对象的支持与信赖。这一点是非常可怕的。

现实中一系列的政策失败都一再证明，政策分析终归是生成于政治环境之中的，服务于既定的某种政治目的。政策分析既服务于政治又把政治目的遮掩起来，拒绝人们对其所包含的政治内容进行讨论。这实际上恰恰是一种政治专断，结果，政策失败也就不可避免。与其如此，不如干脆承认政策分析的政治内涵，直接把政治情境等纳入到政策过程研究的视野中。这样的话，也就能够使政策分析的政治方面内容得到人们的关注和检验，从而使政策过程中的政治方面内容变得公开和透明，以求减少政策失败。当然，“这并不说明定量方法像从前的炼丹术一样被丢弃，也不说明‘情境伦理’成为新的试金石，但是我们可以认为，越南战争的环境经验在政策科学的定量和定性方面产生了一个新的融合，更为重视后者，这可能与以前的情况不同。”②

从政策分析的兴盛到对工具理性的质疑，集中地体现在了道格拉斯·哈特个人立场上的转变中。在20世纪70年代初，哈特是政策分析的坚定支持者，但他的立场后来却出现了一个戏剧性的转变。1976年后，哈特出版了一系列批评自己此前学术倾向的作品，反对仅仅通过程序和规则的完善去提升政治价值，而是激烈地说，“在技术和程序上的努力是‘一切人反对一切人的战争’的持续。”③此时，哈特开始强调一切技术和程序上的刷新都应服从于某种政治目标的需要，“那些强调技术和程序的人中的很大一部分都有意或者无意地被当作了枪杆子，最终目标依然是现存权力的结构。”④哈特认识到，由技术官僚主导的政策分析忽视了政治因素对政策问题建构的影响，以至于使他们无法真正理解社会问题的实质。“这些新的技术路径的倡导者的言说和写作，表明了他们一直在努力说服所有的当权者和有智慧的独裁者，而政治、人性以及制度

①③④　转引自 Douglas Torgerson, Between Knowledge and Politics: Three Faces of Policy Analysis, *Policy Sciences*, Vol.19, 1986。

②　[美]彼得·德利翁、[美]E.萨姆·奥弗曼：《政策科学史》，载杰克·雷斌等主编：《公共管理学手册》，张梦中等译，中山大学出版社2006年版。

结构则被他们完全忽略了。”①可见，哈特对纯技术性的政策分析作出了非常尖锐的批评。有意思的是，他的这些批评不仅是针对其他人的，同时也是针对曾经的自己，是有价值的自我反思，也是对这门科学的研究取向所作出的重要反思。

在对政策分析的反思和批评中，劳伦斯·H.特赖布的意见可能是最具代表性和最尖锐的。特赖布对政策的解读是，“分析经常不仅用来帮助决策者选择行动方案，而且用来帮助说服他人相信决策者的选择是正当的和具有智慧的。如果分析结果没有客观地并明确无误地支持某一特定方案，那么分析的有用性就被大大降低了。因此，政策分析技巧的使用者一直都有压力去努力减少问题的多维度性，以便使其能够通过‘客观’比较来加以衡量——即使这意味着‘软的’却是核心的信息被挤出，仅仅因为它们看上去很难量化或者与问题中的‘硬’数据相对立。这样一来，当一个问题的多个维度被简化为普通的赋值或者获得了可顺利地进行换算的特质时，政策分析技巧也就被证明是最为有力的。因此，随着分析技巧的影响持续扩大，无论它是否可行，人们都致力于这种简化的做法。结果，不仅‘软的’变量被忽略了或者被降级了，而且整个问题都因为被简化为数据而作出了错误的陈述，这些问题的潜在结构以及完整特性都被忽略了，以至于不再存在着对问题的‘整体’特征的描述。”②可见，在70年代，通过定量方法而进行的政策分析受到了质疑和批评，并开始提出了对政策问题进行完整把握的要求。这就是经历了诸多政策失败后美国学界对政策分析所作出的反思。

二、民主复兴过程中的政策科学转向

政策分析经历了两个阶段，20世纪70年代中期可以视作政策分析的转型期。此前的政策分析一般被称作为“传统政策分析”，它主要具有两个方面的特征：其一是对量化方法的过分倚重；其二是在量化的基础上实现系统综合，也称作为系统分析。在对政策分析的批评中，不仅量化的方法受到质疑，而且系统分析的地位也开始动摇，包括克朗在内的系统分

---

① 转引自 Douglas Torgerson, Between knowledge and politics: three faces of policy analysis, *policy sciences*, vol.19, 1986。

② Laurence H.Tribe, Technology Assessment and the Fourth Discontinuity: The Limits of Instrumental Rationality, *Southern California Law Review*, Vol.46, 1972-1973.

析家都承认系统分析在解决社会问题上的局限性。在他们看来，之所以60、70年代政策分析家会出错，是因为他们满怀热情地坚信系统分析能解决现实世界中所有的问题，而这对于社会发展来说，不啻是一种乌托邦幻想。正是在对传统政策分析的批评声中，让人们看到了政策分析理性面目掩盖下的非理性，所以，传统的政策分析不再被视为对理性文明以及历史进步的展现，而是被视为噩梦。

显然，狭隘的实证主义观念是一种对政策性质和背景并不敏感的智力方式，它使理性降低为工具理性，特别是在竭力张扬工具理性的时候，难免走向了理性的反面。在对政策分析的反思和声讨中，人们开始意识到，政策分析应该在政治背景中进行，政治因素应当在政策问题建构过程中得到充分的重视。如果说政策分析表现出了知识对政治的胜利，那么，一旦认识到政治是必须贯穿于整个政策过程中的时候，也就应从根本上扭转政策分析的方向。

早在20世纪30年代，梅里亚姆就呼吁对社会科学中的科学方法与人文目的给予双重关注。梅里亚姆是“大萧条”和“战争时期”的一位著名的社会科学家，在他的领导之下，成立了国家资源计划委员会(NRPB)这一计划顾问机构，致力于寻求对自然资源和人文资源的有效利用。梅里亚姆要求NRPB承担起一项使命，那就是建立国家利用自然资源和人文资源的长期政策基础。虽然从现实表现来看，NRPB并未能像梅里亚姆所设想的那样发挥作用，但NRPB的努力还是取得了创立一门跨学科的政策科学的成果，使关于政策的研究不再仅仅满足于经济分析、农业计划或其他专业化的单一视角。对于这样一门跨学科的政策科学而言，认为“在计划中充分利用科学和民主是可能的，政策科学的目的应当是：为了扩展国家生产，为了正义，为了国家收益的公平分配，为了更高的生活水平，为了自由，为了实现人的尊严，为了人的权利，从而参与到它自身所推动的文明中”①。梅里亚姆对政策中科学与民主的结合抱着非常乐观的态度，在他的影响下，学者们也一度转向了以人文关怀来看待政策分析。

拉斯韦尔是梅里亚姆在芝加哥大学的学生。一些后来的批评家们认

① 转引自G. David Garson, From Policy Science to Policy Analysis: A Quarter Century of Progress?, *Policy Studies Journal*, Vol.9, No.4, 1980。

为拉斯韦尔是一位实证主义者和技术管理工程师，其实并非如此。拉斯韦尔对政治思想的传统文献是非常关注的，他非常强调政策科学发展的背景导向，认为政策科学应该关注“社会中人的基本问题”。应当说，在他的全部学术活动中都可以看到其老师梅里亚姆的影响。事实上，在20世纪50年代政策科学创立之初，拉斯韦尔就倡导政策的民主化，并认为民主的行动是关于政策最终目标的偏好，是一个“没有客观性的地方”。但在政策科学产生后的40年中，正如彼得·德雷泽克(Peter Dryzek)所指出的那样，在拉斯韦尔所界定广泛的政策科学的特征中，只有“技术专家治国”的部分被保留了下来，从而使政策分析成了完全否定任何“非客观性”的地方。

我们知道，工业社会的主客观二分的认识论原则贯穿到了人文社会科学全部叙事之中，在政策分析中，人们也是依靠量化的方法去揭示客观现实问题的，而且认为只有掌握了专业知识和量化方法的分析者才能做到这一点，从而塑造了专家的权威地位。欧内斯特·希尔加德与丹尼尔·勒纳(E.R.Hilgard and D.Lerner)这样描述了他们所看到的情形，即科学家、技术专家与政策科学家三种截然不同的角色同时出现在一个人身上。①这意味着政策科学家与自然科学家已经没有区别了，都能够等同于技术专家。“政策制定与政策分析中揭示事实和制度的任务已经被政策专家垄断了，这些专家拥有相同的科学知识，并掌握了相似的政策分析技巧。垄断之所以发生，是因为政策知识是通过这样一种方式建构的，即政策专家相信政策问题只能通过科学理论的应用和探讨性的经验方法来理解，而不是通过非专家的参与。”②

显然，政策分析的所谓“能力”是掌握在技术专家手中的，非专业人士首先需要掌握专业知识，然后才能进入政策过程。是否掌握专业知识，成了能否拥有政策问题建构权的标准。这实际上是颠倒了政策问题建构的技术条件与政治环境之间的主次，结果，所反映的也就必然是一种特定的政治关系，那就是专家与公众的隔离。而且，由于任何方法都必然是一种政治行为，因而可以说专家与大众之间的分离并不是政治中立的自然结

①② 转引自Udaya Wagle, The Policy Science of Democracy: the Issue of Methodology and Citizen Participation, *Policy Sciences*, 33, 2000。

果，而是“行政国家”所形塑出来的。这一现象也就意味着拉斯韦尔所担心的“专制的政策科学”出现了。在这种情况下，绝大多数政策分析行动也就自然地以政策科学的名义掩藏暴政，以致民主荡然无存了。所以说，这意味着科学战胜了民主，替代了民主，即便科学需要民主的招牌，也只是表面文章。

从政策科学产生后的政策分析实际情况来看，政策技术专家——经济学家与运筹学家——都具有强烈的实证主义倾向，要求对社会现实与政策问题之间的差距进行测量并加以明确界定，通过成本—收益分析而对理性行动者所遇到的“客观的”经济关系进行预测。然而，对现实问题的测量与界定几乎不需要目标客户的参与，成本—收益分析也不需要来自接受者的贡献，所达成的经济模型可以完全不用考虑目标对象的实际情况及其感受。结果，成本—收益分析成了应用经济学家主导政策过程的护身符。也就是说，“成本—收益分析成了我们追求效率并且限制政治过程中任何一种奇思妙想的方法。”①最为重要的是，经济学的这一传统为专家与公众的分离提供了理由，那就是，既然政策分析方法的运用足以揭示客观存在着的问题，专家就只需对政治家负责而不必去了解公众的意愿。所以，“分析人员现在所处的位置(包括地理空间上的和在官僚体制中的)将他们有效地与他们所标榜要帮助的大众的需求和价值隔绝开来，分析方法有助于建立和维持在统治者与被统治者之间的壕沟。”②正是由于这一原因，政策分析才出现了失误，不断地出现倚重于政策分析的政策建构的失败。

对政策分析的过分倚重必然会导致“专家治国”，反过来，对政策分析的反思则会促使人们去寻求“精英治理”之外的治理途径。这就是民主观念重新进入政策过程的原因。在近代早期，启蒙思想家们高歌民主并致力于建立一个“人民主权”的社会，但社会的发展却走在对科学的路径依赖之中，以致人民拱手把政策问题建构权送给了专家，民主逊位了。相反，一旦人们开始对科学进行反思和对工具理性作出批判，民主信念就呈现出了复苏的迹象。因而，当政策科学领域中开始了对量化的政策分析

①② 转引自 Peter Deleon, The Democratization of the Policy Sciences, *Public Administration Review*, Vol.52, No.2, 1992。

作出反思的时候，新公共行政也恰逢其时地提出了“民主行政”的口号，推动了政策过程的民主转向。不过，这一时期的民主概念被赋予了新的含义，不再是启蒙运动中所追求的那种民主了。

近代以来，人们基本上是从制度上去理解民主的。代议制民主的建构构成了从 18 世纪到 19 世纪的一条主线。随着代议制民主的定型，国家与公民之间也就有了沟通的桥梁。通过这个桥梁，公民通过开展利益表达和缔结联盟等方式获得了影响公共政策的机会。代议制同时也能化解和容纳冲突，使最高公共权威得到广泛的认同。所以，在一个很长的时期内，人们都认为代议制能够成为人民意志得以反映在政策问题建构中的正确途径，也是运行于代议制之中的政策问题建构得以体现民主的保障。但在政策分析兴起的过程中，人们发现，民主政治体制依旧，而政策问题建构过程却与民主无缘，而是被科学排斥到了一个极其隐蔽的角落，科学独自地垄断了政策问题建构。

实际上，代议制民主充当了限制政治争议的角色，所以，在实际的社会治理过程中看不到民主有什么发展，更不用说在政策问题建构中坚守民主了。在代议制民主的运行中，起初作为公民代表的那些“政治动物”被认为可以指导和控制政府，但在政策问题建构实现了科学化和臣服于政策分析后，政治领域中的几乎所有“政治动物”都发生了根本性的角色变化，尽管它们在名义上还拥有对政府的“控制”权，而在实际上则成了为政府服务的公共关系机构，不竭余力地为政府提供辩护和争取合法性。所以，这意味着精英已经完全剥夺了人民手中的权力，代议制中的代表已经与精英结盟并沆瀣一气，政策问题建构乃至整个政策过程都拒绝了民主。这也就是奥菲所说的，“曾被民主理论视为当然的制度性桥梁现在已处于坍塌的过程当中。”①虽然民主制度依然存在，但在社会治理实践中所开展的政策问题建构和运用政策去进行的社会治理活动都被专家所垄断和被精英所控制，因而毫无民主可言。既然在民主制度下出现了反民主的问题，那么，解决这一问题的方案也就无法在制度上再作功课，而是转向了行为层面，即要求在行为层面去发现民主行动的可行方案。结果，公众参与就成了实现民主的突破口。

---

① [德]克劳斯·奥菲:《福利国家的矛盾》，郭忠华等译，吉林人民出版社 2011 年版，第 32 页。

1962年出版的《寂静的春天》一书呼吁公众关注环境问题,希望改变“自然是人们征服与控制的对象”的观念。基于这一观念,提出了公众参与环境保护的路径,希望通过公众参与的方式来处理环境问题。公众参与很快就突破了环境领域而扩展到了各领域的社会治理中,从而显现出了一个明显的社会治理新气象,那就是,公众不再仅仅是被动的受控制的对象,而是积极参与到政策问题建构中来了。事实上,在诸如城市复兴计划以及高速公路建设等项目中,公众都有效地参与了进来。比如,美国1964年颁布的“经济机会法”(Economic Opportunity Act)中提出了社区建设行动计划,其中就包含了“最大化可行性参与”条款,要求在决策过程中将作为服务对象的团体成员包括在内。社区行动计划明确规定,项目的董事会成员中三分之一应该是穷人的代表。这就是美国60年代出现的一波“公民权运动”,但其持续的时间非常短暂。也就是说,出现了反复。

这种反复可以在另一个例子中看到,那就是,随着1966年“示范城市法”(Demonstrations Cities and Metropolitan Development Act)的颁布,政策过程的控制权被交给了地方政府。虽然“示范城市法”中仍然包含“广泛公众参与”的内容,实际上,由于地方政府的权威被提到了一个很高的位置,致使公众参与再度受到压制。同样,在1974年颁布的“住房与社区发展法”(Housing and Community Development Act)中,关于公众参与的表述变成了“公众参与的适当机会”,基本上可以说是取缔了公众参与。在许多国家,要求中央政府向地方政府分权是基于民主的逻辑而提出的,但美国“城市示范法”的后果则表明,它也有可能走向反民主的方向。这是因为,当地方政府拥有了更多的权力后,它就变得有能力压制公民自由参与政治生活的行动,也必然会有这样的冲动。

总体看来,20世纪60年代的公民权运动是很有声势的,政治学、社会学等领域中经常提到的“新社会运动”一般都是指这一时期的公众参与运动,不仅环境保护主义、女权主义等运动产生于这一时期,而且在几乎所有的社会生活领域中都出现了频繁的和广泛的抗议浪潮,并对政策问题建构产生了很大的影响。其具体表现就是,在“环境保护”、“城市复兴”、“青少年犯罪”、“反贫困”、“邻里卫生中心”等政策产出过程中,都可以看到公众参与的身影。事实上,经历了60年代的公众参与运动,关于民主的理论导向也发生了变化。此前,美国一直倡导通过代议制的形式实现民主,甚至将民主直接等同于代议制民主,将其界定为一种理性、高效且稳定的民主实现方式。在这一语境下,公民的直接参与往往被描述为“人民的暴政”。这是因为,在美国立国之际,汉密尔顿等人就非常明确的指出,对于国家治理而言,公民直接参与并非必须,相反,公民直接参与可能带来人民的暴政,因而,应对之加以防范。制定宪法本身的基本用意就在于通过完善的制度设计去努力减少直接的公众参与,并尽可能依赖受过教育的以及有财产的精英去进行社会治理。60 年代的公众参与运动则表明,虽然代议制的观念仍然根深蒂固,但公众参与则可以成为代议制民主的补充。这就使民主的内涵发生了变化,也使得学术界开始思考代议制所代表的间接民主的合理性问题,并出现了关于间接民主与直接民主的争论。

约瑟夫·A.熊彼特和达尔代表了间接民主派,而詹姆斯·费希金等人则对代议制民主作出了激烈的批评。我们看到,熊彼特相信代议制能够运作得很好,达尔明确表示了对公民直接参与的不信任,而费希金等人则将代议制视为对民主的威胁,激烈地批评达尔试图重建代议制的所谓“多元主义”方案。发生在政治学领域中的关于民主实现方式的争议对公共政策的研究产生了巨大影响,而且,60 年代实践中的公众参与运动到了 70 年代也已经转化为公共政策研究的理论切入点。斯通是一位正式地将民主价值引入到政策过程中来的学者。斯通在《政策悖论》一书中明确地提出了这样的主张:政策话语中并不存在惟一的真理,理性的政策分析充满了逻辑悖论,政策内在地就是政治的,因而经常表现为一种自相矛盾的悖论。与理性的追求相反,政策问题建构应作出政治考量,“我们用来设定政策目标、界定政策问题和判定解决方案的每一个分析标准都是具有政治意义的构造”。①分析本身就是政治的产物,理性分析必须在政治情境中进行,即从政治的角度出发对政策问题进行界定。斯通的观点在某种意义上标志着政策科学发展的一种转向。之前理性的政策分析所强调的是科学性,政治则处在一个遥远的位置上,而斯通则要求将科学的分析置于政治背景之下,将政治作为政策分析必须考虑的因素来看待。

---

① [美]德博拉·斯通:《政策悖论——政治决策中的艺术》(修订版),顾建光译,中国人民大学出版社 2006 年版,前言第 16 页。

换句话说，理性的内涵发生了变化，过去的政策科学仅仅奠基于科学理性的基础上，而现在，斯通所要追求的则是包括政治实践理性在内的更为广泛的理性。

正是斯通的《政策悖论》一书的出版，使沃尔多、达尔以及林德布洛姆对政策分析所作的批评转变成了积极的政治考量，使政策问题建构从对假设的提出与验证的套路转向了更能反映实际的政治过程。其实，自从政策科学产生以来，在政策问题建构的议题中一直存在着是否应该考虑价值问题的争议。只不过基于科学理性的政策分析在实证主义的语境中把政策问题建构形塑成了纯粹的技术问题，从而排斥了价值考量，也脱离了政治现实。在经历过对实证主义政策分析的反思后，在要求政策问题建构充分考量政治背景以及价值因素的方面才基本上达成了共识。

到了20世纪90年代，关于技术理性与政治考量方面的争议基本结束了。继尔，所讨论的问题就是如何去把价值的因素落实到政策问题建构之中去。对这一问题的讨论，标志着政策分析从实证主义向后实证主义的转变，在政策问题建构中的实际表现就是不再倚重于专家，而是更多地求助于公众参与。这也就是南希·罗伯茨所看到的，“出于对政府规模扩大，专家权力，技术效果的质疑，各种派别的活动家都想要在影响他们的决策中拥有更为直接的控制和更多的权力。至今为止，他们的声音以及需求还未显示出衰败的迹象。”①如果说实证主义的政策分析造就了技术官僚和“专家治国”的精英治理方式，那么，政策分析的后实证主义则指向了一种参与的观念。所以，“政策科学的民主化”逐渐成为一个得到人们广泛接受的口号，而致力于“政策过程科学化”的努力则被置于从属地位上了。

三、走向政策问题建构的合作模式

实证主义的政策分析一直致力于方法论的优化，这一语境中的政策分析家们相信，只要拥有更为严谨的方法就能获得更为精确的结果，就能够真实地反映出现实存在着的政策问题。然而，后实证主义则要求超越对方法论的关注，认为政策问题不是通过科学理论和实验操作能够把握的，而是由广泛的讨论和主观价值驱动的，是在一定的政治情境中通过对

---

① Nancy Roberts, Public Deliberation in an Age of Direct Citizen Participation, *American Review of Public Administration*, Vol.34, No.4, 2004.

意义的分析来完成的。可以认为，政策科学从实证主义向后实证主义的转变可以理解成政策分析从纯粹的技术过程向政治过程的转变。后实证主义认为单纯的技术性操作无法真实地反映社会问题，无法保证政策问题与社会问题相一致，专家们可以通过数据以及数学模型去实现政策问题建构，但公众可能并不认同，甚至会认为那并不是与他们密切相关的问题，并不是需要通过政策去加以解决的问题。所以，离开了公众的参与，专家们是不可能了解到公众希望生产出什么样的政策去解决什么样的问题的。

当然，并不能说后实证主义是反科学理性的，不仅如此，后实证主义也是希望得到更多的技术支撑的，只不过它所要求的是让基于科学理性的政策分析从属于政治过程，从而提升辩论层次，即更为重视话语的力量，希望在辩论中获得更多所需要的信息，而不是脱离公众进行纯技术性的闭门造车。"如果实证主义使得分析人员远离人类世界并将其转变为一个中立的观察者，那么后实证主义则使得分析者作为一个积极的参与者而重返这个世界。"[①]基于后实证主义的判断，专家不是超脱于社会问题之外的观察者，而是应当同公民一样置身于一定情境之中，是与公众一样的参与者和观察者。所以，在政策问题建构过程中并不存在真理的掌控者，技术专家也应像公众一样参与到政策问题建构过程中来。如果技术专家以其一家之言而去压制穷人、妇女、少数民族等群体的表达，如果技术专家忽视了任何一个群体的利益诉求，其政策问题建构权就应受到质疑。

总之，技术专家的作用就在于担当政策问题建构权重新分配的角色，即改变或弥补代议制民主在政策问题建构权分配方面的不平等、不均衡，以便那些没有发言权和没有被代表的公众也能够获得表达意见的机会。但是，在政策科学转而重视公众参与的同时，也一直存在着对公众直接参与的担忧，表达质疑意见的观点主要反映在以下几个方面：

第一，认为以公众参与形式出现的直接民主是建立在错误观念的基础上的，因为在现实中存在着"人们或者是太热情而自私或者是太消极而冷漠"[②]的问题。一般说来，普通人并不是理性的，是不可能愿意自觉而

---

① G.David Garson, From Policy Science to Policy Analysis: A Quarter Century of Progress? *Policy Studies Journal*, Vol.9, No.4, 1980.

② Camilla Stivers, The Public Agency as Polis: Active Citizenship in the Administrative State, *Administration & Society*, Vol.22, No.1, 1990.

理性地参与政策问题建构的，他们无法使杰弗逊理想中的那种深思熟虑的民主付诸实现。事实上，普通人既不理解也不愿意遵守民主原则，因而不适宜于直接参与。

第二，认为以公众参与形式出现的直接民主是没有效率的。从民主运作的规模来看，我们生活在一个庞大而复杂且官僚化的社会中，政府无法实现与公众的面对面对话和交流，而且，公众参与也由于成本太高而不太现实，要使每个人都能够参与进来，在行动上会因为太过繁琐而不可能。

第三，认为以公众参与形式出现的直接民主表现出的只是一种政治上的天真。社会治理只能依靠一群消息灵通的、有知识的精英，只能保证极小的一小部分人拥有参与的积极性，也只能允许一小部分人直接参与到政治活动中来。从现实来看，公众参与其实也只是参与到组织中来，而一切组织都会在其内部产生层级控制。一旦公众参与通过组织进行，这种参与就会受到精英的控制，因而，依然是精英掌控了政策过程。

第四，认为公众参与行为（而不是制度）的民主模式是不现实的。因为，政治民主活动也需要相关的技巧、资源、金钱以及时间，而这些因素都是绝大多数人所无法具备的，普通人不可能为了参与而放弃自己的职业或休闲时间，也不可能为了参与而去接受专门的学习和训练，更不可能为了参与而去到处弄钱或寻找资源。所以，公众根本没有能力去参与政治活动，不可能在具体的政策问题建构过程中发挥作用。

第五，认为以公众参与形式出现的直接民主还可能是具有破坏性的。过多的公众参与会使既存的政治纷争变得更加剧烈，以至于阻碍政治系统的正常运转。显然，高层次的动员会导致政治系统的不均衡，而这会破坏社会的稳定。卡米拉·斯蒂弗斯认为，“在西方政治思想中一直以来的共识是，治理中的公众实质性参与是无法运作的，不论它看上去是多么诱人。”①

第六，认为以公众参与形式出现的直接民主还有可能走向自己的反面，那就是包含着反民主的危险。因为，当公众参与使政治变得混乱和无

① Camilla Stivers, The Public Agency as Polis: Active Citizenship in the Administrative State, *Administration & Society*, Vol.22, No.1, 1990.

序时,就会导致极权,20 世纪许多国家民主实践的经验都证明了直接民主导致极权政府出现的逻辑。

上述反对直接民主的观点都不仅是建立在逻辑推理上的,而且也能够得到大量现实事件的支持,即使在美国,参与失控以致反民主的后果出现也得到了大量案例的证明。所以,学者们对这一问题的担忧是完全可以理解的。特别是当我们不是泛泛地谈论民主问题,而是涉入到对政策问题建构过程的考察中去时,就会发现,政策问题建构过程中的公众参与会遇到诸多挑战。不仅因为现代国家的规模太大而无法实现与公众的面对面交流,而且社会的中心—边缘结构也决定了总有一些人或群体的表达权无法实现,总会被排斥在政策问题建构过程之外,无法对政策过程施加影响。而且,许多政策问题有着直接受影响和间接受影响的人或群体,谁的意见在政策问题建构中所占的权重应更大一些?也是一个难于判断的问题。也就是说,就政策问题而言,总是对特定社会问题的反映,并不是与所有人的利益都直接相关的,必然会有许多人因为政策问题与自己的利益关联度不高而抱持冷漠态度,甚至会拒绝参与。即使政策问题与某些人或某些群体的利益直接相关,也会因为需要复杂的技术而产生了过高的技术门槛,从而使缺乏专业知识和技术的人们无法参与到政策问题建构过程中来。

现实情况是,20 世纪 80 年代开始,社会表现出了高度复杂性和高度不确定性的特征。但是,在这一条件下,人们依然象以往那样关注直接与自身切身利益相关的事,并不知道一项表面看来与自己无关的事项对自己的潜在影响,不愿意参与政策问题建构过程。然而,一旦当他意识到事件的发展已经危及到自身的切身利益并希望参与到政策问题建构中来时,可能时机已经错过。社会运行速度一直处在持续加速的过程中,当我们进入这样一个变动性很大的社会中时,从社会问题向政策问题转化的过程必须被压缩在一个极短的时间内,而公众参与又必然会影响效率,从而延宕政策问题建构的时间。我们还看到,所谓公众参与实际上只是市民或作为社会成员的参与,他们每一个人都不必然代表公共利益,也不关注公共利益。如果他们在政策问题建构过程中有着很高的参与度,反而会威胁到几乎所有为了公共利益的理性协商。正是由于这个原因,公众参与的现实才是“每个人都在抱怨,但似乎没有人在倾听看起来很好的理由。指责声成了今天主要的指令，而真正解决问题的主张却似乎没有什么人去关注”①。所以，在政策问题建构上，陷入了科学理性与公众参与的悖论之中。即使同时追求二者，也无路可行。

显然，在政策科学发展中出现的这两条政策问题建构道路都有着充分的理由，又都存在着问题。每一条政策问题建构的路径都经不起严肃的检验，事实上，也都受到了质疑。之所以公众参与并没有成为医治实证主义政策问题建构的有效药方，并不仅仅是因为公众在参与能力上存在着不足，也不是因为参与的方式、方法不当，而是因为社会的中心—边缘结构决定了公众参与无法达成在理论预设中所想象的目标。因为，专家以及社会治理者在社会的中心—边缘结构中处在中心，而公众则处在边缘。在政策问题建构过程中，边缘性的话语是不可能发挥决定性影响的。虽然在后实证主义转向中提出了包括“诠释性政策分析”（Interpretative Policy Analysis）、“审议性政策分析”（deliberative policy analysis）、“价值批判性政策分析”（value-critical policy analysis）以及“参与式政策分析”（participatory policy analysis）等概念所代表的建设性意见，它们也确实推动了政策过程的开放性和公开化，但公众在精英主导的政策过程中仅仅发挥着批判和质疑的作用，在建设性方案的提出方面毫无积极表现。由于公众在参与中的作用仅限于此，作为社会治理精英的专家和政府官员只要表现出某些妥协的姿态或作出一些说明，公众也就能够得到安抚，并会感到接受了教育，甚至会为自己原先所表现出来的那种自私而心生懊悔。即便公众依然坚持自己的利益要求应当得到尊重，但在专家提供的科学方案面前，在政府及其官员可以调动的各种资源面前，也总显得底气不足，甚至不得不选择退缩。

德利翁、邓恩以及马丁·雷恩等人属于政策科学领域中的民主派，他们是一批较为积极鼓吹政策问题建构过程民主化的学者。但是，在他们提出了“参与式政策分析”的概念和主张时，却认为“民主的政策分析应该追求更有效的政策，因为它是在考虑了接受者的价值和需求层级（也就是直接受到项目影响的人）的基础上完成的，这不同于那种完全排除了分析

---

① Peter Deleon, The Democratization of the Policy Sciences, *Public Administration Review*, Vol.52, No.2, 1992.

人员和政策制定者的情况"①。从这一论述中可以看出，所谓"参与式政策分析"并不是要把公众接纳为政策问题建构的主体，而是要求分析人员和政策制定者更多地考虑公众的需求。也就是说，在政策问题建构过程中，政策分析人员和政策制定者依然发挥着主导作用，只需要拥有公众参与的理念足矣，至于现实的政策过程是否必然要接受公众参与，则是一个需要依情况而定的问题。所以，他们所说的公众参与并不意味着公众在所有的政策问题建构过程中都要参与到其中来并发挥实际作用。

上述可见，德利翁等人关于政策问题建构民主化的主张只是一种对专家垄断政策过程的批评性意见，所反对的是实证主义的只重科学理性而不考虑价值的政策分析做法。如果说他们提出了什么建设性的政策分析意见的话，也只是满足于建议政策分析人员通过各种方式征求公众对政策问题的看法和尽可能地将公众的意见反映到政策分析之中。尽管如此，与单纯建立在科学理性基础上的政策分析相比，德利翁等人的主张显然包含了一定的民主精神。不过，若将此视作政策问题建构的民主化，那显然是夸大之言，或者说是民主大大缩水了的状态。当然，我们也不能因此而批评"参与式政策分析"的主张，因为他们的学术活动同样是发生在社会的中心—边缘结构之中的，他们必须从这一现实出发去思考政策问题建构的可行方案。所以，他们只能在形式民主的意义上要求处于中心的专家更多地响应来自边缘的利益诉求。但是，政策问题建构权仍然掌握在技术专家手中的事实却无法改变，公众参与无非是配合专家将一场形式上的民主表演的更为圆满而已。

总之，公众参与运动并没有改变专家在政策问题建构中占据主导地位的事实，专家所拥有的政策问题建构权从来都没有被撼动过，更谈不上与公众之间有任何实质性意义的平等对话。在这样一个拥有中心—边缘结构的不平等的社会中，任何领域以及任何方面的民主追求都只能达成形式民主。如果对实质民主有所期望的话，那就只能在既有的社会中心—边缘结构被打破后才能实现。就社会的发展总是呈现出向某个方向递进的光谱而言，我们应当承认，20 世纪后期以来的公众参与运动的确

---

① Peter Deleon, The Democratization of the Policy Sciences, *Public Administration Review*, Vol.52, No.2, 1992.

推动了政策问题建构的民主化，对于政策分析走出实证主义单纯重视科学理性的做法来说，是一项积极进展。

20世纪后期，民主理论出现了新的思想建树，出现了协商民主理论。在这一以政治哲学面目出现的新思想的推动下，虽然普遍协商是不可能的，但退而求其次的参与式民主在进入新世纪后还是被炒得沸沸扬扬，似乎表明一个真正民主的时代即将到来。其实不然。在既有的社会中心—边缘结构中，任何参与行为都可能沦为受控制和被操纵的游戏，都是不可能产生实质性影响的，所生成的民主至多也只能是空有民主的形式而不具有民主的实质。虽然人们把既有的社会基本制度称作为民主制度，虽然政治生活的实践以及社会治理的过程也时常被用民主的标准来加以衡量，但是，既有的社会中心—边缘结构则是制度化的，是由制度来保障的。正是这个被称作为民主的制度，限制了参与的影响和削弱了参与的价值，构成了公众参与无法突破的瓶颈。

不过，当我们在后工业化进程中来重新思考民主和认识政策问题建构时，就会发现，面对高度复杂性和高度不确定性的社会问题而开展行动时，制度的因素可能需要得到较少的考虑。或者说，并不是一切行动都建立在制度的基础上并合乎制度的规范，更多的时候，人们是针对具体的问题而采取具体的解决方案。可以设想，对于高度复杂性和高度不确定性条件下的行动而言，面对具体问题的共识和共享理念要高于制度，人们往往是基于这些共识和共享理念而不是制度来开展行动。虽然这在某种意义上会削弱既有民主制度的功能，却能够促使人们转而更多地关注行动意义上的而不是制度意义上的民主，结果，政策问题建构也将被落实到民主的行动中来而实现实质意义上的民主。对于这种具有实质意义的民主的实现来说，参与民主作为一种过渡形式还是具有积极意义的。

如果说公众参与运动已经把人们的视线引向了行动的方面，可以认为，它预示着一种走向实质民主的未来。因为公众参与的直接意义就在于造就出各种各样的公众自组织，这些组织除了开展自治之外，还会要求参与到社会治理过程中来。一旦政府、专家与公众在参与运动的持续展开中都以政策过程中的行动者的面目出现，那就意味着政府不再是唯一的政策问题建构者，也不再依赖于专家的纯技术性政策分析去开展政策问题建构，而是所有行动者都采取合作的形式去致力于政策问题建构。

这个时候，政府、专家和公众都是行动者，在共同行动中开展合作。而合作就是民主的一种新形态，属于实质民主的范畴。

事实上，人类社会已经呈现出高度复杂性和高度不确定性，这种高度复杂性和高度不确定性条件下的社会问题已经无法单纯运用科学理性去作出准确的把握，政策问题建构唯有在政府、专家与公众的合作行动中进行。从20世纪后期以来的社会发展现实看，正是在公众参与运动持续展开的过程中，非政府组织以及各种各样的社会自治力量成长了起来。由于它们深深地扎根于社会之中，对社会问题有着直接的感知，从而在政策问题建构中显示出了比技术专家更强的优势。所以，一个政策问题建构的合作局面正在生成，政府、专家和公众共同构成了政策问题合作建构的主体。

当然，政策问题建构过程中的合作行动并不意味着对技术专家作用的否定，相反，技术专家也是参与者和行动者。即使技术专家在20世纪通过政策分析而进行政策问题建构时带来了诸多政策失败，但他们通过科学研究而提供了专门的语言，并通过他们的职业活动而对政策问题进行了包装，或者为哪些政策问题值得进入决策议程提供了资料证明，从而在整个政策议程的设定中发挥了作用。所有这些，都是非常积极的。在公众参与运动中，技术专家已经被警告道，“既然普通公众是公共政策最后的接纳者，那么公共政策应该作出调适以适应普通公众。如果不理解具体目标群体的价值观、需求以及利益所在，制定出来的政策就是不可能适合于目标群体的。”①这一要求在政策问题建构的合作行动中将会得到技术专家的普遍接受，并成为技术专家开展政策分析时所拥有的基本观念。

技术专家的角色是可以实现根本性转变的，即从之前的指导者和垄断者转变为合作行动的促进者。那样的话，在政策问题的合作建构中，技术专家将不再像在20世纪那样通过其政策分析去终结政治讨论，也不再会以理性代言人的姿态出现，而是将在公众审视自己利益的过程中提供技术性的帮助，甚至更多地帮助公众表达利益诉求，协调公众在公共利益

① Udaya Wagle, The Policy Science of Democracy: The Issue of Methodology and Citizen Participation, *Policy Sciences*, 33, 2000.

与个人利益之间的认识以避免偏颇。此时的技术专家将是政策问题建构知识的“提供者”,“在这种规划中,参与性政策分析家扮演的角色是理论知识和不断竞争的规范论点之间的阐释性调停员。政策分析家们努力调和政策执行者与社会科学分析框架之间的对抗。”①这将是公众与技术专家开展平等对话的状态,而且公众与技术专家都能够在平等对话中修正各自的观点和共同开展政策问题建构活动。

其实,技术专家本来就是“有专长的公民”,之所以在20世纪因为其“专长”而与公众之间产生了巨大距离,那是因为社会的中心—边缘结构把他们安置在了不同的位置上。一旦技术专家回归到公众的队伍中来,不仅意味着社会的中心—边缘结构开始松动,而且这种转变本身就是逐渐消解社会中心—边缘结构的过程。托马斯·伯杰(Mr.Justice Thomas Berger)描述了加拿大联邦政府所做的“麦肯齐谷管道质询”(Mackenzie Valley Pipeline Inquiry)的政策过程,认为这一政策过程中体现了政策问题建构中的合作行动。根据伯杰的描述,在质询的过程中,政策分析是被置于价值判断的框架之内的,政策评估首先是被作为一个政治过程对待的。在作出了这一描述后,伯杰所得出的结论是,“如果你想得到正确的评估结果,你就必须权衡所有的因素,一些是有形的,一些是无形的。但是最后,无论有多少专家参与其中,无论有多少页计算机打印件,将不可避免地需要用人的判断来面对主要的问题。事实上,当主要的问题横跨一系列领域,扫遍社会科学各学科,唯一抓住它并加以解决的方法就是对人的判断的运用。”②

当技术专家开展政策分析时,他首先是人而不是专家,只有当技术专家拥有了人的判断,他作为技术专家的政策分析才是有价值的。所以,技术专家的政策分析与公众参与到政策过程中来并不是相互排斥的,反而应是相互支持的,应在政策问题建构过程中开展合作行动。更为重要的是,技术专家基本上都拥有相同的知识背景和使用着相同的方法,是一个同质性很强的群体,而公众则是多元化的。在政策问题建构过程中,技术

① [美]弗兰克·费希尔:《公共政策评估》,吴爱明、李平等译,中国人民大学出版社2003年版,第232页。

② Douglas Torgerson, Between Knowledge and Politics: Three Faces of Policy Analysis, *Policy Sciences*, Vol.19, 1986.

专家恰恰需要将其政策分析建立在公众的广泛参与的基础上，才能够提升政策分析的科学性。

工业社会的发展是利益分化持续展开的过程，多样化的利益关系以及差异巨大的利益诉求决定了技术专家不可能在纯粹的技术性政策分析中使社会问题得到准确的描述。在缺乏价值判断的情况下，如果技术专家专注于技术分析，表面看来是客观的、理性的和价值中立的，而在实际上，恰恰是悄悄地反映了某个特定群体的利益诉求，一般说来，是反映了某个少数但强势利益群体的利益诉求。久而久之，形成了伯杰所描述的这种状况："我们对工业社会中雇员利益所持有的信仰与当地居民对其怀有的恐惧之间存在鸿沟，原因是北方的本地居民是印第安人、因纽特人或者梅蒂斯人的口音，他们与现代工业社会的价值观和组织方式完全不同。"①

可见，在这样一个利益高度分化的社会背景中，当对政策问题建构进行"询价"时，必须充分认识到利益主体的差异。只有这样，政策问题建构才能够不仅仅关注某个或某些强势利益群体的"自由表达"，而是应当在各种各样的利益诉求中进行澄清和加以确认。这一点恰好是纯粹的技术性政策分析所无法做到的。所以，需要通过居民之间、居民与政府之间、居民与专家之间的对话与协商去发现社会问题的真实所在，并在此基础上进行政策问题建构。伯杰的研究发现，"麦肯齐谷管道质询"的整个过程中"没有学术论文或讨论，是由当地政府组织或领导，当地居民进行观点陈述，当地居民所持有的不同目标和愿望得到了充分展示，形成了一幅令人印象深刻的生动画面。正因为如此，发现了过去的错误与未来的期望是如此差距巨大，也在此过程中坚定了当地居民对未来的集体认同"②。从这个案例中可以看出，政府所制定的发展目标不应成为当地必须接受的权威计划，当地民众的自我决定非常重要。当然，上级政府所设计的发展规划并不必然会被拒绝，但是，更多的时候是被当地民众的集体选择所取代，政府的观点只有被当地民众所接纳并转变为地方自己的决策时，才能真正发挥作用。

①② Douglas Torgerson, Between Knowledge and Politics: Three Faces of Policy Analysis, *Policy Sciences*, Vol.19, 1986.

伯杰所描述的质询过程实际上是一幅技术专家、官僚与公众合作开展政策问题建构的图景。其中，既不是官僚的决断也不是由技术专家所提供的数据说话，政策问题建构建立在了公众充分参与的基础上，是通过来自各方的行动者在政策问题建构中的对话获取了真实的政策观念。这无异于是对社会中心—边缘结构的一次突破性试验，所反映的是一次政策问题合作建构的实践经历。所以，伯杰对这一政策问题建构行动给予了高度评价，认为它"是在将本地居民作为重要力量出现与重要制度创新相结合的政治转型的'助产士'"①。在这一过程中，"无论政策专家是否放弃启蒙的功能，但他们的工作却在政策分析中系统地整合了规范与价值，更重要的是对普通民众的价值进行了发掘，规范、利益与偏好都在各方那里得到了透彻的理解。"②所以，政策问题不应是在数据整理和逻辑推理中生产出来的，也不应是官僚主观愿望(无论是多么良好的愿望)的体现，而是在公众、技术专家与官僚的合作行动中建构起来的。这种合作正是民主精神的体现，或者说，它使民主不仅停留在制度上，不是按照制度模式所设定的路线进行，而是体现在具体的行动之中。所以，它有可能成为民主的一种新形态——实质民主。

① Douglas Torgerson, Between Knowledge and Politics: Three Faces of Policy Analysis, *Policy Sciences*, Vol.19, 1986.

② Udaya Wagle, The Policy Science of Democracy: The Issue of Methodology and Citizen Participation, *Policy Sciences*, 33, 2000.

第六章　社会多元化条件下的政策问题建构

第一节　从寻求共识到承认差异

民主从属于对共识的追求，谋求共识而又依赖共识。政策问题建构其实就是一个形成共识的过程，即形成关于社会问题的一致意见，从而确认需要通过政策手段来加以解决的社会问题。直到19世纪后期，政策问题建构都基本上是一项政治活动，一直是在民主的途径中去达成共识。进入20世纪后，随着政治与行政的分化，由行政部门做出的政策问题建构基本上是在科学的路径中进行的。科学本身就意味着共识，而且是具有霸权属性的共识。随着社会发展走进了高度差异化的阶段，无论是民主还是科学，在政策问题建构中所制造出来的“共识”都经常性地导致了政策问题误植的问题，从而说明以共识追求为宗旨的政策问题建构本身已经成了一个问题。所以，在新的历史条件下，应当把政策问题建构的关注点转移到参与者的行动上来，应当在承认和尊重参与者之间差异的基础上通过合作行动来完成政策问题建构。

一、政策问题建构中的共识追求

20世纪60年代，激进的青年人走上了街头，最初是反对美国的种族隔离与越南战争，不久之后，开始转向对现代性的一些基本特征的质疑。这些质疑是在三个层面上展开的：在第一个层面上是直接针对“性压抑”、“男权主义”、“异性恋”的质疑；在第二个层面上是对“物质主义”、“社团文化”和“成就伦理”的质疑；在第三个层面上是对“顾客至上主义”、“官僚主义”与“社会控制”的质疑。正是在这些质疑中，人们发现西方世界中普遍存在着对妇女、少数族裔、同性恋者的排斥，他(她)们不仅被作为社会的边缘人群和弱势群体而承受着“社会排斥”，而且首先是在现代国家的政策过程中遭受了极度的冷漠、忽视和排斥。

应当说，“妇女”、“少数族裔”、“同性恋者”等概念以及基于这些概念而作出的人群区分本身，就是对差异的承认，但这种承认显然是一种错误承认。因为，这些自然的或传统的差异并不是近代以来人们之间的本质性差异，也不应成为人的社会地位的决定性因素，更不应成为社会公平和正义等能否得到实现的决定性因素。如果只看到这些差异的话，就会掩盖人们之间那些具有实质性意义的差异。由此看来，对这些自然的、表面的、非实质性差异的承认恰恰是一种错误承认。这种错误承认直接导致人的不平等。即便人们感受到了这种不平等，却也无法明了是由于什么原因造成了这种不平等。

其实，在近代以来的社会中，差异与普遍性是一对基本矛盾。整个社会构图中所包含的一条基本线索就是，首先存在着个体的人之间的差异；然后，理论认识从差异中抽象出了普遍性；再后，基于人的普遍性去开展社会建构和社会治理。所以，差异与普遍性的矛盾是存在于民主制度中的，是通过民主过程而将个体间的差异转化成了普遍性的共同利益及其要求。从逻辑上看，“普遍性”是个哲学概念，在民主发展的进程中，出于操作的需要而逐渐将“普遍性”转化成了共识的概念，以至于民主成了谋求共识的行动。所以，我们看到，在基于民主的理念而开展的政策问题建构过程中，在基于民主的理念而开展的各种各样的行动中，都直接地表现出了一种对共识的追求。

具体地说，在一项社会问题转化为政策问题时往往是以共识的形式出现的。这样一来，政策问题建构实际上成了抹平差异或消除差异的过程，在操作上转化成了“为了共识而共识”的活动，以至于每一项政策问题建构都是通过掩盖差异而去达成共识的。然而，差异并不会因此而被消除，反而会在政策的实施中表现出进一步扩大化的迹象，在政策发挥普遍性规范功能时，却演化成了对边缘人群和弱势群体的政策性排斥。正是在这种情况下，要求政策问题建构承认差异、尊重差异显得越来越重要。可以认为，只有当政策问题建构建立在对差异的承认和尊重的前提下的时候，才能够真正包容各种各样的边缘人群和弱势群体，才能够在政策问题建构中充分地吸纳他们的积极参与，才能够营造出政策问题建构过程中的民主与合作局面。

如果为差异寻找一个历史起点的话，就会看到，在工业化、城市化进程中，生成了人的自我意识；有了自我意识，也就把人转化成了社会性的个体；有了个体，社会也就开始了差异化的进程。自此之后，人与人之间的差异也就稳定地朝着不断扩大的方向前进。但是，差异化的个体又必然有着实现普遍利益的需求，而且也需要在普遍性的秩序之中去开展交往活动。可以说，近代以来的社会就是差异与普遍性的统一体，而且，能够使差异与普遍性相统一的基本实践途径就是民主。民主活动是差异性个体的一切交往活动中最具有基础性的交往活动，至于经济上的以及其他社会生活意义上的交往活动，都需要得到民主的支持和保障，都是在民主制度的框架下展开和通过民主的途径进行的。因此，也会包含着民主的意识和文化。

民主首先是近代以来人们所拥有的基本的交往方式，然后被结构化为政治生活和社会治理之中的一项基本制度，再后来才成为一种文化，使一切具有社会性的、公共性的活动都向往着或努力去运用民主的原则和方式处理所面对的问题。也正是在这一语境中，民主成为人们进行政策问题建构最为理想的途径。在政策问题建构中，民主的原则、观念以及文化最典型的反映就是共识追求，是通过共识的达成而将一项社会问题转化为政策问题的，而且，政策问题本身也就是人们关于社会问题的共识。如果说在权治的条件下政策只是权力的外衣和得以实现的途径，那么，民主的治理不仅把政策作为工具，而且也作为其实践形态。或者说，政策就是民主用来诠释自己的语言，政策在社会治理中的表现反映了民主的形象，甚至可以说是民主的真实状况。

虽然政治学是在晚近才引入了“共识”的概念，但在民主理论兴起时，也就已经开始把对共识的追求作为民主的基本内容对待了。在启蒙思想家中，卢梭是较早认识到并揭示了民主与共识之间关系的人。当然，卢梭并没有直接使用“共识”的概念，但他所使用的“公意”概念在一定程度上就是我们今天所说的共识。在卢梭看来，社会中的每一件事情都是基于共同的目标而完成的，这种共同的目标就是公意。就如沃特金斯在评价卢梭时所说的，“他的整个政治理论框架，都建立在公意的概念上，认为公意乃是唯一可以接受的社会生活基础。”①同时，卢梭也看到了公意是以人的差异为前提的，所以，他也使用了另一个可以包含差异的概念，那就是“众意”，即认为众意是差异之和。从利益的角度看，公意是对公共利益的关注；众意则是对私人利益的关注，所体现的是个别意志。与包含着差异的众意不同，“除掉这些个别意志间正负相抵消的部分而外，则剩下的总和仍然是公意。”②

尽管卢梭在“公意”与“众意”之间作出了区分，但是，由于他过于强调个体权利的不可转让以及不可分割，以至于通过民主的途径获得的公意在他那里是外在于个体的。不过，如果把卢梭的“众意”和“公意”置换成“差异”与“普遍性”的概念，就可以看到这两个概念间的辩证关系了。那就是，公意是在寻求普遍性的过程中获得的，或者说，形成公意的过程就是在包含着差异的众意之中去寻求那些具有普遍性的因素，并将它们凝结成公意。公意是不同意见之中的具有普遍性的共识，而众意则是无数个人意见的集合状态。只有当个人意见之间的差异都被抹平后，众意才被公意所取代，并成为所有人的共识，尽管这种共识已经是抽象的了。从众意到公意的转换是共识的生成过程，是通过对个体差异的抽象和消解来达成的，这个过程是走在民主的途径中的。

卢梭把共识的形成——从众意向公意的转变——看作是民主过程，但民主究竟是个什么样子，在他那里还是比较模糊的。虽然卢梭对民主有过构想，但其所想象的只能是一种小国寡民式的直接民主，对于一个规模较大的共同体而言，是没有实施的可能性的。关于在较大的共同体中实现民主的技术性问题因“代议制”的提出而得到了解决。这个贡献是由密尔作出的。正是因为代议制的发明，使从差异性中提取普遍性的过程制度化了，即通过选举代表来表达选民的意愿，并最终在议会中通过综合各种观点和舍弃差异而形成关于政策问题的共识。所以，代议制是将差异转化为共识的最具有可操作性的途径，基于代议过程而达成的共识使得政策问题建构具有了正当性。如果说代议制就意味着民主，那么，民主的目的就在于形成共识。然而，共识的达成却意味着差异的消除。

---

① [美]弗里德里希·沃特金斯：《西方政治传统——现代自由主义发展研究》，黄辉、杨健译，吉林人民出版社2011年版，第51页。

② [法]卢梭：《社会契约论》，何兆武译，商务印书馆2006年版，第35页。

政策问题建构过程是一个旨在达成共识的过程，而且一直被认为是以共识的形式表现出来的。也就是说，即使对社会问题的认识有着各种各样的不同意见，而一旦社会问题转化为政策问题，就是以共识的形式出现的，不同意见中的差异也就被消除了。如果从利益的角度去看的话，则可以说，在政策问题建构过程中所形成的共识其实就是关于普遍利益的一致意见。到此，我们看到，卢梭提出了公意，但他没有找到形成公意的途径。如果“公意”一词意味着共识的话，那么，在卢梭那里，并没有走向共识的通道。代议制的发明则使这一问题得到了解决，那就是通过代议的方式形成共识。所以，代议制为共识的形成提供了一条政策问题建构的路径，使政策问题包含了普遍利益。

然而，在民主的角度，所看到情景却是，政策问题建构的民主化因代议制而生也因代议制而亡。在代议制的运行中，当人们把民主的实现寄托在代表身上时却没有想到代表会转化成社会治理精英。事实上，在代议制实行不久后，代表精英化的趋势就显现了出来，形成了社会治理精英掌控并把持了共识形成过程的局面。社会治理精英经常性地强行指认某种意见为共识，同时又将许许多多不同的利益诉求都排除在了这种抽象的甚至是虚假的共识之外。这样一来，政策问题建构虽然是在民主制度的框架中做出的，却不能够体现普遍利益，在精英控制之下形成的所谓普遍利益的共识其实并不真正具有普遍性。一般说来，正是由于这个原因，才经常性地导致了社会治理的合法性危机。

正因为社会治理经常性地陷入合法性危机状态，出于维护民主和论证代议制合法性的要求，哲学家们发明了“公共性”的概念，并用“公共性”置换了“普遍性”的概念。在社会发展史上，我们认为，“公共性”概念的发明意味着现代民主的一次转型，也是政策问题建构科学化的起点。同时，也可以认为，公共性概念的发明是为了适应代表精英化的现实而作出的理论证明。因为，代表精英化使代议制谋求普遍性的机制失灵了，精英意志不仅不能代表普遍利益，反而经常性地与普遍利益相冲突。在这种情况下，如果依然坚守普遍性的概念和恪守谋求普遍性的思维方式，就会使普遍性成为一个得到不断强化的标准。这个标准与社会治理现实之间的差距会变得越来越大，从而置社会治理于合法性危机之中，不仅会使代议制受到伤害，而且会使民主的理念和理想都遭受致命的冲击。公共性的概念则不同，它包含着巨大的解释空间，可以被制作成标准，但更多的时候，它并不是作为标准而存在的。

谈到“公共性”，人们立马就会想到与它相对应的“私人性”概念，也会发现“公共性”比“普遍性”的概念更加优越。因为，普遍性是与差异相对应的，在普遍性的视角中，只有符合每个人的而且是可以通约的利益才具有普遍性，但是，如何在差异万千的利益诉求中去发现普遍利益，显然要交由代表去加以裁量。因此，代表的素质、能力以及偏好就会成为普遍利益确认中的决定性因素。但是，民主的选举和罢免程序其实是无法保证代表具有良好素质和能力以及公平正义观的。当观察视角从普遍性转为公共性后，就会发现，公共性的概念是建立在公共领域与私人领域分离的基础上的。从公共性的视角出发，就会看到社会治理与私人领域中的各种各样的行动不同，公共事务也与私人事务不同，作为公共事务的政策问题建构也就不同于私人事务的解决。由于有了这种区别，此前由于关照整个社会的普遍性而导致的社会治理合法性危机也就会因为“公共性”概念的引入而转化成公共事务与私人事务之间的区分，从而使社会治理重获合法性。这时，共识也实现了转型，不再是通过民主的途径去获得共识，而是由社会治理者、政策问题建构者去确认共识。当社会治理者和政策问题建构者因公共性概念的提出和公共性理念的生成而获得了确认共识和形塑共识的话语权后，政策问题建构也就走上了科学化、技术化的道路。

代议制的发明意味着找到了一条具有可操作性的达成共识之路，这是一条民主的路径。然而，随着政治与行政的分化，随着行政事务的开展，一条更为简便的达成共识的路径——科学的路径被发明了出来。具体来看，20世纪初，当政治—行政二分的框架确立起来后，政策问题建构也就迅速地走向了谋求科学支持的方向。掌握了专业技术的政策分析师被认定为是一切社会领域中的建筑师，他们用专业技术为自己在政策问题建构过程中赢得了话语权，同时利用公众对科学的盲信而控制了公共舆论，进而塑造出政策问题的公共性，推动政策问题建构朝着专业技术人员所希望的方向达成共识。

随着政策过程寻求科学的支撑，民主衰落了，政治实现了转型并表现出了对科学的适应性，以致政治与科学为了达成共识的目的而结合了起来，而且彼此强化。科学被用来增强政策问题的公共性，反过来，具有公共性的政策问题在寻求科学支撑的过程中也加强了人们对科学的信仰。实际上，无论是技术的运用还是公共性的塑造，都只是出于精英们实现权力意志的需要，然而，却是在科学的名义下把权力意志掩藏在共识之中的。在公共性和科学性的名义下，精英们名正言顺地将公共领域封闭了起来，将特殊利益置于普遍利益之上，通过技术手段打消了人们对政策问题涵盖利益普遍性不足的疑虑。在科学与公共性的推波助澜下，以共识的形式出现的政策问题不仅不能最大程度地包容具有差异性的利益诉求，而且公共性的内涵也被私人诉求掏空了，只留下了空壳，成为一种形式公共性。

在实际操作中，精英们通过程序的设计抹杀了个体间的差异，往往在原本不可通约的差异之间强制性地制造出共识。其中，惯常使用的工具就是选票，通过投票的方式而强行地要求"少数服从多数"。无论是在议会系统还是在官僚政治中，不同利益团体之间并没有彼此杀戮，而是无条件地接受了投票中取胜的多数派的意志。"实际的投票是决定性的，因为这一刻双方是在真正地较量。在此致命的最初冲撞之后就是以各种形式上演的一切：恐吓、谩骂直至抛掷杂物、拳脚相加。但是统计票数结束了战斗。"①在此过程中，个体被抽象为数字，通过多数票的计算就可以轻而易举地将少数人所代表的差异抹除掉。无论人与人之间有着什么样的差异，也不管人们的意见何等悬殊，只要将他们简化成选票，就可以通过"少数服从多数"的原则消除一切差异，并获得共识。

"少数服从多数"的原则是在密尔的代议制设计中确立起来的，因为代议制赖以建立的基础就是一层层地通过选举去选择代表，而选举既然是竞争性的，就必然会在得票上有多有少，也就必须确立"少数服从多数"的原则。虽然理论证明拒绝了对代表能否代表普遍利益的质疑，但在社会治理的实践中，共识能否表达普遍利益的问题却一直是受到怀疑的。事实上，不论是通过代表权的设置还是代表比例的安排，都无非是在去差异化的选票中有意识地忽视个体差异，致使人们必须承受其中所包含着

① 转引自[英]尚塔尔·墨菲：《政治的回归》，王恒、臧佩洪译，江苏人民出版社2005年版，第6页。

的各种各样的不平等。就此而言，公共性概念的发明仅仅证明了人们之间的不平等是合理的，却没有找到实现近代早期思想家们追求平等的路径。可见，理论发展了，而现实社会却没有随着这种理论的发展而取得进步，只不过是在公共性的名义下更加容易达成共识了，更方便了社会治理者对政策问题建构权的应用。可是，在政策问题建构权的应用过程中，社会治理精英总是强行地把特殊利益宣称为共识，并通过反映和表现了共识的政策问题建构而实施着对社会的控制。这就是社会在精英民主取代了代议制民主的过程中所付出的代价。

二、为了共识而排斥差异的做法

当罗尔斯开始其学术活动时，深深地意识到了民主社会的封闭性，并希望找到一条在封闭社会中包容差异的途径。罗尔斯认为，民主社会不同于联合体，民主社会是一个完全而封闭的社会系统，这个社会为了自己的自足而给予人类生活的所有主要目的以合适地位，让人在这个社会之外再无所求，“人们只能由生而入其中，因死而出其外。”[①]所以，这个社会是个封闭系统。一个封闭系统必然倾向于窒息任何差异。所幸的是，民主社会又对任何绝对共识都作出否定，从而给了人们通过协商去达成“重叠共识”的信心。这也就是民主社会能够存续下来的原因。

为了使张扬民主的社会得以存续，罗尔斯提出并描述了“原初状态”，向往“无知之幕”中的各方都能平等地参与其中并拥有平等的政治权利。这样一来，罗尔斯就从理论上协调了民主社会的封闭性与包容差异之间的关系问题。也就是说，第一，承认民主社会是一个封闭的社会而不是像一些学者（如波普）所认为的那样是一个“开放的社会”；第二，这个社会因为否认绝对共识而为差异的存在提供了可能性；第三，民主社会的客观现实是排斥差异的，只有使它返回到“原初状态”的“无知之幕”，才能使每个人都参与其中，在此之后，才有一个生成代表制的问题。即使生成了代表制，由于在“原初状态”中保留了差异，也可以使民主社会不至于走向自己的反面。

与罗尔斯在承认民主社会的封闭性前提下谋求解决方案不同，哈贝马斯是直接在公共领域与私人领域分化的前提下开展理论活动的，并激

① ［美］约翰·罗尔斯：《政治自由主义》，万俊人译，译林出版社2000年版，第42页。

进地主张公共领域的开放性。哈贝马斯认为,公共领域是一个交往的领域。在公共领域中,所讨论的是与私人话题不同的话题,关系到公共利益、公共事务。公共领域的交往属性以及对公共利益、公共事务的关注,决定了所有受政治决策影响的人都应有平等参与到意见形成的非正式过程中来的机会。由于公众中的每一个人在形式上都是平等的,所以,都应对政策过程拥有同等的影响力。但是,在公共领域与私人领域的互动中,近代早期的那种话语性的公共领域遭到了破坏,甚至衰落了。“利益冲突无法继续在私人领域内部得以解决,于是,冲突向政治层面转移,干预主义便由此产生。长此以往,国家干预社会领域,与此相应,公共权限也向私人组织转移。公共权威覆盖到私人领域之上,与此同时,国家权力为社会权力所取代。社会的国家化与国家的社会化是同步进行的,正是这一辩证关系逐渐破坏了资产阶级公共领域的基础,亦即,国家和社会的分离。从两者之间,同时也从两者内部,产生出一个重新政治化的社会领域,这一领域摆脱了‘公’和‘私’的区别。”①

在哈贝马斯看来,随着国家与社会的分离在“国家的社会化”和“社会的国家化”的过程中受到了破坏,公共领域与私人领域的边界也变得模糊了。在失去了“公”、“私”区别的情况下,话语权也就被国家机构垄断了。事实上,公共领域中的表达一直都受到权力机关的审查和限制,由于国家机构非常强大,足以使国家与社会机构的功能在公共舆论中融为一体,致使任何差异都可能成为被扼杀的对象。虽然哈贝马斯并没有直接谈到私人领域中的个体差异对政策过程参与权的影响,但在他对公共领域状况的描述中,显然包含着公民权因为差异而受到排斥而被取缔的判断。也就是说,随着国家与社会、公共领域与私人领域边界的消失,个体差异已经不再在政治生活中得到体现了,进而,也就不再能够反映在所达成的共识中了。

回顾近代社会的产生和演进过程,可以看到,经历了文艺复兴运动,人被发现了;经历了启蒙运动,人被解放了,即从神的统治中解放了出来。虽然这仅仅是人的政治解放而不是属于人的一切都得到解放的状态,但

① [德]尤尔根·哈贝马斯:《公共领域的结构转型》,曹卫东等译,学林出版社 1999 年版,第 171 页。

人的自由与平等毕竟作为一项政治权利而得到了承认，从而使身份等级制丧失了历史合理性。这个时候，人的差异而不是身份的差异成了现代性的标志。可是，身份等级制的消解并不意味着所有身份的消失，取而代之的是人的性别、种族、阶层等这些并不属于人却又外加于人的身份形成了，并因为这些外在于人的身份差异而使人们处在了不平等的地位上。如果说农业社会所拥有的是一种“金字塔式”的社会结构，人们在这种社会结构中被分为不同的等级，形成了等级关系，那么在这种立体结构解体后，重建起了在一个平面上展开的中心—边缘结构。虽然这一中心—边缘结构是展现在一个平面上的图谱，但这一结构中的人的身份差异——尽管是外在于人的，而不像农业社会中的身份差异内在于人——依然在人们之间分出了高下优劣，使人们因为种族、性别、肤色、性取向等而被固定在中心—边缘结构中的某个位置上。一些人处在社会的中心，而更多的人则依次分布在边缘，他们之间存在着结构化的不平等。

另一方面，不仅人在现代化过程中所获得的这些身份决定了人的社会地位不平等，而且作为现代性独特产物的人的社会角色，也在人的差异化过程中发挥着推波助澜的作用。我们知道，在身份制解体的过程中，在社会大分工的条件下，人是以自己所扮演的角色而参与到社会生活之中的，身份为角色所替代是工业化、现代化的最伟大成就。但是，当人的角色得到了知识、权力以及各种各样的物质资源的支持时，也被结构化为中心—边缘结构，人因为不同的社会角色而被安排到了社会中心—边缘结构中的不同位置上了。人们参与政治生活、公共生活的机会是不平等的，他们的话语权有着轻重之别，在政策问题建构中的影响力也就自然不可同日而语。事实上，绝大多数处在社会边缘的人群都被排除在了政策问题建构过程之外。这是一种由处在社会中心的人、社会精英把持政策问题建构权的状态。虽然社会差异的存在是政策问题建构的基本社会背景，但由于这个社会拥有了中心—边缘结构，差异并未成为政策问题建构的前提，反而通过社会精英掌握政策问题建构权的做法而排斥了差异。

以性别为例，在法国革命时期就已经出现了男性排斥女性的文化倾向，表现出了若昂·朗德(Joan Landes)所看到的那种情况：政策过程中关键的排斥轴线是性别。朗德的研究发现，法国新共和主义者表现出了一种蓄意反对对女性友善的沙龙文化之倾向，从而使“一种新的、朴素的公共言论和行为风格得以倡扬，这注定是一种'理性的'、'正直的'和'男性的'风格。这样，男性的性别建构成为共和主义的公共领域概念的组成部分；作为其逻辑结果，这导致了在雅各宾派统治的鼎盛时期，女性在形式上被排除于政治生活之外"①。这种情况也得到了斯蒂福斯的研究证实。

斯蒂福斯看到，公共领域与私人领域的区分一不小心变成了以性别为基础的区分，男性首先对公共事务负责，而女性要对家庭义务负责。公共领域是作为男性白人的领域，它与女性所在的基本生活空间和责任所属的家庭领域非常不同。公共生活由独立、理性、自主的男性主导，他们保护公共利益，并控制感性冲动，而代表感性、亲密、无私的女性特质则被认为是不适合公共生活的。"文化上的女性主义特质并不适合韦伯的官僚制组织模型，后者强调工具理性和正式的关系，排除了感情。"②一直以来，人们总是将所谓"无偏见的知识"与男性联系在一起，而将"自然"与女性联系在一起。"女性只能在被视为小事情的话题上面发言，而不能参与探讨男性视为公共领域的普遍话题——我们公共行政现在称之为公共利益的对话。在公共领域和它的对话的男性化方面，我们可以指出一个小的但是非常重要的暗示，即和对公共男性的尊重相比，不知从何时起，公共女性这一术语暗指'妓女'。"③由于公共领域中所讨论的话题被男性所把持，即使妇女参与到了公共空间的讨论中来，也无法发挥其应有的作用。

根据这种意见，男性和女性的差别与公共领域和私人领域的区分对应了起来，与男性相关的特征在公共领域中受到重视，而与女性相关的特征则在公共领域中受到歧视。在政治参与中，语言被认为拥有创造真理的作用，而不仅仅是政治讨论的媒介。很多时候，语言具有扭转乾坤的力量。但是，人们不同的语言风格却决定了政治参与的地位与资格。"妨碍人们成为平等对话者的社会权力不仅源于经济上的依赖和政治上的支配，还源于人们对于自己是否有权利发言的内在感觉，同时也源于对其言

① [美]南茜·弗雷泽：《正义的中断——对"后社会主义"状况的批判性反思》，于海青译，上海人民出版社2009年版，第77页。

② [美]卡米拉·斯蒂福斯：《公共行政中的性别形象——合法性与行政国家》，熊美娟译，中央编译出版社2010年版，第22页。

③ 同上书，第33页。

谈风格的评价，有些人的言谈风格会遭到贬低而另一些人的言谈风格则会被抬高。”①不管女性多么努力去使用“行话”，却始终被认为是不专业的外来者。

不难理解，在现代社会中，“将民主讨论的实践限定为一场有人赢有人输的竞争，使得那些喜欢竞争并熟悉游戏规则的人更具有优势。那些斩钉截铁、对抗式的话语要比尝试性、探究性或调解性的话语更受重视。这就使得在大多数实际的讨论情形中，男性的话语风格要比女性更占优势。越来越多的研究表明，在更喜欢强硬的声明和辩论的话语情境中，女性比男性更倾向于保持沉默。”②言谈风格的强硬往往被认为是男性固有的特质，在某种程度上被等同于对真理的占有，甚至会被认为是公共生活有序化的保障。相反，女性的特质一直被认为是与无序、偏见联系在一起的，女性特质充斥的领域往往被认为是一个无法得出客观结论的空间。“这种求知模式文化上的男性化，目的在于抹去研究过程中科学家个人的所有痕迹，以防止污染，这也体现了它的结果硬数据的特征，它和通过互动程序如访谈或参与性观察中获得的软数据相区分。正如伊夫林·福克斯·凯勒(Evelyn Fox Keller)所指出的，对硬数据而不是软数据的这种偏好是文化上对男性特质而不是女性特质偏好的反映，也是男性在科学和其所服务的社会内部历史上主导地位的反映。”③尽管在法律上并不存在明确的对女性的政治排斥，但对个体的社会差异进行区隔与排序则是一种通行的做法。这实际上是将女性变成了由男性主导而达成的共识的接收者，而不是达成共识过程中的参与者。

杰弗·伊莱(Geoff Eley)把朗德关于法国革命时期就已经开始出现的那种对女性的排斥放在整个西方世界中去进行验证，所发现的情况是整个西方世界在这方面有着高度的一致性，对女性的排斥同样普遍存在于英国和德国等国家的资产阶级公共领域中。根据伊莱的研究发现，在这些国家中，性别排斥与其他植根于阶级形成过程中的排斥是密切相关

① [美]塞拉·本哈比：《民主与差异：挑战政治的边界》，黄相怀、严海兵等译，中央编译出版社2009年版，第119页。

② 同上书，第120页。

③ [美]卡米拉·斯蒂福斯：《公共行政中的性别形象——合法性与行政国家》，熊美娟译，中央编译出版社2010年版，第42页。

和相互呼应的。伊莱描述道，“这个由各种俱乐部和组织（慈善的、公民的、职业的和文化的）构成的网络，压根不是什么人都能进入的。相反，它是男性资本家阶层的竞技场、训练场及其最终的权力基础，而这一阶层逐渐将其自身视为‘普遍性阶级’，准备宣称自己是最为合适的统治者。”①

如果将视线进一步延伸开来，还可以看到，这就是皮埃尔·布迪厄所使用的“区隔”一词所要描述的内容。那就是，在公共生活中存在着处处都在使用的“区隔”，区隔成了一种界定新兴精英的方式，一方面与旧的贵族精英区分开来，另一方面也与被统治的大众和平民阶层区分开来。“在很多正式场合，受过良好教育的中产阶级白人经常表现得好像只有他们有发言权，他们的话才算数，其他人则往往由于不熟悉辩论的要求和议会程序中的手续和规则而变得沉默，他们即使发言，也会被那些负责人看做是在鼓动‘分裂’。在很多现实的话语环境中，文化上存在差异，社会地位不平等的各种群体同居一处，此时强硬、好斗的标准以及按照竞争规则发言的要求就是强有力的消声器和评价机制。”②

也许这种区隔所反映的是一种文化或精神，却又是与近代以来的社会中心—边缘结构联系在一起的，或者说，文化结构反映了社会结构的状况。因而，公共领域与私人领域的划分就以性别、种族、民族、肤色、性取向甚至城乡等为轴线而作出了，处于社会边缘的妇女、少数民族、同性恋、农民的表达权也就因此而被经常性地忽略。说穿了，当社会的中心—边缘结构得到了文化上的支持后，社会精英是以把持话语权的方式排斥了差异的。社会精英总是基于自己的话语权而表达出某个意见，并将这个意见强行地说成是全社会的共识。社会精英无论是说此一还是彼一社会问题可以转化为政策问题，整个社会都必须接受。哪怕自己有着完全不同的意见，也必须将社会精英们提供给他的那个意见作为全社会的共识加以接受。

现代化是一个持续差异化的过程，同时，在现代化的初期也形成了社会中心—边缘结构。结果，尽管差异处在不断增长的过程中，却得不到足

① ［美］南茜·弗雷泽：《正义的中断——对“后社会主义”状况的批判性反思》，于海青译，上海人民出版社2009年版，第78页。

② ［美］塞拉·本哈比：《民主与差异：挑战政治的边界》，黄相怀、严海兵等译，中央编译出版社2009年版，第121页。

够的承认，而是在被吸纳到了中心—边缘结构中之后受到排斥，从属于中心与边缘这一总的差异了。结果，在关乎社会治理的一切问题上，差异都不再有意义，特别是在政策问题建构中，差异几乎没有什么影响。在差异化的现代社会中，由于社会中心—边缘结构对差异作出了高下优劣的排列，使社会中绝大多数成员丧失了自由表达和参与的资格，他们不得不把社会精英的意见作为他们的共识。如果他们发出不同的声音，社会精英就会将之视为挑战并加以阻止。即使他们能够进入辩论的过程中，社会精英所占据的话语权也决定了这种辩论不会让异见取胜。所以，公共生活完全受到了社会精英的把持和控制，并形塑出了一个排他的、单一的公共领域。这“无异于是用一个单一的、包罗万象的透镜把各种不同修辞和风格的规范过滤掉了。而且，由于不可能存在这种文化上真正中立的透镜，因此它实际上是越过其他群体赋予某一文化群体的表达规范以特权，从而使得话语同化成为公共领域参与的一个条件。其结果将是多元文化主义的消失(同时也可能是社会平等的消失)”①。

通过经济上的不公平分配与文化上的错误承认，关于“谁”享有政策问题建构权的问题不能再理所当然地归于“人民”了，“人民主权”似乎已经成了陈词滥调。因此，精英治理、利益集团政治等成了民主政治背景下的反民主现实，政策问题建构权完全被精英所掌握。显然，在每日的社会生活中都会出现各种各样的社会问题，究竟哪些社会问题可以转化为政策问题，是需要取得共识的。在民主政治的语境中，通过综合各种各样的意见而达成共识是被作为民主的基本功能看待的。但是，在社会的中心—边缘结构中，即在同时确立起的社会治理中心—边缘结构中，共识成了社会精英所拥有的话语霸权的代名词。随着达成共识的过程被社会精英所控制，政策问题建构权就成了社会精英所代表的利益得以实现的工具。这个时候，有着潜在的或明显的重大影响的社会问题往往并不能顺利地转化为政策问题，而得以建构起来的政策问题却可能并不是真实的社会问题，许多政策问题很可能是社会精英出于他所代表的那个阶层的利益实现的需要而加以建构的。所以，我们对于这样一个现象的经常性

① [美]南茜·弗雷泽：《正义的中断——对“后社会主义”状况的批判性反思》，于海青译，上海人民出版社2009年版，第89页。

存在也就不难理解了：为什么公众往往觉得政府所强制推行的政策与自己毫无关系？为什么政策问题建构一直在进行甚至达到了政策项目泛滥的地步，而与公众切身利益相关的社会问题却总也无法得到解决？为什么在政府不断出台某类（如抑制房价快速上涨、扩大就业等）政策时，却反而使那一类社会问题变得迅速恶化？其答案就是作为共识的政策问题是虚假的，并不是社会问题的真实反映。

三、以承认差异为前提的政策问题建构

差异与共识构成了对立统一关系，共识本身就是以差异为前提的，是因为有了差异，才会提出谋求共识的要求，而且共识的合理性也必须建立在差异的基础上。虽然现代社会治理在谋求共识的过程中排斥了差异，但它在形式上又必须保持差异甚至维护差异，以求证明共识对于社会治理的意义，也同时以此来证明公共生活及其民主意识形态的价值。在工业社会低度复杂性和低度不确定性条件下，差异与共识的辩证关系能够被维持在一个可控的范围内。虽然共识的达成一直是以排斥差异的方式实现的，却没有使这种排斥达到足以让共识转化为集权的地步。同时，虽然社会的差异化进程受到了排斥和压制，社会的差异化却迈着坚实而稳定的步伐，呈现出不可逆转的差异扩大化趋势。

到20世纪中期，差异的扩大化已经成为非常清晰的社会现象，以至于学者们不得不大声疾呼“承认差异”、“包容差异”的要求。到了20世纪80年代，随着社会差异化的步骤加快，民主政治的危机开始显现了出来，以至于人们不得不去探讨民主政治转型的问题。正是在这一背景下，所谓“协商民主”、“公众参与民主”相继出笼。然而，差异的扩大化已经将社会引入了高度复杂性和高度不确定性的历史阶段，达成共识的行动往往变得非常困难，而且所引发的社会成本之高也让人感觉到越来越难以承受。事实上，能够消解差异而达成共识的社会中心—边缘结构已经处在解构的过程中，在此结构中确立起来的任何一项共识也都会遭遇纷至沓来的质疑之声。

另一方面，社会问题呈现出了爆炸式增长的势头，让人很难在不断涌现出来的社会问题之间去分辨出轻重缓急，在哪一项社会问题需要转化为政策问题的问题上，也无法达成共识。面对这些问题，无论是基本政治制度层面上的协商民主，还是社会治理过程中的公众参与运动，都感到束手无策。所以，政策问题建构现在处在一个空前困难的时刻，无论是在民主的路径还是科学的路径中，政策问题建构都面对着无法协调的差异，而且这些差异是巨大的、广布的和分散的，包含着随时挑战共识、拒绝共识、毁灭共识的无穷力量。

应当说，差异与共识的矛盾是在20世纪中期开始激化的。这个时候，一大批被命名为“新社会运动”的事件纷涌而出，开展了“为了承认的斗争”。如果说近代早期所发生的是一场发现自我的运动，即自我觉醒并拥有了自我意识，那么，在20世纪中期出现的“新社会运动”则是一场差异觉醒的运动。我们知道，近代以来的这个社会一直是在民主和科学的旗帜下追求共识的。无论社会治理的方式、方法在将近300年的时间内发生了什么样的变化，依据共识去开展社会治理则是不变的。所以，差异一直受到共识的压制、被共识所掩盖。“新社会运动”则是一波要求从共识中解放差异的运动，事实上也表现出了承认差异的诉求，甚至声言“为承认而斗争”。从女性主义的主张的不断变化中，我们就可以看到要求承认差异的运动持续地走向深入，并不断地扩大其战果。

在20世纪60年代，女权运动提出了关注女性特征的要求；后来提出了要求福利国家修正男性统治的主张；再后来，女权运动有了女性主义的形象，其影响超越了民族国家的疆界而扩散到了全球范围，进而对凯恩斯主义主导下国家控制的合法性提出质疑，并提出了包括性别在内的类别边界消解之主张。在女性主义的引导下，原先由民族、族群、性别、“种族”等概念去作出区分的边缘群体纷纷行动起来，汇聚起了一场“为承认而斗争”的社会运动。对此，一些追踪研究“新社会运动”的学者甚至认为一场革命性的社会变革即将发生。虽然这种看法在20世纪后期的“新社会运动”衰落中被证明是不实的，但20世纪中期所发生的这场“边缘革命”则是一项重大的历史性事件，甚至具有标志性的意义。因为，正是通过“新社会运动”使得承认差异开始被作为一个基本主题确立了起来。正如弗雷泽所述，在凯恩斯主义盛行的时候，“思考正义的主要关注点是分配问题。后来，随着新社会运动与多元文化主义兴起，重心转移到了承认问题上。”①

① ［美］南茜·弗雷泽：《正义的尺度——全球化世界中政治空间的再认识》，欧阳英译，上海人民出版社2009年版，第20页。

也就是说，经历了“新社会运动”，差异与共识的关系发生了颠倒，近代以来追求共识而排斥差异的历史开始被改写成差异高于共识的新行程。

总之，人类社会步入了一个高度差异化和差异多元化的阶段，特别是差异的觉醒让人们认识到，“我们其实都是持不同文化的土著，每一个不与我们直接一样的人都是异己、外来的。我们曾经认为看野蛮人如何从其想象和现实中区分事务是一个问题，现在看来，如何发现别人透过大海或通过回廊来组织其深富意蕴的世界则是一个问题。”①没有人能够完全理解处于其他社会地位的人所持有的观点，也没有任何观点是高居于其他观点之上的，任何差异所具有的独特性都可能无法被纳入一个统一的评价体系中，差异本身就具有平等的价值。“当人们就他们的意图和观点进行沟通时，他们会觉得在别人那里有某种值得了解的东西，因为这些视角超出了各自原有的经验，而且无法将其化为某种共同利益。”②在这种情况下，没有任何政府机构以及国家权威能够强大到控制并整合各方面差异的地步，因为没有任何一个社会主体能够把自己视为社会全体的代表。因此，泰勒认为，将妇女看作人类物种中第二等级的成员的观念“可以对被拒绝的人造成严重的伤害。为他人设计一种低劣和卑贱的形象，而这种形象又被后者所内化，就会构成实实在在的扭曲和压迫”③。

同样，阿克塞尔·霍耐特也认为，由于把个体的完整性归因于他人的赞同或承认，致使我们只有在与他人的交往中才能形成完整的自我和实现完整的自我。事实上，人只有在与他人同时在场时才能产生意义，人的差异只有在交往过程中才具有社会价值。这样一来，差异在社会的运行和发展中的意义就是必须得到充分认识的。相应地，社会治理也就必须在差异的前提下进行行为选择，甚至需要以差异为前提去重新构思制度设计与制度安排的问题。以此观之，女性主义所提出的就不仅仅是强化女性的特征以及尊重女性差异的要求了，而是对一种长期存在着的差异优劣区分思维的反思，是具有普遍意义的对特殊性的承认和尊重的要求。

---

① ［美］克利福德·吉尔兹：《地方性知识》，王海龙、张家瑄译，中央编译出版社 2000 年版，第 204 页。

② ［美］塞拉·本哈比：《民主与差异：挑战政治的边界》，黄相怀、严海兵等译，中央编译出版社 2009 年版，第 125 页。

③ 汪晖、陈燕谷编：《文化与公共性》，三联书店出版社 1998 年版，第 300 页。

也就是说，这不能被看作为强化某一群体的特殊身份的主张，因为其中包含着并不强化女性群体特殊身份的要求。

显而易见，如果把某个身份群体视作为整体，让这个整体压制或无视其成员的个体差异，那么，强化这个群体身份的要求就会迫使其成员遵守群体文化，就会把这个群体打造成同质性的群体，也就是把一种单一的、被彻底简化的群体身份强加给了每一个成员。这样的话，肯定不是一种彻底的承认差异的主张，反而是一种用群体间的差异去掩盖个体差异的做法。应当承认，有一部分自称为女性主义的学者确实是持这种观点的，而且，有许多新社会运动的支持者也都持这种观点。所以，在 20 世纪一度出现了社群主义思潮。社群主义带来的是狭隘的封闭理论设计，因为，当认同一个群体——不论是农民身份还是同性恋群体——时，“我们就会排斥那些不承认这种价值观的人，尤其是如果我们认为这种价值观具有普遍意义的时候，就更会把他们排斥在外了。我们要么就共同生存，除了以非个人方式通过技术信号进行联系外，就无别的办法进行联系；否则就只能在社群内部进行联系，然而，社群在感受到一种外表看起来是外来的大众文化的威胁时，它们就会是自己把自己封闭起来的。”①当群体之间的行动没有超越集体差异认同时，对群体特殊性的强调只会导致分离主义和群体的自我孤立。

这就是图海纳所看到，“我们只有失去我们的认同才能共同生存，反之，若回头走社群的老路，则又会因此而要求社会是同质的、纯洁的和统一的；这样一来，人与人之间不仅不能沟通，而且还会在拜敬不同的神灵的人之间引发战争，结果，非但各自硬要保持彼此陌生的或互相冲突的传统，有时候甚至把自己看得不仅生来就与他人不同，而且优于他人。”②可见，社群主义虽然是在对个人主义的否定中产生的，但它只不过是近代以来民族国家身份认同的扩展版本，它在强化某一群体的身份认同时，必然会导致群体间的冲突甚至战争。如果把社群主义转化为社会治理方案的话，也必然会走向强势群体对弱势群体的统治和压迫这样一条老路上去。结果，处在社会中心的强势群体依然垄断着政策问题建构权，依然会把自

① [法]阿兰·图海纳：《我们能否共同生存？——既彼此平等又互有差异》，狄玉明、李平沤译，商务印书馆 2003 年版，引言第 8 页。

② 同上书，引言第 5 页。

己的意志强加于边缘群体，并声称那就是共识。显然，与近代以来的个人主义不同，社群主义表面上看来是承认差异的，但根据弗雷泽的看法，社群主义的承认差异只是一种“肯定的矫正”，应当将其与“改造的矫正”区分开来。“肯定的矫正”倾向于突出群体特征，倡议关注处境恶劣的群体，但它的所有矫正方式都会导致群体差异的固化，并会进一步扩大群体差异。

弗雷泽认为，与这种“肯定的矫正”不同，“改造的矫正”所提供的是一种解构政治的思路，倾向于模糊群体差异，抛弃“等级制的种族二分法”，从而形成“非一体化的、不断变化的多元交错的差异网络”。菲利普斯对弗雷泽的观点进行了总结，认为“改造的矫正”将解构我们之前所拥有的各种各样的身份认同，“它要求我们挑战固有的文化身份概念，质疑我们从属于当前我们利益和身份的文化结构，削弱男/女、黑/白之间的二元对立，用‘非整体化的、不断变动的、多元交错的差异网络’来替代这些结构。”[①]也就是说，弗雷泽所赞同的是“改造的矫正”，希望通过这种“改造的矫正”来实现对差异的承认，即超越群体认同的承认差异，即不停留在对群体间差异的认识层面上。

显然，在承认差异的问题上，弗雷泽的主张更为彻底。从弗雷泽的主张出发，所得出的结论应当是：普遍的差异决定了每一社会成员都不再处于任何意义上的从属地位，而是作为平等的一员参与到政策问题建构过程中来。所以，承认差异并不是要突出弱势群体的特征，也不是要将之前所认为的劣势变为优势，更不是要使边缘成为中心或者将中心变成边缘，而是要从根本上打破社会中心—边缘，让每一社会成员都能平等地参与到社会生活、公共生活之中。这时，在社会治理过程中，特别是在政策问题建构中，所要形成的一切共识中的第一个共识就应当是关于差异的共识，承认差异、尊重差异是全部社会治理活动得以开展的前提和基础。其实，也只有有了关于差异的共识，才能保证每一个人都以平等的身份参与到社会治理过程中来，并在社会治理中开展平等合作。

如果说霍布斯因为恐惧“一切人反对一切人的战争”而从平等的前提

① [美]安妮·菲利普斯：《从不平等到差异：一个替代的典型案例?》，载[美]凯文·奥尔森编：《伤害+侮辱——争论中的再分配、承认和代表权》，高静宇译，上海人民出版社 2009 年版，第 122 页。

出发走向了支配和压迫的话，那么，承认差异和尊重差异将为我们提供社会治理模式建构的另一条出路。在这条道路上，作为思想和制度前提的平等将始终得到捍卫。人类的认识已经变得越来越清楚，差异是一种社会关系。虽然差异最终会与个体联系在一起，会被认为是与个体的人的个性联系在一起的，但在单独的个体的人这里，并无差异可言，只有在社会关系之中，我们才能够发现和确认差异。所以，从差异出发的一切理论思考都不仅不会陷入个人主义的窠臼，反而是对个人主义的全面超越。

就近代以来的社会治理而言，之所以从个人出发走向了对个人的压迫和对个性的压制，之所以基于人权的民主政治走向了形式化的普遍主义，之所以谋求共识的政策问题建构过程受到了精英的把持和操纵，根本原因就是个人主义在定义抽象的人时抹去了人的差异。在启蒙思想展开的过程中，我们不难发现的是，从霍布斯的“个人”转化为卢梭的“人民”概念其实已经可以清晰地看到它包含着一条呼唤精英治理的脉络。尽管卢梭也担心人民主权会导向一种自反的结果，以求以“小国寡民”的限制条件来保证每一个人的权利都能得到完整的保存和行使，可是，从个体的人出发的逻辑却决定了代议制成了一个必然选项。也就是说，当个人主义把个体的人作为逻辑起点时，就必然会遇到鲍曼所说的这样一个问题，“每个人的私人恐惧与他人的私人恐惧很难谋面，即便相遇，彼此亦难辨认。难以共同行动，难以达成一致，难以联合与结合(不管主动还是被动)，这些都被称作：个人自由。”①因而，需要一种外在于个人的力量去把他们整合到一起。正是由于这个原因，社会治理的历史也就逻辑地走向了精英治理。

从个体的人出发意味着理论思考和社会建构都是把个人作为唯一起点的。这在哲学上被视作为“独断论”，“独断论”的逻辑特征则是“决定论”。与之不同，承认差异、尊重差异也将为我们提供一个视角，这个视角是多元化的、流动的和不断变化的，在向前行进的逻辑中，会承认差异而不承认共同的测量方法或评判标准。在社会治理过程中，会因为承认差异而重视各种各样的不同观点，会在做出每一项社会治理行为选择时都努力去从不同观点中体察其背后的处境与感受，在所形成的每一项共识

---

① [英]齐格蒙·鲍曼：《寻找政治》，洪涛等译，上海人民出版社2006年版，第55页。

中也都将包括应当包容的差异。因而，政策问题建构将不是为了共识而消除差异，反而恰恰是要包容差异和充分考虑到差异。甚至可以设想，“差异是构建统一和整体的可能性条件，同时，它也提供了这种统一和整体的界限。在这种观点中，多元性不能被消除，它是永久存在的。因此，我们要放弃那种要把一致性完全重新吸收到整一与和谐中的观点。异质性是不可驯化的。”①

承认差异和尊重差异意味着一切从属与依赖、傲慢与偏见都将得到根本性的消解，每一个人在社会治理过程中都将得到平等对待。“所谓平等对待，是指平等对待这样的人，他们虽然有所不同，但都意识到了他们的共同属性。个人与其他个人之间是平等的，但不能因此而否定他们作为个体与其他个体之间的绝对差异。”②事实上，只有人是平等的，才能在政策问题建构中充分考虑和努力包容他人的利益诉求，即同等地重视每一个人的意见。承认差异和尊重差异必将使社会的中心—边缘结构得到解构，这样一来，精英治理的合理性也将因此而完全丧失，任何出自于个人的或群体的意志都将不再被伪装成共识。当然，差异决不是对共识的否认，只是要求共识形成于和建立在承认差异和尊重差异的基础上。其实，只有在承认差异和尊重差异的基础上形成的共识，才是真正的共识，而且，形成共识的路径也才能是实质性的而非形式化的民主。

承认差异和尊重差异本身就包含着包容分歧的要求，恰恰是对分歧的包容而不是相互排斥才对共识的形成具有积极意义。如果说构成现代化传统的认识畏惧分歧的话，那只能说“在这些实质性规范语境中达成共识所必需的力量很可能趋向阻止导致分歧或危及共识达成的差异。即使共识被看做是反事实的规范而不仅仅是被看做一种受时间约束而通过经验取得的东西，但在一定范围内达成同意的压力可能会被认为是对当前论据施加的压力，那么可能会无意地压制差异或贬低它的价值。”③不过，政策问题建构仍然需要达成共识，只是不能再以某一部分人的利益来代

① [美]塞拉·本哈比:《民主与差异:挑战政治的边界》，黄相怀、严海兵等译，中央编译出版社2009年版，第254页。

② [德]尤尔根·哈贝马斯:《包容他者》，曹卫东译，上海人民出版社2002年版，第43页。

③ [美]塞拉·本哈比:《民主与差异:挑战政治的边界》，黄相怀、严海兵等译，中央编译出版社2009年版，第172页。

替全体人民的利益，不能再依靠强权的实施和程序的设计来追求共识并迫使人们接受。事实上，在一个多元混杂的、不知去向的、碎片化的和流动性的世界中，政策问题建构权也不可能再由精英把持，而是需要在承认差异的前提下广泛接纳每一个相关者的平等参与。

在承认差异这一前提下开展政策问题建构，实际上是主体的“去中心化”，意味着政策问题建构过程的充分开放性，每一个可能会受到预期政策影响的人和每一个志愿参与的人都可以平等地参与其中去发表意见。而且，每一个参与其中的人都是事实上的合作行动者。在他们之间，“没有任何同一性曾经被最终确定地建立起来，当不同的主体地位被连接在一起时，总有某种程度的开放性和歧义性。”①也许政策问题建构过程会表现出一定的无序状态，但所要解决的问题是明确的，所指向的目标是清晰的，因而有着共同的行动方向。这样一来，在政策问题建构取得了实质性进展的时候，共识也就达成了。

第二节 符号学视野中的政策问题建构

符号构成了人类社会的一重世界，而且这一点越来越变得清晰了起来。所以，政策问题建构也要依赖于符号去完成。现代社会通过抽象而形成了宏大且完整的符号系统，有了这个符号系统，也就可以把零碎的、具体的现实联系到一起，赋予其整体性。符号是人生产出来的，反过来，符号也形塑了人及其社会。事实上，人的生活、生产和交往活动都是建立在符号的基础上的。政策问题建构也不例外，既生产符号，又是在符号的应用中进行的。在20世纪中后期，学者们认为出现了一个消费社会，其依据就是人们在各个方面都出现了符号消费行为。在此过程中，出现了符号与现实的关联性式微的现象，以至于符号成了一种独立发展和自我指涉的社会现象。也就是说，符号不再是对现实的表达，符号的意义也丧失了客观依据，进而动摇了独断论基础上的各种权威。在政策问题建构方面，则表现为多元主体赋予符号多种意义，并推动了政策问题建构走向

① [英]尚塔尔·墨菲：《政治的回归》，王恒、臧佩洪译，江苏人民出版社2005年版，第15页。

开放与合作的方向。

一、符号的生成以及符号世界

在人类社会生活中，符号是人们须臾不可离异的世界。在某种意义上，符号也构成了人的一部分，没有了符号，我们就无法想象人是什么样子。在人类历史发展的前行轨迹中，每前进一步，都可以看到符号发挥了更为重要的作用。就人是一种类存在而言，得益于符号的支持，或者说，是符号使人的类存在成为现实。然而，在传统认识论物质与精神二分的视野中，却没有符号的位置，因为符号既不是物质的也不是精神的。但是，无论物质的还是精神的存在，离开了符号，又都是难以理解和难以认识的。也就是说，无论是物质的还是精神的存在，都只有首先转化为符号，然后才能为人们所认识和把握，并能够在人们之间实现经验共享。

符号首先是经验的表征，是用来指称物质的或精神的存在物的。可是，符号的生成和演进又包含着符号自身繁衍和扩张的图谱，以至于符号自身也需要通过符号来加以表征和指称。正是符号的繁衍造就了一个发达的符号世界，成为环绕着人也内在于人的完整的系统，使人的社会生活中的每一项行动都表现出了对符号的依赖。从某个角度看，人类文明史也就是一部不断符号化的历史。社会的进步使人对符号的依赖日益增强，无论是在社会生产、社会生活还是社会治理的领域中，离开了符号都寸步难行，甚至可以说是不可思议的。因而，政策问题建构过程需要求助于符号。事实上，政策问题建构也表现出了对符号的高度依赖。正是由于这一原因，我们需要对政策问题建构中的符号以及政策问题建构过程的符号化进行专门的考察。

就符号的生成史而言，可以认为，人与自然的分离使人获得了关于外在于他的世界的经验，如果这种经验仅仅属于个人，至多也只能通过遗传的方式传递给下一代，而不可能在同类中交流和共享。人的经验之所以能够转达给同类，是因为符号的发明。所以，符号最初被发明出来就是为了在某一具体的情境中用来指称某一具体的事物，并通过这种指称而使同类获取间接的经验，进而，还可以加以直接验证。这样一来，首先，符号是与具体事物相对应的，是人们关于具体事物的经验；其次，当人们交流和共享经验时，又会赋予符号以一定的内涵，这些内涵往往是经验的附加部分，与经验并不完全一致。符号中所包含的这部分与经验并不完全一致的内容被现代符号学称作为“意义”。在人类社会的发展中，这部分超出了经验的内容随着历史的进步而变得越来越重要，人的世界观的差异，思想、理论或学说的分野，大都源于此。

这说明，符号中既包含着确定性的内容也包含着不确定性的内容。就符号指称的具体对象而言，是确定的，但符号中的意义部分则是不确定的。实际上，在符号的应用中，确定性的部分与不确定性的部分是混杂和交融的，是无法将它们严格区分开来的，“指称符号在它们被说出的时候已经蕴含着意义，这些意义依据它们被使用的语境而定。”①这也就是说，符号的功用会表现出复杂的情况。一般说来，就符号的功用而言，在具体情境中所发明和使用的符号在意指上是明确的，在一定环境中能够被清楚地了解和意会，从而使符号能够被用来传递经验、知识和意义。据此，人们能够开展面对面的交流，社会活动能够被集结起来，社会行为也能够得到相互配合，以至于人们可以朝着某个共同目标进发。但是，在一切集体活动中都难免存在着分歧和不同意见，而且相互抵触甚至相互冲突的社会行为也是随处可见的。一旦出现了这些情况，肯定存在着人们对同一符号有着不同理解的问题。正是因为人们可能会对同一符号有着不同的理解，才让人们有了求真的冲动，即要求把握符号中真的部分。这就是人类社会中出现了真理追求的原因所在。

如果说政治追求共识，即要求祛除符号中不确定性的部分而谋求确定性，那么，科学往往把确定性的部分化约为真实性，从而谋求真理。在真理的名义下，科学拨开符号中芜杂、混沌的经验表象，即深入到其深层去把握真实的部分。正是由于科学是通过这一方式去追求真理的，才有了抽象的方法，而且在近代以来的科学发展史中形成了一整套从属于抽象要求的方法论体系。在科学认识中，符号发挥着巨大的作用，没有符号，科学活动也就无从开展，也就没有认识的问题了。一方面，符号是人类认识世界的产物；另一方面，符号又是人类认识世界的工具，所以，人类的认识史在一定程度上也就是符号的发展史。

在人类社会的不同历史阶段中，对世界的认识会有着不同的主题，并

① ［美］查尔斯・J.福克斯、休・T.米勒：《后现代公共行政——话语指向》，楚艳红等译，中国人民大学出版社 2002 年版，第 47 页。

反映出不同的认识特征。在人类社会的早期,所谓认识无非是觉识,更多地表现出直观地反映世界。因而,这一时期的符号在内容上是具有确定性的,所指称的就是具体的事物,如果说符号中包含着意义的话,也应当说其意义尚浅。当然,人们在这一时期也普遍学会了使用符号去表达情感,让符号的接受者通过意会而实现情感交流。事实上,这一时期的人们也有着丰富的情感想象力,能够从符号化的某些信物中读出至微至妙的情感。但就科学认识而言,这一时期的符号主要是与具体的事物联系在一起的。尽管如此,符号的发明是包含着促使认识抽象化的潜质的,即把人类对世界的认识恭送入抽象的道路上,以至于今天的人们把符号的发明本身也理解成抽象活动的产物,认为符号不是用来指称某个具体的事物,而是用来指称某一类事物的。

人类的认识史的确呈现出了一个抽象化的轨迹,也许正是得益于符号而能够在具体的表象中去解读抽象的"事实"。在农业社会中,由于人们的交往和交流在深度和广度上都处在较低的水平上,因而对符号的需要程度也较低。而在工业社会中,脱域化和社会化大生产使人的交往和交流变得日益频繁,从而激发出了人们认识和把握世界的无尽欲望,对符号的要求也变得越来越高,甚至变得非常严苛。这时,人们不再满足于只与事物的表象联系在一起的符号,而是要求拥有更多能够表达或反映事物表象背后甚至深层存在的符号。而这些符号的获得,唯有通过抽象。这就是抽象与人类认识史并轨的原因所在。这样一来,就可以将符号在两个层面上排列开来:第一,在感性的层面上,与事物表象直接关联的符号被铺展开来;第二,在理性的层面上,通过抽象而获得的符号依据一定的结构而展开为一个体系。

抽象意味着理性,而在理性取代了神的位置后,也就成了科学真理的标志和获得科学真理的唯一途径;在社会生活、政治生活中,理性代表了公平正义等;最为重要的是,代表了不确定性世界中的某种意想中的确定性。特别是面对具有多面性的繁杂的社会问题时,抽象似乎把人们领入清楚的认知之中,让人们透过芜杂的表象而获得普遍性的真实情景。所以,通过抽象而获得的一切符号都让人感受到了某种似乎是确定无疑的确定性。福克斯和米勒准确地解读了抽象与确定性之间的联系:"尽管各种抽象的思想可能是公正的——它们不仅是抽象的,而且与真正的日常生活交流的指称—意谓的连续性有着难以解释的联系——但抽象性也可能被或多或少地赋予了一定的凝结性和确定性特性。”①

人们总是希望符号具有确定性，能够稳定地与指称物联系在一起，从而使符号所传递的经验和意义无论在哪一个接受者那里都不会引发歧义。但符号与指称物毕竟不同，或者说，当符号与指称物相分离的时候，就不再是始终指向具体的指称物的，而是用来指一类物的。这就意味着符号所指的是一般，而指称物则是具体。符号是在抽象中获得的，而指称物则是混沌的存在，更不用说符号中所包含的意义需要得到人的理解和领悟。所以，在抽象的过程中获得的符号既与具体的指称物相联系又与具体的指称物相分离。特别是从历史的维度上去看，在科学尚未兴起的农业社会中，符号中的经验内容占主导地位，其意义尚浅，因而在经验的传递中会较少失真；到了工业社会，科学的兴起使得抽象的手段得到了普遍应用，符号中的经验成分变得越来越少，而意义的成分则不断地增强，以至于符号所要传递的内容在每一个人那里都会得到不同的理解。正是在这种情况下，符号所指是否具有确定性成了一个问题，从而引来了“能指”与“所指”的探讨。

符号与指称物的分离使符号的自身繁衍获得了巨大的空间。本来，符号是通过对表象的抽象而形成的。但当符号获得了自我繁衍的能力后，就摆脱了经验世界的束缚，开始了在思维和逻辑演绎中不断发展的行程，并逐渐成长为一个相对独立的和有着自我论证能力的完整世界，而且是一个既存在于人之外又同时内在于人的世界。因此，严密的符号体系逐渐成了稳定的、周延的并代表了真理的世界，作为它的诞生地的表象世界则反过来服从于它，或者由它作出评价和判断，以至于表现出这样一种情况：“抽象化的东西，无论是范畴、故事或者一个完整的宗教，都是客体化或物化了的；而居于主导地位的现实反要归因于它。”②

因为符号世界的产生，人们逐渐习惯于运用符号来剪裁现实问题，而不是用现实去检验符号，各种各样的社会行动也都是从符号以及对符号的把握出发的，而不是从现实出发。而且，这正是康德所确立的原则。根

① [美]查尔斯·J.福克斯、休·T.米勒：《后现代公共行政——话语指向》，楚艳红等译，中国人民大学出版社2002年版，第48页。

② 同上书，第47页。

据康德的意见，科学家就像几何学家一样，要通过抽象而从众多混乱的感觉中提取事物的清晰图像，研究者首先要搞清楚的是自己需要什么，而不是面前事物的所有可能的特性。也就是说，仅仅研究现有的概念需要他关注的那些特性足矣。康德对此作了一个非常形象的比喻："只有使用这样的方法，图像——也就是概念——才能完全清晰：因为研究者在实际经验检验的支持下能够使图像清晰。他就像一个渔夫，他用有可能网网丰收的那些因素编织成一张渔网。渔网即研究者进入现实的海洋进行搜索的概念。渔网的形状决定着能够捕捞到的东西。但是，渔网究竟能否捕到鱼，最终必须放进海里：它只有捕到一满网的鱼才是好渔网。"①

赫梅尔对康德的解释是："通过在大脑里对现实进行精确而清晰的构建、迫使现实对之做出（或不做出）回应并衡量一致性的程度，现代科学家回避了完全沉陷在现实中的复杂、混乱和模糊（很快，社会本身为科学的成就所感动，它改变了自己的价值观并认可了那些成就。科学无能为力的事情，社会也认为没有价值）。"②我们认为，无论是科学探索还是社会实践，都应服务于解决人类所面临的问题。但是，当符号成为科学探索和社会实践的前提时，人们在遇到一切问题的时候首先想到的就是符号，从符号出发，运用符号去作出判断并对现实问题进行剪裁。无论所遇到的问题何等千差万别，也不管所遇到的问题具有什么样的全新性质，都要求它们合乎符号的标准，将它们纳入到符号的评价和判断中来。结果，科学探索和社会实践都是按照某些固定的模式进行的，所有复杂的要素都被归入因变量和自变量，似乎只要找到这些变量并输入模型之中，就能获得想要得到的结论。事实上，无论科学探索和社会实践，都是在并未穷尽或并未找到这些变量的时候就开始行动了，以致解决问题的方案在得到落实的同时又引发出更多的问题。

自康德开始，人们形成了一个根深蒂固的观念，那就是经验不甚可靠，唯有理性能够指示真理。因而，当人们遇到每一个问题的时候都要求运用理性去消解经验，而符号就是理性神圣职责的担当者。在政策问题建构过程中，这一点反映得非常典型。随着符号在科学探索和社会实践

① 转引自［美］拉尔夫·P.赫梅尔：《官僚经验：后现代主义的挑战》，韩红译，中国人民大学出版社 2013 年版，第 121 页。

② 同上书，第 122 页。

中的广泛应用，或者说，随着政策问题建构的符号化，大量的公式、数据或者特定的语言被引入政策问题建构过程中，并对社会问题进行肆意地阉割和剪裁，使其适应于政策问题建构的某些固定模式或套路的要求，甚至使政策问题建构成了符号世界中的一场游戏，而不是出于解决社会问题的需要。这就是赫梅尔所看到的，"将现实完全简化为测量的做法创造出一个'公式的世界'。以这种方式思考真实世界使科学家如此远离真实生活，这便产生了被胡塞尔描绘出'一般世界的形式逻辑观点'的概念。我们想起了 $E=mc^2$。但是我们几乎无须自我提醒，那个公式如此远离我们在世界上的日常经验，这种经验只对我们不同的视角、并且从我们不同的视角看才是有意义的。"①

当政策问题建构表现出了对符号的高度依赖时，也就造成了政策问题与社会问题的分离。虽然表面看来政策问题是指向社会问题的，而在实际上，政策问题与社会问题却没有什么关联。因为政策问题是在符号游戏中生产出来的。在运用符号对社会问题进行分析、分解和抽象的过程中，也许可以声称抓住了某些关键变量，但那些被删除、被忽略的因素却可能恰好构成了社会问题的核心要素。对此，查尔斯・桑德斯・皮尔士(Charles Sanders Peirce)以来的符号学家们是有所知觉的，他们看到了符号描述的这种局限性：符号描述是通过"指谓链"进行的，而"指谓的过程本然地就是不稳定的，因为一个'符号'总关涉着'所指'(概念)和'能指'(代表概念的语词)，但通常所指关涉的不是某物(后者可以是前者的基础并能制止指谓的过程)，而是由另一能指与所指构成的另一个符号"②。由于符号与"所指"之间存在着距离，致使运用符号而进行的政策问题建构与真实的社会问题之间出现了不一致。然而，现代社会中的符号却是如此紧密地与理性捆绑在了一起，关于理性的一切神圣信仰也都被加予到了符号之上，从而使得人们普遍以为运用符号而对社会问题所作出的分析不仅是科学的理性表达，而且是对社会问题最为真实的客观描述，实现了对经验不可靠性的消除。可是，无所不在的政策失灵等问题

① 转引自[美]拉尔夫・P.赫梅尔：《官僚经验：后现代主义的挑战》，韩红译，中国人民大学出版社 2013 年版，第 125 页。

② [美]O.C.麦克斯怀特：《公共行政的合法性——一种话语分析》，吴琼译，中国人民大学出版社 2002 年版，第 225 页。

对此所做出的却恰恰是反证。

符号的自身繁衍造就了一个符号世界，不仅使人们在遭遇社会问题时可以独立于社会问题而在符号世界中实现政策问题建构，而且也可以通过影响人们的现实感知去隐蔽地塑造现实。比如，股市的活跃与否也许要建立在经济发展基本面的基础上，但股市的政策以及相关的符号系统却可以让人们完全放弃对经济发展基本面的关注，从而达到塑造一波"牛市"的目的。在现代社会，我们清晰地看到，人们关于社会问题的感知往往是建立在符号暗示或指示的基础上的，以致我们眼中的世界是模糊的、易变的。正如肯尼思·伯克(Kenneth Burke)所说，"无论我们直接经历的微小的现实对我们是多么的重要，整个完整的'图片'只是我们符号系统的一种建构。需要一直思考这一事实，直到一个人将它的完整的含义看作就像隐藏在边缘的东西进入了一个终极的深渊。并且毫无疑问，这是为什么人会紧握天真的口头现实不放的一个原因，这种口头现实拒绝实现在其现实观念中的符号所扮演角色的完整程度，虽然一个人通常是一个符号运用的动物。"①

默里·埃德尔曼在其研究中也发现，对于一个符号的情感上的认可，是与心灵的满足和平静相联系的，否则，同样的问题可能带给人们的是焦虑与不安。著名的逻辑学和语义学家查尔斯·莫里斯(Charles Morris)在分析了语言塑造人的行为以及灌输对现存权力体制的满意方面的作用时也指出，可能存在一种无法理解的现象，即被剥削群体可能会"积极反对剥削他们的现存体制上的符号的变化"，从而表现出了对现存剥削体制的适应性，会把既有的符号系统作为自己不可改变的习惯。对此，莫里斯的解释："所讨论的符号可能缓和一些社会成员的社会行为中所存在的焦虑，因而受到这种满意感的珍视，即使这种符号实际上阻碍或者甚至使得他的那些社会行为在现实中无法实现。"②所以，符号不仅可以塑造现实的世界，还可以通过影响人们的观念而维护它所塑造出来的这个世界。对于这些，我们往往认为是某种意识形态的功能。实际上，符号对既定秩

① 转引自 Murray Edelman, *Politics as Symbolic Action: Mass Arousal and Quiescence*, New York: Academic Press, INC, 1971, p.2。

② 转引自 Murray Edelman, Symbols and Political Quiescence, *The American Political Science Review*, Vol.54, No.3, 1960。

序方面的维护，远大于意识形态所能企及的作用。

二、作为政策问题建构工具的符号

总的说来，在前工业社会的历史阶段中，抽象的把握世界的方式并未实现科学建构，所以也就未能成为方法论体系的轴心。或者说，这一时期尚未出现完整的方法论体系，以致人们在思维中并没有把抽象与具体严格地区分开来。也就是说，在农业社会的历史阶段中，人们基本上没有在抽象的存在与具体的存在之间去做出刻意的区分，存在于人们头脑中的许多观念往往是混沌不清的。只是在工业化进程中，由于科学的兴起和社会实践自觉性程度的提高，才赋予了人们以更强的抽象能力，并使人们获得了要求把抽象的存在与具体的存在明确区分开来的冲动。也正是在这种条件下，符号的抽象功能得到了充分发掘，越来越多地被用来指称抽象的存在。

如果说农业社会历史阶段中的社会治理更多地使用具体事项具体处理或依例处理的方式，那么，在政策问题建构中，则是得益于符号的运用而形成了处理社会问题的稳定模式。其中，理性思维和逻辑判断所发挥的作用就是对具体事物进行抽象，提炼出一般性原理、原则，并在此基础上形塑出固定的行为模式。事实上，当抽象的符号以及基于符号的抽象出现在政策问题建构过程中时，很快就替代了人们对现实问题的直接感知，符号取代了现实感受而成了对现实问题更准确的表达。但是，随着20世纪后半期消费社会的出现，符号进一步符号化了。符号的符号化意味着符号日益成为自我指涉的工具，以至于与现实脱节，符号的所指消失了，符号的能指就在于符号本身。因而，符号所表达的意义也不再是现实存在的价值。

这样一来，符号脱离现实而发展成为独立的体系，造就了一个充斥着无意义的符号所构成的幻象世界。与现实世界的分离，反而使符号体系具有了巨大的解释力和普遍的适应性，让人们可以从不同的情境出发对符号作出各自的解释，也可以运用相同的符号去对不同的现实存在作出解释。总之，人们可以随时根据自己的需要而赋予符号以不同的意义。即使政策问题建构是通过一系列符号表达出来的，但所传递的信息也往往会因为建构者的偏好不同而不同。这样一来，尽管可以把政策问题建构过程做得非常“客观”，使其显得非常“科学”，而在实际上，政策问题可能仅仅是在表面上与社会问题相关的，实则没有关联性。

符号可以有图像、标志、语言等不同的形式，其中，语言是应用最为广泛的符号。语言不仅仅是表达的工具，而且会强有力地影响着人们关于社会问题的感知，从而把政策问题建构导向一个与社会问题无关而你又不能不赞同和不接受的方向。法默尔说，“语言不只是思维、认知和思想交流的工具。它也是构成我们世界观的观念、方法、直觉、假设和欲望的制造厂；语言构建了我们。”①毫无疑问，“事实不能言说自身，因为，从另一方面说，没有中介，主体就不可能‘看到’客体。主体必然地是通过他们使用的语言所体现出来的某一概念系统来看客体。”②通过符号，我们能够完成从具体的社会问题到抽象的政策问题的建构过程；通过符号，我们可以掌控生活中的各种经验感受。“如果政治语言既能激发也能安抚恐惧，那么，语言就是政治情景中的组成因素。它不仅是描述事实的工具，而且是事实的一部分，强烈地界定着事实自身的意义以及官员和公众对他们所发挥的政治作用的感知。在这种情景中，语言、事件以及自我感知彼此相互界定。”③可见，语言的介入，指示了社会问题的性质、严重程度等方面，确定了社会问题向政策问题转化的方向和可能性，也许只有语言才对政策问题的缘起有着关键性的影响。

语言是人能够成为人和作为人的关键要素，没有语言，我们就无法将外在于我们的存在符号化，无法推理、记忆、期待、扭曲或者唤起信仰与觉察。“有了语言，我们不仅能够描述现实，而且能够创造现实，现实可能以彼此覆盖或思维上不连贯的形式出现。当语言适合于我们去将合理化看作理性，将压制看作帮助，将扭曲看作创造，或者是看作任何相反的东西时，语言与思维能顺利地实现彼此建构。当语言和思维适合于我们用来解决逻辑和数学的复杂问题时，也能彼此建构，而且能够做得更好。当复杂的问题包含社会权力与地位时，扭曲与误解几乎一定会发生。”④比如，

① [美]戴维·约翰·法默尔：《公共行政的语言——官僚制、现代性和后现代性》，吴琼译，中国人民大学出版社2005年版，第1页。

② 同上书，第26页。

③ Murray Edelman, Language, Myths and Rhetoric, *Society*, Vol.35, No.2, 1998.

④ Murray Edelman, The Political Language of the Helping Professions, *Politics and Society*, Vol.4, No.3, 1974.

一些常用的政治修辞语，诸如“民主”、“法律与秩序”等，都会招来人们更多的认同和支持。相反，像“权力”一词也往往带来了更多的反对，“极权”则更为经常地招致强烈的反对。正是因为符号具有这些表现特征，才让我们在政策问题建构过程中经常看到符号的暗示或者诱导功能一直在发挥作用。

符号具有象征意义，符号中充满了隐喻和暗示，人们的行为与感知几乎无不受到这些充斥于环境中的隐喻和暗示的影响。“思想是隐喻的，隐喻遍及了语言，因为未知的、新鲜的、不清晰的以及遥远的东西，都是人们在将其与那些熟悉的事件或事物相联系在一起时所获得的感受或看法。可以说，隐喻在引起人们的回应中定义了人们的看法”。①在政策问题建构中，不是社会问题本身而是语言中所包含的隐喻，定义了人们的看法。语言不仅唤起政策的支持者，而且可以把拟定中的政策问题指认为社会问题，让人们相信正在建构的政策问题就是社会问题的反映。接下来的政策方案，则是解决那一社会问题的唯一法门。事实上，“每一种隐喻都强化着挑选出来的看法并且忽略了其他，因此有助于人们关注想要的公共政策，形成有偏好的结果，并且有助于忽略他们不想要的、不愿想的或者认为是不相关的前提与后果。每一种隐喻都可能是强调人们想要相信的并且避免不希望面对的事情的微妙的方式。”②

通过隐喻，符号的象征意义得以充分发挥，而政策问题建构的结果却有可能与社会问题无关。我们拥有了政策问题，其实只是能够满足精神需求的一系列象征符号。即便我们明明知道它是一些象征符号，也会乐意于接受它，并认定它就是对社会问题的描述。原因就在于，现代社会中的人们能够逃避恐惧的主要方式就是寻求确定性，往往不愿意看到也不能容忍模糊与复杂的情况。即使通过扭曲的符号来简化社会问题，也可以从中获得某种安全感。所以，政策问题建构已经转化为寻求符号来安慰自我的过程，反映的是我们对符号的高度依赖。因此，我们把控制我们的权力交给了符号或者操纵符号的人，结果则是，使依据公共政策而开展的社会治理被形构为一种符号控制模式。

---

①② Murray Edelman, *Politics as Symbolic Action: Mass Arousal and Quiescence*, New York: Academic Press, Inc., 1971, p.67.

埃德尔曼试图以福利问题为例去说明语言可以激发出信仰，“对于很多人而言，‘福利’标签意味着存在的问题在于公共救济，这就鼓励了懒汉。这种关于贫困原因的普遍信仰能够在得到了其他政治词汇的支持中而进一步加强。例如，在1967年和1971年的社会保障条例修正案中所列的‘工作测试’条款，就提供了界定懒汉的标准。我们的语言创造了成千上万个福利救济者，却拒绝提供充分的生产性工作岗位。但是，相关研究显示：(1)很大一部分接收救济者的身体状况显示具有工作能力，但他们却无法找到工作，失业水平占劳动力人口的5%到6%，在某些地区远高于接受救济的人数；(2)福利收益不会因为工作激励而减少。”①尽管如此，却没有人对福利表示怀疑，事实上形成了对福利的信仰，宁愿接受那些削弱工作激励的政策，而不是让福利措施为工作激励让路。可见，通过隐喻、借代等手法的运用，语言能激发出人们心中神秘的认知结构，并将人们模糊的认识引至某一清晰的画面，而这个画面恰好是符号事先设定好的结果。

长期以来，在认识论为我们描述的科学观念中，形成了一种稳固的信念，那就是认为符号是对认知对象的抽象，因而被认为是具有“客观性”的。而且，由于符号实现了与理性的联姻，从而显得高于我们希望认识的现实问题，或者说是现实问题实质性部分的反映。基于这一信念，我们也就把符号看成现实问题的评判标准，可以运用符号而任意地把某个(些)方面指认为“真实的”现实问题。哪怕这些所谓的现实问题与我们的经验相冲突，我们也会因为对理性的信仰而相信符号所提供的就是问题的真实所在。可见，符号其实隐蔽地塑造了人们对问题的感知，在符号的引导下，人们只去看那些与符号相一致的方面。至于那些与符号不相一致的方面，或者认为是无关紧要的，或者会视而不见。这样一来，符号不仅是认识的工具，而且成了认识过程的主导，支配着我们的认识。一方面，规划了我们的认识路径；另一方面，也为我们提供了认识对象。表面看来，是我们在使用符号去进行表达和描绘，而实际上恰恰是符号控制了我们。符号不仅为我们提供了认识的结果，而且为我们确定了行为指向和规划了行动路线。当我们在遭遇社会问题的时候，往往以为自己是在运用符

① Murray Edelman, Language, Myths and Rhetoric, *Society*, Vol.35, No.2, 1998.

号认识和把握社会问题，实际上则是符号绑架了我们，将我们引向了某一方向的政策问题建构。所以，在符号的作用下，政策问题建构可能不是针对社会问题作出的，而是针对那个被改写了的东西作出的。

正是由于这个原因，“政府界定了许多公共信仰和需求，却没有顺应人民的意愿，世界上的大多数人都在政府经济决策、军事行为以及社会政策的统治之下。我们急于相信政府将驱除邪恶与威胁，但是我们相信的热情使我们更容易受到政治语言的影响，这种语言只不过像宗教语言一样加强或缓和了我们的焦虑。”①由符号建构起来的政策问题取代了人们对社会问题的感知，远离了社会问题，却又能够把现实世界井然有序地安置在一个预先设计好的符号体系中，以至于任何社会问题的出现都不会超出符号所设定好的世界。因此，我们也就不会因为社会问题的惊扰而恐慌了。

我们既有的世界是在工业化进程中建构起来的，符号作为这个世界的建筑材料是逐渐被引入的。在《资本论》中，我们通过货币、价格等概念已经看到了资本主义的符号化。显然，货币是商品的符号，有了这个符号，不仅可以使商品的交换价值得到实现，而且在价格的波动中呈现出了一个活的符号世界。但是，那还是早期资本主义社会的状况，是在符号体系尚不发达的条件下所出现的经济领域的符号化，主要表现为商品和资本的符号化。到了 20 世纪中后期，资本的扩张把工业社会带入了消费社会，资本的符号化达到了空前的高度，而且带动了整个社会的符号化。在某种意义上，消费社会首先表现在对符号的消费上，或者说，是符号引领着消费。另一方面，20 世纪后期信息技术的迅猛发展，也推动了生产秩序向再生产秩序转变，并使符号实现了再度符号化。在这种情况下，人们开始主要凭借着符号去建构世界，表现为虚拟、仿真等方式的频繁应用。结果，现实与意象之间的差异被消解了，真实的实在转化为各种影像，以至于我们所看到的处处都是由符号构成的生活和生产空间。

居伊·德波认为，马克思揭示了市场交换中的异化，那就是把人与人的关系转化成了物与物的关系。然而，这种物与物的关系现在却再一次虚化了，转化成为一种由感性的可观看性建构出来的幻象。德波用“景观

---

① Murray Edelman, Language, Myths and Rhetoric, *Society*, Vol.35, No.2, 1998.

社会”一词来描述资本主义发展中出现的这个独特阶段，认为在这个景观社会中，真实的社会生活在各个方面都已经异化为了景观。真实世界沦为影像，影像取代了真实的存在，活着的每一个东西都仅仅是表征。受到了德波的启发，鲍德里亚提出了“生产之镜”的概念，认为西方资本主义社会已经完成了一个从“生产之境”到“符号之境”的后现代整体转型。在这样一种“符号之境”中，社会生活的每一个方面的存在物都已经彻底地“符号化”了。

鲍德里亚在马克思所区分的“使用价值”与“交换价值”之外又增加了一部分对符号价值的分析。在鲍德里亚看来，现金与商品数量都是由符号来记录的，从而使作为抽象价值表征的货币、资本等统治了社会。传统社会中的人们是通过物的占有和使用来显示身份的，而现在，人们却是通过物的操持方式来建构社会，甚至直接建构人的行为结构。物逐渐转化为社会中的意会符码，物的客观实在性消失了，反转成为某种社会意指。这样一来，社会被符码化了，人则是通过对表意和编码的操持去开展社会建构。在鲍德里亚看来，“物远不仅是一种实用的东西，它具有一种符号的社会价值，正是这种符号的交换价值才是更为根本的——使用价值常常只不过是一种对物的操持的保证(或者甚至是纯粹的和简单的合理化)。”①鲍德里亚试图取消使用价值与交换价值之间的区分，以便将使用价值纳入具有历史性的交换系统之中。

在鲍德里亚的图式中，需求是真实的还是虚假的已经不再重要，重要的是游戏中的符号交换。当然，鲍德里亚也认为，物品在其所在的客观功能领域中是不可代替的，不过，他更多强调的是内涵领域中符号的价值，反而认为物品的意义完全取决于能指在自我参考系统中的位置。因此，在他看来，我们在消费社会中实际上所消费的只是符号。就现实而言，正是媒体影像等促进了符号的泛滥，并混淆了符号与现实之间的界限。消费社会中的影像生产能力极其强大，媒体创造出了大量的图像，电影、新闻报道、照片等，所有这些都是通过无数的符号来加以展示的，实际上是用符号塑造出了一个“真实的”世界。在一重意义上，这些符号代表了作为自我的人的不在场，是与现实的物相脱节的；在另一重意义

① [法]让·鲍德里亚：《符号政治经济学批判》，夏莹译，南京大学出版社2009年版，第2页。

上，符号又代表着最为真实、最有意义的事实，构成了人以及人的社会活动的最为重要的部分。随着影像的致密程度的加强以及它所涉及领域的广泛性，一个仿真世界诞生了。所以，鲍德里亚用“仿象”的概念来指称这个世界。

在中文里，“仿象”也被译为拟像、类象、幻象等，所指的就是消费社会中大量的复制物，它们是虚幻的却又极度真实，可能是没有确定意义的却又是确定性的图像或符号。这个“仿象”的世界与现实世界并不存在一一对应关系，因为，影像创作出了以幻象形式出现的符号，而这些符号与所指却完全脱节，“信息的内容、符号所指的对象相当微不足道。我们并没有介入其中，大众传媒并没有让我们去参照外界，它只是把作为符号的符号让我们消费，不过它得到了真相担保的证明。”①根据鲍德里亚的看法，在消费社会中，那种把物与社会意志相对应的观点只是“痴人说梦”②，我们从影像所创造的大众交流中获得的不是现实，而是“对现实产生的眩晕”。“没有文字游戏，现实就产生不了眩晕，因为亚马逊平原的中心、真实的中心、激情的中心、战争的中心，这个作为大众交流的几何地点并令人头晕目眩的、令人伤感的‘中心’。确切地说，它们是什么也没有发生的地方。那是激情和事件的寓意符号。符号令人产生安全感。”③符号已经彻底从“必须符合现实”的要求中脱离了出来，成了独立的体系。此时，人们也许会以为自己是在消费某个物品，事实上却在不自觉地消费符号。

进一步地说，是符号而不是现实，更强有力地影响着人的感知。依此来观察社会治理，我们看到的也是同样的情况。面对社会问题，正是符号影响着我们对社会问题的感知，我们以为把握了社会问题的那些最为实质性的方面，其实那只是符号给予我们的，是符号制造出来的幻象。在此前提下所开展的行动虽然被看作是解决社会问题的努力，而实际上则像“与风车斗争”一样荒唐。也就是说，政策问题建构完全成了鲍德里亚所说的那种“仿象”，不仅最终呈现出来的结果是“仿象”的，而且整个政策问题建构过程也是这样一种“仿象”过程，以至于符号不仅是政策问题建构时所应用的工具，而且也是政策问题建构过程及其产品的全部。

① ［法］让·波德里亚：《消费社会》，刘成富、全志钢译，南京大学出版社2000年版，第12—13页。
② ［法］让·鲍德里亚：《符号政治经济学批判》，夏莹译，南京大学出版社2009年版，第12页。
③ ［法］让·波德里亚：《消费社会》，刘成富、全志钢译，南京大学出版社2000年版，第12页。

三、符号泛滥条件下的政策问题建构

“仿象”世界的出现，即符号与现实的脱节，意味着符号所指的客观存在失去了意义，或者说客观存在从人们的视线中消失了。这样一来，符号也就摆脱了那种能够束缚它的原始状态，可以脱离客观存在而无碍地自由流动、自由指称，甚至可以指代完全未知的、不确定的事物。其实，这只能说是符号的意义丧失了。“大众传媒将文化和知识排斥在外。它决不可能让那些真正象征性或说教性的过程发生作用，因为那将会损害这一仪式意义所在的集体参与——这种参与只有通过一种礼拜仪式、一套被精心抽空了意义内容的符号形式编码才能得以实现。”①电视传媒通过技术组织对世界进行任意剪辑、任意显像，以表明“它承载着的意识形态是，那个对已变成符号系统的世界进行解读的系统是万能的”②。如果说现实社会中的符号还担负着体现连续性、完整性、清晰性等理性的功能，那么，在仿象世界中，所有这些都被彻底抛弃了。因而，仿象世界给予我们的是令人无限陶醉的乐园。

在仿象世界中，各种各样的事件并非是我们的真实经历，因而也就无所谓矛盾。事件、历史、思想都只合乎编码规则的要求，是由媒介技术加以操作的幻象。正是这个幻想，“把一切意义，无论它本该如何，规定为可消费的。规定了大众传媒消费的，正是这种以编码规则取代参照物的普及。”③与物的消费相反，在实际发生的事情中，“未经加工的事件就是交流：它不是交流材料。它只有在被生产的整个工业流水线、被大众传媒过滤、切分、重新制作，变成成品、变成——与工业生产的制成物品同质的——制成且组合的符号材料后，才变得‘可以消费’。”④媒体将现实事件变成可以消费的符号，在这一加工过程中，符号自身的意义被消解了。通过电视广播等技术传媒的运用，世界和事件被剪辑成了连续的、不矛盾的信息，而现实的完整画面却不复存在。传媒的剪辑将历史与社会新闻、消息与广告等在符号层次上等同了起来，进一步加深了符号的混杂与苍白。

一方面是符号与现实的脱节，另一方面又是符号与现实夹缠在一起

① [法]让·波德里亚：《消费社会》，刘成富、全志钢译，南京大学出版社2000年版，第106页。
② 同上书，第132页。
③④ 同上书，第135页。

而无法区分开来。被符号所召唤出来的世界只是一个“仿象”世界，是由符号建构起来的，而真实世界却笼罩在了符号的阴影之下，表现为符号在现实中的展开，以致我们常常会产生一种错觉：“符号与‘真实’指涉物的分割并不存在。这种分割只发生在作为形式的能指，以及所指与指涉物之间，后两者共同成为了内容。在能指的统治下，形式构成了思想，内容构成了现实(或者，成为了知觉)。在此指涉物并不比所指更外在于符号：实际上，它受符号的控制。它被符号的某种功能分割出来，成为一种表征。它的现实性只是作为符号自身的一种点缀。在深层意义上，指涉物是符号的一种反映，而这种深层次的相互关联，虽然依赖于形式，但却通过对主体的言说而‘本能地’被反映在内容的层面上。”①

也就是说，世界变成了所指，是以指涉物的形式出现的，被认为只不过是能指的游戏在现实中的反映，是在能指所投下的阴影中运作的。这就是费瑟斯通在描述消费社会时所看到的：与消费社会相适应的是符号与存在的颠倒，也“就是后现代主义‘无深度’的消费文化的直接性、强烈感受性、超负荷感觉、无方向性、记号与影像的混乱或似漆如胶的融合、符码的混合及无链条的或漂浮着的能指。在这样的‘对现实的审美幻觉’中，艺术与实在的位置颠倒了”②。进一步地说，这是在符号的混杂与肆虐中形成的现实与符号的混淆。这种混淆也反映在社会治理之中，一个无可否认的事实就是，政策问题建构中所使用的符号有多少是自我指涉的？又有多少是对现实的指称？都已经无法分得清楚。甚至“现实问题”这个词本身，都已经失去了它原本的意义。因为，我们生活在一个由符号所塑造的幻象之中，当我们用“现实”一词来指称存在时，当我们去努力发现“现实”问题时，却是在幻象与现实混杂的丛林中游荡，致使我们自己也不清楚“现实”的概念所指为何。显而易见，我们所开展的政策问题建构被要求以客观现实为基础，但是，我们无法不在符号的运作中进行政策问题建构。不论符号是否表达现实，也不论符号是否塑造了现实，但有一点是肯定的，那就是政策问题建构过程中无法抛开符号，反而是高度依赖于符号的。

---

① [法]让·鲍德里亚：《符号政治经济学批判》，夏莹译，南京大学出版社2009年版，第148页。

② [英]迈克·费瑟斯通：《消费文化与后现代主义》，刘精明译，译林出版社2000年版，第34页。

符号始终是与现实关联在一起的，在我们所使用的符号中，绝大多数符号总能指涉一个基础性的现实。正是因为有了现实的基础，符号才不会像后现代主义所认为的那样昙花一现，至少符号体系是稳定的和完整的，能够在历史的延续中展开，并不断地得到丰富和发展。就此而言，政策问题建构对符号的依赖是无可非议的。但是，符号的应用必须坚持一个原则，那就是不能耽于符号系统中去进行自我指涉，而是需要时时指向现实，即便是在我们不清楚什么是现实的情况下，也要把符号指向现实作为一个不变的原则。这是因为，当符号陷入了自我指涉的窠臼时，符号本身的意义就会被抽空。当然，后现代主义主张，“没有一个意义先天地是真的或者说是本体论地确定的。意义就是为了被获得而确立的。”①但是，我们必须看到，当符号和语言日益疏远更为真实的话语社群，自我指涉的符号取代了现实并忽略了现实之后，符号越来越成为一种标识。结果，“绝大多数被看成是对话的东西根本不是这么回事。由于交流失去了对对话所提供的真实性的检查，公共对话衰败了。”②不仅有意义的交流消失了，而且符号与指代对象的脱节直接导致了事实的消失。在这种情况下，我们在政策问题建构过程中所看到的已经不再是事实在发挥作用。

如果我们恪守符号应当指称现实的原则，符号的自我指涉就会得到抑制，我们的交往和交流就不会耽于符号系统之中，而是能够指向那些困扰着我们社会生活的现实。依此去看政策问题建构，也就能够最大可能地建立起政策问题与社会问题的关联性，而不是脱离开了社会问题去把政策问题建构制作成符号游戏。我们已经指出，符号在产生时可能是有意义的。然而，“这些意义是暂时的和不稳定的，因为它们是偶然出现的。从这一立场出发，对于行动能够说的富有特色的方面就是，意义是通过相关性的过程不断地被创造的，这一过程承认他者的他在性的同时，也承认自我和他者是同一的。所有常规的、有吸引力的契约关系的确定性不再可行。”③虽然符号的意义表现为一种不断获得的过程，但就符号与现实

① [美]查尔斯·J.福克斯、休·T.米勒：《后现代公共行政——话语指向》，楚艳红等译，中国人民大学出版社 2002 年版，第 11 页。

② 同上书，第 7 页。

③ [美]O.C.麦克斯怀特：《公共行政的合法性——一种话语分析》，吴琼译，中国人民大学出版社 2002 年版，第 235 页。

的相关性而言，无论一个符号获得了何等丰富的意义，也只能在一个非常狭窄的语境中来理解，即存在于一个非常有限的空间中。我们现在所遇到的是符号的泛滥，在此条件下，模仿作品、混合的符码、奇形怪状的排列等，都显然是对意义以及符号的可读性所提出的挑战，从而将符号的发展引向了脱离现实、自我指涉的方向，而且不断地出于自我指涉的需要而去创造新的符号。

由于符号的发展已经进入了这个自我繁衍的进程，所以，在逼使"现实"隐退的同时，又发明了诸多"超现实"的概念，"在超现实的情况下，词语失去了表示意义的能力，而成为了自我指涉，即只是在较为狭窄的语境中它才是有意义的，这一语境或者是并非被所有人共享，或者是稍纵即逝的，超出了那一时刻，就没有什么可回味的。"①符号的这种暂时性、多样性和不稳定性的增强对政策问题建构也形成了挑战。如果说在符号相对稳定的条件下，我们可以基于对符号意义的共同理解和把握去获得指称上的明确性，而符号的多样性与多变性，使得对符号意义的理解和把握不再可能。而且，符号本身也已经不再有什么意义了。这样一来，政策问题建构其实所要面对的是三重任务：第一，要保证符号不是自我指涉的，而是对特定社会问题的指称；第二，符号的多样化又要求符号的应用必须建立在对符号作出选择的前提下，为了保证选择是恰当的和正确的，就不能把政策问题建构权完全交给专家，而是需要广泛地分配到所有相关行动者的手中；第三，符号的易变性决定了政策问题建构的紧迫性以及政策产品的时效性，从而要求在每一项社会问题甫一出现时就必须立即采取政策问题建构的行动。一旦担负起这三项任务，关于符号必须指称现实的要求也就蕴于其中了，或者说，实现了对这一原则的超越。

在现代性的观念中，符号与现实的分离是令人困惑的，符号的自我指涉是无法接受的，但是，我们毕竟已经生活在这个世界中了。利奥塔尔劝戒我们，不应该为符号意义的丧失而悲哀，因为它表明的仅仅是语言游戏的多样性代替了宏大叙事，也就是主要知识不再是科学的了，科学话语作为元叙事已经不再具有合法性了。或者说，科学知识不再居于叙事知识

① [美]查尔斯·J.福克斯、休·T.米勒：《后现代公共行政——话语指向》，楚艳红等译，中国人民大学出版社2002年版，第7页。

之上，而是与叙事知识相互依存的，并且各自有着独立的体系。因是之故，“我们也许只需赞叹话语种类的繁多就够了，就像赞叹动植物种类的繁多一样。”①然而，在后现代的视野中，元叙事被一个“黑洞”所吞噬，抽象的符号成了自由漂移的东西，能够决定具体经验的指称符号已经不再存在。

后现代解构了一切不朽，既包括符号也包括符号的指称物，因而，抽象符号与具体指称之间也就无所区分。由于符号与现实融合在了一起，由于抽象与具体不再分离，那么，通过符号来控制现实的基础也就消失了。本来，符号与所指之间的界限是分明的，符号只不过是由理性创造出来用以指称现实的。所以，能够通过符号或借助于符号而对现实加以控制。但在这样做的时候，是因为一切控制的发生都是建立在界限的基础上的，没有了界限，也就无法保持优越地位，也就无法用保持距离和保守秘密的方式来进行控制。现在情况不同了，在鲍德里亚所描述的“仿象”王国中，爆炸从内部发生，所有的分界线都被吸入内部，现实与“仿象”之间不再有界限。既然没了界限，也就消解了控制的前提和基础。可见，正是拒绝了稳定的边界，从而拒绝了理性的构造原则，以至于无法通过构造一个中心来继续控制这个世界了。这就是我们已经置身于其中的世界。在这个世界中，政策已经无法承担起控制功能，政策问题建构也就不再是服务于产出作为控制工具的政策。这意味着公共政策属性的根本性变化。

由于多样性的符码混合到了一起，所呈现给我们就是一个混杂的世界。同时，这也是一个个性化的世界，鲍德里亚把它称作为仿象世界。在这个“仿象”世界中，一切固有的价值都需要重新加以认定，而且不会有任何价值能够得到永久的优位认可。符号的高度流动性特征以及它的自我指涉功能所激发出来的是消解文化建构的冲动，不仅现代性的非身份性等级彻底崩解，而且各种各样的结构化的规范也被解构。可以认为，在符号快速流动的世界中，将不再存在着统领世界的规范性语言，也将不会有统摄一切的评价标准，政治家、科学家以及知识分子等符号专家将无法继

---

① [法]让—弗朗索瓦·利奥塔尔：《后现代状态：关于知识的报告》，车槿山译，三联书店 1997 年版，第 56 页。

续在政策问题建构中居于中心地位。

在符号与信息的高速流动中，知识不再具有权威性。事实上，在网络已经成为一个非常方便的社会生活平台后，知识变得唾手可得，随时都在改变。比如，有了“谷哥”和“度娘”之后，我们可以在任意地点获取我们希望得到的知识，也可以随时了解知识的变化。更为重要的是，人们拒绝按照固定的模式对符号和影像加以吸收以及模仿，符号的使用将告别一切人为的操纵。从当今互联网上的符号应用来看，符号也是不可能被操纵的。在我们所面对的这样一个混杂的“仿象”世界中，跨学科的集体工作是解决问题的方式，“他们既没有一种元语言，也没有一种元叙事来表达这种工具的目的性和正确的用途，但他们可以通过‘集思广益’增强工具的性能。”①基于这一历史条件而开展的政策问题建构将是一种合作建构，是一种无主导的致力于解决具体社会问题的合作行动模式。

由于高频流动的符号与客观现实的分离，为告别一切决定论的思维模式提供了必要的条件。因为，当人们在符号中无法发现现实的时候，也就没有人可以独断性地赋予符号以某种确定的意义，也就不可能通过定义符号和掌握符号而攫取权威。在符号意义的不确定性和不连贯性面前，任何一种权威都无法找到赖以成立的基础。在没有权威的条件下，也就不可能出现挑战权威的行为，也就不再会看到无聊的政治辩论。这样一来，政策问题建构将不再是一个在宏大的符号体系中建构理性符号的过程，而是由多元化的行动者赋予符号以意义的过程。这个时候，人们在赋予符号以意义的过程中谋求共识，甚至获得超越了共识的默契，从而达成政策问题的合作建构。

虽然符号的意义不再具有权威性，每一个行动者都可以自主地赋予符号以意义，但这并不影响人们从符号意义中去获取共同的部分，因而，也不会对人们的合作行动造成消极影响。事实上，当我们脱离了认识论的独断论思维路线后，就会发现，路德维希·维特根斯坦所说的情况更为真实：“主体不能通过把符号指派给特殊客体或事物来决定语词（或符号）的意义；就是说，她不能为某个特定的意义指派一个名称。意义是由生活

① [法]让—弗朗索瓦·利奥塔尔：《后现代状态：关于知识的报告》，车槿山译，三联书店1997年版，第110页。

形式或语言游戏确立的,说话者就是在游戏中言说。意义指涉着主体之间的语言运用。我们把语言的透明性视作是理所当然的,但实际上,正是语言构建了主体。”①的确如此,在我们的生活世界中,只有从人与人的关系中才能理解主体的意义,才有可能自觉地走向对“他者”的关注。

在工业社会中,当生活世界的各个领域接受独断论的思维模式控制时,其实都是生活世界的异化形态。这种异化形态的终结,是需要将认识与实践的视角转换到人与人的关系上来的。在拥有了这样一种视角后,就会发现,服务于人的交流的符号要远比用来指称的符号更重要,即便指称符号是必要的,也需要满足交流的需要,并根据交流的需要而加以改造,或者被赋予这方面的意义。这样一来,我们所拥有的最为重要的现实就是人们的交往和交流。一方面,人们在交往和交流中赋予符号以意义;另一方面,即使在意义非常稀薄的情况下,也可以进行交往和交流。交往和交流是最高原则,与这个原则并行的现实是高度复杂性和高度不确定性。反过来说,高度复杂性和高度不确定性条件下的社会活动必须将一切安排都置于交往和交流的优先性之下。高度复杂性和高度不确定性条件下的交往和交流是我们今天所拥有的和正在拥有的一个不同于以往的真正的生活世界,而且是一个有着无限开放性的世界。不仅在当前的空间中开放,而且能够面向未来而无限延伸。

在这样一个世界中,一切符号都从属于交往和交流,而且这应当成为一种全新的符号观。一旦我们确立起这种符号观,现有的各种各样的合作障碍也就能够非常容易地被消除。每一个行动者对符号的意义都有不同的理解,而且赋予符号以不同的意义,并证明了行动者之间的差异。根据学术界对合作的研究,真正的合作是建立在差异的基础上的,而符号中的意义在行动者这里所表现出的和制造出的差异恰恰切合了合作的要求。所以,这将是一种与近代以来的一切集体行动者试图消除差异和抹平差异完全不同的行动逻辑,其基本的内涵就是对权威的解构。显而易见,只要运用统一的标准和有着统一的目标,就必然会呼唤出权威和必须得到权威的支持,就会在寻求共识的过程中以尊重客观事实的名义去压

① [美]戴维·约翰·法默尔:《公共行政的语言——官僚制、现代性和后现代性》,吴琼译,中国人民大学出版社 2005 年版,第 212 页。

制不同意见。结果,权威就会被用来操控符号,而符号则反过来支持权威所作出的一切控制。在仿象世界中,由于符号的意义是由每一个行动者赋予的,从而使权威从根基上被抽空了,而且一切谋求权威去控制符号和通过符号去控制社会的做法,也都将不再发生。

鲍德里亚认为,在每一个行动者都去赋予符号意义的情况下,可能会导致争夺符号意义的战争。其实,这种担心是多余的。因为,符号的意义决不是"普世价值",它不会要求所有的社会成员共同拥有,而是存在于具体的语境之中的,反映的是具体情境中的具体问题的不同意见和共同意向,是基于合作行动的需要而对现实作出的筛选,是出于合作行动的目的而去赋予符号意义。在这里,合作行动也就是莫里斯·梅洛—庞蒂所说的意向性,它是与我们的身体和环境联结在一起的。因为身体和环境都是历史的积淀,所以,在行动者之间会因为这种历史的积淀而有着一致性。总之,尽管符号的意义在每一个行动者那里都不同,而意向性却是相近或相同的,意向性界定了任务和目标,把社会问题呈现在我们面前,使得政策问题建构有了明确的目标。进而,政策问题建构是在具体的情境中针对具体的社会问题做出的,而符号的流动性及其意义的不确定性所打开的则是一个无限开放的空间,从而使政策问题过程也呈现出了开放性。这样一来,政策问题建构过程及其产品也就永远不会僵化。

第七章　互联网时代的政策问题建构权

第一节　从多元主义向政策网络的转变

利益集团在政策问题建构中的地位取决于国家与社会关系的格局。在政治学的话语活动中，虽然多元主义、法团主义以及政策网络等概念所提供的是理解国家与社会关系的不同视角，但在每一个视角中，都可以看到利益集团的身影。我们看到，20 世纪中期蓬勃发展的多元主义思潮有意识地弱化了国家在政策问题建构中的功能，强调利益集团的重要作用，认为利益集团在政策问题建构过程中拥有平等的机会。然而，70 年代形成的法团主义则从根本上推翻了多元主义的假设，重新要求将政策问题建构权从利益集团所代表的社会组织转向国家。不过，无论是多元主义还是法团主义，在政策问题建构方面，所争论的都只是“以国家为中心”还是“以社会为中心”的问题，并没有否定单一中心的政策问题建构模式。到了 20 世纪后期，随着政策网络概念的提出，使多元主义和法团主义的立足地发生了动摇，它们的观点也都显得过时了。实际上，政策网络概念的提出意味着一种“去中心化”的主张得到了表达，其中包含着将利益集团重塑为政策问题建构多元主体中的一支行动者力量。沿着这条道路走下去，似乎可以合乎逻辑地走向政策问题合作建构的方向。

一、多元主义视野中的利益集团

大致是从 19 世纪后半期开始，社会组织化进程呈现出了加速的态势，个人往往需要通过组织的形式去开展意愿表达。进入 20 世纪后，民主体制的运行已经与组织活动紧密联系在了一起，只有通过组织，才能进入民主生活之中。正是在这种情况下，多元主义将利益集团的参与视为代议制之外的补充性表达渠道。在多元主义的观念中，利益集团所进行的是具有充分竞争性的意愿表达，意味着不同的社会力量可以有着同等机会影响政策过程。因此，可以避免单一国家权威中可能包含着的偏见，从而有助于保证政策问题建构充分体现民意。

20世纪60年代以后，多元主义对现实政治的解释力受到了质疑。先是多元精英主义对所谓利益集团之间具有同等影响力的假设发难，接着是法团主义对国家作为一个自主的行动主体的强调，因而，开始出现了一波将政策过程的社会中心论转变为国家中心论的运动，并在某种意义上重构了政策问题建构权的分配格局。不过，无论是多元主义还是法团主义，都只是在一种单一中心的线性模式中去思考政策问题建构权的归属的，并没有表达政策问题建构权的“去中心化”追求。这一缺陷是在政策网络概念提出后充分显现出来的，所以，也正是政策网络概念的提出，改变了多元主义和法团主义龃龉的历史。可以认为，政策网络概念意味着政策问题建构上的一种新的解释框架，是在“去中心化”的追求中构想政策问题建构过程的。扩大而言，因为政策网络概念的提出，在社会治理结构方面也有望实现对国家与利益集团之间关系的重塑。

虽然美国开国时期还没有出现现代意义上的政党和说客，但麦迪逊在《联邦党人文集》第10篇中对“党争”的论述往往被认为是利益集团行动的政治理论基础，并且奠定了人们对利益集团的基本态度，迄今人们也都基本上是这样来认识利益集团的。根据麦迪逊的理解，党派是“指为某种共同的利益或者共同的情感所驱使而联合在一起的一群公民”①，这涵括了我们现在所看到的政党和利益集团。党派的出现有着必然性，“无论什么时候，社会中有产者和无产者都会分别结成截然相对的利益集团。在债权人和债务人之间，也有这种类似的区分。土地所有者集团、制造业集团、资本所有者集团以及其他很多较小的利益集团，在一个文明的国度里必然要产生。”②但麦迪逊对这些党派持有的是警惕和审慎的态度，他认为，这一群公民“不论他们在全体国民中占多数还是少数，他们的利

①② [美]汉密尔顿、杰伊、麦迪逊：《联邦党人文集》，程逢如等译，商务印书馆2009年版，第50页。

益同其他公民的权利、社会的长久利益和集体利益是相互冲突的”①。既然党派的出现必然会影响到政府的正常运转，甚至可能导致暴政，就必须对党争进行控制和加以防范。

如何防范党争的弊端，麦迪逊比较了两种控制方法：一种是民主政体；另一种是共和体制。麦迪逊在这里所用的“民主”一词的含义与我们今天所使用这个词的含义有所不同。在当时，“民主”一词主要指的是公民直接参与政治的直接民主制状态，而“共和”一词所指称的则是代议制。麦迪逊认识到，让全体公民都参与到政治过程中来是不可能的，即使实行直接民主制，最终也只能是由少数公民组成政府并加以管理。这种政体显然不能消除党争的危害，因而应通过代议制——也就是他所说的共和体制去控制党争。在麦迪逊看来，共和政体意味着由少数公民来管理，但这些公民是由全体人民选举出来的，而且在利益的相互竞争中，共和政体中的党派联合会得到削弱。因此，共和政府能够管辖更多的公民和更为广阔的国土。

麦迪逊因对党争的畏惧而表现了对利益集团的排斥，由于麦迪逊的影响，几个世纪以来，人们一直认为对“共和制”构成致命危险的就是“党派精神”。也就是说，既然利益集团必然会以特殊利益去破坏公共利益，就必须使社会治理远离利益集团。当然，在今天，麦迪逊关于“共和”与“民主”的区分已经没有意义了，现今的人们已经把它们看作是同一个东西了，或者说，把“共和”看作是民主的追求、民主过程的结果和民主生活赖以展开的框架。但是，麦迪逊关于利益集团的认识却在很长一段时间影响了人们对待利益集团的态度。具体到政策问题建构过程中，人们是希望不受利益集团干扰的，更不希望受到利益集团的控制。然而，现实政治的发展却是与人们的主观愿望相反的，特别是在19世纪末到20世纪初这段时间，利益集团呈现出迅速成长的势头，它们对政策问题建构过程表现出越来越浓厚的兴趣，并开始悄悄地向政策问题建构过程中渗透。从美国的情况看，尽管直到二战前的美国政治生活一直对利益集团抱有高度的警觉，但利益集团在政策问题建构中的影响也一直在扩大。这说明，麦迪逊的最初设想被现实政治发展所抛弃了。到了二战之后，利益集

① [美]汉密尔顿、杰伊、麦迪逊：《联邦党人文集》，程逢如等译，商务印书馆2009年版，第50页。

团的强势发展迫使政治实践不得不作出相应的安排，从而走向了促进利益集团开展竞争的政制设计方面。这就是20世纪50、60年代多元主义(pluralism)观念兴起的原因所在。

我们看到，19世纪末20世纪初，随着社会的利益分化，社会治理所面临的社会问题变得复杂起来，从而对专业知识和技术的要求也变得越来越高。加之这一时期公民自由结社权得到了承认和尊重，整个社会的组织化水平也得到了大幅提升，使得利益集团的出现有了必要的条件。在“一战”期间，当政府计划委员会鼓励私人企业组成商业协会与政府进行谈判时，利益集团获得了一个发展机遇。到1920年，如全国煤协会(National Coal Association)以及美国铁路协会(Association of American Railroads)等团体已经成为美国政治生活中的固定参与者。同时，大量的处于变动中的竞争性利益集团也迅速涌现了出来。每个利益集团都拥有一定的政治资源，包括选票、资金、专业技术、信息、社会地位、大众传媒渠道等。凭借这些资源，利益集团积极地出入于政策过程中，以至于政策问题建构无法无视或者排斥利益集团，而是需要接纳利益集团的介入，需要在利益集团在场的情况下进行政策问题建构。结果，利益集团的活动也就逐渐地实现了制度化。

利益集团一般是通过两种方式来影响政策问题建构的：第一，利益集团会努力与直接进行政策问题建构的机构或人员接触。如国会委员会成员或者行政官僚，都是利益集团想方设法接触的对象。在接触的过程中，利益集团会采取游说、辅助政策分析、提供技术支撑、帮助促进政治平衡等方式来对政策过程施加影响。第二，利益集团会通过社会舆论来塑造政策问题的特定形象，通过某一政治议题的提出来教育公众，努力促成公众对政策问题的一致印象，以此对政府施加压力。这样，虽然大多数议案直接出自立法委员会或者行政官僚之手，而议案的“灵感”却往往来自于其背后的利益集团，是利益集团在频繁地设定政策议题，并使其进入政策问题建构的议程。

虽然麦迪逊是把政党与利益集团相混同的，但利益集团的兴起却对政党的作用造成了冲击，在利益集团的行动中，政党的作用弱化了。到20世纪中期，政党政治基本上转化为利益集团政治，随着利益集团日趋活跃，政党只是站在前台的表演者，而在其背后，则是利益集团发挥着实质性的作用。政治学者们往往把这种情况仍然解读为政党政治，实际上则是一种误读。因为，当利益集团变得越来越活跃时，政党已经不再能够成为利益表达的主要渠道了，民众的意愿更多地是通过利益集团组织起来的，是通过有组织的行动作用于政策问题建构的。利益集团的兴起、发展以及日益强势的政策问题建构功能，推动了20世纪中期多元主义的兴起，同时，多元主义也为利益集团所享有的政策问题建构权提供了合理的理论解释。

早在利益集团刚刚兴起的时候，美国学者本特利就在1905年出版的《政府过程》中对利益集团的作用进行了描述，他甚至从利益集团的角度去重新描写美国的政治图景，对利益集团的作用给予了充分肯定，一反当时公众中对利益集团的普遍偏见。1951年，在杜鲁门出版他的《政治过程》一书时，利益集团已经成为一种现实的政治力量，而且在政治生活的广泛领域中发挥着重要的影响作用。所以，在杜鲁门对利益集团进行研究时，也就非常自然地确立起了多元主义理论。杜鲁门的《政治过程》往往被看作是一部关于多元主义理论的建构性作品，也正是由于杜鲁门在这部著作中确立起了多元主义观念，使得利益集团的政治地位在理论上得到了较为准确的定位，从而扭转了在此之前视利益集团为“祸害”的观点，并把利益集团打扮成美国政治过程中的积极成分。杜鲁门提醒人们正视利益集团在国家政治生活中的作用，认为“构成政治过程的行为不可能离开利益集团而得到充分理解，这些利益集团无时无刻不在活动”①。根据杜鲁门对当时现实的观察，在几十个国家部门中，没有一个会出台被强势利益集团所反对的法律或政策。这也就意味着：要理解政治，就必须关注利益集团的活动。

多元主义强调利益集团在政策问题建构中的主导地位，认为利益集团活动是人民主权得以实现的一种新方式和新形态。从时间点上看，多元主义产生于“二战”之后，出于对极权主义的痛恨和对国家极权化的警惕，它呼吁国家权力分散。在某种意义上，多元主义认为利益集团是缓冲国家极权的最有效途径。在多元主义看来，社会中存在着的各种宗教的、职业的和经济的社会组织，它们充当了国家与个人之间的中介。只有通

① ［美］戴维·杜鲁门：《政治过程——政治利益与公共舆论》，陈尧译，天津人民出版社2005年版，第544页。

过这些社会组织，才能把个人组织起来与国家抗衡。这些组织具有独立的人格，他们对内部事务享有自主权，国家不能干涉，更不能对其施行控制。相反，国家应为社会组织的活动提供平台。

涉及利益集团之间的竞争关系时，多元主义认为，所有利益集团都享有进入政治过程的资格，应当对政策问题建构拥有同等的影响力。也就是说，组织化的利益集团应当被置于自由竞争状态，在决策过程中，各种利益都应有机会得到有效表达。虽然利益集团之间存在着利益冲突，但在竞争的条件下，哪一个利益集团都不会强大到能俘获政府的地步，也不会出现哪个集团因为力量过小而被剥夺利益诉求机会的问题。这样一来，由利益集团代表的社会力量占据了主导地位，政府则处在消极地位上。政府的功能就在于，成为相互竞争的利益诉求的综合者，对不同的利益诉求加以不断的中和与平衡，并实现政策问题建构。多元主义对利益集团所代表的社会力量的政策问题建构作用保持着毫不掩饰的乐观态度，认为这可以使可能带来偏见的国家力量弱化。同时，又在利益集团通过竞争的方式而实现的相互制约中有效地避免了特殊利益对政策问题建构的俘获，从而保证政策问题建构是科学的和真实的。

二、多元精英主义的政策问题建构观

达尔的《谁统治?》常常被认为是对多元主义民主的观察记录，达尔也因此而被归为多元主义的阵营。其实，达尔与多元主义的观点是有所不同的。达尔认为，并不是每个群体都能在美国政治过程中施加同等的影响，不同群体对决策的控制是不均衡分布的，个人或群体在政治表达上的“有效性”是不平等的。因此，“政府决策的制定并不是就某些基本政策事宜统一起来的多数人的庄严过程。它是对相对少的群体的安抚。即使在选举时这些群体加起来是一个数字上的多数，它也通常无助于把这个多数解释为不仅仅是一个算术表达式。”①正是基于此，达尔提出了“多重少数人的统治”的概念，认为“一个政体的民主性质是由多重的集团或多重的少数人来保障的”。这些集团包括了几乎所有的强势利益集团联盟以及在政治上活跃的集团，它们与社会紧密相连，许多资源被作为有效的政治筹码而加以利用。

---

① ［美］达尔：《民主理论的前沿》，顾昕、朱丹译，三联书店1999年版，第199页。

不过，达尔眼中的集团基本上是社会的精英集团。所以，被人们称作为民主理论家的达尔其实是一个精英民主主义者，他所发展出的是一种多元主义的精英民主理论。之所以既是精英民主又是多元主义，是因为达尔并不把精英看作为铁板一块，而是认为统治精英内部存在着众多的权力中心。这些权力中心由不同的利益集团组成，从而构成了一种多元政治。达尔说，"在一个世纪内，一个由具有凝聚力的领导者团体主导的政治系统已经让位于一个由许多不同阶层的领导者主导的系统，每个人都能以各自不同的方式将政治资源组合起来。"①在《谁统治？》中，达尔所描述的是20世纪50年代美国的纽黑文市的政策议程设置，他从中看到的是不同的团体和政客结成了松散的联盟。正是这些联盟，几乎控制了纽黑文市的所有政策议题。但这些团体和政客都属于社会的精英，他们共同设置政策议题。达尔把这种现象看作是工业社会民主的常态，这就说明，在达尔的多元主义中其实只有精英的身影。在达尔的眼中，正是这些精英，才有资格参与到政策问题建构过程中来。

同达尔一样，林德布洛姆也致力于分析精英团体对政策问题建构的影响。在《政策制定过程》一书中，林德布洛姆着力描述了企业主管团体这样一个强势利益集团在政策问题建构中的作用。根据林德布洛姆的意见，"为了诱使企业主管履行职能，政府虽不必给他们提供所要求的一切，但却须提供能使其足以追求利润的各种条件。因此政策制定就被置于企业的特别控制之下：政府官员必须特别注意听取企业的意见；即使企业没有为其需要费尽口舌，也必须弄清楚它到底要什么；必须给经理们提供充分的支持以保证激励生产、就业和增长；而且在这样做的过程中必须使经理们拥有协商和实际参与政策制定的特殊权利。"②

林德布洛姆的这一意见其实是要求赋予企业主管在政策制定中的特权地位，这无疑是在多元主义的名义下为利益集团辩护的做法。也许这是从民主理念出发而提出的主张，但我们也看到，如果转化为实践上的安排的话，其实是必然引发反民主的后果的。所以，多元主义民主理论无论是在一般意义上还是在政策问题建构的规划方面，都必然会走向神化利

① [美]罗伯特·A.达尔：《谁统治——一个美国城市的民主和权力》，范春辉、张宇译，江苏人民出版社2011年版，第96页。

② [美]查尔斯·E.林布隆：《政策制定过程》，朱国斌译，华夏出版社1988年版，第93页。

益集团功能的方向。虽然多元主义视野中的政策问题建构没有给中立的量化分析留下施展拳脚的空间，却在政治话语中和民主名义下过分地渲染了利益集团的功能，成为一种漠视公众的精英民主理论。由此看来，多元主义实际上是在政策问题建构中为强势利益集团代言的。

林德布洛姆是在利益集团活跃于美国政治舞台的条件下开展其学术研究活动的，他基于利益集团控制政策问题建构的事实而提出了渐进决策模型，认为政策问题建构应从利益集团的行动中得到解释，而不能等同于纯粹的政策分析。根据林德布洛姆的意见，“从某种意义上来说，如何提出问题需要选择能力或意志。在各种旨在提出与解决问题如解决上面列举的问题的方法中，并不存在对与不对这样的可供分析选择的方法。”①决策是一个政治过程，因为政策问题“还包含着道德的因素。除非考虑任何社会冲突中的价值或利益，否则这些问题就不能得到全部解决。解决问题需要的与其说是分析，而不如说是政治”②。这实际上是说，在政治过程中，政策问题是由人们之间的相互控制或行动的调适来确定的，从行动主体的相互作用中，往往更能准确地解释政策问题建构的发生。

在林德布洛姆看来，即使是普通的利益集团，也能通过游说、拉选票、专业知识分析等对政策问题建构过程施加影响。林德布洛姆甚至引用了一位州议员的话说：“他们能够研究各种问题，并能简明扼要地表述这些问题——而一般的议员或没有时间或不愿意这样做；如果没有院外活动人士的话，议员就可能对法案或问题一无所知。一个议员光是浏览就要花两个小时的议案，在一个专业院外活动人士那里十分钟就可以解释得一清二楚。”③这样，利益集团通过影响国会议员的思想而以隐蔽的方式参与到了政策问题建构过程中。官僚、企业主管、知识精英和利益集团等政治和社会精英都处在一个互动的结构中，他们作为行动者，不需要关注整体的政策环境，只需要关注自己的偏好和利益不被其他利益集团或机构所遮挡或扭曲。正是在这些单个的决策者的相互调适中，形成了某种合力，使得政策问题建构朝着某一个方向发展。

在政治学的发展中，20世纪50、60年代是一个多元主义的时代，多

---

①② ［美］查尔斯·E.林布隆：《政策制定过程》，朱国斌译，华夏出版社1988年版，第31页。
③ 同上书，第112页。

元主义成了占主导地位的政治思潮。然而，从 20 世纪 60 年代后期开始，多元主义受到了越来越多的质疑。尽管此时的多元主义者已经抛弃了早期的利益集团理论家们所主张的政策就是利益集团利益综合的观点，但在一些重要问题上，多元主义却无法给出令人信服的答案。比如，政府是否应被视为独立的行为主体而非消极的利益综合者？政府机构能否避免民选官员的影响？利益集团能否平等地代表个体利益？不同的利益集团对政策过程是否具有同等的影响力？对于这些问题，多元主义感到力不从心，即使勉强作出了回答，也不被人们所接受。所以，多元主义逐渐衰落了。

在批判多元主义的学者中，特奥多雷·M.洛伊是一位具有代表性的人物。1969 年，洛伊出版了《自由主义的终结》(*The End of Liberalism*)一书，学术界认为这部著作实现了从多元主义向多元精英主义的转变。虽然达尔和林德布洛姆都拥有明显的多元精英主义色彩，但人们往往把他们归入到多元主义的行列中，而洛伊则被认为是一位从多元主义向多元精英主义过渡的人物。的确，洛伊成功地在多元主义与多元精英主义之间划出了一条界线。根据洛伊的看法，多元主义强调权力在各种社会团体之间的分配，显示出了“权力与控制无处不在”，因此，“它拒绝在政府与非政府机构的功能中进行自然区分的观念，这是正确的”。[①]但是，“正是因为制定法律的部门太过松散，行政部门享有了大量的裁量权，因此，在法律制定的过程中，特定团体有机会涉入其中去干预法律规则的制定，并不惜以牺牲公共利益为代价来提升他们自己的利益。”[②]也就是说，不同的利益集团所拥有的资源是不平等的，不同的利益集团是不可能平等地进入政策问题建构过程中的。每一个利益集团所代表的也都是特殊利益而不是公众的利益，更不会成为公共利益的代表。所以，利益集团控制的政策问题建构并不具有普遍的代表性和民主的合法性。可能是受到洛伊的影响，达尔在他 1985 年出版的《经济民主的前言》中修正了自己的部分观点，对利益集团的不均衡政治影响也给予了更多关注。

实际上，在多元主义理论盛行之时，谢茨施耐德就基于对美国政治现实的考察而提出了一些修正多元主义的想法。谢茨施耐德发现，美国的

① Theodore M. Lowi, *The End of Liberalism*, New York: WW Norton & Co Inc., 1979, pp.31-33.
② David Lewis Schaefer, Theodore J. Lowi and the administrative state, *Administration & Society*, Vol.19, No.4, 1988.

压力体制具有强烈的商业倾向，由上层阶级构成的压力集团具有选择性，那种认为压力体制代表整个共同体利益的观点只是现代利益集团理论所制造的神话。在谢茨施耐德看来，“多元主义天堂里的弊端是，天堂唱诗班的音调里充满了上层阶级口音。大约有90％的人与压力体制无缘。”①压力体制只服务于少数人的利益，政治是这个社会上层阶级的游戏，根本就不存在代表广大公众利益的问题。对于拥有优势资源的利益集团，在出现了利益冲突时，总能通过数不胜数的机制抑制冲突。比如，不给另一些团体提供意愿表达的舞台，或者避免某一机构拥有插手某一事务的权力。这样，“整个立法制度中充满了控制爆炸性因素进入政府机制的手段。一切政治组织形式都倾向于发展某些冲突而抑制另一些冲突，因为组织本身就是对某种倾向性的动员。某些议题被组织化进入政治过程，而另一些议题则被排除在外。”②

在“倾向性的动员”(biased motivation)的基础上，巴克拉克与巴拉兹集中考察了政策问题建构背后的权力运作，提出了“不决策”(non-decision)的概念。“不决策”是指“一种方法，通过这种方法也可以调整现存利益和特权分配的格局，对于一些需求，可以在其尚未发出声音时就使其窒息，或使其隐蔽起来，或在找到相关的决策舞台的有关途径之前将其消灭。即使以上这些做法都失败了，也可以在政策过程的实施阶段中使其荒废，将其摧毁”③。在压力体制形成后，强势利益集团不仅不代表占社会绝大多数的公众的利益，而且在政策问题建构过程中试图杜绝公众的诉求，往往是通过决策使自身的利益得到实现，也往往是通过“不决策”而对公众的利益诉求进行排斥。尽管“不决策”的方式显得非常隐蔽，但在政策问题建构方面，却是一种非常有用的排斥技巧。

政策问题建构显然会因为所生产的政策类型的不同而有所不同，洛伊根据政策的社会效果或预期社会效果而把政策界定为三种类型：分配型、管制型和再分配型。④这三种类型的政策是与不同的政治结构相联系

①② ［美］E.E.谢茨施耐德：《半主权的人民——一个现实主义者眼中的美国民主》，任军锋译，天津人民出版社2000年版，第34页。

③ Peter Bachrach and Morton S. Baraz. *Power and Poverty*, New York: Oxford University Press, 1970, p.44.

④ ［美］杰伊·沙夫里茨等：《公共政策经典》，彭云望译，北京大学出版社2008年版，第107页。

的，参与其中的行动者不同，社会力量在其中发挥的作用也就不同。自然资源分配方面的议题受到个体和公司等行动者的关注，这些行动者之间不存在共同利益，但他们会互投赞成票以达成联盟；社会管制方面的议题会得到更多社会团体的关注，多元主义理论所看到的政策问题建构过程主要是这一方面的政策生产状况；再分配方面的议题往往受到社会精英的控制，多元精英主义的观点更适合于理解这一方面的政策问题建构。所以，对于不同类型的政策而言，政策问题建构权的分布是存在着很大差异的。所以，多元主义所假设的普遍化的团体参与和控制政策问题建构其实并不是普遍存在于所有政策类型中的。就洛伊作出这些区分来看，多元精英主义比多元主义对现实政治具有更强的解释力。也正是因为这一点，安德鲁斯·麦克法兰说，“到了70年代后期，反多元主义者洛伊已经取代了多元主义的代表人物达尔，成为政治学领域中最有影响的学者之一。”①

奥尔森跳出了传统的将大集团等同于精英集团的观点罗网，从理性选择的角度分析了特殊利益集团对国家的控制，并以此来解释一个国家的兴盛或者衰败。在奥尔森看来，成本往往是由个体来承担的，但收益却是在集团内部平均分享的，从而出现了“搭便车”的现象。结果，越是大的集团，行动力也就越弱，而小集团则具有较强的动力去开展行动。“由于较小的集团常常能自愿组织起来采取行动支持其共同利益，而大集团则通常做不到这一点，因此，社会中各集团之间的政治斗争的结局并不对称。”②小集团通常具有较强的行动力去将自己的意愿转化为政策问题，而大集团必须通过“选择性激励”才能做到。因此，“不存在任何一个国家，所有具有共同利益的人都可以形成对等的组织，并通过广泛的讨价还价达成最优结果。”③正是因为较小的利益集团会有着更为强烈的组建自己的政治游说团体去影响政策的动机，所以，它们的行为往往会对政策问题建构发挥更大的影响力，从而使生产出来的政策符合它们的利益。正是这种现象，构成了特殊利益集团控制国家政策的原因。

① Andrews Mcfarland, Interest Groups and Theories of Power in America, *British Journal of Political Science*, Volume 17, No.2, 1987, pp.129-147.
② [美]曼瑟尔·奥尔森:《集体行动的逻辑》,陈郁等译,上海人民出版社1995年版,第151页。
③ [美]曼瑟·奥尔森:《国家的兴衰》,李增刚译,上海人民出版社2007年版,第38页。

三、从法团主义走向政策网络

尽管多元精英主义是在批判多元主义的过程中形成的，但它仍然强调社会团体对政策问题建构的影响，同时主张弱化国家的作用，因而仍可看作是一种“社会中心论”的理论取向。如果说多元精英主义与多元主义之间存在着区别的话，那也主要是在社会团体对政府决策过程是否具有同等影响力的问题上存在着分歧。问题的焦点其实是，在政策问题建构中，如何使社会利益得到均等的反映。与多元主义相比，多元精英主义显然能够更好地解释工业社会的政治现实。但是，多元精英主义也只是对多元主义作出了某些方面的修正，并没有走出多元主义的理论框架。然而，20 世纪 70 年代出场的法团主义（corporatism）则从根本上否定了政策问题建构权的“社会中心论”。

法团主义主要是通过在对诸如瑞典、荷兰、联邦德国等欧洲国家中的一种利益整合机制的理论提升而形成的思想派别。从北欧等国的政策问题建构实践看，存在于市民社会中的工会、雇主协会等自治社团组织都被逐步地整合到了政府规划之中，从而抛开了体制内外的分野，实现了社会与政府的高度融合。法团主义正是对这一政治现实的反映，它强调国家在政策问题建构中不可替代的角色，认为社会团体只有进入国家体制之中才能发挥作用。当法团主义兴盛起来并逐步抵销了多元主义的风头时，“国家中心论”也就逐渐取代“社会中心论”而成为政策问题建构的主导性解释框架。

菲律普·C.施米特把“法团”定义为一套制度实践或团体利益表达的结构化体系，认为“法团是一个利益代表系统，由数目有限、功能分化的利益集团构成。这些利益集团在其代表的范围内是独一的、强制性的、非竞争性的，并且团体之间具有严格的等级结构。它们被国家承认或由国家许可（如果不是创立的话）而建立，并在各自的领域内被特意授予垄断性的代表权。作为交换，团体在领导人的挑选以及要求的规定上，要受到国家一定程度的控制”①。法团主义无非是对这种法团的描述以及对其政治功能的肯定。从政策问题建构实践的角度看，法团主义与多元主义所

① Philippe C. Schmitter, Still the Century of Corporatism?, *the Review of Politics*, Vol.36, No.1, 1974, pp.85-131.

提出的是两种不同的利益表达与利益综合结构，但它们都是把利益集团认定为政策过程中的主要行动主体的，它们都将视线放在了利益集团上。作为理论形态的法团主义和多元主义所关注的都是以下基本的政治现实：(1)利益代表组织在政策问题建构中发挥着日益重要的作用；(2)社会利益的潜在纷争呈现出持久性和扩大化的趋势；(3)行政官僚、专业化的信息、技术专家以及根深叶茂的寡头统治在政策过程中作用日益强大；(4)党派的代表功能日益弱化；(5)公共政策范围日益扩大，并与私人领域之间相互渗透。[①]这些都是法团主义与多元主义共同思考的对象和现实。但是，对于同样的政治现象，两者却给出了完全相反的解释。

从时间的维度来看，法团主义对多元主义的替代似乎构成了一个连续光谱的两极。在多元主义这一极，利益集团的数量相当大，而且可以随意进入政策过程。它们是非层级制的并且是自治的，在领导人的选择以及利益表达方面不需要得到国家特殊的认证和认可，因而不会受到国家的控制。它们在发挥对政策问题建构的影响力方面开展竞争，努力使自己的意愿体现在政策问题建构中。多元主义集中考察的是社会对国家的“输入”以及政府“产出”的分配效果。其中，政府并不是一个独立的行为体，而是一个消极的依附性的行动者。在法团主义这一极，国家出场了，而且处于决策过程的中心。法团主义视野中的利益集团在数量上是有限的，集团内部的成员关系之间具有强制性，集团之间是非竞争性的关系，内部结构具有严格层级。在法团主义视野中，参与到政策过程中的集团在法理上或在事实上都需要得到国家的认可或认证，每一个集团在自己的领域中都具有代表的垄断性，并且在集团领导人选择和利益表达上受到来自于国家的正式或非正式制度的控制。在法团主义的理论框架中，利益集团在政策问题建构中的影响力是较弱的，能够参与到政策问题建构过程中的，事实上只限于国家认可的那些掌握特权的利益集团。法团主义大量使用的词汇是“中介”(intermediation)和“规制”(regulation)等，这表明，法团主义视野中的利益集团所发挥的是中介作用，是需要接受国家管理的。

---

① Philippe C. Schmitter, Still the Century of Corporatism?, *the Review of Politics*, Vol.36, No.1, 1974, pp.85-131.

关于政策问题建构中的国家与社会关系，多元主义实际上忽视了国家的作用以及国家与社会之间的关系，眼中看到的只是利益集团的政策问题建构作用；法团主义则将政策问题建构看作是由国家与被国家认可的利益集团之间在相互作用中完成，集团之间的关系在国家内部制度化并由国家来仲裁。因此，法团主义的任务就是将社会利益有序传达到国家决策体制中，在国家与利益集团的互动中去增进国家对社会问题的认识。在法团主义模式中，国家与社会之间的界限划分不再那么明确，国家和垄断性利益集团之间建立起了制度化的合作关系，国家允许利益集团参与到政策问题建构过程中，利益集团也会借此机会将自己的利益表达反映到政策问题建构中。相对于多元主义的权力多元化，法团主义更加注重政府与利益集团之间的互动，认为利益集团的参与应在政府主导之下进行，因而是一种有序的表达。利益集团是被纳入到国家主导的利益表达体系中而发挥作用的，所以，“利益集团并非在政府之外向政府施加‘压力’，而是统治过程中的一部分，既执行政策，也协助拟定政策。这种政府与利益集团之间你侬我侬的状况在某些国家益发亲密。总之，利益集团与政府之间界限分明的观念事实上是错误的”。①利益集团的活动已经被纳入“国家”的指导与控制中，组织的自主性丧失了，整个政策过程是由国家力量主导的，此时的利益集团只是国家的附庸。社团与国家逐渐实现了一体化，他们同样倾向于精英控制，即服从于日益强大的官僚控制，并远离他们声称要代表的选民。

多元主义是因为对极权主义的恐惧而强调社会力量对政策过程的影响。但是，在“新政”之后，国家规模与职能不断膨胀，特别是行政权的扩张以及行政国家的出现，都对市民社会构成了挤压，结果，政府不再是利益集团的一个消极的对应物，以至于多元主义的社会中心论在解释政策过程方面越来越显得苍白无力。正是基于这一现实，在20世纪70年代，一些年轻学者喊出了“将国家带回来”的口号。这一时期，不仅马克思主义的国家理论得到了重视，而且许多学者强调“国家结构”重要性的观点也开始大行其道。诺德林格断言，“最流行的社会中心论解释现在已然过

① [美]格雷厄姆·威尔逊：《利益集团》，王铁生译，台湾五南图书出版公司1993年版，第179页。

时了。”[①]在社会中心论的观点中，“国家几乎只是在名义上作为一部‘收款机’而存在，其精确地统计了竞争中的各个（‘力量均衡的’）社会团体的资源借贷情况，并随后对社会竞争的结果进行权威性‘认可’。根据一种差别有限的不同解释，国家不过是被视作展现社会利益、进行社会斗争的竞技场。”[②]这种观点的提出是基于这样一种现实，那就是，政府领导人提出的议案远远超乎社会群体、选民的要求，政府机构所建构的政策问题经常表现为与社会群体、选民要求完全相反的状况。因此，必须在政策问题建构中“找回国家”，只有在从社会中心论转向国家中心论的视角转换中，才能真正解释政策过程。法团主义正是迎合了这一潮流而出现的。

多元主义与法团主义之间的区别也常常被人们描述为“弱国家”与“强国家”主张之间的对立，但这不合乎事实。因为，在不同的政策领域中，国家在政策问题建构中所扮演的角色是不同的，即使国家所拥有的是法团主义结构，在某些政策领域中也会出现利益调停的多元主义模式；在广义的多元主义系统中，也可以看到一些领域中的部门法团主义。就如达尔在《谁统治？》中所描绘的纽黑文市那样，实际上是一种微观的法团社会。在一定意义上，利益集团理论并不适宜于描述谁统治美国的现实。不过，美国的政策问题建构总体上说会显得更适合于作出多元主义的解释，而荷兰、奥地利、瑞典等北欧国家的政策问题建构则具有较为明显的法团主义特征，而像英国等较多的国家在政策问题建构方面是介于多元主义与法团主义之间的。由于政策问题建构具有多种模式，一种试图综合这些模式的理论也就顺理成章地出现了，那就是以“政策网络”概念为标志的新的理论的提出。可以认为，“政策网络”意味着一种要求更好地解释不同政策领域中的国家与利益集团间多种关系类型的理论。

K.汉夫是最早主张将“网络”概念引入政策分析的学者之一。他认为，“网络”一词可以用来反映“政策制定中所包含着的数量巨大的公共与私人行动者之间的关系，这些行动者来自政府与社会的各个功能领域和不同层面”[③]。很快地，就有更多的学者开始使用“政策网络”的概念去分

①② ［美］埃里克·诺德林格：《民主国家的自主性》，孙荣飞等译，江苏人民出版社 2010 年版，第 37 页。

③ K.Hanf, *Interorganizational Policy Making*, London and Beverly Hills: Sage, 1978, p.12.

析政策过程，并出现了K.本森等具有广泛影响力的学者。本森认为，政策网络是存在于“因为资源依赖而形成的相互连接的组织集群(a cluster or complex of organizations)中的，并在资源依赖结构的尽头与其他的组织集群区别开来”①。这是关于政策网络的最为经典的描述，即便是政策网络研究集大成者R.A.W.罗茨也接受了本森的这一观点，认为政策网络是“一群复杂的组织因资源依赖而彼此结盟的状况，它们又会因资源依赖结构的断裂而相互区别”②。也就是说，在政策过程中，政府与非政府的行动者存在着资源方面的相互依赖，并因为资源方面的相互依赖而处在互动关系模式之中，从而构成了一个政策网络。所以，政策网络理论所关注的是具体政策问题建构中的利益集团与政府的互动关系。

根据P.凯尼斯和V.施耐德的看法，在20世纪70年代末，政策网络以及类似概念的出现并不是一种巧合，而是反映了政治转型的现实。因为，这一时期的公共政策过程呈现出这样一些特征：(1)有组织的集体行动成为社会的基本特征；(2)政策制定发生在部门分割的和更为精细化的政治系统中；(3)相互竞争的利益集团被高度动员起来，导致了政策问题建构过程的过度拥挤；(4)国家政策涵盖的范围扩大了；(5)政策制定的部门化导致了国家的“碎片化”；(6)公共领域与私人领域之间界限变得模糊，政策制定更多地发生在国家与利益集团的组分中。③因而，政府过程不再遵循“议会制定政策，行政执行”的教科书式的二分传统，而是变得错综复杂，“政策网络的建立就是精英们对现实状况的反应”④。

在政策网络的视野中，国家与社会行动者之间的界限模糊了，政治与行政的边界也逐渐消退，公私之间的壕沟时而被跨越。所以，正式的制度框架被打破了，而非正式关系却成为准确把握政策过程的观察视角。总

---

① K.Benson, Network and Policy Sector: A Framework for Extending Interorganizational Analysis, in D.Rogers and D.Whetten, *Interorganizational Coordination*, Lowa: Lowa State University, 1982, pp.137-175.

② R.A.W.Rhodes, *Policy Networks in British Government*, Oxford: Clarendon Press, 1992, p.13.

③ P.Kenis and V.Schneider, Policy Networks as an Analytical Tool for Policy Analysis, Paper for Conference at Max Planck-Institut, Cologne, 4-5 December 1989.

④ Volker Schneider, The Structure of Policy Networks: A Comparison of the Chemicals Control and Telecommunications Policy Domain in Germany, *European Journal of Political Research*, Vol.21, No.1-2, 1992, p.112.

之，无论是社会还是国家都不再是铁板一块。相反，在国家的碎片化中，国家与社会都是以多样化和碎片化的形象出现的。在公共的与私人的相互渗透中，甚至很多行动者已经无法被归入公共的或是私人的范畴。利益集团仍然在政策问题建构中发挥作用，但政策问题建构不再是在利益集团与国会委员会、行政官僚所构成的封闭系统中完成的，而是由公众、知识分子、舆论媒介、技术专家、政府权威等这些随时自由出入政策网络的行动者建构起来的。每一个行动者都会对自己感兴趣的社会问题发表意见，并促进其向政策问题转化。这样一来，围绕着政策问题或政策项目形成了政策网络。在这个网络中，每一个行动者都努力通过自己的行动去影响政策过程，从而形成了一个博弈系统，行动者呈现出网络分布的状况。所以，政策网络是在政策行动者的互动中产生的，而且在具体的实践中被重新塑造，也可能随时消散。

政策网络的出现，意味着多元主义的社会中心论和法团主义的国家中心论都丧失了合理性，呈现出了“去中心化”的趋势。这也就是罗茨所说的，“服务继续被供给，却是通过拒绝中心权威的组织网络来完成的。我们生活在一个‘无中心的社会’。”①中心是相对于边缘而言的，只要存在着中心与边缘结构，就意味着行动者之间是一种不对等的关系，就会带来控制。政策网络不是官僚制，不具有等级结构，也不是对市场的简单复制，而是对市场与等级制的替代。在政策网络中，利益集团与职能分割的政府部门都是政策问题建构中的行动者，彼此相互依赖，通过信息交流和专业知识交换以及信任来维持他们之间的关系。或者说，没有能够操纵和控制网络的权威主体，政府的角色也转变为促进网络的运行和寻求合作的新形式。就政策问题建构过程而言，也就不再是先前确立的规则的权威性得到实施的结果，而是一个行动者“共同生产”的过程。

政策网络不是一个静态的实体性存在，而是处在变动中的。对于一些社会问题，可能达成了共识并成功地进入议事日程，而另一些问题却可能因为争议而无法达成共识；一些行动者在互动中彼此产生了紧密的关系，而另一些却没有。即使在某一社会问题上暂时达成了共识，也可能会

① R.A.W.Rhodes, *Understanding Governance: Policy Networks, Governance, Reflexivity and Accountability*, Buckingham: Open University Press, 1997, p.1.

因为新的行动者的加入而需要重新建构。在不同领域的政策问题建构过程中，会出现不同的政策网络，而且在政策问题建构的不同阶段中，政策网络也不断地发生变化。在政策网络这里，正式制度因为其实体性特征而只能作为最为宏观的结构背景，而行动者则是灵活的、流动的。所以，政策网络不会定型，也不可能让任何一个行动者成为中心。因此，政策问题建构永远处于开放的状态，已经形成的政策问题也都可能是暂时性的。由此可见，政策网络的概念为我们展示了一幅全新的政策问题建构图景，同时也提供了政策问题建构的新思维。政策网络的概念是否与互联网的出现有一定的关系？不得而知。然而，它们却是存在于同一个时代的。网络是我们这个时代的标志，政策问题建构网络化也就是必然的了。

第二节 网络空间中的政策问题建构

今天，信息技术正在通过网络而塑造出一个虚拟世界，它似乎正在成为一个与自然界和社会相并列的虚拟空间。于这一世界中，信息的流动突破了所有的界限，实现了社会的再度脱域化，以至于距离已经不再成为政策问题建构权获取的障碍。这一方面使社会问题能够瞬间到达网络的每一个终端，在得到人们的广泛关注的条件下转化为政策问题；另一方面，在从社会问题向政策问题转化的过程中，人们的意愿表达是可以从网络的任何节点开始的，从而自由地进入政策问题建构过程之中。这样一来，政策问题不再是既往的地方性问题，即使它所涉及的是地方性的问题，也会超出地方的边界而得到广泛关注，甚至有可能得到全球性的关注。同时，政策问题建构权也呈现出了扩散在整个网络空间中的状况，并表现出流动性的特征。在流动的网络空间中，社会的中心—边缘结构失去了存在的根基，从而进入一个“去中心化”进程之中。社会结构上的“去中心化”将使人从既有的制度束缚中解放出来，并获得真正的自主性。网络结构中的政策问题建构是由自主的个体来完成的，但网络中的个体是处在与他人的共生共在关系之中的，每个人都对他人产生影响，同时，又无时无刻不受到他人的影响，是在一个相互影响和高频互动的状态中去开展行动的。在这种条件下，政策问题建构也将在人的合作行动中进行。

一、政策问题及其建构的散点透视

信息技术是人类在20世纪所取得的最重要的技术成果之一,它在某种意义上也标志着人类社会发展的一个新的阶段。信息技术推动了网络的发展,将人们的生活空间从物理空间扩展到电子空间、数字空间,并将逐步造就出一个虚拟世界。如果说人类迄今为止一直拥有的是自然界与社会,那么,虚拟世界将是人类所创造出来的一个新的世界。虚拟世界的出现,将意味着人们生活在由自然、社会和虚拟空间构成的三个世界中,或者说,人们将要穿梭于这三个世界之间。虽然虚拟世界相比于自然界和社会而显得具有虚拟的性质,但它的虚拟性丝毫也不影响它的真实性,它是一个真真切切的真实世界。尽管网络在今天还是社会的一个构成部分,是社会生活以及交往的平台,但可以相信,要不了多久,网络的发展就会呈现给我们一个完整的虚拟世界。即便是在今天这样一个虚拟世界尚未成型的时代,网络空间的不断开拓,也已经使社会生活呈现出诸多新的特征。

对于政策问题建构而言,我们已经看到了一幅全新的景象。网络空间中的信息所具有的高频率的流动性正在打破一切分割人群的边界,以致任何政策问题都不再是地方性的,而是通过网络扩散到了广袤的空间。既然边界消失了,那么,人类在工业社会中所建立起来的中心—边缘结构也就不再可能得到维持了。网络是一个"去中心化"的领域,而且网络也必将引发人类社会的"去中心化"。在网络中,每个人都能自由进入政策问题建构过程,并能够发表自己的意见。如果这些意见是有价值的话,也就肯定能够被人们所听取和接受。这样一来,政策问题建构权就不再受到某个中心的控制,而是散落在众多的网络终端。网络时代的政策问题建构,一方面,表现为政策问题建构权得到了最大程度的扩散;另一方面,由于政策问题被无处不在的信息流推展到了每个人面前,使政策问题变得更加具体。结果,政策问题在信息高速公路上迅速地通达到每一个终端,并成了网络空间中的前沿地带,让人们必须通过对话与合作的途径去行使政策问题建构权。

信息技术以及网络不仅意味着一场新的技术革命,而且,也带来了人类社会的根本性变革。如果说从农业社会向工业社会的转变是人类历史上的一场巨大的历史变革的话,那么,信息技术以及网络将标志着人类历史的一个全新阶段的开启。吉登斯用“脱域化”来形容从农业社会向工业社会的转变。在农业社会中，人的生活被牢牢地束缚在土地上，每一项生活形式和内容都受到了“在场”的支配。也正是这一点，证明了农业社会是一个相对凝固和与外界隔绝的地域性社会。城市化、工业化打破了这种地域界限，人们开始流动了起来，从熟人社会走进了陌生人社会。不过，工业化时期的人的流动还仅仅体现在走出了祖辈们所留下的土地，并没有实现大范围的无界流动。这是因为，伴随着社会的脱域化，民族国家开始建立了起来。在民族国家的框架下建立起的现代性社会治理体系为人的流动划定了边界，“护照”、居民身份等让社会治理者可以在任何需要的地方随时划出一条界线。

工业社会的社会治理是依靠抽象的制度开展的，而且，由于制度的确立，这种社会治理重新形塑了社会，以至于“场所完全被远离它们的社会影响所穿透并据其建构而成。建构场所的不单是在场发生的东西，场所的‘可见形式’掩藏着那种远距关系，而正是这些关系决定着场所的性质”①。抽象的制度建立在类别划分与界限确定的基础上，进而实现了对社会的分割，实行“分而治之”。具体地说，吉登斯所描述的这种情况实际上是社会的领域分化。在黑格尔那里，这一社会分化被看作是市民社会与国家的分离。在当代西方学者那里，则被称作为公共领域与私人领域的分离。事实上，这是公共领域、私人领域与日常生活领域的分立并在。

社会治理是从公共领域出发的，所实现的是对私人领域和日常生活领域的控制和调整。在社会治理过程中，我们所看到的图景是，虽然工业化使社会分化为公共领域、私人领域、日常生活领域，而且这三个领域也是并立在一个平面上的，但在这三个领域构成的完整的社会中，却存在着中心—边缘结构。虽然从不同的学科领域出发可能会把不同的领域确认为这个社会的中心，而在社会治理的实践中，公共领域则是确定无疑的中心，私人领域和日常生活领域都是受到公共领域控制和支配的边缘地带。所以，近代以来的社会治理拥有一个中心—边缘结构。正是因为这个结构的生成、存在和发挥作用，使政策问题建构权限制在了公共领域之中，并由公共领域中的中心——政府牢牢地把持着。在社会治理的中心—边

① ［英］安东尼·吉登斯：《现代性的后果》，田禾译，译林出版社2000年版，第16页。

缘结构中,政策问题建构权表现出从中心到边缘逐级分布的状况。从中心到边缘,政策问题建构权呈现出的是一个递次减弱的光谱。

如果说工业社会是一个实现了脱域化的社会,那么,它所实现的还只是地理意义上的脱域,即人们走出某个地域。在信息技术以及网络的发展中,人类社会再一次进入了脱域化的进程。这一次脱域化将不仅彻底地打破地域的限制,而且也正在突破领域、族阈的限制。特别是在政策问题建构方面,也许你从事的是不同的专业,也许你分属于不同的人群,也许你早已脱离了你的祖国而成为另一个国家的国民,却完全可以有着共同关注,并对某个社会问题发表意见,直至促成这一社会问题转化为政策问题。可见,信息的流动跨越了地域、领域以及族阈的界限,实现了在网络覆盖范围内的自由流动。在网络终端所及之处,几乎是在同一时间对某个社会问题给予了可能是同样的关注。

在信息的高速流动中,"所有的边界都是可以穿过的,因此,所有划出的边界在本质上都是无效的,至少是临时的和可更改的。所有的边界都是脆弱的、不坚固的、有漏洞的。所有的边界都具有易消失性这种新特征:边界在被划出的同时就被擦掉了,留下的只是曾经划过边界的记忆。地理上的非连续性不再重要,因为速度—空间笼罩着全部的地球表面,它把每个地方几乎都变成了同样的速度—距离,使所有的地方都彼此接近。"①的确如此,20 世纪后期以来,网络逐步实现了在世界范围内的全覆盖,任何关于政策问题的信息都具备了在全球范围内流动的可能性。因此,任何地方性的政策问题也都有可能成为全球性的问题。在此意义上,可以说全球化首先呈现在了网络之中,也可以说恰恰是网络推动了全球化的进程。当信息流动无视任何边界和随意跨越一切边界时,"社会生活都已经被非领土化了;因而,在世界上的许多地方,社会科学家们如果再要试图把社会生活的一致及其协同作用归因于发生这些活动的那个地方性区域,那就不应该了。从一种社会性的意义上来讲,地区性已不再具有任何明确无误的重要意义了;毋宁说,地区成了多种世界共存的场所。"②在过去的"硬件"时代,权力与知识都附属于地域,是"地方性的";而在覆

① [英]齐格蒙特·鲍曼:《被围困的社会》,郇建立译,江苏人民出版社 2005 年版,引言第 15 页。

② [英]马丁·阿尔布劳:《全球时代:超越现代性之外的国家和社会》,高湘泽、冯玲译,商务印书馆 2001 年版,第 246 页。

盖了全球范围的网络空间中，任何政策问题都无法继续被视为某一地方性的问题了。

形塑政策问题的力量也正在发生变化。显然，在地域性的社会中，地理位置相近是友谊、合作、仇恨、冲突等各种各样的邻里关系的基础，而现在，网络技术所推动的“脱域化”则使一切关系都超出了地理空间的限制。“在数字化世界里，距离的意义越来越小。事实上，互联网络的使用者完全忘记了距离这回事。在互联网络上，似乎距离还往往起了反作用。”①任何网络终端都能随时随地地收发信息，从而使人们克服阻碍彼此接触的地理上的空间障碍，从而体验到了前所未有的新的社会和文化经验，进入此前从未遭遇过的社会和自然情境。这样一来，自然场所与社会境况之间的关系也发生了变化，人们可以成为在异地演出的“现场”观众，人们不必亲临现场却能直接观看，人们无需彼此直接接触却能营造共同的体验，并生成思想平台。

当人们克服了距离的障碍而在这样一个“无界平台”中自由地体验与表达时，地球上的任何一个偏远角落的问题都可能在整个网络范围内引发讨论。在这样一个平台上，民族国家的身形变得模糊了，控制机构隐身了，网民代替了公民，形成了一种超越了国家边界的新的力量。而且，他们在许多社会问题面前都不再能够被区分为“当事人”与“旁观者”，而是在对社会问题的共同关切中生成直接感受，以共同的期待而促进社会问题向政策问题转化。事实上，我们已经拥有了这方面的经验，已经有很多社会问题在全球范围内引起共鸣，加上现代通讯技术的飞速发展，甚至可以令社会—经济活动所赖以存在的空间距离和领土界限消失。而且，网民的影响力也不断地得到证明，现在的许多政策问题能够得以建构，在其背后，往往包含着网民的影响力。

随着政策问题建构权在网络上的重新分布，引发了政策问题建构过程的一些新的矛盾。一方面，塑造政策问题建构过程的信息分散到了无数的网络终端，在网络中流动、聚集和离散，而掌控着政策问题建构权的政治行动机构却仍然被束缚在原地。社会问题往往在网络这样一个全球性的无界空间得到热议，而最终决定社会问题能否成为政策问题的政治

① [美]尼古拉·尼葛洛庞蒂：《数字化生存》，胡泳、范海燕译，海南出版社1997年版，第208页。

家和政府官员们却仍然属于地方性的“头头”。这些“头头们”待在某个城市中，被有形无形的围墙挡住了视线和阻住了脚步。当某个社会问题（如恐怖主义）正在遥远的地方发酵时，他们却仅仅关注地方性的事务，直至这个问题已经走近了他们并撞击着他们的躯体时，才急忙去寻求对策。即便到了这个时候，他们也仍然是用解决地方性问题的观念和思路去认识这一问题，用原先处理地方性问题的经验去对待这一问题，或者说，他们只能处理地方性的问题。“它们尤其缺乏一种令其独立、有效行动的力量。地方政治相对失权的对立面是超地域网络空间中政治的缺乏，那才是真正的权力发挥的地方。”①

由于网络这样一个流动性空间的出现，权力与政治流向了不同的方向，人们希望将权力与政治重新合并到一起，却又无法在民族国家中再次让这对正分离开来的“老搭档”重新结合。在网络空间中，任何问题都是全球性的，是不可能接受地方性的解决方案的。“我们不可能用区域性的方案来解决全球问题——尽管现存的政治制度热心地，然而是徒劳地，寻求区域性的解决方案（需要指出的是，截止到目前，现存的政治制度是我们集体设计出来的惟一的政治制度，我们仅仅拥有这样的政治制度）。难怪，所有这类制度都是区域性的，合理（合法）行动的最高权力受到了地域的限制。”②传统的政治具有鲜明的地方性的内涵，民主政治的开放性也只是地方性的，民主政治的参与权是限定在具体的区域和人群中的。然而，现今的政治所面对的问题却因为网络而在全球范围内流动，由于距离已经不再具有任何意义，依靠空间的界限来划定政治权力作用范围的时代结束了。同时，与信息高速流动相关的是，一个全新的“速度时代”开启了。因而，政策问题建构权的分配、配置以及分布，都正在脱离传统的政治框架。

由于网络以及信息的流动，政策问题建构权一部分转移到了国际社会，或者说，一些社会问题在信息和网络的时代更容易引起国际社会的关注，因而获得了国际社会的压力，迫使民族国家不得不考虑国际影响而将这些社会问题转化为政策问题。这样一来，使得民族国家原先那种强大

① ［英］齐格蒙特·鲍曼：《流动的时代——生活于充满不确定性的年代》，谷蕾、武媛媛译，江苏人民出版社 2012 年版，第 97 页。

② ［英］齐格蒙特·鲍曼：《被围困的社会》，郇建立译，江苏人民出版社 2005 年版，第 102 页。

的力量显得弱化了，在政治上也不像过往那样具有闪转腾挪的灵活性。“民族国家便既不再能够抑制那些生活在它的疆土之上的人们的抱负，也不能独占他们的注意力了。民族国家与其公民的社会关系之间的分离，还决没有达到完全彻底的程度；但确实已经推进得很远了。”①民族国家若想继续拥有既往那种控制权和行为自信心，已经变得不再可能，政府因为民众眼界的拓展而决定了它非常习惯的原先的社会治理方式已经无法再被使用，甚至在回应社会问题时显得稍有迟钝或不慎都会招致激烈的批评。政治家以及政府在过去数百年来积累起来的权威、合法性等，都遇到了严峻的挑战。

如果说近代早期的怀疑论是指向认识对象的，那么在今天，人们的怀疑往往直接指向了实践中的行动者，即指向了政府和政治家们。如果说人们在几个世纪中都一直对政府和政治家抱有依赖的心态，那么，现在都被当作泡影而刺破了。与此同时，来自于非民族国家的力量却显现出日益壮大的趋势。网络以及信息的流动使那种曾经在民族国家中凝聚起来的经济、军事和文化权力发生了奥菲所说的“内爆”，即自上而下和自下而上地同时发生碎裂与遭受侵蚀。与此相伴随的是一种“后现代转向”，使得知识精英对政治制度的支持和总体信任逐步衰减。这两者又导致了公众所关注的问题与焦点的新的消散、碎片化与急剧波动。结果，“政治的行动者失去了他们的作用和活动范围的确定性，因为后工业与全球资本主义的政治经济无法继续为‘生产系统中的各种位置’提供明确的分类，而这些位置曾是各种形式的集体行动（政党，社团，工会）的支柱。”②

在一些激进的学者眼中，所有这些方面带来的后果都指向了主权的丧失，“主权变为有名无实了，权力匿名化了，权力位置也已经空心化了。”③也许在今天就预测主权的消失还为时尚早，但无论主权的状况是否发生了改变，有一点却是不容争议的，那就是网络以及信息的流动正引发文化上的变革，从而使人的政治观念、生活观念都脱离了近代早期所确立起来的基本框架，甚至会扩展到要求对代议制民主政治和民族国家政府进行重新评估的行动之中去。

---

① ［英］马丁·阿尔布劳：《全球时代：超越现代性之外的国家和社会》，高湘泽、冯玲译，商务印书馆2001年版，第269—270页。

②③ Claus Offe, *Modernity and the State*, The MIT Press, 1996, Preface, p.9.

网络以及信息的流动使政策问题建构的力量散布到了开放性的全球空间,虽然这个时候民族国家的政府依然一次又一次地通过危机管理来试图掌控政策问题建构议程,但所有这些做法都很不成功。新闻发言人上午说的和下午说的不一致,甚至片刻之间就必须改口或自我否定。这本身就说明政府已经无法迫使人们服从自己的意志了。既然政府、政治家无法一贯地按照自己的意志行事,那么在手段的选择上,就需要因时因地进行调整,这样一来,传统的那种有目的的行动和理性的管理也就陷入了不确定的状态,甚至显现出了失灵的状况。"伴随着所有引人注目的'进步'进入人类沟通,并成为'在远方发挥作用'的工具,控制手段似乎无法跟上需要被控制的诸多力量,它不能再像从前那样控制它们。当前的社会状况表明,我们似乎无法逐渐限制并最终消除风险,无法减少人类方程式中的未知变量。未来不可能再像从前那样变成一个确定性的王国。未来的确是失控的;可信的猜测是,它注定依旧是失控的——至少在可预见的未来是这样的。"①

在网络所改变了的社会中,民族国家及其政府不管如何努力去做,都已经无法像过去那样实现对社会的有效控制,其权威总是受到某种形式的挑战和怀疑,甚至可以断言其昔日的荣光不再。在网络以及信息的高频流动中,似乎没有哪个部门能够保证自己的每一项行为都是有效的,曾几何时对"强国家"的那种无论是表现出来的还是以隐蔽的形式存在着的崇拜,也变得越来越淡。原先,人们总以为民族国家及其法律和民主制度是公民权的保障,也是公民权得以实现的框架。然而,在今天,它所表现出来的却似乎是对公民权的更多威胁。所以,对"强国家"的崇拜不仅正在走向消失,而且,对强国家的怀疑之声也随处可闻。

另一方面,基于近代以来自由主义的传统,有着一种似乎拥有更强话语权的"弱国家"理念被灌输给了公众。但在网络以及信息的流动所带来的或引爆的无序之威胁面前,人们似乎又希望国家能够有所作为,即包含着对一种"强国家"的渴望。我们知道,无论是在强国家还是弱国家之中,政府都是"前沿地带",就政府运转的情况来看,总是面对着每日都在成倍增长的公共服务方面的要求,政府往往都像奥菲所总结的那样,以"无可

① [英]齐格蒙特·鲍曼:《被围困的社会》,郇建立译,江苏人民出版社2005年版,第142页。

选择”(TINA,即 There is No Alternative)来回应。这也说明,无论是“强国家”还是“弱国家”,在面对全球性自由的要求与话语时,都无法继续保持自己的荣耀与威风,而更多的只能是作出无奈的抉择。

当网络把更多的行动者置于同一个平台上时,人们行动的不确定性迅速增长。在这种情况下,如果不充分考虑行动主体之间的关系,而是继续谋求国家及其通过政府的社会治理方式方面的局部调整和改善去处理各种各样的问题,就会陷入极其被动的状态。所以,网络时代首先意味着社会治理结构的根本性变革,特别是拥有中心—边缘结构的社会治理模式,正面临着“去中心化”的要求。网络首先呈现给我们的是话语权的分散,而在这种话语权的分散背后,则是政策问题建构权散布到每一个角落。因而,通过政策工具而实现的社会治理必须面对权力集中不再可能的现实,必须在这样一个“去中心化”的历史趋势中去谋求重建社会治理模式的方案。在此过程中,政策问题建构显然是一个“弱政治”的领域,从此入手,既能避免政治的失序或动荡,又能科学地安排社会治理模式变革的步骤。

二、政策问题建构权的“去中心化”

现代性的扩展是基于这样一个信念:“可能的知识是一个有限的池塘,真理和谬误共同分享着它。扩大了真理的地盘,就缩小了谬误的地盘;增长了知识,就减少了无知;增强了对世界的控制,世界就变成可预知的了。这种‘世界’观使世界成了一个有限的实体、一个与一种像地球这样的物质实在具有共同边界的实体。”①现代社会遵循“能量守恒与转换定律”,坚信观念与疆土上都存在着界限,在总量一定的前提下追求内部的类别划分,并认为能量是可以转换和通约的。正是基于这一思维,在地域或领域划分的前提下,中心—边缘结构得以生成并得到维持。发生在现代社会的一切行动,都是在中心—边缘结构中展开的,也不断地增强和维护着这一结构。在中心—边缘结构中,政策问题建构都被归于某一部分某一机构的职能。具体地说,政策问题建构是发生在公共领域中的,活跃于公共领域中的精英掌握着政策问题建构权。

① [英]马丁·阿尔布劳:《全球时代:超越现代性之外的国家和社会》,高湘泽、冯玲译,商务印书馆2001年版,第56—57页。

在民主体制中，政策问题建构权被设定为公众所有，而事实上则由社会精英所把持。即便是公众切实地掌握了政策问题建构权，处于社会中心的社会治理者也掌握着政策信息，并有着公布哪些信息和不公布哪些信息的裁量权，因而，主导着政策问题的界定以及议程设置，公众往往成了呈现在他们面前的已经得到建构了的政策问题的消费者。应当说，信息对于政策问题建构有着至关重要的意义，一类社会问题的信息是否得到公布和公开，直接决定了公众对该社会问题的反应。如果处于社会治理体系中心的人们希望掩盖某一社会问题的话，就可以把关于此类社会问题的信息封锁起来；如果希望解决某一社会问题的话，并认为该问题的解决能够为其业绩加分，就会主动地公布关于该社会问题的信息，并通过媒体等去制造关于这一问题的舆论，以便煽起公众的热烈反应。这些惯常的做法表明，政策问题建构是一个自上而下的过程，是自社会治理的中心地带开始的，或者，直接就是由社会治理的中心地带发起的。

在民主体制和语境中，政策过程往往是在社会治理的中心地带发起后再通过专家和公众的参与进入一个民主决策的过程。显然，在这一政策过程中，包含着一条自上而下的主线，是具有鲜明线性特征的政策问题建构过程。当然，工业社会已经不再是农业社会的那种地域性社会，而是在社会化大生产、市场经济以及陌生人的互动中形成了广泛的人际交往网络。但就基本的社会结构而言，却是一种线性的中心—边缘结构模式。加之，社会治理的这一线性的中心—边缘结构又是存在于民族国家的框架下的，是在民族国家这一相对封闭的系统中开展的，致使政策问题建构总是被作为一个国家的事情。越出了国家的边界，就不会有人关心，即使有人关心，也没有什么意义。

进而言之，民族国家边界的封闭性也会反映在其内部的每一个层级上，可以说，在民族国家内部的每一个层级上都会存在着许许多多次级和更次一级的封闭系统。事实上，每一个领域都构成了一个相对封闭的系统。社会治理往往是在这些系统中进行的，政策问题建构也基本上是在这些系统中完成的。比如，管理工业生产、商业贸易的部门基本上不会去考虑社会救助的事务，不关心这一方面的政策问题建构，甚至对这些方面的哪些应当成为政策问题的社会问题，也会熟视无睹。也就是说，我们的社会拥有着中心—边缘结构，而自中心辐射出来的是多条线，政策问题建构都是在某条线上进行的。这条线上的人们不会去关注另一条线上的社会问题，因而，也就不会去关心那条线上的政策问题建构。也正是在此意义上，政策问题建构是一种“地方性”的事务，依此而形成的政策依然是在“地方性”的范围内发挥作用的。

现在，这种状况正在发生改变，网络及其信息的高频流动不仅打破了社会治理中心垄断信息和主持信息发布的状况，也填平了中心—边缘结构中不同的线之间的鸿沟。一些重要的、紧迫的社会问题往往是首先在网络上引起了广泛关注，跨越了一切疆界，打破了一切部门分割，从而成为全社会关注的热点，然后又出现一种倒逼之势而压向政府。在网络中，每个人都是一个节点，每一个节点都可以与其他节点之间进行多渠道、多方位的信息交流，从而打破了信息的单向传输，进而摧毁了所有的信息中心。信息在网络上的自由流动意味着信息中心失去了存在的价值。

网络使信息的流动不再按照人为设定的线进行，而是在每一个节点上都呈现出散布辐射的状况。每一个人都可能成为某一具体信息的中心而在他所在的人群中发布这一信息，一项社会问题的信息可能会在这样一个人人都可以成为中心而又根本无中心的网络中瞬间达到每一个人那里。这个时候，处于社会治理中心地带的精英也就完全丧失了垄断信息和主导信息发布权的条件。所以，原先那种社会治理中心得以维持其特权地位的信息垄断就会终结。因为信息的无界扩散，使得政策问题建构权的垄断必然面对着各种各样的压力，而且，社会治理中心也不再可能通过划定清晰的边界去抵抗来自边缘的政策问题建构权的要求。所以，网络具有非属地化的特征，是一个全面开放性的无中心的世界。如果使用哈贝马斯的“公共领域”概念来描绘网络的话，那么，它就是一个“全景式”的公共领域。一切社会问题都可以在这里得到无障碍的讨论，并将讨论的结果以动态性的方式随时传递给政府，使政府获得公众的压力而开始考虑如何通过政策的途径去解决这一社会问题。在此过程中，也就实现了社会问题向政策问题的转化。

托夫勒将信息技术对社会的影响称之为“第三次浪潮”，他说，相对于前几次浪潮而言，“由于第三次浪潮的赫然来临，群体化传播工具不但没有扩大，反而突然被迫削弱了，它在很多战线上，正在被我称之为‘非群体化的传播工具'所击退。"①信息的传播不再受到权威机构的垄断,传播工具出现了非标准化的趋势,大小不同而又散布在世界上的每一个角落的网络终端群体竞相收发大量的信息,这些信息不再传播同一形象,而是出现了多种多样的形象、思想、信条与价值观。"新型通讯系统可以从某些特定的时间、地点和传统中分解或发掘出认同感,并通过创造'较少固定或统一'的选择多样性,对认同感的形成产生一种'多元化影响'。此外,这些新型通讯系统的运作在很大程度上独立于国家的控制,因此,不会轻易地服从直接的政治管制。"②如果信息是由某个中心发布的,就会要求口径一致;当网络把各种各样的中心冲得七零八落的时候,在信息的传递过程中,也就不再可能表现出异口同声的状况,任何新奇的文本都可能出现并受到关注,网络对差异性、新奇性的偏爱甚至会使以往被淹没在同一性中的差异性以更加夸张的方式突出出来。其结果就是:"任何文本都没有优先的地位。"③

在工业社会,特别是到了工业社会的后期,在"专家治国"的时代,技术专家被捧上了至高无上的地位。在这种情况下,知识精英出谋划策,提供各种各样的咨询报告,也引领着公共舆论。网络的出现意味着靠出"点子"治国、拯救世界的做法将成为一去不返的历史。因为,社会治理中心正在丧失控制国家和世界的能力,这将使得所谓的"点子"越来越没有价值。所以,那些直接服务于社会治理中心的所谓"智库",要想用某个语出惊人的咨询报告去欺世盗名已经不再可能。网络使原先强加在各种话语之上的限制解除了,自由的话语环境出现了,因而各种各样的话语都一下子被解放了出来。曾经被认为是智慧可靠来源的专家观点,现今却成了人们嘲笑和批判的井蛙之见,他们被谑为"砖家",是堆砌厕所的材料,不再能够对灵活的、流动的和随机行动的社会治理作出积极贡献。由于他们不能够在复杂的社会现象中识别出真正的社会问题,也就不可能对哪些社会问题可以转化为政策问题发表有价值的建设性意见。"通讯系统

---

① [美]阿尔文·托夫勒:《第三次浪潮》,朱志焱等译,三联书店1983年版,第217页。

② [英]戴维·赫尔德:《民主与全球秩序:从现代国家到世界主义治理》,胡伟等译,上海人民出版社2003年版,第130页。

③ [美]戴维·约翰·法默尔:《公共行政的语言——官僚制、现代性和后现代性》,吴琼译,中国人民大学出版社2005年版,第358页。

将像烈火一样蔓延，无法控制，无法预报，就像一颗突然出现的彗星的镜象。每一个男人、每一个妇女不久都将能够成为天空中的一颗星星，并且能够按照自己的意志在想所允许的范围内传播自己的信息。"①网络提供了使人们开展广泛交往的平台，增强了人们对事物的控制能力，扩大了人们的选择范围，扩大了人们的经验知识，最为重要的是使"现代经济……进入一个不同寻常的、困难的、不断变化的、不能用等级结构来控制的时代"②。

福克斯和米勒在描述后现代政策制定的场所时提出了一个"能量场"的概念，认为"在能量场中，却呈现出一个源头多元化的公共氛围，犹如太阳黑子，它可以从任何的和所有的点上燃烧起来。燃烧产生的能量以波的形式向外传导，进而作为一个整体影响到整个领域，也影响到其他潜在的火焰点"③。福克斯和米勒提出"能量场"这个概念是希望描绘人的相互依存性，是要说明原先那种把人们分割开来而实现"分而治之"的做法不再行得通了。的确，人们现在是如此紧密地联系在了一起，通过领域分离、专业化、部门化的方式而实现的社会治理不仅无法达到解决问题的目标，反而会使问题变得更加复杂。而且，越来越多的社会问题也表现出了无法划定边界的特征。

当福克斯和米勒写作《后现代公共行政》时，还没有关注到网络在政策过程中的作用，现在看来，他们所说的所谓"能量场"在网络上已经得到了淋漓尽致的展现。所以，网络向我们展示的是，不再是社会治理的中心把持着政策问题的建构权，也不再是只有专家才能影响政策问题建构，而是存在于网络中的流动的、不确定的、不断变换形象的"能量团"，对政策问题建构施加着各种各样的影响。总之，网络突破了边界，网络消除了"地方"，"围墙已成过去；商品已成过去。我们所理解的那种官僚制也已成为过去。在文本的世界中，有的只是多样化的书写，但思维方式是根茎的、非线性的和游牧式的。这是一个非地域化的世界。"④既然"围墙"拆

①② 转引自[美]W.E.哈拉尔：《新资本主义》，冯韵文等译，社会科学文献出版社 1999 年版，第 122 页。

③ [美]查尔斯・J.福克斯、休・T.米勒：《后现代公共行政——话语指向》，楚艳红等译，中国人民大学出版社 2002 年版，第 98 页。

④ [美]戴维・约翰・法默尔：《公共行政的语言——官僚制、现代性和后现代性》，吴琼译，中国人民大学出版社 2005 年版，第 340 页。

除了，那么，所有的系统也都不再封闭，而是成了全面开放的系统。在这一条件下，为系统确立中心—边缘结构的一切努力都是枉费心机的。或者说，对于全面开放的系统而言，根本就无法确立起中心—边缘结构。所以，由无限开放的系统所构成的世界就是一个“处处是中心，无处是边缘”①的世界。

在现实的民主制度运行中，即使公民具有形式上平等的政治参与权，仍然会因为政治、经济、文化等各方面的原因而遭到政治伤害。其中，在政策问题建构中被忽视、受冷落等参与上的不平等，最有可能造成大面积的政治伤害。这些参与不平等可以体现在很多方面，“甚至当所有公民都具有正式参与政治的权利时，这些权利对不同的人可能意味着许多不同的事。当我们关注于不太正式的政治活动，如与代表联系或在社区集会上进行协商时，这些差异就变得甚至更明显了。”②关于参与不平等的原因，弗雷泽归结为经济上的不平等分配、文化上的错误承认以及政治上的不平等代表权。

在20世纪的“新社会运动”中，弗雷泽解读出的是多元文化的兴起这样一个改变参与现实的机遇，认为经济上的不平等分配逐渐转移到了文化承认的问题上，从而提出了“承认政治”，或者说表达了对泰勒“承认政治”观点的重申，并认为这是正义建构的一条切实可行的路径。也就是说，在多元文化并存的情况下提出了承认的要求，是希望在政治上对承认作出安排时去促使政治自身转化成“承认政治”。为了使“承认政治”成为可能，弗雷泽提出了进一步要求，那就是解构分界线，即消除不同人群之间的界线。一旦人群间的界线消除了，存在于某个人群中的或者某个人群所承受的社会问题也就能够得到及时发现，而不是像过往那样，弱势群体所承受的或与弱势群体相关联的社会问题往往因为在政治中心缺乏代表而无法引起关注。这确实是一个很好的设想，但是，由谁来决定不同文化群体间的相互承认呢？什么力量可以保证一个社会中的强势群体承认弱势群体的利益？即便承认了，在社会治理中心——如政治机构中开展

① ［加］马歇尔·麦克卢汉：《理解媒介——论人的延伸（增订评注本）》，何道宽译，译林出版社2011年版，第391页。

② ［美］凯文·奥尔森编：《伤害＋侮辱——争论中的再分配、承认和代表权》，高静宇译，上海人民出版社2009年版，第251页。

活动——的人就一定会代表弱势群体发言吗？所有这些，都是承认政治无法解开的死结。然而，网络则为这一问题的解决展现了曙光。那就是，一项社会问题一旦在网络上引起关注，就能聚集起足够施压于政府的力量，迫使政府将其确认为政策问题。

从当前网络上的信息聚散的情况看，网民们往往更加关注那些与弱势群体相关的社会问题。这也许就是弗雷泽所设想的“正义的尺度”能够得到应用的场景。事实上，在网络空间中，单一的、综合性的公共领域已经分解为多元语境的公共舞台，其中，不存在任何单一的标准，更不可能应用某一标准来对所有的修辞和风格加以衡量并筛选。结果，具有不同风格和价值的群体都能参与其中，无财产的工人、妇女、穷人以及种族的、宗教的和少数族裔的人，都可以通过自己对话语的运用而获得承认，甚至获得尊重。在网络得到广泛应用的今天，即便是在最为消极的意义上，也应抱持这样一种态度：“既然没有办法确立一种更好的世界观，那么，惟一的策略便是对各种世界观采取来者不拒的态度，承认这样的一个粗陋事实，即世界观是无限多的，它们之间缺乏通约性。一旦意识形态被认为无所不在，且一切均为意识形态，那么，对意识形态的批判将不再被认可，于是社会反思的工作便告终结。”①

在只有一种意识形态的时候，往往会有很多人对这种意识形态持有批判态度，即使这种批判受到来自于中心的压制甚至惩罚，批判的激情也总像不熄的火焰。在网络中，当无限多样的意识形态无所不在的时候，不会因为对意识形态的批判受到禁止，而是变得没有什么意义，甚至产生了批判念头的人自己也会不认可这种做法。鲍曼在现实社会的多元化之中曾经体验到，“不再有任何针对实践活动的批判，不再依据另一可供选择的更美好社会来看待现实世界并进行评判与考查。从今往后，一切批判理论与实践都像后现代生活一样，在碎片化、自生自灭、自我关涉、孑然孤立、插曲化。”②在网络中，这些经验会变得更加真切，那就是一切为某种社会治理方式辩护的理论及其主张都将失去价值，与之相反的理论和主张也无法得以确立，即使出现了，也会自生自灭。

在我们看来，网络使昔日宏大的意识形态大厦倒塌了，多样性的观念

①② [英]齐格蒙·鲍曼：《寻找政治》，洪涛等译，上海人民出版社 2006 年版，第 117 页。

之间不再具有可通约性。无论是占统治地位的还是进行反抗的任何一种霸道的意识形态，无论霸权者所推行的是什么样的普世价值，都变得无处落脚。每个人都在网络中与其他人相遇并希望获得承认，不管人们所拥有的社会资源多少，在网络平台上，人们也许都会表现出阿伦特所说的那样，“共同生活在世界上，这从根本上意味着，事物的世界处于共同拥有这个世界的人之间，就如同一张桌子的四周围坐着许多人一样；世界像每一个中间事物一样，都同时将人联系起来和分离开来。”①其实，人们还不仅像坐在同一张桌子边那样直面相对，而是以匿名的方式相互渴求在“他者”的眼中获得自己存在价值的证明，愿意通过在网络上的行动而实现与“他者”的互动，并在这种互动中得到承认和提升话语的价值和意义。

“世界是一个多样化的地方，在律师与人类学家之间的多样化，在穆斯林与印度教之间的多样化，在小传统与大传统之间的多样化，在殖民主义的当时与民族主义的现在之间的多样化，面对这个严肃的现实而不是在无力的一般化与不真实的安慰这种糊涂认识中一厢情愿地把现实消解，用科学的方式和其他的方式，我们要获得很多很多的认识。”②当人们在网络中相遇时，每个人都带着并能够保持着自身的特征，没有什么力量要求你与他人同一着装、接受同一观念、服从同一命令和采取同样的行动。对待一切问题，都没有标准化的答案，也不会根据某个必须认同的标准去对人的特性加以评价。所以，网络也意味着个性化得以充分实现。同时，这种个性化又不会影响人们的共同关注，甚至不会影响到人们的共同生活。相反，网络恰恰是一个对每一个问题都可以进行持续不断地、永无止境地言说和认知译解的平台，网络平台中的政策问题建构过程就是在不同观点的交锋与对话之间完成的。“多元文化主义促使人们互相沟通，而不互相保持距离，促使人们彼此做出反应，而不彼此轻视，互相分离。”③没有人发号施令，也没有人进行总体规划，但网络却拉近了人们之间的距离，也为了解对方的观点和理由提供了无限的可能性。这样一来，

---

① 汪晖、陈燕谷编:《文化与公共性》，三联书店1998年版，第83页。

② [美]克利福德·吉尔兹:《地方性知识》，王海龙、张家瑄译，中央编译出版社2000年版，第295页。

③ [法]阿兰·图海纳:《我们能否共同生存？——既彼此平等又互有差异》，狄玉明、李平沤译，商务印书馆2003年版，第255页。

工业社会中主客体之间的垂直划分也就被人们之间的水平互动所取代，每一种观点与其他观点相遇时都是彼此共存的，而不是相互斗争的，从而成就了一个多元文化共存并合作互动的政策问题建构场所。

因为网络，不仅空间距离不再构成人们进行政策问题建构的障碍，而且时间也不再成为参与的约束条件。信息一方面在高速流动，另一方面又可以随时存储，这使得远距离大范围内的政策问题合作建构成为可能。存储转发系统以及共享数据库可以让社会问题得到即时认识，并能够通过在自媒体上的发酵和网络上的扩散而迅速促进其向政策问题转化。信息的发布和传播突破了时间的限制，“每一个事件都足以引起注意，但又迅速地消失。”①公众的兴趣点在不断变化，现实在稳定地加速前进。每个人都是事件的消费者，而且每个人都表现出了对新奇信息的渴望，总是希望最快地获取和尽快地传播出去。这就如鲍曼所说的，“我们所有人都患了食欲过旺症。我们也可以说，就食欲过旺症患者而言，事件（或景象，即事件被媒体加工后引起注意的形式）是一种理想的食物。食欲过旺症患者需要迅速处理掉他们摄取的食物，以便为更多的摄取腾出空间。——它不是抑制饥饿，而是一种他们渴望拥有的贪婪的‘填充’方式，从而促使医生把这种形式的吃法界定为‘失调’：事件/景象就适合这样的目的。它们想被立即消化和立即排泄，它们想不用拒绝就被吞下去，它们不想被慢慢地消化。他们刚引起注意即失去了关注，恰在其有望被吸收并变成可消耗有机体的一部分之前。”②这就是信息社会中人们对事件加以关注的状况。正是因为人们对事件的热切关注，使得所有事件都失去了连续性和清晰的逻辑，人们只是狼吞虎咽地把各种新鲜的事件吞下去。人们在网络平台上进行的是信息即时的获取、灵活的结盟与随时的转换，任何固定的结构都无法胜任这一根本看不到任何确定性希望的使命。

在这样一个高度不确定性的网络社会中，政策问题建构权的分配发生了根本性的变化。也就是说，政策问题建构权不再由某个中心掌握，而是呈现出散点分布的状况。而且，可以相信，这种散点分布不会长期地

---

① ［英］齐格蒙特·鲍曼：《被围困的社会》，郇建立译，江苏人民出版社2005年版，第179页。
② 同上书，第181页。

限于网络所构成的虚拟世界中，它必然会影响到现实世界，促进现实世界的政策问题建构权的“去中心化”。在这个实现了“去中心化”的世界中，人们不再需要一个权威性的终极实体去控制他们，即便是他们在经济活动中使用的货币（比特币），也不需要某个央行提供，更不用说其他的和日常的生活了。

三、政策问题建构中的自由话语

网络加速了制度的抽离和中心—边缘结构的解体，同时也推动了问题的再嵌入。问题一方面似乎飘散到了遥远的地方而显得更加抽象了；另一方面，又被推到了每一个人面前，从而显得更加具体了。随着网络越来越发达，人际关系在疏离与稠密之间变得难以判断了，也使人们的“在场”与“缺席”变得难以捉摸了。网络本身就是一个行动空间，或者说，是由行动去诠释了和构成了网络，每一个人都坐在自己所拥有的终端前面，但他们都通过话语而在网络上开展行动。

我们一再指出，现代国家所拥有的是通过抽象系统而进行治理，具体的行动所依据的是抽象的制度和规则体系。然而，网络上出现的却是行动的具体性，不受抽象的制度和规则体系制约。同时，人们间的人际关系的相邻性和互动性又是前所未有的。网络造就了一个“地球村”，在这一地球村中，传统的空间概念被改变了，人们间的距离也不能放在原有的理解中去了，“本土”与“世界”之间的关系模糊了起来。所以，理论家们开始探讨一种“能够解释这种无根性的理论。这种理论必须阐明：一方面是个人与个人以及群体与群体之间的异化状态和心理距离，另一方面则是那种天涯若比邻的电子幻觉”①。网络中发展起来的观念强调“在场”，事实上，在网络中并不存在“缺席”的问题。因为，在网络构成的虚拟世界中，“不在场”本身就是在这个世界之外，只要进入了这个世界，就是“在场”。所以，并不存在“在场”与“缺席”的分别。

在网络上，既往建立起来的各种各样的控制机制解体了，控制成为漂移的东西，“没有成为政府权力与资源再分配的主体，在这样一个星座中被要求的控制机制被主观化了，就如它看上去的那样。他们从国家政治中漂移出去了，在‘公众’中直接发挥作用，也就是说，在那些愿意并能够

① 汪晖、陈燕谷编：《文化与公共性》，三联书店 1998 年版，导论第 5 页。

调整他们的行为以适应集体的和负责任的自我约束规则的实践生活中：这些主体发挥的功能现在被重新评估，政府规则能最大程度地为他们提供方向性的建议，但是它无法承担设定与执行规则的神圣责任。”①网络在自己所开拓出的空间中，把制度的力量转变成了行动者的力量。随着政策问题建构权扩散到了网民手中，这些以网民的形式出现的公众越来越成为积极的事件的消费者和政策问题的建构者，而不再仅仅是政策问题建构结果的被动接受者和消费者。

对于这种情况，也许来自于稍早时期的预言更能说明问题，“最明显的生活转变，将从我们每日接触的大众传媒开始。未来的信息传播者，将根本不知道所传播的比特最终将以何种面貌呈现，是影像、声音还是印刷品，决定权将完全操之于你——信息的接收者手中。从前所说的‘大众’传媒正演变成个人化的双向交流，信息不再被‘推给’(Push)消费者，相反，人们(或他们的电脑)将把所需要的信息‘拉出来’(pull)，并参与到创造信息的活动中。”②在数字化时代，信息的发布者与接受者的概念区分已经被参与者的概念所取代，信息是由双方共同创造出来的，每一个人都可以成为信息的创造者，而每一个人又都同时是信息的消费者和传播者。网络上的“自媒体”创造了一个互动的世界，在人们间的互动之中，那些重大的、急迫的社会问题被遴选了出来，并形成一种巨大的舆论，从而转化为政策问题建构过程。

米尔斯认为，社会学的想象力是在私人故事与公共故事之间进行转换的。这一观点同样适用于网络，网络甚至将这一点表现得更加透彻。如何把个体面对的、私人难以处理的问题转换为公共场所讨论的问题并最终得到解决，正是在网络上表现出了独有的优势。但是，当个体出现在虚拟社会中，已经无法明确区分他是以一个公共领域中的公民还是私人领域中的市民抑或是家庭生活成员了，他跨越了公共领域、私人领域与日常生活领域的边界，是以“网民”这一形象出现的。“在其他时代，我们曾经遭受过许多已经变成一个政府或一个官方的意识形态的工具的社会运动的过火行为给我们带来的痛苦。今天，情况恰恰相反，社会的中心已成

① Claus Offe, *Modernity and the State*, The MIT Press, 1996, p.34.

② [美]尼古拉·尼葛洛庞蒂：《数字化生存》，胡泳、范海燕译，海南出版社1997年版，译者前言第4页。

真空,到处都散落着从前的战斗和从前的言论残留的遗骸。这些东西,现在已经变成了权力或意识形态商人收购的废旧商品或收藏家收藏的古董。"①

现代性的特征就是努力把生活的每一个方面都放到某种确定的与某种人类规划的关系中去,把每一项规划都放到总体性根本规划中去。所以,才需要一个中心去提供这一切。然而,现在的情况不同了,个体不仅摆脱了他在社会中的角色与身份,不再受到角色与身份等对行为和话语的规范和限制,制度与系统所发挥的功能不再是对人的压抑。恰恰相反,网络所展现出来的一种可能的未来就是,为人的全面发展扫清障碍。正是个人而不是制度或者系统,充分地证明了行动的自主性,并接受着源自于自己内心的力量的约束。在网络中,人们已经不再是实现社会伟大目标的工具,人本身就是终极目标。人们对一切值得关注的问题的关心,既是对自我的证明也是对自我的建构。当人们的言论和话语在政策问题建构中发挥了作用的时候,所包含着的不是出于利己目的的内容,而是出于解决社会问题的责任。在这里,宏大的历史目标和远大的理想都转化成了具体的行动。唯有具体的行动,才能在网民中得到同声唱和,而远大抱负往往受到冷遇。

网络甚至让每一个网民都感受到自己是一个"完整的人"。法默尔在描述后现代的前景时认为,在那里,每一个人都将是保存了自身特色的个体,并使这个个体成为完整的人。他认为,在后现代的语境中,"不是一个人被压缩为时间片段,而是一个完整的人。不是一个人被降低到系统附件或者功能,而是一个顾客或者一个雇员。不是仅仅作为一个团体成员的个人,而是一个独立的个人,没有任何简化与压缩。"②当网络把被现代性抽离了的世界重新嵌入到个体生活中时,当人在跨越了领域分离的界限而不再因为社会角色的转换而碎片化时,当人在虚拟世界中摆脱一切社会羁绊时,人在每一个网络终端中都是以一个完整的个体出现的。他/她可以独立地思考而不听命于他人,他/她可以自主地采取行动而不需要

---

① [法]阿兰·图海纳:《我们能否共同生存?——既彼此平等又互有差异》,狄玉明、李平沤译,商务印书馆2003年版,第169页。

② David John Farmer, *To Kill the King-Post-Traditional Governance and Bureaucracy*, M. E.Sharpe Inc., New York, 2005, Introduction, p.32.

体制和规则的协调。他/她在通过言语而开展行动时，他/她所获得的将是真正属于他自己的作为人的经验。

在网民这里，公共领域、私人领域和日常生活领域的所有边界都消融了，他/她可以跨越各个领域而表达自己的诉求和意见，并接受网民对他/她的诉求和意见的修正和整合。在社会中，我们所看到的是这样一种社会发展的愿望或对社会发展前景的描述，“世界的重新组合，就我们每一个个人来说，是通过回忆和间隔这两个互相补充的行动来进行的。前者使目前在我们的经验领域中尚缺少的东西，以及从前被我们从我们活动的领域中驱逐出去的或肆意贬低的东西，又回到我们的经验领域中来。特别是要使被崇尚技术文明的人斥为幼稚的或原始的东西，都重新恢复它们的活力。”①特别值得一提的是，在网络中，个人已经无法被看作是抽象制度的统计学数字单元，而是在发出每一个音符时都包含着具体的内容，都有着具体的意义。每一个观点都有可能在不同的生活世界中得到回应，并有可能得到传播和扩展。

总之，网民的诉求、意见和观点是可以集结的，却不是抽象的。围绕某一具体问题，迅速扩展和无限放大的声音所集结起来的是一种力量，并以这种力量推动了政策问题建构。但是，如果希望从网民的诉求、意见和观点中去抽象和概括出某种同一性的因素，只能说是走错了方向。也就是说，在拥有中心—边缘结构的社会中，民主就是这样一种形式，它可以保证从众多不同意见中抽象出同一性的因素，以便找到具有广泛影响的普遍性问题，并将其转化为政策问题。在网络上，民主所获得的是另一种形式，它拒绝抽象和概括，而是把具体问题的形式和内容完整地呈现在一切参与其中的网民面前，围绕着具体问题的具体性去展示民主和诠释民主。如果说近代以来的形式民主是在利益“抵净”的抽象过程中达成共识的话，那么网络则因为突出了具体问题的具体性而拒绝妥协、谈判和抽象。这也许就是哈贝马斯所构想的一种“实质民主”。至少，它可能是预示着走向实质民主的一种趋势。

网络上的信息流动使个人显得更为自由了，不仅个人可以摆脱时空

① [法]阿兰·图海纳：《我们能否共同生存？——既彼此平等又互有差异》，狄玉明、李平沤译，商务印书馆2003年版，第245页。

的束缚而随时随地进行表达，而且更重要的是，个人的表达从追求进步的伟大目标中解脱了出来。这样一来，社会理想不再成为个人必须背负的包袱，也不需要因为背负着社会理想的包袱而刻意地追求个人言语和行为与规则的要求相一致。网络中的言语和行动首先是以沟通的形式出现的，至于力量的集结，也是在沟通中完成的。本来，在我们的社会行动中，沟通是为了谋求行为的协调，即减少行动中的不确定性，而网络中的沟通却是无目的的，或者说没有明确的预先设定的目的。如果说也集结起了某种强大力量的话，那也并不包含着某种目的，其实只是一种无目的的结果。

网络中的个人言语只是对情感的表达、对问题的关注，在多数情况下，是受到个人的道德力量的驱使而做出的行为选择。比如，当网民关注某一事件时，并不意味着这一事件与他的利益有什么关系，而是因为同情心、道德意识的原因而表达了对这一事件的关注并发表了意见。用鼠标点了一个"赞"的符号，就意味着对某人的观点或解决问题的想法的认同，并用这种认同表达了相互承认。"'互相沟通'意味着对他者、对多样性和多元性的承认，也就是说，必须承认每一个人有按照他自己的方式把工具性和认同、理性和文化结合起来的权利，承认每一个人都有权做出自己的贡献，重新把被西方原先的现代化在理性和天性或情感性之间分裂的社会重新组合起来。"[①]也就是说，网络上的沟通是在承认"他者"的基础上实现的。在这里，任何一个人的生活经验都不可能被简单地看作是一般原则或者普遍规则；任何一个人都不可能因为提出某个观点而获得话语霸权，也不可能以思想家的面目去凌驾于他人之上；任何一个已经被证明是有社会建构意义的理论设定（如人权），也都不可能被确认为普世价值。这是一个每个人都只有作为完整的人才能够受到尊重的空间，每一个人在与他人沟通的时候都是独立自主的，也是平等和自由的。

网络改变了这个世界，开辟了另一条重新证明启蒙思想或实现启蒙思想的道路。在网络所展现的这个虚拟世界中，人消失了，剩下的是具体的行动者和言说者（阿伦特）。虽然人权的观念因为人的消失而不再有意

① [法]阿兰·图海纳：《我们能否共同生存？——既彼此平等又互有差异》，狄玉明、李平沤译，商务印书馆2003年版，第192页。

义，但是，行动者与言说者的平等话语则是需要得到承认和尊重的，而且，虚拟世界将会表现出对行动者和言说者平等的充分尊重。当然，网络现在展现给我们的还是虚拟世界的“原始社会”，正如人类走出自然界之后还在很长时期内保持了动物的生活习性一样，在人们成为网民后也把他们在社会中所获得的那种野蛮的、低俗的品性展示在了网络空间中。但是，网络的发展必然会实现自身的净化，不会长久地把这些从社会中带来的野蛮行径保留下来。就网络意味着虚拟世界的诞生而言，就虚拟世界将是一个全新的世界而言，是在人类文明进化到了一个新的阶段时造就出的新成果，它将使人类恒久的平等和自由追求得到实现。

网络是一个前所未有的公共平台，它会将个人的生活政治无限放大，用以填充民族国家政治衰落而腾出来的公共空间。结果，公共生活将从传统的由国家主导的政治舞台转移到个人的日常生活之中。在信息高速公路上，每个人都会与信息相遇，人们将生活经验与理性行为结合起来，成为信息的积极供给者和消费者。“在信息迅速传播、无孔不入的年代，‘我不知道’这种类型的借口加重了罪恶，它不会导致罪恶的赦免。它要表达的意思是，‘为了我心灵的平静，我自私地拒绝受到打扰’，而不是说‘我被隐瞒了真相’。在坦白的年代，当公共领域越来越成为展示隐私的展台时，任何信息的任何隐瞒都被视为一种过错，都会引起怨恨。换言之，关注现存的信息，‘做到信息灵通’，加入最近的街谈巷议，所有这些都变成了美德。另一方面，缺少对信息的兴趣，忽视最近的传言，不关注新闻的走向，所有这些都成了耻辱的原因。如今，几乎任何一次谈话都会变成街谈巷议，而且，几乎任何一次街谈巷议都不会在这种谈话中被忽视。显然，‘我不知道’并不符合时代的精神。”①

网络将每个人都置于政策问题建构的场景中，使之成为必然在场的行动者和言说者，它不允许你置身于网络中还以旁观者的姿态出现，更不允许你以“我不知道”作为逃避的借口。你可以“潜水”，但在你“潜水”留下的足迹中，已经包含着一定的能量，为“能量场”增添了力量。信息社会只给人们一种选择，那就是积极的生活和积极地参与。每个人都在自主地进行创造，同时，无论在什么条件下，每个人又都对他人负有责任。在

① [英]齐格蒙特·鲍曼：《被围困的社会》，郇建立译，江苏人民出版社 2005 年版，第 214 页。

每一项社会问题向政策问题的转化中，你都可以感受到因为自己的参与而使那一社会问题有了解决的着落，你都会从中发现自己的能量和对社会所做出的贡献，也从中体验到一个更加美好的社会在你的一句留言或鼠标轻点中得以创造。网络是个人自主的空间，网络也是人们相互依存的空间。在网络中，个人无时无刻不在对他人产生影响，同时也在接受他人的影响。网络使得行动者更加紧密地联系在了一起，任何一项行动的意义都在互动中得到体现和得到诠释。网络空间中的政策问题建构就是在自由的行动者和言说者的互动中完成的。网络是一个流动的、无界的世界，政策问题建构正是在信息的流动中实现的，在政策问题建构过程中所集结起来的力量是超越了任何界限的力量。

在今天这样一个虚拟世界的"原始社会"阶段，由于诸多来自于社会的野蛮行径渗入到了网络之中，以致人们因为对这些野蛮行径的畏惧与不满而要求对网络进行控制，即把社会中的控制机构和控制方式搬到网络上来，设置网关和进行严格的审查。但是，网络天然地就是拒绝特权的。而且，任何特权也不可能在网络上去掩盖已经出现的社会问题，更不可能有效地压制言论。也许，如果网络上出现了某个属于这个"原始社会"阶段的中心，那么，当它试图在网络上复制社会控制的方式而去实现网络控制时，可能会采取这样一种方式，那就是通过提出一个新的议题或制造一个新的热点而冲淡网民对某一社会问题的关注。如果这种运用权术的做法真的成功了，那只能说被冲淡而被人忘却的社会问题并不是重要的和紧迫的社会问题。对于网民真正关注的社会问题，是不可能运用权术而将网民的视线转移开的。对于社会治理而言，政策问题建构一直处于前沿地带，网络空间中的政策问题建构出现的新特征表明，这个前沿地带发生了根本性的变化。可以相信，这一变化将会对整个社会治理产生影响，会带来社会治理体系和方式的重塑。

第八章　变革中的政策问题建构

第一节　领域融合中的政策问题建构权

在近代以来的社会发展中，起先实现了国家与社会的分离，从而出现了国家与市民社会的分立。在近代社会的这一较早的时期中，人们对国家与市民社会以及它们之间的关系作出了深入的探讨，而且产生了诸多思想流派，这些思想甚至在今天依然会在那些缺乏学养的人们之间引发各种各样无意义的争论。在20世纪，社会的发展所呈现出的新景象是公共领域、私人领域、日常生活领域的分离，而且这三个领域构成了一个社会及其社会治理的中心—边缘结构。虽然在国家与社会的分离中也造就了中心—边缘结构，但比较而言，在三个领域分离过程中所形成的中心—边缘结构要稳固得多了。因而，公共领域位于社会的中心，公共部门则位于社会治理体系的中心，政策问题建构一直是在公共领域中完成的。其间也实现了几度蜕变，要么被议会专有，要么被政府垄断。无论如何，政策问题建构一直是从属于社会中心对社会进行治理的。20世纪后期，领域分离的进程出现了逆转，领域融合的端倪显现了出来，社会以及社会治理体系的中心—边缘结构呈现出被打破的迹象，一种新型的"亚政治"成了社会治理的基本特征。相应地，政策问题建构权也呈现出向社会的每一个角落扩散的局面。

一、领域分离条件下的政策问题建构权

在近代以来的社会治理体系发展变化过程中，从早期的自由主义模式到20世纪的政府干预模式的出现，是"行政国家"逐渐生成的过程。在

此过程中，政府权力不断膨胀并使私人领域的空间受到不断压缩，其具体表现就是公共领域的扩张和对私人领域的殖民。与此过程相应，政策问题建构权先是掌握在国家手中的，后来为公共领域中的某个部门所垄断，一直未能实现向社会的扩散。虽然运用政策工具开展社会治理活动也是一个历史性的生成过程，与早期的较多使用行政行为和司法手段开展社会治理相比，只是到了20世纪才形成了典型化的依赖政策工具去开展社会治理的状况。作为社会治理的政策工具的广泛应用，是与“行政国家”的生成联系在一起的，正是因为行政权已经能够凌驾于其他权力之上，民主和法治的理念才被要求通过政策来付诸实施。因而，政策问题建构也在这个时候真正成为社会治理过程中的一个重要环节。

人类在20世纪后期出现了后工业化迹象，其突出表现就是社会呈现出了高度复杂性与高度不确定性的特征，以致近代以来逐渐形成和得到长足发育的社会治理模式受到了严峻的挑战，而且这种挑战直接指向了社会治理体系的中心—边缘结构。相应地，政策问题建构也愈益无法在作为社会中心的公共领域中单独完成，而是开始表现出了政策问题建构权扩散的景象。尽管迄今尚未看到政策问题建构权向日常生活领域扩散的迹象，但私人领域中却显现出了越来越多介入政策问题建构过程的事例。对于这一新的趋势，我们认为，它并不是政策问题建构权在既有的各个领域中的再分配，而是因为领域融合造就的新现象。不是公共领域独占政策问题建构权，也不是向私人和日常生活领域转移了政策问题建构权，而是在领域融合的过程中实现了政策问题建构权的社会共享，进而形成了一种政策问题建构的合作行动模式。

公共领域、私人领域以及日常生活领域的分化是自19世纪后期开始的。此前，在工业化、城市化进程中所实现的社会分化是以国家与市民社会分离的形式出现的。在国家与市民社会分离的条件下，虽然启蒙思想家们赋予了市民社会以崇高的地位，但国家却不断地展现出了其强势地位，即便是在自由主义精神得到不断申述的情况下，国家也确定无疑地被塑造成了社会的中心。洛克认为，人最初所处的自然状态是一种完备无缺的自由状态，他们根据自己所认为的合适的方法决定他们的行动，处理他们的财产与人身。也就是说，社会中不存在从属或受制关系，人们享有平等的自然权利，人与人之间是一种平等、和谐的关系。但是，人们为了谋求和保证彼此间的舒适、安全与和平，则需要由政府来供给代表公共利益的服务或者产品，因而，“人们联合成为国家和置身于政府之下”。这个过程就是，“处在自然状态中的任何数量的人们，进入社会以组成一个民族、一个国家，置于一个有最高统治权的政府之下；不然就是任何人自己加入并参加一个已经成立的政府。这样，他就授权社会，或者授权给社会的立法机关（这和授权给社会的性质一样），根据社会公共福利的要求为他制定法律，而他本人对于这些法律的执行也有（把它们看作自己的裁决一样）尽力协助的义务。”①因此，虽然国家（洛克称“政府”）是来自于人们的授权，但它成为社会的中心之后，却反过来要求社会服从于它的控制。结果，也就形成了社会的中心—边缘结构。

在国家与市民社会分别实现了转型之后，出现了公共领域、私人领域以及日常生活领域的分立。但是，社会的中心—边缘结构没有发生变化，而是被领域的分化以及结构化所加强。此时，公共领域成了社会的中心，而私人领域和日常生活领域则处在社会的边缘。因为公共领域与私人领域的分离，使那些发生在公共领域中的公共生活开始围绕着政策问题建构而展开，或者说，政策问题建构是公共生活的基本内容。哈贝马斯看到了公共领域与私人领域的不同，认为公共领域是话语关系的舞台，是讨论和商谈的剧场。哈贝马斯理想中的公共领域是一个不受限制的理性讨论公共事务的场所，所有人都可以参与其中并进行平等的协商和讨论，没有人拥有特权，也不会有人受到歧视，而是通过“公共舆论”的形成去代表和维护公共利益。其实，公共领域还不仅仅是一个话语的领域，不会仅仅停留在讨论与协商的过程中，或者说，讨论与协商还应生成一种结果，那就是实现政策问题建构。只有当讨论与协商转化成了政策问题建构，才能使公共利益通过政策的手段而得以实现。而这一转化过程正是在社会的中心—边缘结构中进行的。

中心—边缘结构是近代以来的社会基本结构，也就是说，只有当我们把社会作为一个整体看待时，才会于此之中看到一个贯穿两极的中心—边缘结构。但是，在中心—边缘结构中，中心与边缘之间又有着明确的界限，在公共领域、私人领域和日常生活领域之间出现了清晰的边界，甚至

---

①　［英］洛克：《政府论》（下篇），叶启芳、瞿菊农译，商务印书馆2009年版，第54页。

这种边界是不能随意突破的。所以，尽管公共领域是与私人领域和日常生活领域相对而立的，需要作用于私人领域和日常生活领域，需要解决私人领域和日常生活领域中的问题，需要实现对私人领域和日常生活的调控，但是，它的封闭性又是显而易见的。公共领域的封闭既为它作为社会中心的地位提供了保障，也使公共领域能够不受到私人领域中的利益追逐行为的搅动而变得较为稳定，还可以使公共领域中的行动者尽可能少地受到日常生活领域中的感性行为的传染。最为主要的是，公共领域的封闭能够使这个领域中的行动者获得相对于私人领域和日常生活领域中行动者的权威，因而便于他们开展对私人领域和日常生活领域的调控。

在领域分化的条件下，公共领域、私人领域和日常生活领域都是相对封闭的，它们的开放性更多地反映在领域内部，而不是反映在领域之间。也正是由于这个原因，我们可以把公共领域定义为交往的领域，把私人领域定义为交换的领域，把日常生活领域定义为生活的领域。然而，根据鲍曼的意见，“公共与私人之间的边界，应该被看作一种接触面，而不应被看作是受到严把守的国与国之间的边界，后者主要意味着降速、跨界交通的限制、非法游人的甄别。”①在社会治理及其政策问题建构过程中，我们的确难以形成公共领域是封闭的这样一种看法，因为公共领域中的一切存在的合法性和正当性都取决于它与私人领域和日常生活领域的关系状况，受到它作用于私人领域和日常生活领域的方式、方法以及效果的影响。但是，我们也看到，一个人在这三个领域中所拥有的是完全不同的身份，而且，当人们在这三个领域中开展活动的时候，其身份还要转化成相应的角色，角色之间是存在着明确界限的。从民主制度的运行来看，公共与私人之间的边界恰恰不是鲍曼所说的那种接触面。因为，公民是公共领域的构成要素，公共领域仅仅是公民开展活动的领域，公共领域的边界严格地把没有公民身份的人排除在外。在私人领域中，人们则是以市民的身份开展活动的；在日常生活领域中，人们才体会到作为人所承载和经历的一切。所以，虽然我们在不同领域中所看到的都是人的活动，实际上，随着人进出这些领域时的身份转换以及角色扮演上的不同，也就划定了不同领域的边界。反过来说，是因为不同领域之间有着明确的边界，才

① [英]齐格蒙·鲍曼：《寻找政治》，洪涛等译，上海人民出版社 2006 年版，第 77 页。

使人以不同的面目出现。

奥菲认为，现代社会是通过民主政治的制度设置而将公共领域与私人领域连接起来的，“这种政治体制既是冲突的制造者，也是冲突的解决者。其组织逻辑是差异与统一的原则，从而为国家与个人提供一条持久的联系纽带。”①的确，通过周期性的选举以及民选代表在公共领域中的活动，公共领域与私人领域之间的通道被周期性地打开，以至于公民可以进行利益表达、开展利益协调、缔结联盟并因而获得影响公共政策的机会。在此过程中，国家则通过对利益冲突的调解与综合而获得公共权威，并通过民主制度的运行而进一步巩固自己的中心地位。但是，能够进入公共空间之中的只限于公民，民主政治制度只允许公民作出意愿表达，同时激烈地排斥了和严格地限制了非公民的发声。

即便是公民，也并不是平等地在社会治理以及政策问题建构中发挥作用。因为，社会治理体系有着中心—边缘结构，一部分公民处在社会治理体系的中心，是以政治家、官僚或专家的角色出现的，而更大部分的公民则处在社会治理体系的边缘。虽然民主制度建立的原则是要保证来自边缘的声音也能体现在政策问题建构中，但在实际上，代表制以及专家治理模式一层层地消解了来自边缘的声音。虽然近代以来的制度被寄予了实现民主的厚望，但在中心—边缘结构条件下运行的任何制度都只是被用来制造领域开放的假象，以至于公共领域的封闭性是一个确定无疑的事实。公共领域何时向私人领域的利益表达打开闸门，注重何方的利益表达，以及以何种方式来综合这些不同的利益诉求？都取决于位于中心的公共部门的安排。在实现了领域分化之后，特别是这些领域被纳入到社会整体的中心—边缘结构中后，阿伦特所描写的那种走出私人领域而进入公共领域的情景却没有出现。

在 19 世纪及其之前的一段时间内，政党是一个重要的政治现象，也可以说是一个重要的社会现象。如果说政党成立的初衷是将私人领域的利益诉求带入公共领域中，是作为私人领域与公共领域之间有序沟通的载体出现的，并扮演着指导与控制政府的角色，那么，从 19 世纪后期以来的现实政治发展来看，由于利益集团逐渐走进了政治的中心并实现了对

① [德]克劳斯·奥菲：《福利国家的矛盾》，郭忠华等译，吉林人民出版社 2011 年版，第 26 页。

政党的殖民，政党活动逐步偏离了原先的轨道。特别是在“行政国家”形成之后，政党逐步演变成了为名义上受他们“控制”的政府服务的公共关系机构。另一方面，形式上享有平等权利的公民在参与公共生活时却由于公共部门对其意愿和能力的疑虑重重而未能开展有效的意愿表达。就如基恩所评价的，“民主的公共生活被指责为虚伪的、动摇的和昙花一现的幻想。它非但没有成为国家必不可少的原则，反而被看作把国家引入歧途并且置它于连绵不断的动乱中。这种指责同时还起了替按官僚主义原则管理公共舆论辩护的作用。鉴于民主的公共生活对当前秩序的稳定性造成迫在眉睫的威胁，正在篡夺权力和或许失去了理性的公众不断地被劝告不要超越消极的顺从。一切生活领域的非政治化被视为恢复民主秩序的一个必要条件。从此开始，公共事务更加安全和有效地受专业管理人员的领导，只不过偶尔受到据说没有能力领导独立自主生活的公众的牵制。”①

韦伯也描述了这种发展，在他看来，由于国家作用的扩大和官僚主义控制的必要性，全面非政治化成为迫切需要，“在一个民主政体中人民选择他们信赖的人。接着，这个被选中的人说，‘好了，闭上你们的嘴，听我的’。人民和政党从此不再有干预领导者的事务的自由。”②在社会治理体系中，公民处在边缘，只有从属的义务而没有行动的责任，即使他们发声，也会受到忽视、漠视，甚至会遭受来自于中心的敌视。即使在20世纪后期公众参与运动得到了极大推崇的条件下，也并没有改变公民在政策问题建构中的从属地位。也就是说，在社会以及社会治理体系的中心—边缘结构中，即使公众参与运动风生水起，也依然是把公民限定在参与者的位置上的，并没有撼动政府本位的治理模式。领域之间的制度性桥梁在实际运作中依然被程序化的设置所限定，依然表现为一种形式上走走过场。所以，利益表达事实上仅仅是一种非正式的、不连贯的斗争，而政策问题建构权则牢牢地掌握在处于社会治理体系中心的那群人手中。

公共领域的封闭性是处于社会治理体系中心的人们实现对这个领域的控制进而实现社会控制的前提。在“行政国家”时期，公共领域的扩张

---

①② [英]约翰·基恩：《公共生活与晚期资本主义》，马音等译，社会科学文献出版社1992年版，第178页。

极大地压缩了私人领域的空间，政府的无上权威被树立起来，并据此实现了对社会的控制，而且这种控制被视为是合理的。结果，“公共权力与残存的私人个体之间的交往渠道完全闭合。没有必要对话，因为没什么好谈的：民众说不出什么对权力事务可能产生价值的东西，掌权者也无需说服、改变或灌输其民众。即便权力的独白之声也渐渐弱了下去，最后归于沉寂。惟有厉声的指示与‘每天的命令’还在发出，其余的则诉诸毋需思考的对日常惯例的服从。”①特别是得益于科学化、技术化的规范与规则，使“政治”一词丧失了其应有的内涵，一切社会事务都被纳入到了管理范畴之中，并对人们灌输了日常例行性事务的逻辑，让人们放弃了几乎所有的自主思考。在这种逻辑中，处在社会治理体系中心的那部分人代表着国家和政府实施着对社会的管理，同时在公共领域的入口处筑起了高高的栅栏。简言之，社会治理者所做的，“就是要将私人领域、个体自我建构与自我决断之领域进行总体的摧毁——在根本上，使私人一劳永逸地融化在公众之中。其目标并不在于使个体停止思想——因为即便从最狂热者的标准来看，这也是不可能的，而是将思想变得无能，使之对权力之成败变得无关痛痒，没有影响。”②

现代社会中的秩序供给是通过控制来实现的。与农业社会中单纯依靠权力的控制不同，现代社会中的控制是运用了法律等规则而实现的控制，也是借助于科学和技术的控制，还包含着意识形态的控制。就控制对象来看，这种控制不仅反映在人类社会对大自然的控制中，而且反映为对经济、社会乃至人类本身的控制。总之，处于社会治理体系中心的公共部门是通过对私人领域和日常生活领域的控制来获得社会秩序的。我们可以说，社会不是由国家创造出来的，社会的发展有其自然演进的逻辑。尤其是在日常生活领域中，大量的习俗和惯例都表现出明显的自生自发的痕迹。也正因为如此，“大多数现代国家学说都致力于说明其特有的社会组织形式的确真实而持久地表现了社会的本性。然而，事实却是：一种特殊版本的国家——即民族国家——力图按照自己的想法来塑造社会。所以，从一种晚期现代观点来看，国家就显得至为重要，而社会则处于应当

① [英]齐格蒙·鲍曼：《寻找政治》，洪涛等译，上海人民出版社 2006 年版，第 79 页。
② 同上书，第 78 页。

受国家控制的地位。”①

事实上，近代以来的历史进程所呈现给我们的一直是，国家与政府总是竭尽一切可能去塑造社会。早期的社会契约论站在自然主义的立足点上把政府说成是权利部分转让的产物，认为政府是接受社会委托而去满足社会的要求、去提供社会秩序等基础性的社会保障。但是，随着国家及其政府确立起了相对于社会的中心地位后，它就掌握了控制社会和支配社会的权力，成了高于社会并对社会进行管理的主体，而社会则被它打入了无法改变的边缘，成了被动的、受到中心控制的存在——客体，而且这种控制是无所不在、无所不及的。在近代以来的社会治理演进过程中，领域分化不仅是在中心—边缘结构中实现的，而且也顺应了强化中心—边缘结构的要求，使得这一结构变得更加稳固。究竟公共领域是不是一个封闭性的领域，这取决于处在社会治理中心的控制能否得到有效实施的需要。在大多数情况下，出于控制的需要，公共领域表现出了它的封闭性。

在社会以及社会治理体系的中心—边缘结构中，公民——更不用说公众——的政策问题建构权被剥夺了。同时，在公民受到国家雇佣而成为政府中的工作人员时，当技术专家得到了国家征辟而成为公共政策的设计师时，他们表面上掌握了政策问题建构权，而在实际上，当他们开展政策问题建构活动时，仅仅是因为受到了国家的雇佣。在他们受到雇佣时，所秉持的是效忠于国家和为国家服务观念，并以能够为权威部门做事或与权威部门联系到一起而感到荣耀，而不是关注包括他自身在内的公民利益诉求，因而，在政策问题建构权的应用中丝毫也不会在乎政策问题与社会问题是否一致。跻身于政策过程中的智库也仅仅满足于自己的智力成果能够有买家，从而让自己的利益得到最大可能的实现，至于公民因为社会问题没有得到解决而可能遭受的利益损失，则不在它们的考虑之列。这样，在中心—边缘的治理结构中，人民主权原则所确定的政策问题建构权出现了异化，即被收归到了位于社会治理体系中心的政府手中。政府则通过形式上统一的政策供给来处理社会问题，通过管理来实现社

① ［英］马丁·阿尔布劳：《全球时代：超越现代性之外的国家和社会》，高湘泽、冯玲译，商务印书馆2001年版，第69页。

会秩序。在此过程中,私人领域和日常生活领域中的人们却从公共政策的供给中获得了安全感,同时也更加依附于公共领域。

二、政策问题建构权扩散的迹象

随着"行政国家"的出现,公共部门在社会治理体系中的中心地位得到了进一步加强,行政权力急速膨胀,不仅在公共领域中处于支配性的地位,而且不断地突破公共领域的边界去对经济以及广泛的社会生活实施着超强的干预。在行政权力对社会的干预中,往往是在理性的名义下通过科学化、技术化的手段去实施着对社会的塑造,而在实际上,那无非是按照精英意志去重新塑造了社会。其中,最为基本的途径就是建构了而不是发现了社会问题,然后再把所建构起来的社会问题转化为政策问题。这种情况也被一些学者说成是公共领域对私人领域的殖民。

如上所述,公共部门把私人领域与日常生活领域视为需要打理的花园,自己则是园丁。园丁是一个理性的角色,努力按照理性的要求设计花园和培育植物,拔除杂草,使花园臻于至善之境。但是,"现代性制度侵占了社会生活的大片领地,耗尽了它们曾经有过的意义丰富的内容。虽然在这里也能够找到生活的许多基本满足,但因为'工具理性'世界受到来自它承认的价值的限制,私人领域还是被弱化了,并且变得混乱不堪。"① 在私人领域的萎缩中,人们的公共生活也变成了一种形式上的和作秀般的参与,从而不再具有任何实质性的意义。同时,由于公共舆论无时无刻不处在被操纵的状况中,以至于严格意义上的公共领域也变得模糊了。此时,当我们使用"公共领域"一词时,实际上所指的仅仅是公共部门了,而不是哈贝马斯所看到的那个公共领域,或者说,它已经完全成了政府及其活动的领域。这样一来,我们所谈论的公众参与其实是指公众对政府活动的参与,公众所参与的政策问题建构过程却是由政府主导的。

在近代早期,启蒙运动最终将人从神的统治下彻底解放了出来,赋予人以人权,使人拥有了法律上的平等和自由。但是,在近代以来的社会发展中,"自治与主观性方面的收获可能是虚假的和微不足道的,因为这一收获被'行政化的世界'的反向趋势所中和了。"②现代社会的发展愈益偏

① [英]安东尼·吉登斯:《现代性的后果》,田禾译,译林出版社 2000 年版,第 101 页。
② Claus Offe, *Modernity and the State*, The MIT Press, 1996, p.14.

离并最终背叛了解放原则，销毁了曾经取得的成就，置人于异化的境地。在追求进步和崇尚科学的名义下把国家拉回到韦伯所描述的“铁笼”之中，国家（实际上是政府）的权威，影响并蚕食着日常生活领域，组织起了“生活世界的殖民化”。同时，私人领域和日常生活领域也觊觎着公共生活的空间，伺机反攻。私人领域与日常生活领域对公共领域的侵略包括私人通过为党派竞选提供经费以交换自己想要的政策，或者通过各种人际关系影响国会议员的政策取向与偏好，甚至组建起压力集团去实施对政策问题建构的压力。

结果，私人领域中运行着的利益交换及成本—收益均衡的原则影响了公共领域，“公共意见”被利益集团所控制，社会权力获取了政治功能，公共讨论形同虚设，公共领域被“重新殖民化”。正是公共领域与私人领域之间的相互殖民，日益消融了领域的边界，导致了政策问题建构权的市场化。结果，公共部门对私人领域和日常生活领域的侵蚀不仅没有使公共领域变得更加稳固，反而使得公共领域在表面的扩张之中埋下了走向消亡的伏笔。或者说，这是公共领域的盛极而衰。也就是说，当公共部门在反民主的路线上窃取了全部政策问题建构权的时候，则走向了反面，那就是政策问题建构权开始了扩散的行程。

在阿伦特从事理论活动的时候，领域分化的进程正处在凯歌行进之中，但是，她可以说是天才地或敏感地意识到了领域之间的交流，“一旦把政治看成是社会的一项功能，人们便再也不可能感到这两个领域之间有什么严格区分了。这并不是一个理论或意识形态的问题，因为随着社会的兴起，也就是说，随着‘家务’或经济活动进入公共领域，家政管理以及一切前此与私人性家庭领域相关的活动都变成了一桩‘集体的’事情。在近代世界，这两个领域就如同川流不息的生命大河里的滚滚波浪不断地涌向对方。”①不过，从 20 世纪的情况看，虽然出现了领域之间的交流以及相互殖民的现象，而社会治理过程中的中心—边缘结构并未受到触动，公众参与的增长没有打破社会治理的中心—边缘结构，反而恰恰迎合了中心对边缘的操纵和控制。在有着中心—边缘结构的不平等关系中，公

① ［德］汉娜・阿伦特：《公共领域》，载汪晖、陈燕谷编：《文化与公共性》，三联书店 1998 年版，第 66 页。

众参与的热情不仅根源于其利益诉求,在很多情况下,正是由公共领域的中心地位所诱发的。正是公共领域在社会中的中心地位,正是公共部门在社会治理体系中的中心地位,让公众中的许多人即使在与自己的直接利益不相关的情况下也愿意参与。即使从追求利益实现的角度出发,也会看到领域之间的交流以及公共领域的扩张都从属于"自我"建构和自我发展的需要,首先是作为领域的自我,进而是作为活跃于各领域中的人的自我,都有着建构和发展的需要,从而汇聚起交流与扩张的力量,各自为了自身的需要而向对方渗透。

不过,随着全球化、后工业化进程的开启,人类社会呈现出高度复杂性与高度不确定性的特征,社会问题也变得越来越复杂。特别是那些新型的社会问题,往往不再是公共部门单靠自己的力量就能加以界定和予以解决的问题。这实际上是社会问题对中心的权威所提出的挑战,使得公共部门依靠自己的力量去干涉私人生活以及家庭生活变得不再合理。而且,公共部门也日益显现出了缺乏开展这种干涉活动的能力。即使存在局部的、阶段性的、基于任务的干涉,也总是表现为一种残缺不全的、不连续的、常常是彼此冲突的干涉,以往的那种具有整体性意义的对社会生活的干预再也难以出现了。"国家主义对社会问题的管理,常常会与现实经验、现实行为方式和作为社会基础的价值观脱节。由于无法确定解决问题的方案是否能为那些受其影响的人所体验、所接受,所以国家主义的管理也陷入麻烦当中。每种现代化步骤不仅有其进步的一面,但是,因为通过野蛮的和令人生厌的干预或渗透手段重构公民的生活,它也同样有其矛盾的一面。生活环境的重建依赖于公民所面对的新的环境,只有当重建的结果是以政治文化标准作为明确的指导时,新环境对'改善生活质量'所起到的功用和效果才会变得明显。重建越不是以政治文化为导向,就越会把改革和计划的成果看作是现代主义者、爱管闲事的管理人员以及'专家'的贡献,而实际上,这些人所做的事情对提高生活质量毫无帮助。"①

当社会问题变得越来越复杂,我们就越发难以对社会问题进行分类,更不可能从具体的社会问题中找到一般性的方面。因而,我们满眼所看

① [德]克劳斯·奥菲:《福利国家的矛盾》,郭忠华等译,吉林人民出版社2011年版,第142页。

到的都是一些单个的、具体的问题。公共部门基于传统惯性的社会干预不仅因为找不到普遍性的依据而无法展现出广泛的有效性，而且，它的许多干涉行为都可能消失于不透明的、不可渗透的、各自孤立的繁杂事务之中，甚至看不到有什么反弹的力量，更不用说去从中获得什么经验和教训了。我们在社会治理过程中已经习惯于对所遇到的问题进行分析、分解，从中抽象出一般性的东西并据其制定出普适性的解决方案。这就是政策问题建构的基本流程，而且作为社会治理工具的公共政策的有效性也恰恰是根源于此。然而，社会高度复杂性和高度不确定性条件下的社会问题超出了这种习惯性的思维和行为能够发挥作用的界限，以至于社会治理显得处处被动。特别是当政策问题建构陷入了自我指涉的窠臼中的时候，或者说削弱甚至割断了与社会问题之间的联系的时候，社会治理也就会感受到合理性和合法性的危机。

然而，此时对社会治理的反思又往往只停留在表象的层面上。也就是说，人们往往会以为这种合理性与合法性危机是一个社会治理体系的能力不足的问题，而且会陷入如何提升治理能力的探讨之中。当然，社会治理的这种被动局面肯定会首先表现为社会治理体系治理能力的不足。但是，如果囿于这一认识的话，实际上是不可能找到一个有效提升治理能力的途径的。因为，我们这里所指出的合理性与合法性危机是更为根本性的问题，它在本质上属于社会治理模式变革的范畴。反映在政策问题建构上，就是如何变革政策问题建构模式去适应社会问题复杂化的现实。鲍曼在描述当前解决问题的方式时说，“截至目前，顺序已经发生了变化，发明已经变成了需要之母；意志已经无法跟上成就……技术答案先于问题，而不是在问题之后。绝大多数的意志不仅转向了给现成的答案寻找问题，也转向了让许多人尽可能提问，并愿意提供答案。恰恰是技术革新，迫切寻求应用；在寻找方案适合的问题时，技术革新急于成为问题的解决方案。”①

这就不仅仅是一个能否针对社会问题去开展行动的问题了，事实上，它是一个为了应用技术发明的成果而去制造问题的问题，或者说，是为了证明技术发明成果的价值而去寻找问题和设定问题。由于寻找到的和被

① ［英］齐格蒙特·鲍曼：《被围困的社会》，郇建立译，江苏人民出版社2005年版，第143页。

设定的问题能够更加证明技术发明的效用，也进一步增强了人们对科学技术的迷信。最为典型的就是技术发明引导着需求，在发现了任何需求不足的地方都又通过技术化的可操作性方案去刺激需求，从而使技术发明不是出于解决社会问题的目的，而是让社会去适应技术进步和满足技术发明得到应用的需求。结果，虽然每一项具体的技术活动都是非常理性的，而技术的发展在整体上则变得非常非理性。对此，鲍曼作了一个形象的比喻：如果说以前是一个法师在挥舞着一把扫帚，而现在是扫帚自己的挥舞，人只能在一旁观看。因而，这是一个不再受到人的理性控制的世界。

技术在不断地制造出新的问题，“寻找越来越多的新问题、前所未闻的问题和先前不可想象的问题是技术的真正工作，这逐渐地、不断地成了它的使命。未来似乎不会比现在更好，也不会平衡供给和需求；未被解决的问题和全面的不确定性也不会随着时间的推移而逐渐减少。”①然而，也许人们深信技术的进步可以保证一切由技术制造出的问题都能得到解决，而客观情况则是，技术所制造的问题以及在这些问题的衍生过程中派生出来的新问题频繁地失控，以至于社会治理时时渴求新的技术却又总是发现新问题层出不穷。

我们已经指出，奥菲认为传统的经济、军事以及文化中心发生了内爆，从“上面”和“下面”同时发生了碎裂与侵蚀。特别是在西方福利国家的改革过程中，出现了一个类似于合作主义的结构性变化，生成了诸多支持并促进了非国家主义的社会治理策略。在这种被认为是合作主义的社会治理结构中，“资本主义政治的社会性色彩在不断增强；制度性分离或国家相对自主性状况正在消失；作为一种一致的、受到严格限制的权力机构，资本主义国家正在衰竭。我们所看到的情况是，政策制定权越来越多地被‘包给’了国际财团的代表们，他们从事着一种半私人性质的交易，其结果又被认作是国家政策或国家计划。”②

尽管这还只是资本的代表参与到了政策协商之中，甚至是跨国性的国际财团参与到一国的政策制定过程中来，但它意味着一国政府的主导

① [英]齐格蒙特·鲍曼：《被围困的社会》，郇建立译，江苏人民出版社2005年版，第144页。
② [德]克劳斯·奥菲：《福利国家的矛盾》，郭忠华等译，吉林人民出版社2011年版，第201页。

地位开始动摇了。也就是说，既定的以公共领域为中心的社会结构被打破了，社会治理体系中的公共部门不再稳固地占据中心地位。因此，人们越来越清晰地看到，“政治权力中心越来越明显地从国家官方制度（例如，政党、议会、总统制或官僚制的政策制定形式）中隐退，并进入团体共存的合作主义政治范围。这一事实似乎加大了社会变革中非国家主义战略的杠杆性作用，它旨在打破合作主义制度存在的各种局限。在社会危机和经济危机的压力下，当资本主义社会自身被迫放弃国家与市民社会之间的根本划分时，再坚持以国家主义战略进行社会变革，就变得既不现实，也不合时宜。”①尽管将此称作为合作主义有着夸大其词之嫌，但沿着这个方向走下去，随着越来越多的社会力量进入了政策过程中来，特别是随着新生的社会力量参与到社会治理过程中来，公共领域、私人领域和日常生活领域之间的边界就有可能被完全踏平，一个真正的合作主义模式就会屹立于我们面前。

全球化已经对民族国家的边界形成了巨大冲击，每一个社会问题都呈现出在全球范围内流动的景象。同时，各种各样的社会问题之间又是不连续的，似乎找不到其发生的源头，也看不出运行的方向。往往是一个事件发生后瞬间就消失了，而且不留任何痕迹，越来越多跨国界的事件涌现了出来。即便是发生在一个国家或一个地域中的事件，也不会将其影响限定在某个特定的领域。当制造社会问题的力量在全球范围内快速流动时，政治机构仍耽于原地，去在一国的公共领域中谋求对社会的控制。就其结果来看，显然是不能适应社会治理的客观要求的。“因为它们存在于现时，且必须在可见的未来里保持其地方性，所以在每天都上演着政治戏剧的舞台上，运作于城市空间的政治机构，注定经常苦于行动力的严重不足，它们尤其缺乏一种令其独立、有效行动的力量。地方政治相对失权的对立面是超地域网络空间中政治的缺乏，那才是真正的权力发挥的地方。”②

全球化与社会治理体系的地方性不在同一个轨道上，以至于政府、公共部门面对各种各样的社会问题时都只能抓住问题的某个部分或片段，

① [德]克劳斯·奥菲：《福利国家的矛盾》，郭忠华等译，吉林人民出版社 2011 年版，第 202 页。
② [英]齐格蒙特·鲍曼：《流动的时代——生活于充满不确定性的年代》，谷蕾、武媛媛译，江苏人民出版社 2012 年版，第 97 页。

有时只是把注意力放在了幻像之上。因此,官僚机构显得越来越无能,政府大楼里所做的事情变得越来越没有意义。所以说,“后现代意识的碎片化和新部落主义——已经关注于超现实的媒体形象——使得任何形式的管理都变得困难。”①碎片化的社会问题无法被纳入统一的制度规范之中,更不能与某一机构的权力作用范围相对应,政府活动也显现出碎片化的状况,事件的偶然性与不连续性充斥着政府运作过程。政治由事件组成,事件都是偶发的,而且很难在事件之间发现关联性。我们知道,现代官僚机构及其政策工具本来是适应处理大规模的、普遍性的和具有集聚特征的社会问题而设计出来的,现在所有这些都变成了不可能实现的追求,以至于社会治理变得仓促甚至束手无策。

总之,不仅社会治理体系的中心—边缘结构坍塌了,而且依然陶醉于处在中心的那些权威也失去了合理性。正在此时,存在于社会中的亚文化群兴起了,“这两个辩证地联系在一起的趋势——日趋没落的宏观文化和强劲的亚文化群——使得民主意愿的形成和政策话语越来越棘手。这反而会导致一种伪政治,在那里,野心勃勃的政治家专于抽象的政治符号假象而非业绩。而这一伪政治则阻碍了实质性的政策制定。”②结果,政策问题建构权开始逐渐地向亚文化群扩散,社会随时随处都可能产生新的“中心”,出现了多中心的状况。因此,也有学者认为即将出现一种“多中心治理”。然而,中心是流动的,迅即产生又瞬间消失,以至于不再有社会结构意义上的稳定的中心。这样一来,任何在中心—边缘结构的基础上所构想的社会治理方案都将不具有付诸实施的可能性,而且,一个社会领域边界的消融、社会问题的全球联动、事件的非连续性和非关联性等,也使得一切地域性的谋划都显得不合时宜了。所以,合作治理也就成了必然选项,而且会首先反映在政策问题建构过程之中。

三、“亚政治”兴起中的政策问题建构

随着领域之间的界限日益模糊,政治也就不再是公共领域中的特有现象,而是扩散到了社会的每一个角落。就 20 世纪初的情况看,当社会

---

①② [美]查尔斯·J.福克斯、休·T.米勒:《后现代公共行政——话语指向》,楚艳红等译,中国人民大学出版社 2002 年版,第 7 页。

治理体系实现了政治—行政二分后,日常的社会治理活动是按照“去政治化”的要求而加以塑造的。如果说近代早期的政策问题建构是一项政治事务的话,那么,当“行政国家”窃取了政策问题建构权后,政策问题建构就朝着“非政治化”的方向行进了。特别是20世纪60年代确立起了政策问题建构的科学模式后,定量研究受到推崇,并表现出了对政治的极端排斥。尽管政治的“巫魅”一直纠缠着政策问题建构,但它往往是深深地隐藏在政策问题建构背后的。

20世纪后期以来,在社会治理的中心—边缘结构受到了冲击的时候,特别是随着领域融合趋势的显现,社会治理却不可思议地进入了泛政治化的进程。如果说19世纪末出现了政府不断侵蚀立法部门的政策问题建构权并在随后逐渐夺取了几乎一切在社会治理中发挥直接作用的政策问题建构权,那么,在20世纪后期出现的则是政策问题建构权向整个社会扩散的景象。不仅议会不再是专门的政策问题建构场所,而且政府也无法独占政策问题建构权了。这就是墨菲所说的,“不仅议会的重要性日渐丧失,因为,关于许多重大问题的决定已开始通过不同的程序来作出了;而且,议会还成了各种竞争性的利益相互抗衡的场所。”①关于这一问题,施米特的结论则是,“议会制体制已丧失了它的一切可信性,因为不可能再有人相信奠基于其上的那些原则了。结果就是,议会制民主发现它自己已被抽空了知识论基础。”②

如果说“行政国家”的出现使议会走向衰落,那么,议会的命运在20世纪后期则被作为行政部门的政府所复制了。在起始于80年代的行政改革过程中,非政府组织以及各种各样的社会自治力量迅速地成长起来,它们参与到了社会治理过程中来。然而,却不是在原先的政治框架下开展活动,也无法被纳入传统的政治范畴中去。虽然公众参与理论努力把非政府组织以及各种各样的社会自治力量的活动解释为“参与”,但在实际上,它们的活动包含着争夺政策问题建构权的内容,政府不得不持续地向它们放权。也就是说,非政府组织等所开展的社会治理活动既不属于政治也不是行政,而是开拓出了一种“亚政治”的社会治理活动。这种亚

① [英]尚塔尔·墨菲:《政治的回归》,王恒、臧佩洪译,江苏人民出版社2005年版,第144页。
② 同上书,第160页。

政治使政治或价值中立、行政的科学化和技术化追求等都失去了意义。这个时候，出现了一种新的情况，那就是绝大多数人在无需动员的条件下自愿参与到了社会治理活动之中，每一个人都在政策问题建构中表达自己的意见而不需要他人代表。

亚政治的出现不仅是对政治—行政二分原则的否定，也在整个社会的意义上实现了对领域分离的否定。我们知道，在领域分离的条件下，社会治理是建立在国家与社会分离的前提下的，事实上，是政府代表国家而实施着对社会的单向管理和调控。在这种模式中，政治和行政的运行都被封闭在公共领域之中，只是在寻求外向功能实现的过程中才打开那扇封闭着的门。所谓民主及其参与也只意味着允许公民或公众在门外喧哗，至多是偶尔打开门让公民或公众中的某些人到门内来做客，然后宣布某个法令或某项政策是在公民(众)参与中制定出来的，要求门外的人必须执行或奉行。

对此，奥菲分析道："国家与个人之间的制度性联系被削弱了，但国家与个人之间的实际联系却比以前变得更直接了。从而出现这样一种明显的矛盾：政治离公民越来越远，而政策则离公民越来越近。"①也就是说，政治是对公民(众)封闭的，而政治活动产出的政策则被推销给了公民(众)。结果就是，"作为公民与国家权威之间媒介的传统政治领域和制度机制不断丧失了它们的内容，但国家与个人之间的实际接触又变得越来越近、越来越实在。"②另一方面，新公共管理运动中的公共服务外包等措施又使社会获得了成长空间，让公民(众)得到了直接参与社会治理的训练。特别是在处理那些新生的社会问题方面，那些来自于社会的治理力量显示出了政府不曾拥有过的能力。这是因为，非政府组织以及各种各样的社会自治力量本身就是存在于社会之中的，是社会中最为活跃的生活要素，也是最为积极的行动者，它们对社会问题有着直接的感知，能够准确地把握社会问题的性质，了解什么样的社会问题需要优先转化为政策问题。

正是因为它们有了更多的机会直接地接触和处理政策问题，所以得

---

① [德]克劳斯·奥菲：《福利国家的矛盾》，郭忠华等译，吉林人民出版社 2011 年版，第 36 页。
② 同上书，第 37 页。

到了政策问题建构的习练，揭开了政府以及专家垄断政策问题建构权时所营造出来的那层神秘面纱，从而迅速地增强了政策问题建构能力。这种情况让我们想起阿伦特。阿伦特曾经使用“agora”一词来指称私人领域与公共领域相遇的场所，但我们总感觉那只是阿伦特的一种猜测。当然，她试图为这种猜测作出证明，因而到古希腊的雅典去寻找范型，并认为雅典的“广场”属于这种形式。如果说雅典的“广场”是一个有形的空间，那么，从阿伦特的证明中可以看出，她是认为公共领域与私人领域之间也应有一个现代性的无形空间，公共领域和私人领域在这个地方接触，通过交流而解决这两个领域中可能出现的异化问题。

考虑到阿伦特毕生的理论活动都是出于寻找解释法西斯主义为何出现的原因，她关于 agora 的构想其实是包含着这样一个追求的，那就是想通过私人领域与公共领域的密切接触而形成一种力量，让这种力量去对公共领域做出矫正，以防止法西斯主义现象再度出现。从“二战”以后社会发展的实际进程来看，阿伦特所构想的 agora 并没有生成，反而是出现了不同于法西斯主义的另一种集权并主持了公共领域数十年。直到 20 世纪后期出现了领域融合的趋势后，由集权主导的公共领域才走向式微。其实，当鲍曼说公共领域与私人领域的边界也是一个接触面的时候，无疑是对阿伦特的 agora 的肯定，在领域分化的过程中，是一直有一个无形的 agora 存在于公共领域与私人领域之间的。但是，我们却没有看到它发挥过阿伦特寄予希望的作用，历史的脚步并未按照阿伦特所设计的路线前行，而是走向了亚政治生成的方向。

在亚政治的兴起中，我们所看到的是在原先的公共领域与私人领域中生成了一个大面积的交叉地带。我们也可以用 agora 一词来指称这个交叉地带，但它不是阿伦特所构想的那个类似于广场的空间，而是在公共领域与私人领域的相互入侵和相互殖民中产生的一个独特的空间，正是这个空间成了亚政治最初生成的地方。更为重要的是，我们在这个可以被称作为 agora 的空间中所看到的，已经不再是公共领域与私人领域的相互入侵，而是闯入了一支似乎是无纪律的、杂乱无章的、无统一步调的非法入侵部队——非政府组织。这样一来，原先处于争斗中的公共部门和私人部门都节节败退，它们毫无还手之力，而且也无心恋战。“从公共权力的角度来看，agora 愈来愈像一块无主之地。人们几乎抛弃了这一战场，把它抛给任何一个渴望入侵的冒险家。”①

如果说公共领域和私人领域在今天因为公共部门和私人部门尚且存在而没有消失的话，那么，公共领域与私人领域间的通道已经被彻底地打开了，从而使公共部门空前地感受到了生成于私人领域和日常生活领域的社会问题的复杂性与多样性，达到了它难以应付的地步。在这种条件下，公共部门显然已经无力独自承担起社会治理责任，而是被迫在改革的名义下把大量的社会治理事务拱手让予社会。非政府组织和各种各样的社会自治力量也正是于此之中获得了发展的机遇。

总之，在公共领域的边界变得日益模糊的时候，公共部门越来越感受到过去为它提供支撑的空间基础被逐渐抽空，以至于不得不通过“放权”而把社会治理的责任转让给社会自身；另一方面，非政府组织以及各种各样的社会自治力量的成长和壮大，也使得社会自身获得了信心，开始认为“幸福生活不再是国家的责任，它取决于无数的个体本身。现代国家政治曾经宣布要负责的任务都落入了生活政治的领域。甚至比寻求全球问题的地方解决方案更不协调的是，人们正在积极寻找并希望发现社会问题的个人解决方案”②。尽管鲍曼在这里所作的是个人主义的解读，但就其对社会治理新变动的描述而言，是基本合乎现实的，那就是一种不同于以往的“生活政治”正在生成，其他一些学者则将这种“生活政治”称作为“亚政治”。

亚政治不是私人领域的政治化，而是广泛的社会成员参与到了政治过程中来，原先听从政治安排的那些以为自己与政治无关的人，都开始踊跃地以自己的行动去诠释政治。信息技术、网络技术等的广泛应用，也为这些行动提供了平台性的支持。在某种意义上，可以认为，正是这些技术的应用，激发了公众对社会问题的关注，调动起了他们要求发表意见或开展行动的热情。这样一来，“传统的代行者不再能够行之有效，而真正有力量的、有能力的代行者却隐匿起来，在一切既定政治行动手段所无法企及之处发挥着作用，那以 agora 为中心的商谈与控制的民主过程对这些代行者更无能为力。这些新的代行者庆贺他们能够从 agora 那里分离出

① [英]齐格蒙·鲍曼：《寻找政治》，洪涛等译，上海人民出版社 2006 年版，第 88 页。

② [英]齐格蒙特·鲍曼：《被围困的社会》，郇建立译，江苏人民出版社 2005 年版，引言第 23 页。

来并获得独立。在 agora 那里，没有他们所要的东西，而他们不在那里，却可以得到一切。”①

我们已经指出，agora 已经实现了转型，鲍曼在此处所说的还是转型前的 agora。事实上，在转型后的 agora 中，非政府组织以及各种各样的社会自治力量已经成了有力量、有信心的行动者，它们不仅掀起了一场所谓“公众参与运动”，而且在政策问题建构中发挥了重要作用，成了社会治理的中坚力量。我们发现，在网络空间中，再也没有什么“他人”可以被排斥了，每个人都可以随时置身于其中，“由国家政治腾出的公共领域被生活政治所占领。这种新的由电子操作的公共舞台起着放大镜的作用，在这里，被大幅度放大了的生活政治填满了整个框架，从而使其他的图画从人们的视线中消失。追求幸福和有意义的生活成了生活政治的主要使命，这种使命从建设一个美好的明天转移到热切地追求一个不同的今天。只要对于‘不同的今天’的强烈呼吁持续不断，这种追求就不会停止。”②网络的触角延伸到了物理空间的每一个角落，在网络所及之处，人们也许并不关注政治、并不了解政治为何物，但是，人们却会毫不犹豫地用自己的行动去诠释政治，一点一滴地塑造出了一种全新类型的政治——亚政治。

领域融合的结果是国家(政府)对个人价值观控制的日益削弱，从而导致了行动者之间关系的变化。以迈克尔·卡龙和布鲁诺·拉图尔为代表的巴黎学派描述了新的人际关系状况，甚至断言合作关系已经生成。根据他们所提出的行动者网络理论，每一次行动中的行动者都是不同的，而且在行动者彼此之间形成了完全不一样的相互关系，从而使一切具有行动效用的对象都纳入到了研究视野，并在所有的行动者那里产生共同作用，使得行动者之间建立起了联系并形成网络。在关系网络中，每一个行动者都会通过相连的其他行动者而获得意义。在行动者网络理论的视野中，每一个行动者都处在关系网络中，没有中心，也没有主—客体的对立，每个结点都是一个主体，是可以行动的行动者，彼此处于一种平等的地位。行动者之间相互认同、相互承认、相互依存而又相互影响，在行动

① [英]齐格蒙·鲍曼：《寻找政治》，洪涛等译，上海人民出版社 2006 年版，第 89 页。

② [英]齐格蒙特·鲍曼：《被围困的社会》，郇建立译，江苏人民出版社 2005 年版，引言第 23 页。

中共同营造一个相互协调的行动之网。也就是说,“我们当今所拥有的,在很大程度上是一种蜂巢式的结构。大家彼此之间相互依存,与此同时,又互相支配对方,没有任何一个人在发号施令,每一个人又都循规蹈矩。”①正是在这种行动者的合作关系中,每一个人都获得了存在的意义,同时,每个人又都能够把自己的道德判断用于合作行动中,从而获得一种自由与秩序共在的状态。

我们一再指出,基于个体权利的设定而建立起来的社会治理运行模式是把政策问题建构权集中在治理机构手中的,虽然人民主权理论对此作出的解释是因个人权利的让渡而生成了社会治理权力,但无论如何,现实的社会治理过程却使“人民”沦落为治理的对象,他们所遇到的一切问题的集中解决途径都掌握在国家(政府)手中,政府垄断了政策问题建构权。当社会治理的目标被确立在谋求社会秩序方面时,也就在一切方面都极力抹杀个体的差异性。所以,秩序的获得是以牺牲个体的“自由”为代价的。吉登斯在分析这一状况时指出,“并不是以前曾经一直是每日生活或‘生活世界’一部分的诸多社会特征被消解了,或被嵌入进了抽象体系之中;相反,要点在于:日常生活的组织和形式,是在与更广泛的社会变革发生交互作用的过程中得以重新建构起来的。由抽象体系建构起来的常规具有空虚和非伦理的特征,这也正是对非个人化逐渐湮没个人的观点之要害所在。”②尽管在意识形态的宣示中说一切社会治理活动都是为了维护个人的权利,但是,在人们之间的差异被全部抹杀之后,哪里还有什么完整的个体,所谓个人的权利又该如何理解?

在领域分离的条件下,人们必须首先获得公民身份才有资格进入公共领域去开展公共生活。当人们获得了这一身份时,其实是被纳入了抽象制度的规范之中,不仅作为人的个体差异被抹杀了,而且在很多情况下是被作为抽象的数字对待的。特别是在选举中,一个人也就意味着一张选票,是无可选择和不可改变的“1”。因而,每一个人都只是这种抽象的存在,而不是完整的人。当领域分离的进程出现了逆转的时候,也就是说,当我们进入了领域融合的过程时,特别是当人们真正成为行动者的时

---

① 见[法]米歇尔·克罗齐耶:《法令不能改变社会》,张月译,上海人民出版社2008年版,第12页。

② [英]安东尼·吉登斯:《现代性的后果》,田禾译,译林出版社2000年版,第105页。

候，就开始呼唤人的自主性的回归了。在行动者网络之中，每个人都是自主的个体，有着道德意识和道德判断力，能够理性地处理与他人的关系，从而与他人开展合作，并在自治的过程中实现他治，而且也为了获得良好的他治效果而优先实现自治。

更为重要的是，当人从与他人的合作行动中发现和证明了自己的意义时，就能够在每一个事项上凝聚起共识，有着共同目标并乐意于共同行动。这就是鲍曼所说的，虽然“当代的人性以许多种声音讲话，并且我们现在知道在未来的很长时间还会这样”。但是，“我们这个时代的中心事务是怎样使多种声音重新变得和谐并防止它恶化为噪音。和声不是相同；它始终是若干不同的主题的交互作用，而每一个主题都保持其独立的特性，而且多亏那种特性，得以保持由此产生的美好旋律。”①在不同声音的对话中，“没有询问，没有争论，没有断定真理诉求的一致基础，没有可被检验的建议，没有劝说，没有驳斥，没有有关语言对于每一个人都意指着同样的现象的要求。差异是可能的，但各分歧之间毫无关联。”②这样一来，在政策问题建构中，我们看到的将不再是众口一词，更不是混合了各种杂质的声音，而是由众多具有特性的声音组成的和声。其中，每个人的声音依然清晰可辨，每一种意见都会得到尊重。就像“沙拉”那样，所有的差异都是清晰可辨的，但在沙拉酱的作用下，差异又是如此和谐地共存。

第二节　政策问题建构中的议题网络

在现代社会治理体系中，长期以来，政策问题建构权主要集中在国会、行政官僚手中。由于政策问题建构权过于集中，以至于利益集团能够通过寻租等方式影响政策问题的建构。20 世纪 80 年代以来，随着“议题网络”的出现，逐步塑造了一个开放、自由的政策问题建构空间，也促使政

① ［英］齐格蒙·鲍曼：《生活在碎片之中——论后现代道德》，郁建兴等译，学林出版社 2002 年版，第 332 页。

② ［美］查尔斯·J.福克斯、休·T.米勒：《后现代公共行政——话语指向》，楚艳红等译，中国人民大学出版社 2002 年版，第 67 页。

策问题建构权向更广的范围扩散。“议题网络”可以看作为后工业化进程中出现的新的社会治理现象，是与非政府组织以及其他社会治理力量的出现联系在一起的。也就是说，由于诸多社会力量介入到了社会治理过程中来，由于多元主体参与到了政策问题的建构中来，政策问题建构权垄断的局面被打破了，并出现了“议题网络”。“议题网络”标志着政策问题建构进入了一个新的时代，即预示着一个政策问题合作建构的未来。

一、“铁三角”中的政策问题建构权

根据“三权分立”的原则，政策问题建构权是由立法部门代表人民来行使的一种权力，行政过程并不包含政策问题建构权的行使，因为行政部门被界定为对政策的执行，所拥有的是执行权。直到19世纪中期，根据这种分权原则而建立起来的治理体系都是把政策问题建构权交由立法部门的。但是，随着自由市场经济中出现了垄断问题，促使行政部门的规模以及职能范围快速扩大，以至于逐渐显现出了行政权畸重的状况。在20世纪30年代，经济大萧条引发的“新政”以及第二次世界大战使得行政部门的权力得到了极大的扩张，造成了“行政国家”的局面。结果，大部分政策创制权被从立法部门转移到了行政部门。

在公共部门中出现的这种政策问题建构权的转移，使得利益集团可以通过公开的或隐蔽的途径去影响政策问题建构权的运行。从近代政治发展的情况看，是在19世纪后期开始，利益集团不断地发展壮大了起来，并逐渐显示出积极影响政治和干预政治的热情。到20世纪，利益集团在政策问题建构方面发挥影响作用的状况已经成为一个不争的事实。虽然美国的宪政结构并没有发生改变，但现实中的政策问题建构权已经从立法部门扩散到了行政部门和利益集团手中，从而在政策问题建构方面形成了一个所谓“铁三角”(Iron triangles)的格局。20世纪80年代，政策问题建构又出现了新的变化，这就是“政策网络”的出现，它打破了“铁三角”的格局，促使政策问题建构权进一步扩散。

卡特总统在卸任总统的告别演说中认为，美国存在着有影响力的特殊利益集团俘获政府决策的问题。的确，从“二战”后的情况看，几乎每一位美国总统都受困于国会、官僚体系以及利益集团的三角关系中。早在1939年，欧内斯特·S.格里菲思就指出，“在立法者、行政人员、游说者、学者这些对具体问题感兴趣的人之间所形成的关系要比国会和行政部门间的一般关系更为真实。换句话说，那些试图对政府行为现行模式作出理解的人如果不拘泥于正式制度的话，就会在他对特定社会问题‘漩涡’的关注和研究中发现事件实际发生过程的清晰图像。”[①]也就是说，在格里菲思看来，正式制度所规定的政策过程中的参与者与实际的政策制定过程中的参与者是不同的。政策制定是发生在问题“漩涡”(whirlpool)中的，而这个“漩涡”则是由那些对政策议题感兴趣的人组成的。

由此看来，实际的政策制定是基于专业化知识，而不是基于参与者在宪法结构中所处的地位进行的。为了理解这一问题，格里菲思考察了国会委员会经常使用的方法和手段，并认为，内阁、总统和党内组织等协作机构在政策过程中的有效性被国会委员会和专业游说者等专业团体的作用“粉碎”了。“最重要的是这些专业团体经常召开非正式会议，这些会议完全或者几乎完全是非官方的，但实质性的工作正是在这些非正式会议中完成的。”[②]他总结道：“今天美国政府中盛行的精神不是审查与平衡，也不是权力分立，而是植根于政府权力的分散趋势而出现的多元主义，以及社会团体的快速成长。”[③]格里菲思所揭示的这一现象是非常重要的，但可惜的是，由于当时学术界的注意力被正在发生的“二战”所吸引，因而没有给予格里菲思的观点以足够的重视。

在格里菲思“漩涡”的基础上，J.利珀·弗里曼提出了“子系统”(sub system)这一更适合于进行政治分析的概念。他认为，“子系统是指特定领域的政策在制定过程中由参加者或者行动者所形成的互动模式，虽然存在多种类型，但与我们最相关的子系统是由行政机构，国会委员会以及与政策密切相关的特殊利益集团所组成。”[④]在弗里曼看来，很多决策都是在子系统中作出的，是在系统内部“子单元”(sub-units)的互动之间完成的。正是国会和行政部门在与利益集团的互动中所形成的“关系网”，构成了政策过程的结构背景。不过，这样一个系统并没有实现各主体之间的力量均衡，相反，宪法所规定的由国会和行政机构代表的公共部门所掌握的决策权现在越来越多地被利益集团接手了，政策制定越来越多地

① 转引自 J. Leiper Freeman, *The Political Process*, New York: Random House, 1965, p.6。

② Ernest S. Griffith, *The Impasse of Democracy*, New York: Harrison-Hilton, 1939, p.183.

③ Ibid., p.184.

④ J.Leiper Freeman, *The Political Process*, New York: Random House, 1965, p.11.

被“外包出去”(farmed out)。

与之相伴的是，政策创制的痕迹越来越不明显，更多的政策问题是在主体的互动中自然形成的，是一些特殊关注被长久积累了下来所产生的结果。一些日常关注的议题可能并不具备吸引广泛兴趣的魅力，但在参与者反复的互动中，加上专业知识的积累以及议题关注的延续性，都使累积下来的观点在政策问题建构中占据了一席之地。虽然子系统所关注的往往是那些辅助性的或者细枝末节的政策问题，但正是这些关乎日常生活的问题，构成了公共政策整体的大部分。可见，相对于“漩涡”一词，“子系统”的概念更明确地揭示了政策问题建构的战场是如何从正式系统中转移出来的，反映了政策问题建构权扩散的状况。

杜鲁门的研究证明了政策问题建构权跨越宪法框架的事实。根据杜鲁门的观察，美国政府活动实际上一直都在规避宪法所作出的行政与立法权的划分，“这些规避的方法使政府看起来像是不断变化的封建性的集合体，使它在不断的变化面前能够纵横捭阖。这些非正式制度中的一些控制方法在总统机构中出现，一些方法则出现在立法机关中，而另一些则在政府之外的个人和集团身上体现。这些方法被下级行政机构运用，更多地涉及所有的利益集团，这些方法尽管非正式但被主要的参与者默认。”[①]当杜鲁门写下这段话时，他所关注的是宪法框架之外的关系网络，也就是由利益集团参与形成的复杂的和非正式的网络。

通过这一考察，杜鲁门发现了一种新的关系网络，并认为这种新的关系网络带来了美国社会中的新的游戏规则，那就是，“在政府采取行动前应当同受到影响的个人和集团进行磋商。在大多数情况下，这种磋商是人们认为政策‘公平’的前提。”[②]由于利益集团在政策过程中开展了积极行动，政策过程中的价值评估也发生了相应的变化。杜鲁门对利益集团在政治过程中的作用是持肯定意见的，他认为利益集团为我们展现出了社会主体参与政策问题建构的画面，推动了多元主义政治的发展。但是，杜鲁门对多元主体在政策过程中的作用并没有开展具体的研究，也没有发展出“政策网络”的概念。

---

① [美]戴维·杜鲁门:《政治过程——政治利益与公共舆论》，陈尧译，天津人民出版社 2005 年版，第 474 页。

② 同上书，第 495 页。

在多元主义语境形成的20世纪50年代，我们看到了利益集团与国会、行政部门共同完成政策问题建构的局面。但到了60年代，人们发现多元主义并不能准确地解释现实的政策制定，在大多数情况下，国家的政策过程仍然是由精英主宰的。不过，此时对于精英的理解已经受到了多元主义的影响，以至于人们所看到的精英并不是单一的机构或者个人，而是精英群体。而且，精英群体内部是分裂的，包含着代表不同利益的精英。这样一来，注意力也就集中到了精英内部的次级系统，从而使得这一时期关于政策制定的研究给人的总体印象就是强调子系统的重要性。当道格拉斯·凯特创造了“影子政府”的概念时，更是加深了人们的这一印象：没有什么是和利益集团无关的了。

与格里菲思一样，凯特对美国政治上“书面上的”(literal)与“活生生的”(living)结构进行了比较，努力去弄清分权的部门之间是如何创建联盟去影响政策制定的。正是在这一研究中，他提出了“影子政府”(subgovernment)的概念并用它去描述美国食糖进口配额决策中的一些关键人物是如何形成网络的，从而揭示出“影子政府”中的政治权力“大部分属于制订配额计划的国会农业委员会的主席，但老资格的文官，美国农业部的食糖部门都在分享这一权力，另外，国内甜菜和甘蔗等糖业生产者、食糖提炼厂以及国外生产商的华盛顿代表也在提供建议”①。也就是说，美国食糖进口配额政策是由国会的专业委员会、行政部门和实力雄厚的商界利益集团构成的网络所苦心打造的。

在兰德利·里普利和格雷斯·富兰克林的研究中，“影子政府”的概念得到了更为清晰的界定：“影子政府是个体组成的集群，他们在既定的政策的主体领域中有效地控制了常规决策……一个典型的影子政府的组成包括众议院和/或参议院的议员，国会工作人员，一些官僚和一些对这一政策领域感兴趣的集团和组织的代表。”②在里普利和富兰克林看来，“影子政府”是“政治行动者的小集团，包括政府部门和非政府部门，他们专注于某一具体的议题领域。国家议程创立的复杂性成为影

---

① Douglas Cater, *Power in Washington*, New York: Random House, 1964, p.17.

② Randall Ripley and Grace Franklin, *Congress*, *The Bureaucracy and Public Policy*, Dorsey Press, 1984, p.10.

子政府出现的部分原因，而影子政府一旦出现，他们就会努力维持这种复杂性”[①]。政策问题建构就是在这样一个由国会委员会、官僚体系以及利益集团所形成的小集团中完成的。在这里，“小集团”的概念推翻了多元主义关于竞争性的利益集团均等机会的假设。从“小集团”这个角度看，政策问题建构权其实被限定在了由一些强势利益集团和国会、官僚组成的封闭网络中。也就是说，政府官员、国会议员与利益集团形成了一个相对封闭的小圈子，他们联系紧密，行动一致。政策问题建构就是在这样的联盟中完成的，洛伊形象地将这个小圈子称为“铁三角”。

在研究美国农业政策制定的过程时，洛伊写道：“每个系统中的政策是基于一个三角交易模式，包括中央当局、国会委员会或亚委员会，以及地方农场主联盟。三角的每一边都补充并支撑着其他两边。”[②]在这种三角交易模式中，国会、政府和利益集团相互支持，共同构成了一个坚固的“铁三角”。在这里，公共领域与私人领域之间的区分变得模糊了，这不是源于公共部门对私人部门的入侵，而是因为来自于私人领域的利益集团以自己的特殊利益俘获了政府。为了描绘私人利益是如何征服了公共部门的，洛伊用了“征用”(expropriation)一词描写利益集团是如何参与政策过程的。

关于“铁三角”内部各方是如何行动的，彼得斯作了更为详细的解剖：“‘铁三角’中的每一个参与者都需要借助其他两方来实现自己的目标，而实现的方式是象征性的。压力集团需要政府机构为它的成员提供服务，以及为他们如何有效地参与政府提供指导建议；而政府机构则需要利益集团为它的项目在那些因受项目影响的客户中争取政治支持，……压力集团需要国会委员会作为国会内部的倡导者。委员会则需要压力集团为它的国会议员争取选票，并对其成员解释，他们在国会中表现出色。压力集团也可以成为忙碌的政治家的政策想法和研究的有价值的来源。最后，委员会成员需要行政机构作为一种为他们的选民提供服务的、进行政

① Randall Ripley and Grace Franklin, *Congress, the Bureaucracy and Public Policy*, Dorsey Press, 1984, p.10.

② 转引自 Grant Jordan, Sub-Government, Policy Communities and Networks: Refilling the Old Bottle?, *Journal of Theoretical Politics*, No.2, 1990。

策创新的工具。”[①]在政策议程中，由于“铁三角”的形成，致使联邦政府也不再铁板一块，而是由不同利益驱动的机构构成，不同的利益集团可能俘获的是不同的政府部门。但是，总的说来，在“铁三角”关系中，三方之间相互支持并相互制约，共同作用于政策问题建构。

从“漩涡”到“子系统”，再到“影子政府”，最终是“铁三角”。这些标签产生的年代不同，所处的背景也不同，但都“专注于具体问题领域中的小政治团体，其中有政府的行动者，也有非政府的行动者”[②]。事实上，由于联邦政府结构上的日益松散，功能上的日趋分散，职能区分上的日渐模糊，导致了政策问题建构无法再局限于联邦政府层面。这一局面的出现意味着联邦政府无法再主导政策问题建构，政策问题建构权也就不再是由联邦层面上的某一特定机构来行使，而是分散到了政府不同层级中的不同机构中。这样一来，政策问题建构也就不再是由传统意义上的公共部门来完成，而是进入了多元主体的互动之中。也就是说，政府权威碎片化了，一方面，拥有政策问题建构权的政府成员范围扩大了，使得利益集团有了更多的机会去与之建立联系；另一方面，政府在规模和职能范围上都大幅扩张，如插手于基础教育、城市公共交通、环境整治等方面，从而扩大了利益集团参与政策问题建构过程的截面。

不过，“铁三角”这一概念的提出与流行表明，利益集团的参与并没有改变精英治理格局，政策问题建构权依然存在于僵化、封闭的“三角”内部的精英手中，而不是实现了向全社会的扩散。而且，普通社会成员想进入“铁三角”也是非常困难的，事实上，那是根本不可能的。尽管利益集团进入政策问题建构过程给了学者们多元主义的联想，也确实在形式上表现出了影响政策问题建构的方式和途径的多样化，但在实际上，并不像多元主义所认为的那样，竞争性的利益集团都可以通过竞争的途径进入政策问题建构过程之中。只有少数的强势利益集团才能够进入政策问题建构过程中，才能够与立法部门、行政官僚结盟而构成“铁三角”和享有政策问题建构权，而多元主义所畅想的平等竞争的局面并未出现。

---

① [美]盖依·彼得斯：《美国的公共政策——承诺与执行(第六版)》，顾丽梅等译，复旦大学出版社 2008 年版，第 37—38 页。

② Lars Carlssou, Policy Networks as Collective Action, *Policy Studies Journal*, 2000, 28(3):502-520.

二、政策问题建构权的扩散

20世纪60年代之后，对“铁三角”的关注渐趋冷却。之前，关于“铁三角”和“影子政府”的研究是建立在案例研究方法之上的，这使得人们并不清楚到底有多少政策问题建构是在这种封闭的、协商一致的系统中完成的。到20世纪70年代末，由于在政策问题建构方面的批评者们将视线集中在了封闭、僵化、孤立的政策系统方面，并认为这是“铁三角”或“影子政府”的基本特征，从而实现了研究视点的转变。对于这一视点的转变，丹尼尔·麦库尔作了这样的描述，在最初的概念阐释与最近的概念理解之间存在很多的不一致，“影子政府”的概念不应是僵化的，而是更为复杂的。经过重新解释，“影子政府的概念被重新定义了，之前的概念被批评者们过于简单化了。结果，对原初框架的发展产生了一幅漫画，也就是创造了一个概念稻草人，使之更容易被揭穿和接受批评。”①

迈克·海耶斯也认为早期关于“影子政府”的描述和批评存在着漫画化的问题。在《半主权的压力集团》一书中，海耶斯将这种概念上的扭曲看成是因为学术理论追求时尚造成的，并认为所付出的代价是原概念被修正了，接近于一幅“更为精巧，更为审慎，由原创者形成”②的漫画。弗里曼和朱迪思·帕里斯·史蒂文斯则认为，“在子系统政治的世界中，夸张的原型已经出现了，这对于敏感的观察、分析和理解都是不利的。”③“铁三角”的概念以及它的姊妹概念“惬意小三角”(cozy little triangles)或者“三方联盟”(triple alliances)等，都预设了政策制定过程中所具有的僵化的特征，而这并非案例研究者们的本意。“这种不知起源的流行观念强调了影子政府、子系统的封闭性，将他们描述为简单的、有限的、孤立的、僵化的政策制定。”④

在认识到了“铁三角”、“影子政府”等概念的缺陷后，研究者们努力去寻找一个新框架，从而把“议题网络”(Issue network)的概念推展了出来。

① Daniel McCool, Subgovernments and the Impact of Policy Fragmentation and Accommodation, *Policy Studies Review*, Vol.8, No.4, 1989.

② 转引自 Grant Jordan, Sub-Government, Policy Communities and Networks: Refilling the Old Bottle?, *Journal of Theoretical Politics*, No.2, 1990。

③④ J.Leiper Freeman and Judith Parris Stevens, A Theoretical and Conceptual Re-Examination of Subsystem Politics, *Public Policy and Administration*, 2(1), 1987.

“议题网络”的概念最初是由休·赫克罗在《议题网络与执行机制》一文中提出的。他认为,多数政策议题的决策方式并不是纯粹的“铁三角”模式,而可能是在政党、国会、行政系统等正式组织结构之外所形成的一种非正式的、复杂的、开放的“议题网络”中进行的。赫克罗说,如果我们寻找封闭的控制三角,可能就会错过相当开放的,越来越对政府构成冲击的公民网络。①赫克罗在提出了“议题网络”的概念后,就对“铁三角”与“议题网络”两个概念进行了比较,认为“铁三角和影子政府的概念假定了已经成功地拥有越来越多的具有自主性的小范围的参与者,事实与此相反,议题网络包括大量的参与者,这些参与者作出的承诺以及彼此依赖的程度是不同的。实际上,几乎不可能明确指出网络是在何处终止,而它所处的环境又是从何处开始。铁三角与影子政府假设了一组稳定的参与者,他们组成联盟去控制相对狭隘的公共项目,这些项目与联盟中的每一派的经济利益都直接相关。议题网络在各方面几乎都是相反的情况。参与者一直在自由地进出网络”②。从政治发展的实际过程来看也的确如此,当越来越多的利益集团和政府官员共同为了某一议题的发展而努力时,他们实际上共同建构出了一个开放网络。所以,“影子政府”走向衰落而“议题网络”开始崛起也就是必然的了。

赫克罗把议题网络定义为“某种分享知识的集团”。“一个议题网络是分享公共政策相关知识的团体,或者说,议题网络是关注某一问题的团体构成的。议题网络中的成员或者‘公众’并不一定拥有相同的注意力,但他们具有共同的知识基础,并且能够理解他人看待某一问题的观点,而且能够发现共同意识到了的问题。但是,共同的知识基础并不必然带来共识;议题网络可能动员起一个共同行动的团体,却也不必然如此,议题网络并不必然是一个具有共同信仰的团体(也就是传统的利益团体)。议题网络是在彼此视对方为具有知识的或者在至少是认为有必要作出回应的人之间形成的网络。在其中,公共政策问题得以界定,论据能够得到充分辩论,并且各种方案得到充实展示。但是,并不是以一种控制有序和组

① Hugh Heclo, Issue Networks and the Executive Establishment, in A.King(ed.), *The New American Political System*, Washington, DC: AEI. 1978, p.88.

② Ibid., p.102.

织良好的形式来完成的。”①也就是说，无论是利益集团还是普通公众，只要他具有关于政策问题的相关知识，就能自由参与到政策问题建构中来，议题网络就是由这些具有相关知识的人形成的松散的网络。所以，在议题网络中活动的主体可以包括政府、立法者、商人、游说者以及学者和新闻记者等。显然，议题网络具有开放性、松散性等特征，所有这些都是与封闭的“铁三角”不同的。一个活跃的“议题网络”会经常就某一政策问题进行讨论或展开批评，许多新的政策创议就是这样产生的。

议题网络究竟是何种模样？赫克罗认为是很难进行界定的，因为“在一个给定的时间内只活跃着网络的一个部分，而在一个长时间段中，政策中介、执行者和国会官僚之间的联系可能加强也可能弱化”②。这里所说的“政策中介”(policy intermediaries)就是指联接国家与社会的利益集团。在政策问题建构的不同阶段中，由于行动者可以随时进出，因而，“议题网络”也会发生即时变化。以卡特政府时期的能源政策为例，“越来越多的政策观察者——税收改革者，核电专家，致力于更多工作的人权集团——参与到了讨论中，将他们的关心和分析带入其中，参与者的名单很快变得超过最初能源计划者的最大想象。”③如果“议题网络”是不受控制的，那么，人数超过想象就应该是一种常态。事实正是如此，在“议题网络”的视野中，所看到的恰恰是一个没有边界的人群，他们拥有着相关知识却不能够形成一个共同的行动联盟，更不用说形成一个单一的、具有相同态度的团体。这就决定了他们并不构成“铁三角”或“影子政府”。

“影子政府”模型假定利益集团与关键性的政府官员以协商一致的方式来建构政策问题，最终以共识或妥协为终结，即在共识与妥协中进行政策问题建构；议题网络模型则假定利益集团与国会、总统之间常常处于冲突状态，“政策技术专家受到的激励是反对辩论的封闭性。在这个高度知识化的团体中，最大的奖励被给予那些成功挑战既定智慧的人，在对某一具体政策中的各种行动的原因所作的连续评估中，网络得以发展，而不是将不信任悬置起来，或者仅仅接受已经做过的事情。”④这表明，“议题网

①②③　Hugh Heclo, Issue Networks and the Executive Establishment, in A. King(ed.), *The New American Political System*, Washington, DC: AEI. 1978, p.104.

④　Ibid., p.121.

络”是拒绝异口同声的，反而是鼓励挑战与分歧的。既然所有的参与者都是挑战者，也就意味着“议题网络”中是根本不可能形成联盟的。这说明“议题网络”的解释框架在反对“铁三角”、“影子政府”的解释框架时走向了另一个极端，即不承认任何联盟可以在“议题网络”中生成，更不承认任何联盟对政策问题建构发挥影响。

萨巴蒂尔指出，“铁三角”的解释框架“认为同一个政策倡议联盟的所有成员都有着完全一致的信念体系，这个看法是荒谬的”①。至少，在子系统中存在着不同的相互竞争的联盟。在对“铁三角”的解释框架作出批评后，萨巴蒂尔基于议题网络的解释框架而提出了“倡议联盟框架”，从而将“议题网络”的观点用于政策变迁的解释中，实现了对“议题网络”观点的发展。根据萨巴蒂尔的“倡议联盟框架”，在政策变迁中，作为重要的政策分析单元的不是特定的政府组织或政策制订计划，而是子系统。在子系统中，行动者并不是单个的人，他们的观点和意见也不总是分歧和冲突着的，而是存在着许多竞争着的联盟。一个子系统中可能包含着多个倡议联盟，联盟彼此之间存在着冲突和竞争，而且在联盟内部也存在着分歧和冲突。不过，不同层面上的冲突对政策变迁的影响是不同的，“冲突的程度取决于相关参与者是在信念体系的‘次要’方面还是‘核心’方面存在不同意见。”②

萨巴蒂尔认为，一般而言，在一个联盟中，关于政策问题的核心会存在着基本共识，而在较为次要的方面，共识度会降低。这是因为，即使一个联盟具有相同的基本信念，但由于联盟并不是利益集团的简单组合，也会因为利益上的分歧而发生冲突。萨巴蒂尔的“倡议联盟框架”在基本观点上是与“议题网络”一致的，可以认为“倡议联盟框架”是从议题网络的解释框架中发展而来的。因为，萨巴蒂尔认为议题网络中存在着联盟，也认为联盟是开放的，包括立法者、官员、研究者、记者在内的多样化的“成员”，个人或组织可以随意加入或者退出某一个联盟，相关利益者的松散合作通常不能保证在政策问题建构中达成共识。最为重要的是，他认为在议题网络中不存在终极权威，无论是政府还是利益集团，都不能主导政策问题建构。

---

① ［美］保罗·A. 萨巴蒂尔、汉克·C. 詹金斯—史密斯：《政策变迁与学习：一种倡议联盟途径》，邓征译，北京大学出版社 2011 年版，第 33 页。

② 同上书，第 24 页。

就现实政治而言,利益集团在议题网络中是不可能完全独立于政党或总统的,它们之间是相互制约和牵绊的。其中,总统在利益集团与官僚机构之间的关系上发挥着重要作用。马克·皮特森和杰克·沃尔克在1980—1985年间对利益集团进行了调查,发现"里根在白宫取代了卡特,这对华盛顿利益集团所享受的接触政策制定者的权利而言,几乎是一场革命。在过去,通过独立于政治的影子政府或者铁三角,不论选举的结果是怎样,很多集团可能都保持着它们与联邦政府官僚机构的联系。但是,在20世纪80年代,围绕某个集团喜欢的项目建立这样一个安全的独立领地就非常困难了"①。总统可能鼓励也可能限制利益集团与政府部门的接触,从而对利益集团的政策问题建构权产生影响。卡特在任期内是鼓励很多自由主义公民集团与政府部门亲密接触的,而且这些组织的活动家也都在政府的重要岗位任职。而在此前,尼克松政府的官僚机构大门对同样的利益集团却是紧紧关闭着。可以说,"结构简单、稳定的影子政府已经让位于一种大不相同的政策共同体。"②单个的游说组织通过结成联盟或脱离联盟的方式与对手开展竞争,而且游说集团和国会、总统在政策问题建构中的意见常常是相左的,最终作出的政策问题往往是利益集团、国会与总统博弈的结果。

其实,无论是在"铁三角"中还是"议题网络"中,都可以看到利益集团活跃于其中,但政策问题建构权无论是在分布上还是在表现上,又都是很不同的。"铁三角"是一个由行政部门、利益集团和国会的专业委员会构成的封闭体系,只有那些享有特权的利益集团才能参与其中。因而,根据铁三角的描述,政策问题建构表现为一种线性模式,政策问题建构权集中在政治精英与经济精英的手中,他们往往能够就相关问题达成共识。而"议题网络"所揭示的则是由政党、国会、行政系统等正式组织结构之外的利益集团或公众构成的一种非正式的、复杂的、开放的系统。也就是说,根据议题网络解释框架,公共部门和私人部门的行动者都能随意参与其中,一个活跃的"议题网络"经常会就某一政策问题进行讨论或展开批评,政策问题建构过程中也因此而充满了更多的观点。这虽然使"议题网络"

---

① 转引自[美]杰弗里·贝瑞、克莱德·威尔科克斯:《利益集团社会(第5版)》,王明进译,中国人民大学出版社2012年版,第245页。

② 同上书,第247页。

显得更有活力,因为政策问题建构权不再仅限于精英群体,而是扩散到了一切对议题感兴趣的群体或个体手中。对此,赫克罗总结说,“权力的问题仍然重要,但对于最近 30 年的政策创议者来说,几乎不可能明确确定谁是主要的行动者。”①

所带来的问题是:政策问题建构往往表现出“议而不决”的状况,作为政策问题被提了出来,却无法实现向政策的转化。也就是说,由于“议题网络”中缺乏必要的集权,社会问题虽然被发现了,并得到了充分的讨论,但在存在着尖锐的意见分歧的情况下,无法形成一致的看法,也就无法走出向政策问题转化的实质性的一步。这也说明,“议题网络”具有理想的民主特征,但对于政策问题建构而言,只能驻足于其初始阶段,想要走完政策问题建构的全部过程,往往是非常困难的。

三、社会多元化中的议题网络

“铁三角”、“影子政府”、“议题网络”都是学术概念,是用来解释政策过程的。但这些概念的出现在时间上是有着先后顺序的,因而,在一定程度上也能够反映现实政策过程在不同时期的状况。也就是说,即便是在 20 世纪,政策过程的演进也确实在这些概念出现的时间序列中表现出了不同的特征,有着一个从“铁三角”向“议题网络”演变的过程。特别是在政策问题建构方面,这种变化表现得更加明显。到 20 世纪 70 年代末,在描述政策过程时,学者们越来越多地使用“议题网络”的概念而不是“影子政府”或“铁三角”的概念,这是与全球结社运动、社会团体更多地参与政策过程联系在一起的。所以,“议题网络”的概念反映了 20 世纪 70 年代以来的政策过程现实。

托马斯·L.盖斯等人通过对利益集团的实证研究得出了这样的结论:“我们相信,在过去 30 年中,这种冲突的、可渗透的、不可预期的系统已经在美国发展起来了。许多铁三角继续在运转,但是他们的影响不如在 40、50 年代那样普遍,系统不再能被精确地描述为影子政府的松散集合。”②此时,

① Hugh Heclo, Issue Networks and The Executive Establishment, in A.King(ed.), *The New American Political System*, Washington, DC: AEI. 1978, p.104.

② Thomas L. Gais, Mark A. Peterson and Jack Walker, Interest Groups, Iron Triangles, and Representative Institutions in American National Government, *British Journal of Political Science*, 14(2), 1984, pp.161-186.

议题网络的概念已经成为一个基本的研究视角，也作为关于政策过程的解释框架而被确立了起来。不仅如此，学者们还在“议题网络”的概念中引申出了“政策网络”的概念。从字面上我们也可以看到，如果说“议题网络”的概念在关注点上是落脚于政策问题建构的，而“政策网络”的概念所关注的则是整个政策过程。其实，当我们把政策过程区分为决策和执行两个主要阶段时，政策网络的概念所关注的依然是决策这个阶段的事情，其关注重心依然是政策问题建构。在这一点上，政策网络的内涵更准确地体现在“议题网络”的概念中，是议题网络概念视野的扩大。随着这一视野的扩大，“铁三角”和“议题网络”概念所代表的两种观点都被包容于其中了。

在20世纪前期，随着政党政治向利益集团政治的演变，确实在政策问题建构方面存在着“铁三角”的格局。我们也必须看到，尽管利益集团也是属于社会的，但它仅仅是社会的一部分，而且是极小的一部分。当它进入了政策问题建构过程时，不仅不意味着民主的理想得以实现，反而是这种利益集团与政府部门、国会专业委员会构成的“铁三角”成了一个排斥公众的封闭的政策问题建构系统。所以说，民主在政策问题建构中的体现就是“铁三角”模式，作为社会而进入政策问题建构过程的是部分强势利益集团，而不是拥有主权的所有公民，它依然包含着一个社会治理的“中心—边缘”结构。在这一中心—边缘结构中，由“铁三角”构成的联盟不仅使政策问题建构而且也使整个政治过程都成了哈贝马斯所说的那种“公共生活的封建化”，政策问题建构权仅仅在“铁三角”中进行分配，由“铁三角”中的精英所把持。

民主政治的发展在20世纪后半期出现了新的变化，由于多样性、异质性的因素快速增长，特别是因为信息技术的发展而促进了社会的流动性，使异质因素充斥了整个社会空间并快速流动。到了20世纪后期，社会呈现出高度复杂性和高度不确定性的特征，以至于由“铁三角”构成的政治“中心”已经无法将全部社会问题纳入自己的控制范围。理查德·纽斯塔德在其研究中以“总统可能吗?”这一问题为题作了深刻的剖析，对美国行政组织系统的可管理性问题提出了质疑，尤其是对总统在政策过程中的地位问题作了揭示。根据纽斯塔德的研究，白宫的继位者经常会面对推动政策不断变化的流动的、可渗透的系统，同时既定的政治系统也出现了“去中心化”的趋势。这两个方面同时发力，使得总统的意志经常受到阻挠。即使仅仅为了达到最为简单的目标，总统也不得不进行广泛的协商，并时刻准备妥协。“总统的有利地位并不能确保他得到所期待的结果。总统欲对某人施加压力，但这个人同样可以利用可自由支配的有利条件对总统施加压力，这是对总统压力的反压力。命令式的权力只能产生有限的作用；说服于是变成了妥协。”①社会力量可以从多个层面、多个侧面对国会和行政部门产生影响。在这种情况下，再将政策问题建构权限制在封闭的联盟中，其难度变得越来越大。

与此同时，公共部门本身更加“碎片化”了。20 世纪 70 年代，美国国会中发生了“次级委员会革命”，50、60 年代的国会中大约 35 个委员会现在已经被大约 240 个次级委员会取代了。②次级委员会在数量上迅速增加，在管辖范围上也出现了重叠，这带来了美国政府的碎片化。相比于国会委员会，国会次级委员会在政策问题建构中所发挥的作用显得更为精细。“新的强大的次级委员会通过请求、接受的限制规则努力维护它们的影响力。比起之前的表现，国会在 80 年代以更加精细的方式影响着政策。专门化和地方分权的增加更加经常地使次级委员会卷入相互间以及与其母体之间的权限斗争中去。”③

分离出来的国会机构在职员和资源方面都有着强烈的要求，而且也呈现出不断增长的势头，尤其是在新的利益集团进入政策议程获得了制度化的保证后，国会次级委员会的迅速增加实际上是通过组织的方式强化了新的利益集团进入政策议程，大大拓宽了新的利益集团参与政策问题建构的通道。这样一来，政策问题建构权也进一步分散了，“随着立法从一个阶段走向下一个阶段，冲突范围的持续变化常常意味着扩展。在一个阶段形成的交易和调停并不能在下一阶段得到坚持，因为谈判必须在每一个阶段重新开始。”④正是因为这个原因，赫克罗将 20 世纪 70 年

① [美]杰伊·沙夫里茨等：《公共政策经典》，彭云望译，北京大学出版社 2008 年版，第 227 页。

② Grant Jordan, Sub-Government, Policy Communities and Networks: Refilling the Old Bottle?, *Journal of Theoretical Politics*, No. 2, 1990.

③ [美]弗兰克·鲍姆加特纳、布赖恩·琼斯：《美国政治中的议程与不稳定性》，曹堂哲、文雅译，北京大学出版社 2011 年版，第 188 页。

④ 转引自[美]杰弗里·贝瑞、克莱德·威尔科克斯：《利益集团社会(第 5 版)》，王明进译，中国人民大学出版社 2012 年版，第 249 页。

代末的政治与行政描述为“碎片化的”(fragmented)而不是“分部门的”(segmented),并认为参与者的集合变得不可预测,并且复杂化了,决策也倾向于原子化了。①

就“碎片化”取替了“分部门”而言,无疑是政策环境的新变化,它使得“议题网络”的观念逐渐取代了“影子政府”。“影子政府相对而言是较为清晰的部门划分,部门主导着组织进入的限制,并强调长期关系——这促进了讨价还价与折衷,但议题网络是一种开放性的参与,在议题界定上只有有限的共识,政策制定也显得像是一个临时过程。”②这一时期,社会也发生了巨大变化。在60、70年代,美国的中产阶级表现出了参与政治的热情,使得对政治感兴趣的公众不断增长。加上通讯技术的发展,通过计算机系统的电子邮件和远程电话使参与政治也变得更加便捷,从而为各种各样的团体参与政治提供了更为方便的途径。

上述可见,“铁三角”是在利益集团数量较少而且竞争不那么激烈的情况下发展起来的。随着竞争性利益集团数量的增多,“铁三角”格局也就很难维持下去了。在全球结社运动的背景下,竞争性利益集团呈现出了爆炸式增长的势头,而且,几乎每一个新集团也都拥有一些资源,都表现出了努力使自己的声音被政府听见的要求。这样一来,“越来越多的组织参与了决策制定,以至于将利益团体排除在决策之外也变得越来越难,这导致查尔斯·琼斯将当前的决策模式描述为‘脆弱的大六边形’而不是‘惬意的小三角形’。”③这就是20世纪70年代政策问题建构方面出现的新情况。不过,如果仅仅是参与到政策过程中的主体数量的增长,那还只是意味着更多的利益集团希望进入到政策问题建构过程中来,也就只能说是在形式上发生了从“三角形”向“六边形”的变化,并没有从根本上改变政策建构过程的系统封闭性。所以,还不能说是开放性的议题网络形成了。从现实来看,这个时期确实走上了议题网络生成之路,其根本原因

---

① Hugh Heclo, Issue Networks and the Executive Establishment, in A.King(ed.), *The New American Political System*, Washington, DC: AEI. 1978, p.105.

② Grant Jordan, Sub-Government, Policy Communities and Networks: Refilling the Old Bottle?, *Journal of Theoretical Politics*, No.2, 1990.

③ 转引自[美]盖依·彼得斯:《美国的公共政策——承诺与执行(第六版)》,顾丽梅等译,复旦大学出版社2008年版,第37—38页。

就是非政府组织的出现发挥了推动作用。

利益集团产生于工业社会治理体系的中心—边缘结构中，它们以参与者的身份努力跻身于“铁三角”，实现从边缘向中心的跃迁，在行动上表现为对国会委员会和行政部门施加影响以反映自己的利益诉求，但社会治理并不会因为利益集团进入了中心而改变中心—边缘格局。非政府组织大量涌现则使得情况复杂化了，因为，非政府组织并不是仅仅作为政府社会治理的助手出现的，所发挥的也不仅仅是辅助作用，它们不隶属于政府，不听命于政府，它们是那些有着独立的、自主的自治能力的组织，至少展现出这样的前景。在政策问题建构方面，非政府组织不是寄希望于影响政府，而是有着明显的直接进入到政策问题建构过程中来的愿望，他们已经以政府的合作伙伴的面目出现，而不是以传统的“压力集团”的角色发挥作用。

当非政府组织参与到政策问题建构中时，社会治理的“中心—边缘”结构开始松动，预示着一种“多中心”甚至“无中心”的网络结构的出现。此时来认识政策过程，就会发现，“如果‘网络’的概念被作为一种标签来描述赫克罗的议题网络的竞争性和一次性的互动，那么它不应该以一种不合格的方式延伸到覆盖影子政府之类的永久性部门网络中”。①非政府组织的兴起所带来的是政策网络的出现，从而使“议题网络”与“影子政府”的区别显得更加明显了。在某种意义上，非政府组织在政策问题建构中所发挥的作用大大地丰富了“议题网络”概念的内涵。根据杰克·沃克的研究，非政府组织经历了这样一个成长过程：与“二战”前相比，20 世纪 80 年代有更多的利益集团在华盛顿活动，其中，市民自治团体所占的比重更大了。“报纸一直充斥着新协会成立的报道，政治领导人也在大声抱怨来自于‘某一利益集团’的不合理的压力。这些报道不仅意味着集团总体数量的增长，而且表明市民团体的数量比其他团体数量有更大的增长，这产生了偏离传统利益集团的职业基础的趋势。”②

其实，非政府组织是在一波“新市民社会”运动中成长起来的，以非政

① Grant Jordan, Sub-Government, Policy Communities and Networks: Refilling the Old Bottle?, *Journal of Theoretical Politics*, No.2, 1990.

② Jack Walker, The Origins and Maintenance of Interest Groups in America, *the American Political Science Review*, Vol.77, No.2, 1983.

府组织的形式出现的"市民团体"与之前的"自治团体"有着截然不同的特征,而且它们并不能与利益集团放在一起来加以认识。非政府组织致力于与政府之间建立起相互依存、相互制约和相互监督的关系,往往把参与与自治统一了起来。虽然沃克带着陈旧的利益集团观念去谈论非政府组织,但他对非政府组织成长过程的描述却是合乎实际的:"职业化团体成立于19世纪中期,但花了几乎一个世纪才产生出职业化团体的一半,余下的另一半是在二战以后才建立的。相反,市民团体直到20世纪60年代才产生,在接下来的20年中,市民团体却以两倍于所有类型职业化团体的速度爆炸性增长。"①

沃克所说的"市民团体"就是非政府组织,它的快速成长意味着在社会中出现了不同于政府但又与政府平等合作的治理主体。正是因为非政府组织加入到了政策问题建构过程中来,使得"议题网络"中不再呈现出异口同声的状况,甚至不再有主导性的声调。这就是鲍姆加特纳等人所指出的,"从1960年前后开始,利益集团动员的巨大优势逐渐被公民和消费者团体与日俱增的动员弄得支离破碎。后者在许多经济领域中已经活跃起来,将以前相对绝缘的次级系统转变为充满更多冲突的政策网络,这些冲突性的网络对政策目标首次表现出重大分歧,这一点引人注目。"②

由于非政府组织的涌现,不仅由强势利益集团与国会专业委员会、政府部门所构成的"铁三角"消踪匿迹了,而且,由竞争性利益集团构成的"议题网络"也被冲击得七零八落。在非政府组织加入进来后,"议题网络"所展示出来的其实是一种新的治理结构,不仅在政策问题建构方面,而且对于整个政策网络,都实现了重塑。只有到了此时,"议题网络"的概念才获得了实质性的意义,也就是说真正成为了网络。前述已经指出,从"铁三角"到"议题网络"反映了现实政策问题建构所发生的变化,但在"议题网络"的概念提出的时候,依然可以看到"铁三角"或"影子政府"的身影。所以,在"议题网络"的概念提出时,受到了很多的质疑。如弗里曼和

① Jack Walker, The Origins and Maintenance of Interest Groups in America, *The American Political Science Review*, Vol.77, No.2, 1983.

② [美]弗兰克·鲍姆加特纳、布赖恩·琼斯:《美国政治中的议程与不稳定性》,曹堂哲、文雅译,北京大学出版社2011年版,第173页。

史蒂文斯就认为，从“铁三角”到“议题网络”只代表了标签变化，“赫克罗的‘议题网络’在概念上几乎没有扩展40年前格里菲思的‘漩涡’所没有做到的，仅仅改变了标签。”①格兰特·乔丹(Grant Jordan)也批评道，“议题网络”的概念仅仅是重新装满了旧瓶子而没有添加新的内容。即使赫克罗本人，后来也发生了动摇，甚至说那种认为伴随着膨胀了的国家政策的“议题网络”注定要取代华盛顿更为熟悉的“影子政府”政治的观念是愚蠢的。然而，非政府组织的出现却改写了历史，彻底终结了“铁三角”的使命，使一个具有冲突性的、可渗透的、不可预测的政策问题建构过程成为触手可及的新生事物。也就是说，真正的“议题网络”正在生成，它所包含着的发展前景可能是赫克罗也未能想到的。

当然，非政府组织的独立性和自主性还未充分获得，但它与政府间的平等合作已经显现出某些端倪，特别是在政策问题建构方面，已经展现出了“议题网络”的魅力。在非政府组织的行动中，以政府为中心的政策问题建构模式被打破了，“不是集团联合起来控制某个项目，以至于没有人能说某个人能控制政策或议题。”②因为，政策问题建构权扩散了，议题网络中的异口同声被围绕着议题争论所替代。此时，要在临时组成的网络中达成共识就如同“试图在废墟中建立联盟”，或者无法达成，即使达成了也会倾覆。如果说“影子政府”的概念表现的是多元精英的治理，其中多元主体的互动仍然打造出政策问题建构的线性模式，那么，议题网络则是一个完全否定了中心—边缘结构的体系，使得政策问题建构权高度分散。尽管在今天的现实中所存在的“议题网络”还可以明显地看到中心—边缘结构，但非政府组织的成长必将逐渐推动社会治理的“去中心化”，从而在解构中心—边缘结构的基础上塑造出平等、合作的政策问题建构局面。这个时候，议题网络的概念将会融入政策网络的概念之中，或者说，议题网络其实只是政策网络的一个具体的构成部分和政策问题建构特定阶段中的一种表现形式。

---

① J. Leiper Freeman and Judith Parris Stevens, A Theoretical and Conceptual Re-Examination of Subsystem Politics, *Public Policy and Administration* 2(1), 1987.

② Hugh Heclo, Issue Networks and The Executive Establishment, in A.King(ed.), *The New American Political System*, Washington, DC: AEI. 1978, p.102.

第三节　走向合作的政策问题建构

在工业化、城市化进程中生成了自我及其自我意识，从而有了自我与他人关系的探讨。在认识与实践中，这种关系则表现为主客体关系。由于自我放大了的形态是组织、政府等，从而有了普遍性的主客体关系。在社会治理过程中，政策问题建构者成了稳定的主体，而那些被排斥在政策问题建构过程之外的人们则是客体。随着政策过程的科学化，政策问题建构主体在合理性的追求中拥有了更大的政策问题建构权，主客体之间的对立却时常以社会冲突甚至社会对抗的形式出现。为了解决这一问题，公众参与的理念被引入政策问题建构之中。公众参与使得主客体的分界变得模糊了。在精英与公众都参与到政策问题过程之中的时候，他们都成了政策问题建构的行动者，并展现出一种新的趋势，那就是参与到政策问题建构中来的各种社会因素将结成一种共生关系，并通过合作行动去开展政策问题建构。

一、主客体结构中的政策问题建构权

理论叙事中经常谈论的“自我”与“他人”是在工业化、城市化进程中生成的，随着自我意识的生成，个体从农业社会的家元共同体中脱身而出，成为具有相对独立性的社会存在物。人的自我意识所发挥的是将“自我”与“他人”区分开来的功能，以至于有了主体与客体之分。“自我”又不仅仅是由自然生命个体所承载的，而是在工业化、城市化进程中不断地成长为组织、政府等认识和实践主体。这样一来，我们的社会也就拥有了一种具有普遍性的主客体结构。最为重要的是，一切认识和实践主体都似乎天然地拥有着自我中心主义倾向，而且这种倾向被嵌入到了工业社会的所有制度与运行机制之中。因而，在政策问题建构中，也存在着主客体二分的问题。

在近代早期，自我意识的生成意味着人在行为取向上以自我为中心，他人的存在成了自我利益实现的工具，同时，他人与自我之间的关系也主要表现为竞争关系。霍布斯将人描述为一种孤独的和原子化的存在物，而以个人为中心的社会则是一个人与人之间分立的社会，出现了“所有人对所有人的战争”。这是因为,“从一开始,个体主义就伴随着分离和任性的傲慢”。[①]而且,只要是从自我这个中心出发来认识世界,所看到的景象就是个体之间的对抗永远都不会消失。“只有当单个的人不再以这种仅从自我出发的方式去思考,只有当他在观察世界的时候,不再像某个人从其寓所的‘里面’去眺望‘外面’的马路,去眺望在自己‘对面’的一排排房屋那样;只有当他能够摒弃这一切——在思想和情感上同时完成一种新的哥白尼式的转变——用一种街道是延伸贯通的、运动着的人类关系网是处于整体的关联之中的这种眼光来审视自己和自己的居所,那么,他的那种感受,那种以为自己是‘内在’独立的和自为的,他人是某种由一道深渊与自己隔开的东西,是自己面前的一处‘风景’,一个‘周围世界’,一个‘社会’的感受,才会逐渐淡化下去。”[②]

以自我为中心去认识世界,就会产生主体与客体的区别。“主体”是个体在认识世界以及改变世界的实践过程中生成的,“自我”是永恒的和终极性的主体,“自我”之外都是认识的和需要加以改造的对象,是“客体”。当笛卡尔谈到“我思故我在”的时候,已经是在阐述主客体之间的关系了。在笛卡尔那里,一方面,存在是主体认识的对象,是独立于主体之外的客体。另一方面,存在之所以存在,也是因为得到了主体的认识,是因为主体认识到了它才能称之为存在,是主体赋予存在以意义。在笛卡尔那里,自我因为认识而具有双重含义,既是认识主体,也是认识对象(客体)。在此意义上,自我与他人并不完全等同于主体与客体,它们是关联在一起的。

在自我与他人之间即主体与客体之间有着共同的结构,那就是中心—边缘结构。也就是说,在自我与他人的关系中存在着中心—边缘结构,自我是中心,而他人则是环绕着自我的边缘。如果把自我与他人的关系还原为主客体关系,也就看到了主体与客体之间存在着中心—边缘结构,主体是中心,而客体则是作为主体认识和实践对象的边缘,是可以持续展开的边缘。一般说来,在哲学叙事中,自我与他人的关系是以主客体关系的形式出现的;在政治学叙事中,主客体之间的关系则被表述为自我与他人的关系。虽然在严格的意义上,自我与他人、主体与客体这两对关

---

① [美]弗莱德·R.多尔迈:《主体性的黄昏》,万俊人等译,上海人民出版社1992年版,第12页。

② [德]诺贝特·埃利亚斯:《个体的社会》,翟三江、陆兴华译,译林出版社2008年版,第59页。

系并不完全重合，但是，由于它们是基于不同的学科视角而识别出来的对应关系，而且又有着相同的结构，因而都可以用来理解近代以来的社会结构和社会治理行为展开的过程。

总的说来，在人与自然之间并不存在着自我与他人的关系，而是存在着主体与客体的关系。自然是作为一种纯粹的认识和实践对象而存在的，面对自然界，人在认识和实践中是不变的主体，人是出于“征服自然”的目的而认识自然和开展实践活动的。在人的社会关系中，既存在着主客体关系也存在着自我与他人的关系，在多数情况下，这两种关系是相互重合的。一般说来，当自我把他人当作认识和开展行动的对象时，他人是以客体的形式出现的；在人们开展共同行动的时候，人们之间的关系则表现为自我与他人的关系。在人们的共同行动中，无论是对共同利益的感知还是对利益差异和利益冲突的认识，都包含着自我与他人的区分。但就社会治理而言，自我与他人的关系只表现在社会治理者的共同行动之中，而当社会治理作为作用于对象的过程时，自我与他人的关系则被隐藏了起来。也就是说，在社会治理作为作用于对象的过程之中，是包含着主客体关系的。在这一区分中，我们看到了自我与他人的关系并不等同于主客体关系。

自社会治理中的自由民主制度确立之后，主客体的分化便反映在了代议制结构之中，或者说，是通过代议制的设置而实现了主客体的分化。在代议制条件下，由人民选择的代表进入议会去直接地在政策问题建构方面开展活动，他们一度是政策问题建构的最为主要的主体。虽然就“主权在民”这一代议制设置的前提来看，民选代表是由选民选举出来的，选民理应是政策问题建构的终极主体。但在实际运作中，当民选代表进入了议会后就具有了一定的自主性，往往不再是人民具体意愿的忠实代表了。人民不再在政策问题建构中发挥作用，即使被认为应当在政策问题建构中发挥作用，也只是在理论上才可以作出证明的间接主体，政策问题建构的实际过程则排斥和排除了人民。也就是说，人民实际上是作为政策问题建构的客体而存在的，甚至人民本身就被视为一种“社会问题”了。

从政治演化的逻辑来看，一旦代表与选举了他们的人民相分离，就走上了自我演进的道路，并逐渐地演变成了精英。社会治理体制也从代议制民主转化为精英民主，政策问题建构主体与客体的分化也因此而最终完成了。如果说代议制条件下的代表还被认为是民众利益的代表，那么，由代表演化而来的精英则完全成了政策问题建构中自主的主体，同时也将原本是终极主体的人民大众完全置于客体的位置上了。这样一来，主客体结构事实上演化成了一种反民主的结构。尽管如此，这种本末倒置的主客体关系却获得了合理性，原因就在于它能够得到现代社会科学的论证。我们知道，现代社会一方面在理性的追求中确立起了对技术的崇拜和对科学的迷信，另一方面又成功地将掌握了科学和技术的人纳入社会治理主体的范畴。由于社会治理主体是与被治理者相隔离的，因而，那些因掌握了科学和技术而成为社会治理者的人构成了一个相对封闭的圈子。这样一来，现代社会的布局就是围绕着个体理性和我思主体展开的体系，个体理性和我思主体构成了现代社会的中心。

随着“行政国家”的生成，技术专家开始成为社会治理的主体，是通过对政策问题建构权的垄断而开展社会治理的。因而，技术专家是因为首先成为政策问题建构主体而成为社会治理的主体。在技术专家垄断了政策问题建构权的条件下，公众是政策的客体，同时也被视为社会问题本身，成为社会治理主体通过科学路径去加以认识的对象。在认识的过程中，政策问题建构主体被要求必须站在客体之外，并且相隔一定的距离去保持“中立”的态度，以求避免受到客体的影响。显然，客观现实是错综复杂的，为了避免政策问题建构过程受到干扰，又要求主体必须对客体进行某种控制，也就是说，政策问题建构主体必须通过对客体的行为和意识的控制去保证政策问题建构的科学性。因此，出于政策问题建构的科学性要求，社会治理成了主体对客体实施干涉和控制的过程，主客体结构也使得社会治理中的支配和控制得到不断增强。

近代以来的政策问题建构包含着一条明确的从民主路径向科学路径转变的轨迹，这一转变最终在20世纪中期完成。在政策问题建构的科学路径中，政策问题建构主体被设定为对客观现实和社会问题有着非凡的洞察力，他们能使政策问题建构目标变得清晰起来，他们通过科学的和可控的技术流程就能产出预期的产品——政策问题，而产品的生产流程又无非是要展现客观的因果关系。在政策问题建构过程中，作为社会问题本身或社会治理客体的公众则不具备参与政策问题建构的资格和能力，只能以社会问题的形式存在，并被动地接受社会治理者的支配和控制。

社会问题是客观存在的，政策问题是精英建构的结果，即产品。在政策问题建构过程中，精英是主体，而作为社会问题本身的公众则从客观存在转化为客体，他们在政策问题建构过程中的地位是不平等的。

政策问题建构过程中的主体与客体类似于“作者”与“读者”的关系，作者创造了图书、文章和小册子等，作者在决定其作品的意指方面具有优先权，在赋予作品意义方面有着决定性的地位，而读者只是意义的接受者，往往不被允许改变原作者的意图。对于作者来说，“他或她的角色就是去教育读者，向读者灌输各种道德价值观，或启迪读者（读者没有收到如作者那样高的尊敬）。”①基于这种比喻，可以认为政策问题建构主体就是作者，他们将社会问题制作成政策问题，赋予政策问题以他们所期望的意义，并且要求作为读者的大众来接受和揣摩他们所建构起来的政策问题。也就是说，“现代作者在社会里是一名‘立法者’，被称为专家、经理、自由职业者、知识分子或教育家。同现代文学家一样，所有这些个体都具有优先接近真理、理性和科学知识的特权；他们通过权衡正反两个方面（利弊），通过决定‘真的’事物来‘了解’和‘取舍（定夺）事物’。就对处于争论中的相互对立的观点作出选择而言，这些现代作者兼立法者是独断的。可是他们选择的东西却变成了‘正确的和有约束力的’。”②在这种主客体结构中，主体所拥有的权威自不待言，而公众只是被动的客体，至于什么是公共利益以及什么是社会问题？都完全取决于政策问题建构主体的界定。

二、主客体结构中的排斥与控制

政策问题建构中的主客体分化使公众成了消极的、被动的客体，政策问题建构主体则成了理性和科学的化身，在维护公共利益方面处在道德的制高点上。即便是被作为“理性经济人”看待时，人们也相信，制度以及程序设置可以对他们的自利追求行为作出有效防范，并保证他们去为着公共利益而勤奋工作、遵纪守法和富有责任心。这就是美国学者罗斯诺所说的，现代主义假定承担着社会治理职责的“他（她）‘勤’字当头，‘尽’心‘尽’力，并有着‘努力工作’的自我形象。他（她）总是未雨绸缪，做事有

---

① ［美］波林·罗斯诺：《后现代主义与社会科学》，张国清译，上海译文出版社1998年版，第37页。

② 同上书，第38页。

头绪，不满足于现状。现代主体可以献身于政治计划并且为实现具有意识形态特征的各种目标而努力。他(她)可能相信自由意志和个人自主权利，但是一旦采取表决的形式并且作出了决定，他(她)就会赞同多数人的意见(或党的路线)。换句话说，现代主体愿意使自己的利益服从集体的利益。他(她)尊重理性规则、总体意志、社会传统和看似公正的固定标准。他(她)真诚地追求真理，并希望这种追求最终不会一无所获。这意味着现代主体对理性、合理性和科学充满了信心，并且把所有这一切都放置于情绪性事物的前面"①。

与之相反，不拥有科学知识的大众则被排除在社会治理主体之外，人们深信，"政治智慧绝不是一个简单的大众意识问题，而是依赖于专业化的技能，这种专业化技能是知识分子贵族的内在特性。普通大众——大多数是穷人、未受教育者和乡下人——总是无法超越偏见、歪曲的意见和狭隘思维，不能对公众生活作出一个有识见而又连贯的决定。"②在很多情况下，政策问题建构主体是因为拥有科学技术等专业化知识而被假定为同时拥有高尚的品德，进而被委托了政策问题建构权。即便政策问题建构主体所确认的政策问题与人们的实际生活没有任何关联，也被认为是具有合理性的。在社会治理科学化、技术化进程中，政策问题建构完全成了一项科学活动，政策问题建构主体在科学的名义下实现了对政策问题建构权的垄断，也因科学和技术而获得了社会治理权威。到了 20 世纪，政策问题建构基本上都是由技术专家做出的，技术专家的一个基本信条就是运用科学的流程来预测和控制人类行为，目的就是要将作为客观实在的社会问题揭示出来并转化为政策问题。人们对此不会产生疑问，因为对科学方法的信仰让人们总是看到，"如今人们通过它们已能控制原子，被应用于'控制社会行为'，人类的问题将迅速得到解决，将确保所有人的安宁与富足。"③正是对科学和技术的这种信念，促使政策问题建构

① [美]波林·罗斯诺：《后现代主义与社会科学》，张国清译，上海译文出版社 1998 年版，第 62 页。
② [美]卡尔·博格斯：《知识分子与现代性的危机》，李俊、蔡海榕译，江苏人民出版社 2002 年版，第 21 页。
③ [美]C.赖特·米尔斯：《社会学的想象力》，陈强、张永强译，三联书店出版 2001 年版，第 122 页。

逐步演化为一个类似于自然科学研究的过程。

实现了科学建构的社会治理体系使主体与客体成为对立的两极，并形成了一种单向监视和控制的关系，而且将两者凝固在了监视者与被监视者的位置上了。“作为一种‘标准’的社会权力技术，开始被运用于大范围的不均衡性监视中。它把作为权力对象的大多数人，永远放在了‘被监视者’的地位上，后者既没有权利，也不可能有希望来实现相互之间的监视，或者与他们的监视者换个位子。”①人们因为对知识的拥有不同而有了不平等地位，社会治理主体与客体正是因为对科学知识的掌握程度不同而被区分开来，使得社会治理主体对客体的控制表现为知识的应用，而且也是建立在坚实的科学知识的基础上的。在这一社会治理模式中，社会治理主体垄断了政策问题建构权，实现了对社会问题的科学甄别和在政策问题建构中实现科学创新，而公众则被视为盲目无知的“乌合之众”，被视为政策问题建构过程中的客体，成了社会问题本身和社会治理的对象。

根据后现代主义对作者和读者的观察，“现代作者不仅是一个个体。他(她)还是一个‘维度’，一个心境，一个功能原理，一个信息源，一个模型，一个为某个逻各斯中心主义观念、强权和权威(作者)提供的手段。”②政策问题建构所呈现给我们的正是这幅图景：政策问题建构主体拥有相对于客体的权威，通过所掌握的科学知识去指认社会问题，并宣称其指认出的社会问题是对客观存在的真实反映。这样一来，无论政策问题与社会问题之间存在着什么样的偏差，政策问题建构主体都可以把政策问题宣布为真实的，也可以把真实的社会问题宣布为虚假的。正是由于这一原因，我们从20世纪中期以来的社会治理实践中可以看到，一方面，社会治理的科学追求不断地得到强化；另一方面，社会治理在某种困境中却越陷越深。其根本原因就是，我们的社会治理越来越倚重于政策工具，而政策问题建构则因为对科学和技术的强化而走向了脱离社会问题的方向，在崇尚科学和注重技术的前进道路上越来越显现出了反科学的性质。也

---

① [英]齐格蒙·鲍曼：《立法者与阐释者——论现代性、后现代性与知识分子》，洪涛译，上海人民出版社2000年版，第62页。

② [美]波林·罗斯诺：《后现代主义与社会科学》，张国清译，上海译文出版社1998年版，第42页。

就是说，当政策问题建构为了科学而过分地注重方法时，成了与现实中的社会问题无关的科学活动，尽管满足了科学追求，却不能解决现实中的社会问题，以致社会问题不断地被积累起来而孵化出了风险社会，让整个社会都不得不面对危机事件频发的困扰。

在民主的逻辑中，公众应当在政策问题建构过程中发挥重要作用，但是，社会治理却以科学的名义剥夺了公众的政策问题建构权，导致了主客体的结构性分化。按照民主的要求，"如果社会机构的运转要符合'民众'的利益，则真正的权力必须来自'人民'自身。但是，如果'人民'将权力移交或无力调动潜在的权力，它就会发现这些权力被用来同自己及自己的利益作对。在拥有理性之效用最大化者的社会中，掌握权力手段的每个人都会毫不犹豫地使用权力获取最本原的个人效用。没有任何一个强力者会自愿为无权者的利益行使自己的权力。"①之所以来源于民众的权力会与民众相对立，并不能仅仅从掌握权力的人的道德方面作出解释，而是需要在社会治理的主客体结构中去寻找答案。是因为精英与大众分别以主体和客体的形式出现，致使社会治理精英不仅失去了维护大众普遍利益的动力，反而利用权力去为自我谋取利益。

显然，一个具有充分流动性和开放性的社会将无法维持一种不变的结构，同理，如果社会治理具有充分的开放性，也就无法实现主客体的结构化。正是因为这个原因，社会治理精英总是借助于科学知识及其方法而把政策问题建构打造成一个封闭性的过程，社会治理体系及其过程也因此而变得封闭，公众则受到了排斥。当公众被排斥在了政策问题建构以及整个社会治理之外时，当公众本身被视为社会问题时，其实是被作为不正常者对待的。"被持续地建构为不正常者目标群体的人在同政府打交道的时候主要留下的是消极负面的印象。他们接收到的大多数信息都暗示他们是'坏人'，因为他们的行为会给其他人造成麻烦。除非他们能够改变自身的特性或者避免同政府发生联系，否则他们往往要接受惩罚。因此，这些人在要求政府给予他们本来应该得到的那些利益的时候也会屡屡遭受挫折。"②

① ［德］米歇尔·鲍曼：《道德的市场》，肖君、黄承业译，中国社会科学出版社2003年版，第552页。
② ［美］海伦·英格兰姆、斯蒂文·R.史密斯编著：《新公共政策——民主制度下的公共政策》，钟振明、朱涛译，上海交通大学出版社2005年版，第79页。

在社会的不确定性条件下，社会治理精英之所以能够成为政策问题建构中的排他性主体，是因为他们能够依靠科学和技术再造确定性，以使人们在某种程度上从不安全感中解脱出来。其实，社会治理精英不仅不能为人们提供真正的安全感，反而会借助于不确定性而实施对公众的控制，一方面，社会治理精英会通过普遍性规范的设立去营造形式上的确定性，安抚公众和让公众确立起对他们的信任；另一方面，社会治理精英又会利用不断增长的不确定性带来的不安全感而达到操纵公众的目的。“尽管控制的政治反映了一种更为广泛的文化情绪，但它并非自发地、主动地出现。恐惧已经被有意识地政治化了。贯穿整个历史的是，恐惧已经被占统治地位的精英阶层装备为一件政治武器。”①

也就是说，“恐惧的政治被正确地视为一套操纵计划，其目标是阻遏公众的反对意见。它就是这么个玩意儿，但同时也是一种咒语，凭着它，孤立的精英阶层在其隔绝的状态中也可以轻易地做出反应。正如我们将要看到的，恐惧的政治的魅力之一是，它为其执行者解除了不得不系统阐释其真实立场的重担。”②恐惧被用来强制和恐吓，并为声言维持公共秩序的一切做法提供合理性证明，恐惧也常常被用来激发某种反应以推动某个共识的达成。“今天，恐惧的政治的目标是赢得共识并制造一种手段，借此手段围绕着否则就将被孤立的精英阶层形成团结的局面。但是，不论其发明者的目的是什么，它的主要效果是强化了‘没有选择’的观念。”③社会治理精英利用了已经深植于社会中的不安全感和恐惧，并把这种不安全感和恐惧政治化，通过操纵公众的恐惧心理来赢得道德共识，制造出一种除此之外别无他路可走的场景，从而推动那些有助于精英的共识被达成。

在社会治理精英所营造的恐惧的政治氛围中，公众变得更加脆弱，更加依附于社会治理精英。随着恐惧在社会的各个角落蔓延，一种相应的文化和心理状态也告以生成。“这样的恐惧最终不会限制于特定的论题，而是会弥漫到每一件事物上。自主性日益削弱导致人们变成只能抱怨‘我们被吓到了’的消极的屈服者，这种感觉再加上一种深深的无力感共

①③　[英]弗兰克·富里迪：《恐惧的政治》，方军、吕静莲译，江苏人民出版社 2007 年版，第 119 页。

②　同上书，第 111 页。

同加强了恐惧的文化。”①一旦恐惧取得了主导地位，此时即使没有一个全能政府来提醒公众，公众也会成为非常脆弱的顺从者，在“没有选择”的理由下赋予政府更大的强势地位，接受社会治理精英的一切安排。而“政府不断地着手发动改革运动，目标直指人们的饮食、健康、性生活、养育子女的策略、饮酒，以及他们在其他问题上的态度或行为。个人生活方式的政治化与公共生活的去政治化具有一种反向的均衡。因此，典型的公共政策过去需要与负责任的公民论战，如今则只需把他们当作似乎仅仅是生理成熟的孩子来对待。在里根—撒切尔时代，一个显著的趋势是将公民转变为顾客。在更近的年头里，负责任的公民地位下降的趋势加速，并让位于将作为顾客或父母或需要支撑的脆弱个体的人们幼儿化的模式”②。在公众的不安全感和恐惧得到了利用的条件下，即使公众被给予一定的机会参与到政策问题建构过程中来，也会形成一种稳固的心理定势：他们是一群脆弱的孩子，是“被治疗”、“被扶持”的对象，他们所具有的能力和掌握的信息往往是不足的和没有价值的，因此，他们只能是被动的顾客，需要依靠精英来代为把握和安排。

从农业社会向工业社会的转变是人类社会发展的重大历史进步，“现代性是作为一种许诺把人类从愚昧和非理性状态中解放出来的进步力量而进入历史的，但是人们可能很想知道那个许诺是否得到了证实。”③事实上，在社会治理科学化的追求中，在政策问题建构主客体的分化中，人们却发现，“现代性已经不再是一种解放力量；相反，它是奴役、压迫和压抑的根源。”④当现代性体现在了现代社会的理性设计和管理需要中，科学的发展以及对科学的迷信反过来造成了主客体的分离与对立。也正是在主客体结构中，科学的发展走向了反民主的方向，或者说，主客体结构就是社会治理中的各种各样反民主行为的原因。政策问题建构主体正是在科学的名义下排斥客体，而在客体被排斥的情况下，主体与客体之间也就出现了无法跨越的壕沟，以至于主客体结构中的任何制度和程序的运行都无法改变民主的没落这一现实。

---

① [英]弗兰克·富里迪：《恐惧的政治》，方军、吕静莲译，江苏人民出版社 2007 年版，第 118 页。
② 同上书，第 128 页。
③ [美]波林·罗斯诺：《后现代主义与社会科学》，张国清译，上海译文出版社 1998 年版，第 4 页。
④ 同上书，第 5 页。

三、行动主义视角中的政策问题建构

在后现代主义看来，“主体是虚构的；在极端意义上它只是一个建构，‘只是一个面具，一个角色，一个牺牲品，它充其量只是一个意识形态的建构，至多也不过是一个使人怀旧恋昔的肖像’。他们批评主体篡权、认定意义、高高在上和专横暴虐。他们把主体看作是过去的陈迹，现代性的遗老，自由人道主义的杜撰，不可取的主客二分法的始作俑者。”[①]显然，在主客体结构中，客体是由主体设定的，主体甚至可以自由地设定它的客体，并让客体被动地接受主体的建构。在政策问题建构中，主体按照自己的观念去决定哪些问题或什么样的问题可以转化为政策问题。如果说社会治理也是基于主客体结构展开的话，那么，其主体通过政策工具开展的活动无非是对客体的规范。总之，客体被视为消极和被动的存在。

可以认为，只要社会治理及其政策问题建构过程中存在着主客体结构，就必然会存在着主体对客体的控制与排斥。所以，如果“消除了主体，也就中止了任何关于世界之为主体和客体的划分。它破除了主—客二分法，摧毁了一方胜过另一方的权威地位，中断了同主体范畴相联系的独断权力关系，并由此消除了其隐藏的层系（等级系统）”[②]。就现实而言，在一般的社会治理层面，所存在的是实践意义上的主客体关系及其结构，而在政策问题建构过程中，则存在着认识意义上的主客体关系及其结构，这是我们仍然置身于其中的现实。可是，后现代主义宣布“主体死了”，以此去看，社会治理精英垄断政策问题建构并凭借政策工具去对作为客体的公众实施控制和支配也就丧失了合理性。这在理论上是有着重要意义的，因为，主体之死意味着社会治理精英不再是科学的化身，他们垄断政策问题建构的做法也就失去了根据。

就社会治理的现实来看，政策问题建构的主客体结构也正在丧失合理性。面对全球化、后工业化进程中的高度复杂性和高度不确定性，即使政策依然是社会治理的基本工具，政策问题建构也不可能有着稳定的结构。因而，主客体的区分正在变得越来越困难。高度复杂性和高度不确

---

① ［美］波林·罗斯诺：《后现代主义与社会科学》，张国清译，上海译文出版社 1998 年版，第 61 页。

② 同上书，第 71 页。

定性条件下的社会治理要求每一个人都是行动者，而且是平等的行动者。这样一来，不仅社会治理精英不可能垄断政策问题建构，而且公众也不可能一直处在消极被动的地位上，而是需要共同行动，即平等地参与到政策问题建构过程中来。对于政策问题建构而言，这将是一个泛主体化的过程，即每一个人都会成为政策问题建构的主体。

如果说每个人都是政策问题建构主体的话，也就没有主客体之分了，也就不再适应于从主客体结构去把握和描述政策问题建构过程了。其实，这是主客体都归于行动者的状态，是主客体结构的根本性解构。这样一来，社会治理将不再是使动与应答、主动与被动的控制和支配过程，而是以合作的方式开展共同行动的过程。在这种共同行动中，如果说还存在着技术精英和政治精英的话，那么，技术精英所掌握的科学知识将从支配和控制的依据转化为服务于共同行动的资源，而政治精英所拥有的权威则会因为主客体结构的解构而被消解。在某种意义上，政治精英将因为融入共同行动之中而从人们的视线中消失，并成为与公众一样的行动者。即便他们还扮演着专业化政治家的角色，所承担的也不是控制和支配公众的职能，而是在共同行动中扮演服务者的角色。

政策问题建构过程中主客体结构的解构对于社会治理变革有着至关重要的意义。显然，社会治理长期以来一直是支配和控制的过程，近代以来，赖以支配和控制的权威又首先体现在和来源于政策问题建构的主客体结构。可以认为，正是因为政策问题建构主体垄断了政策问题建构过程，牢牢地掌握了政策问题建构权，才让社会治理者获得了支配和控制公众的权威，才在人民主权的原则性设定之下不断地强化权力支配和控制，并把公众塑造为消极的客体。不同于主客体之间的支配和控制关系，高度复杂性和高度不确定性条件下的共同行动要求行动者之间的关系是平等的和相互包容的。在社会治理中，各种各样的社会力量都将参与到社会治理过程之中；在政策问题建构过程中，科学知识和政治安排也都从属于政策问题所涉及的每一种社会力量和每一个人，即让每一个受到社会问题影响的人都参与到政策问题建构过程中来。这可以说是基于行动主义的思路而作出的构想。

也就是说，当客体与主体之间的界限变得模糊甚至消失之后，政策问题建构将不再囿于客观或主观的视角，也不会再作出主观与客观的区分，而是包含在解决具体问题的行动之中。无论行动者是以个体还是组织的形式出现，都是处在一个无分主客体的网络关系之中的，而且会通过行动建构起网络关系。这种网络关系在哈蒙那里是被界定为“互依性”的，“由互依性所表达的各种关系，人们以这样的认知来行动，即他们要为其行动负个人的责任——这种认知要先于法律责任的考虑。这并非是一种关于个人情感偏好优先的‘应该’陈述，而是作为主动的与社会存在的地位之人所隐含的认知。再者，互依性隐示了人的行动是因对他人积极关心而被采取的，而每一个人也将受他人的影响。换言之，这种关系是以真诚性来表达的，而非基于预定的角色定义为基础来行动。互依性并不意味，人们必须彼此相似或精打细算的，也不意味着相互之间交往永远出现对问题互相同意的解决办法。”①行动者之间的网络关系否定了宏观设计、因果关系以及客观假设等宏大叙事和武断的判断，也终结了任何形式的排斥与歧视，所形塑出来的是一种相互承认和相互包容的合作关系，因而，所开展的共同行动也就是合作行动。这个时候，社会问题是行动的指向，如果需要将社会问题转化为政策问题的话，也将在合作行动中进行。

现象学在批评传统的认识论时指出，主体与客体之间本来就无法完全分开，“知觉不是关于世界的科学，甚至不是一种行为，不是有意识采取的立场，知觉是一切行为得以展开的基础，是行为的前提。世界不是我掌握其构成规律的客体，世界是自然环境，我的一切想象和我的一切鲜明知觉的场。”②或者说，客体只不过是由主体所界定的，是在主体对客观存在的界定中而建构出来的，当主体与客体的关系被建构为一种思维方式后，特别是在作用于实践的过程中，就会在脱离客观实际的路上越走越远。随着主客体之间的界限变得模糊甚至消失时，也就出现了一种新的情况：“我们生活在以表演为基础的剧本文化中，表演者或观众之间的界线已变得模糊了。文化本身也成了一种戏剧演出。表演民族志融入了某种性别

① [美]迈克·哈蒙：《公共行政的行动理论》，吴琼恩等译，台湾五南图书出版公司1993年版，第119页。

② [法]莫里斯·梅洛—庞蒂：《知觉现象学》，姜志辉译，商务印书馆2001年版，前言第5页。

文化的因素,日常戏剧表演与正式的戏剧、舞蹈、音乐、MTV、录像以及电影之间的界限几乎看不清楚了。但是事态进展远不止界限模糊,表演本身已成为一种现实。"①所以,人们是在合作行动中去迎接和解决各种各样的社会问题的,从政策问题建构到政策工具的使用,都是在合作行动中进行的。

近代以来的哲学发展首先体现为在认识论的框架中生成了主客体结构,政策问题建构中的主客体分化也是在认识论的逻辑中发生的,然而,"传统的认识论对知识的分析——甚至对整个认知态度包括信仰和知觉的分析——都造成了误解和曲解,因为历来知识论都是以旁观者的或沉思冥想的知识观为主。不论我们如何看待沉思冥想和超然无私的理论取向,这也不是人们日常生活的主要立场。一般人的知识着眼于与世界的互动,而且被他与世界之间的互动方式所制约。"②与一般意义上的科学认识有所不同,政策问题建构并不是纯粹的客观探询过程。但是,政策问题建构却复制了一般认识过程的结构,以至于认识论的诸如对认识对象进行主观界定、要求认识结果的合目的性等都在政策问题建构这里得到了放大,使得政策问题经常性地与社会问题相去甚远。在合作行动中,情况发生了根本性的改变,政策问题建构是在多元行动者的互动中创造出来的,是关于社会问题之真实性的一个或多个建构。

要了解人类行动,要关注行动者的行动究竟"意味着"什么?就需要从行动者自身出发来做出解释。这样,政策问题建构过程也就应该转变为一个解释过程,而不是一个描述真理的过程。解释是从行动参与者而不是行动观察者的视角出发来看待社会问题的,这样一来,政策问题建构无非是相关的行动者自己创造并碰撞出来的观念。"我们根据种种的解释框架,不断地整理、辨别、解释我们生生不息的经验。但在我们的日常生活中,这些解释架构主要是社会的、主体间的。主体间性是人类主体性的核心。分析行为和行动使我们体认到:我们不断地赋予我们的生活经验以意义。因此我们必须选择解释架构。但这些倏起倏灭的解释架构本

① [美]诺曼·K.邓金:《解释性交往行动主义:个人经历的叙事、倾听与理解》,周勇译,重庆大学出版社2004年版,第16页。

② [美]理查德·J.伯恩斯特:《社会政治理论的重构》,黄瑞祺译,译林出版社2008年版,第193页。

质上并不是私密的,它们主要是社会的或主体间的。”①

当然,政策问题建构也有认识诉求,但这种认识诉求所涉及的将是主观价值,是以价值为依据和价值先行的。当政策问题建构突出了人的主观价值时,就会发现,认识论逻辑所许诺的真理不再像过去那样能够得到实现,反而会表现为行动者创造性地发现了社会问题并总能实现正确的政策问题建构的状况。这是因为,“除非我们将一社会事物化约为创造此事物的人类活动,否则不能了解此事物;再者,除非我们理解此活动所根据的动机,否则不能理解此活动。”②行动主义视野中的政策问题建构是在人的行动中去发现社会问题的,同时,又是在行动的语境中去进行政策问题建构的,也是在行动中去解决政策问题和收获政策问题建构的成果的。所以,任何一项社会问题甫一出现,就能够在人们的合作行动中得到认识并转化为政策问题。这个时候,主观性与客观性都不再会作为问题而被提出来。

我们知道,“行动”与“行为”是两个关联性很强的概念,人们甚至会不加区分地使用这两个概念。一般说来,行为是与个人联系在一起的,或者,是个人的单项活动,而行动在个人这里则是由连续的和系统化的行为所构成的。不过,更多的时候,我们使用“行动”一词时,是指以组织的形式所开展的活动。行动主义所谈论的行动有着特定的含义:其一,行动主义的“行动”概念不是行为的总和,反而是行动派生出了行为。在这里,行为只是对行动的具体描述和诠释,因而需要代表着和反映出行动的实质。其二,行动主义的“行动”是建构性的,它不只是主客体结构中的认识和实践活动,即不只是对客观实际的认识和按照客观规律去改造世界,而是系统化和连续性的创造性建构活动。其三,行动主义的“行动”是一切行动者平等参与的活动,无论是真理的权威还是权力的权威,在行动这里,都被从根本上消解了。其四,行动主义的“行动”消除了科学与生活、工具与目的的分离,行动本身既是科学建构过程也是生活形态。归根结底,行动主义的“行动”就是以合作的形式出现的共同行动。在这里,传统意义上

① [美]理查德·J.伯恩斯特:《社会政治理论的重构》,黄瑞祺译,译林出版社 2008 年版,第 192 页。

② 同上书,第 202 页。

的主客体都消融于行动之中。

一旦明了行动主义的"行动"概念,也就可以清楚地看到,近代以来的社会治理过程中的政策问题建构都无非是精英"行为"的行进和实现过程。虽然技术精英或政治精英也是以群体的形式出现的,但在逻辑上是可以还原为个体的,所以,他们所开展的政策问题建构乃至整个社会治理活动都是可以归结为个人行为的,或者说,都无非是个人行为的展开。即便存在着对行为的制度整合、权力整合和价格整合等,也没有从根本上将"行为"改造成"行动"。与之不同,在行动主义这里,集体与个体的理解都不再有意义,行动者是以密切互动、相互呼应的网络形式出现的,因而是一个完整的整体。就每一单个的行动者既是网络中的一个节点又反映了整个网络的特性而言,他本身就是整体,具有总体性。所以,行动者的合作行动是从属于解决任何一项社会问题的需要的,而不是相互把他人作为自我利益实现的工具对待。实际上,一旦摆脱了个体或集体的理解模式,也就从根本上告别了工具主义思维。

哈蒙认为:"关于社会实在的理论基础必须去解释互为主体性、社会互动的过程,以及语言,而非视为理所当然。"①因此,虽然合作行动告别了认识论逻辑,但在一切基于价值实现的创造性活动中,又都需要充分考虑行动的情景和语境,既在具体的情景和语境中去发现社会问题,也在具体的情景和语境中开展旨在解决社会问题的政策问题建构。可以认为,行动主义的"此一观念注意到人的意向与主观意义"②。正因为如此,行动主义的行动不再是工具理性的,行动者也不再是被动的个体,而是处在行动者网络中的具有自主性的、富有责任心的行动者。更为重要的是,每一单个的行动者都是有道德的人,任何一个缺乏道德责任心的人都无法置身于行动者网络之中,也不可能成为行动者。

哈蒙说:"个人责任意谓行动者具有行动的道德承担之当事人,而非把罪责或责任推给他人或外在的'正确性'标准。"③不仅如此,行动主义的行动强调行动者的反思。在行动主义看来,正是通过反思,行动者才得

① [美]迈克·哈蒙:《公共行政的行动理论》,吴琼恩等译,台湾五南图书出版公司 1993 年版,第 83 页。

② 同上书,第 10 页。

③ 同上书,第 7 页。

以获得自主性，才能够在具体的情景和语境中去发现或诠释自己以及对方的角色。为了强调反思对于行动者的意义，全钟燮接受了“新马克思主义”以及20世纪后期诸多思想流派的意见，在某种意义上，复述了“实践派”的一些基本主张，即在“praxis”与“practice”之间作出区分，认为“praxis”一词更能表达出行动的含义，而“practice”只意味着重复进行的习惯性的行为。全钟燮认为，“praxis”“在个体不适用任何类型的批判意识的情况下也能发生。‘praxis’总是由个体发展的活动，并且导向一个通过这种活动被转换了的对象。因此，‘praxis’被界定为‘个体在其中使用反思意识的人类活动’。当个体参与到和他人的沟通活动中并逐渐转换着他或她所赖以存在的世界时，在这个意义上，个体行动就变成了社会实践(praxis)。”①

在近代以来的个体主义语境中，认识论的叙事原则是要求首先关注个体的，但是，随着praxis一词的引入，理论叙事开始转向了对个体发展的关注，从而让人们注意到个体“赖以存在的世界”和与“他人的沟通活动”，并在此过程中突出了个体的批判和反思。因为，praxis要求个体以批判和反思的方式与其他行动者合作，这是嵌入在行动者与他人之间关系中的话语形式。无反思的行动者将一切都视为主体的收益，而自我反思则号召挑战这些想当然的实践，并思考在政策问题建构中负有道德责任的问题。在这一实践观中，只有通过反思才能产生有道德的个体。也就是说，道德不是通过伦理规范获得的，而是在个体的反思中实现的。反思赋予个体以道德，而道德则使得个体获得行动的自主性。

当然，我们需要看到，从praxis引申而来这种观点与行动主义的“行动”观是有着很大距离的，但就行动者需要在反思中去审视行动中的价值以及发现自己的责任来看，却是行动主义的一项基本内容。总之，在行动主义的视野中，行动本身就是合作的。当政策问题建构是由行动者作出时，政策问题建构过程将是向多方开放的一个阐释过程。“我们无法在混乱的环境下理解现实，也不能独立重建组织秩序，我们需要在介入与他人交往的活动时，找到处理无序和紧张局面的方法。通过与他人发生联系，

① [美]全钟燮：《公共行政的社会建构：解释与批判》，孙柏英译，北京大学出版社2008年版，第106页。

对他人做出回应，我们就能发现新的道路，创造新的可能性和新的办法，以此处理世界的无序和差异。作为人，通过我们的共同努力，通过我们的思想和知识，通过我们与他人的互动，我们创造着我们生活的这个世界，并在此休养生息。”[①]社会互动创建了行动者网络，而行动者在社会网络中又实现了意义的分享，任何一项社会问题都能够及时地反映到网络之中，在意义的分享中引发行动者的关注，并在合作行动中使社会问题实现向政策问题的转化。这就是一幅政策问题合作建构的图景。

---

① ［美］全钟燮：《公共行政的社会建构：解释与批判》，孙柏英译，北京大学出版社2008年版，第46—47页。

主要参考文献

一、中文

[美]阿尔文·托夫勒:《第三次浪潮》,三联书店 1983 年版。

[英]安东尼·吉登斯:《现代性的后果》,译林出版社 2000 年版。

[法]阿兰·图海纳:《我们能否共同生存?——既彼此平等又互有差异》,商务印书馆 2003 年版。

[英]埃德蒙·柏克:《自由与传统》,商务印书馆 2001 年版。

[英]埃弗尔·詹宁斯:《英国议会》,商务印书馆 1959 年版。

[美]埃贡·G.古贝、伊冯娜·S.林肯:《第四代评估》,中国人民大学出版社 2008 年版。

[美]艾赅博、百里枫:《揭开行政之恶》,中央编译出版社 2009 年版。

[法]爱弥尔·涂尔干:《职业伦理与公民道德》,上海人民出版社 2001 年版。

[美]埃里克·诺德林格:《民主国家的自主性》,江苏人民出版社 2010 年版。

[美]B.盖伊·彼得斯:《官僚政治(第五版)》,中国人民大学出版社 2006 年版。

[美]保罗·A. 萨巴蒂尔、汉克·C. 詹金斯—史密斯:《政策变迁与学习:一种倡议联盟途径》,北京大学出版社 2011 年版。

[美]本杰明·巴伯:《强势民主》,吉林人民出版社 2006 年版。

[美]波林·罗斯诺:《后现代主义与社会科学》,上海译文出版社 1998 年版。

[美]C.赖特·米尔斯:《社会学的想象力》,三联书店 2001 年版。

[美]查尔斯·赖特·米尔斯:《权力精英》,南京大学出版社 2004 年版。

[美]查尔斯·J.福克斯、休·T.米勒:《后现代公共行政——话语指向》,中国人民大学出版社 2002 年版。

[美]查尔斯·E.林布隆:《政策制定过程》,华夏出版社 1988 年版。

[美]达尔:《民主理论的前沿》,三联书店 1999 年版。

[美]罗伯特·A.达尔:《谁统治——一个美国城市的民主和权力》,江苏人民出版社 2011 年版。

[美]戴维·杜鲁门:《政治过程——政治利益与公共舆论》,天津人民出版社 2005 年版。

[英]戴维·赫尔德:《民主与全球秩序:从现代国家到世界主义治理》,上海人民出版社 2003 年版。

[美]戴维·约翰·法默尔:《公共行政的语言——官僚制、现代性和后现代性》,中国人民大学出版社 2005 年版。

[美]戴维·伊斯顿:《政治生活的系统分析》,华夏出版社 1999 年版。

[英]戴雪:《英宪精义》,中国法制出版社 2001 年版。

[美]德博拉·斯通:《政策悖论——政治决策中的艺术》(修订版),中国人民大学出版社 2006 年版。

[英]罗伯特·杜普莱西斯:《早期欧洲现代资本主义的形成过程》,辽宁教育出版社 2001 年版。

[美]弗兰克·J.古德诺:《政治与行政:一个对政府的研究》,复旦大学出版社 2011 年版。

[法]弗朗索瓦·基佐:《欧洲代议制政府的历史起源》,复旦大学出版社 2008 年版。

[美]弗兰克·费希尔:《公共政策评估》,中国人民大学出版社 2003 年版。

[美]弗兰克·鲍姆加特纳、布赖恩·琼斯:《美国政治中的议程与不稳定性》,北京大学出版社 2011 年版。

[英]弗兰克·富里迪:《恐惧的政治》,江苏人民出版社 2007 年版。

[美]弗莱德·R.多尔迈:《主体性的黄昏》,上海人民出版社 1992 年版。

[美]弗里德里希·沃特金斯:《西方政治传统——现代自由主义发展研究》,吉林人民出版社2011年版。

[美]盖依·彼得斯:《美国的公共政策——承诺与执行(第六版)》,复旦大学出版社2008年版。

[美]格雷厄姆·威尔逊:《利益集团》,台湾五南图书出版公司1993年版。

[德]尤尔根·哈贝马斯:《公共领域的结构转型》,学林出版社1999年版。

[德]哈贝马斯:《在事实与规范之间——关于法律和民主法治国的商谈理论》,三联书店2003年版。

[德]尤尔根·哈贝马斯:《包容他者》,上海人民出版社2002年版。

[美]海伦·英格兰姆、斯蒂文·R.史密斯编著:《新公共政策——民主制度下的公共政策》,上海交通大学出版社2005年版。

[美]赫伯特·西蒙:《管理行为——管理组织决策过程的研究》,北京经济学院出版社1988年版。

[美]赫伯特·A.西蒙:《管理决策新科学》,中国社会科学出版社1982年版。

[英]霍布斯:《利维坦》,商务印书馆1981年版。

[美]杰弗里·贝瑞、克莱德·威尔科克斯:《利益集团社会(第5版)》,中国人民大学出版社2012年版。

[美]杰克·雷斌等主编:《公共管理学手册》,中山大学出版社2006年版。

[美]杰伊·M.沙夫里茨等编:《公共政策经典》,北京大学出版社2006年版。

[美]卡米拉·斯蒂福斯:《公共行政中的性别形象——合法性与行政国家》,中央编译出版社2010年版。

[美]卡尔·博格斯:《知识分子与现代性的危机》,江苏人民出版社2002年版。

[美]凯文·奥尔森编:《伤害+侮辱——争论中的再分配、承认和代表权》,上海人民出版社2009年版。

[奥]凯尔森:《法与国家的一般理论》,中国大百科全书出版社1996

年版。

[美]克里斯托弗·拉希:《精英的反叛》,中信出版社 2010 年版。

[德]克劳斯·奥菲:《福利国家的矛盾》,吉林人民出版社 2011 年版。

[美]克利福德·吉尔兹:《地方性知识》,中央编译出版社 2000 年版。

[美]科尼利厄斯·M.克温:《规制制定——政府部门如何制定法规和政策(第三版)》,复旦大学出版社 2007 年版。

[美]拉尔夫·P.赫梅尔:《官僚经验:后现代主义的挑战》,中国人民大学出版社 2013 年版。

[美]拉塞尔·雅各比:《最后的知识分子》,江苏人民出版社 2002 年版。

[美]莱斯利·里普森:《政治学的重大问题(第 10 版)》,华夏出版社 2001 年版。

[美]理查德·B.斯图尔特:《美国行政法的重构》,商务印书馆 2002 年版。

[美]理查德·J.伯恩斯特:《社会政治理论的重构》,译林出版社 2008 年版。

[美]汉密尔顿、杰伊、麦迪逊:《联邦党人文集》,商务印书馆 2009 年版。

[法]卢梭:《社会契约论》,商务印书馆 2006 年版。

[英]洛克:《政府论(下篇)》,商务印书馆 2009 年版。

[美]罗伯特·登哈特:《公共组织理论(第三版)》,中国人民大学出版社 2003 年版。

[美]罗伯特·海涅曼等著:《政策分析师的世界(第三版)》,北京大学出版社 2011 年版。

[德]罗伯特·米歇尔斯:《寡头统治铁律》,天津人民出版社 2003 年版。

[英]M.J.C.维尔:《宪政与分权》,三联书店 1997 年版。

[英]马丁·阿尔布劳:《全球时代:超越现代性之外的国家和社会》,商务印书馆 2001 年版。

[德]马克斯·韦伯:《经济与历史:支配的类型》,广西师范大学出版社 2004 年版。

[德]马克斯·韦伯:《经济与社会》(第二卷下册),上海人民出版社2010年版。

[德]马克斯·韦伯:《学术与政治》,广西师范大学出版社2004年版。

[英]迈克尔·欧克肖特:《政治中的理性主义》,上海译文出版社2004年版。

[英]迈克·费瑟斯通:《消费文化与后现代主义》,译林出版社2000年版。

[美]迈克·哈蒙:《公共行政的行动理论》,台湾五南图书出版公司1993年版。

[加]马歇尔·麦克卢汉:《理解媒介——论人的延伸(增订评注本)》,译林出版社2011年版。

[美]曼瑟尔·奥尔森:《集体行动的逻辑》,上海人民出版社1995年版。

[美]曼瑟·奥尔森:《国家的兴衰》,上海人民出版社2007年版。

[英]F. W. 梅特兰:《英格兰宪政史》,中国政法大学出版社2010年版。

[法]孟德斯鸠:《论法的精神》,商务印书馆1996年版。

[德]米歇尔·鲍曼:《道德的市场》,中国社会科学出版社2003年版。

[法]米歇尔·克罗齐耶:《法令不能改变社会》,上海人民出版社2008年版。

[法]米歇尔·福柯:《规训与惩罚》,三联书店2003年版。

[法]莫里斯·梅洛—庞蒂:《知觉现象学》,商务印书馆2001年版。

[美]南茜·弗雷泽:《正义的中断——对"后社会主义"状况的批判性反思》,上海人民出版社2009年版。

[美]南茜·弗雷泽:《正义的尺度——全球化世界中政治空间的再认识》,上海人民出版社2009年版。

[美]尼古拉斯·施普尔伯:《国家职能的变迁》,辽宁教育出版社2004年版。

[美]尼古拉·尼葛洛庞蒂:《数字化生存》,海南出版社1997年版。

[德]诺贝特·埃利亚斯:《个体的社会》,译林出版社2008年版。

[美]诺曼·K.邓金:《解释性交往行动主义:个人经历的叙事、倾听与

理解》，重庆大学出版社 2004 年版。

［美］O.C.麦克斯怀特：《公共行政的合法性——一种话语分析》，中国人民大学出版社 2002 年版。

［英］齐格蒙・鲍曼：《立法者与阐释者——论现代性、后现代性与知识分子》，上海人民出版社 2000 年版。

［英］齐格蒙・鲍曼：《寻找政治》，上海人民出版社 2006 年版。

［英］齐格蒙・鲍曼：《现代性与大屠杀》，译林出版社 2002 年版。

［英］齐格蒙特・鲍曼：《被围困的社会》，江苏人民出版社 2005 年版。

［英］齐格蒙特・鲍曼：《流动的时代——生活于充满不确定性的年代》，江苏人民出版社 2012 年版。

［英］齐格蒙・鲍曼：《生活在碎片之中——论后现代道德》，学林出版社 2002 年版。

［美］乔尔・阿伯巴奇、罗伯特・普特南、伯特・罗克曼等著：《两种人：官僚与政客》，求实出版社 1990 年版。

［美］乔治・弗雷德里克森：《公共行政的精神》，中国人民大学出版社 2003 年版。

［美］乔治・弗雷德里克森：《新公共行政》，中国人民大学出版社 2011 年版。

［英］乔治・萨拜因：《政治学说史》（下卷），上海人民出版社 2010 年版。

［美］全钟燮：《公共行政的社会建构：解释与批判》，北京大学出版社 2008 年版。

［美］R.M.克朗：《系统分析与政策科学》，商务印书馆 1985 年版。

［美］R.道格拉斯・阿诺德：《美国国会行动的逻辑》，三联书店 2010 年版。

［法］让・鲍德里亚：《符号政治经济学批判》，南京大学出版社 2009 年版。

［法］让・波德里亚：《消费社会》，南京大学出版社 2000 年版。

［法］让—弗朗索瓦・利奥塔尔：《后现代状态：关于知识的报告》，三联书店 1997 年版。

［法］让—诺埃尔・让纳内：《西方媒介史》，广西师范大学出版社

2005 年版。

[法]让—马里·科特雷、克洛德·埃梅里:《选举制度》,商务印书馆 1996 年版。

[美]塞拉·本哈比:《民主与差异:挑战政治的边界》,中央编译出版社 2009 年版。

[英]尚塔尔·墨菲:《政治的回归》,江苏人民出版社 2005 年版。

[美]斯蒂芬·埃里克·布隆纳:《重申启蒙——论一种积极参与的政治》,江苏人民出版社 2006 年版。

[美]托马斯·戴伊:《自上而下的政策制定》,中国人民大学出版社 2002 年版。

[美] W.E.哈拉尔:《新资本主义》,社会科学文献出版社 1999 年版。

[美]沃尔特·李普曼:《公众舆论》,上海人民出版社 2002 年版。

[美]威廉·N.邓恩:《公共政策分析导论(第二版)》,中国人民大学出版社 2002 年版。

[美]威尔逊:《国会政体:美国政治研究》,商务印书馆 1986 年版。

[美]小查尔斯·爱德华·梅里亚姆:《卢梭以来的主权学说史》,法律出版社 2006 年版。

[美]谢丽尔·西姆拉尔·金、卡米拉·斯蒂福斯:《民有政府:反政府时代的公共管理》,中央编译出版社 2010 年版。

[法]雅克·勒戈夫:《中世纪的知识分子》,商务印书馆 1996 年版。

[英]约翰·基恩:《公共生活与晚期资本主义》,社会科学文献出版社 1999 年版。

[美]约翰·W.金登:《议程、备选方案与公共政策》,中国人民大学出版社 2004 年版。

[美]约翰·罗尔斯:《政治自由主义》,译林出版社 2000 年版。

[英]J.S.密尔:《代议制政府》,商务印书馆 1981 年版。

[英]约翰·密尔:《论自由》,商务印书馆 1959 年版。

[美]詹姆斯·E.安德森:《公共政策制定(第五版)》,中国人民大学出版社 2009 年版。

[美]詹姆斯·斯科特:《国家的视角(修订版)》,社会科学文献出版社 2012 年版。

[美]詹姆斯·麦格雷戈·伯恩斯等:《民治政府——美国政府与政治》,中国人民大学出版社 2007 年版。

[日]猪口孝等:《变动的民主》,吉林人民出版社 1999 年版。

程汉大:《英国政治制度史》,中国社会科学出版社 1995 年版。

郭亚夫、殷俊编著:《外国新闻传播史纲》,四川大学出版社 2004 年版。

刘建飞、刘启云等:《英国议会》,华夏出版社 2002 年版。

刘新成:《英国都铎王朝议会研究》,首都师范大学出版社 1995 年版。

彭和平等编译:《国外公共行政理论精选》,中共中央党校出版社 1997 年版。

聂露:《论英国选举制度》,中国政法大学出版社 2006 年版。

沈汉、刘新成:《英国议会政治史》,南京大学出版社 1991 年版。

汪晖、陈燕谷编:《文化与公共性》,三联书店 1998 年版。

颜昌武、马骏编译:《公共行政学百年争论》,中国人民大学出版社 2010 年版。

阎照祥:《英国政治制度史》,人民出版社 1999 年版。

应奇编:《代表理论与代议民主》,吉林出版集团有限公司 2008 年版。

二、英文

Andrews Mcfarland, Interest Groups and Theories of Power in America, *British Journal of Political Science*, Volume 17, No.2, 1987.

Aaron Wildavsky, Rescuing Policy Analysis from PPBS, *Public Administration Review*, Vol.29, No.2, 1969.

Peter Bachrach and Morton S. Baraz, *Power and Poverty*, New York: Oxford University Press, 1970.

Camilla Stivers, The Public Agency as Polis: Active Citizenship in the Administrative State, *Administration & Society*, Vol.22, No.1, 1990.

Carol Hirschon Weiss, Evaluating Social Programs: What Have We Learned?, *society* 25, 1987.

Charles E.Lindblom, The Science of "Muddling Through", *Public Administration Review*, Vol.19, No.2, 1959.

Claus Offe, *Modernity and the State*, The MIT Press, 1996.

D. Rogers and D. Whetten, *Interorganizational Coordination*, Lowa: Lowa State University, 1982.

Daniel McCool, Subgovernments and the Impact of Policy Fragmentation and Accommodation, *Policy Studies Review*, Vol. 8, No. 4, 1989.

David Lewis Schaefer, Theodore J. Lowi and the Administrative State, *Administration & Society*, Vol.19, No.4, 1988.

David John Farmer, *To Kill the King—Post-traditional Governance and Bureaucracy*, M.E.Sharpe Inc., New York, 2005.

Douglas Cater, *Power in Washington*, New York: Random House, 1964.

Douglas Torgerson, Between Knowledge and Politics: Three Faces of Policy Analysis, *Policy Sciences*, Vol.19, 1986.

Dwight Waldo, *The Administrative State*, New York: The Ronald Press Company, 1948.

E.S. Quade, Why Policy Sciences?, *Policy Sciences*, Vol. 1, No. 1, 1970.

Ernest S. Griffith, *the impasse of democracy*, New York: Harrison-Hilton, 1939, p.184.

Frank Fischer, *Technocracy and The Politics of Expertise*, Sage Publications, Inc., 1990.

G. David Garson, From Policy Science to Policy Analysis: A Quarter Century of Progress? *Policy Studies Journal*, Vol. 9, No. 4, 1980.

Grant Jordan, Sub-Government, Policy Communities and Networks: Refilling the Old Bottle?, *Journal of Theoretical Politics*, No.2, 1990.

Harold D. Lasswell, The Emerging Conception of the Policy Sciences, *Policy Sciences*, Vol.1, No.1, 1970.

Herbert Kaufman, Emerging Conflicts in the Doctrines of Public Administration, *the American Political Science Review*, Vol.50, No.

4, 1956.

Hugh Heclo, Issue Networks and the Executive Establishment, in A.King(ed.), *The New American Political System*, Washington, DC: AEI. 1978.

J. Leiper Freeman, *The Political Process*, New York: Random House, 1965.

J.Leiper Freeman and Judith Parris Stevens, A Theoretical and Conceptual Re-Examination of Subsystem Politics, *Public Policy and Administration* 2(1), 1987.

Jack Walker, The origins and Maintenance of Interest Groups in America, *the American Political Science Review*, Vol.77, No.2, 1983.

Johanno Srrasser, Decade of the Experts? in 1984 Revisited ed. *Irving Howe*, New York: Harper & Row, 1984.

K.Hanf, *Interorganizational Policy Making*, London and Beverly Hills: Sage, 1978.

Lars Carlssou, Policy Networks as Collective Action, *Policy Studies Journal*, 2000, 28(3).

Laurence H. Tribe, Technology Assessment and the Fourth Discontinuity: The Limits of Instrumental Rationality, *Southern California Law Review*, Vol.46, 1972-1973.

Lewis Meriam, Frontiers of Public Administration and Public Welfare, *Social Service Review*, Vol.11, No.1, 1937.

Luther Gulick, Politics, Administration, and the "New Deal", *The Annals of the American Academy of Political and Social Science*, 1933.

Luther Gulick and L.Urwick, *Papers on the Science of Administration*, The Rumford Press, 1937.

Luther Gulick, *The National Institute of Public Administration: A Progress Report*, New York: The National Institute of Public Administration, 1928.

Murray Edelman, Language, Myths and Rhetoric, *Society*, Vol. 35, No.2, 1998.

Murray Edelman, The Political Language of the Helping Professions, *Politics and society*, Vol.4, No.3, 1974.

Murray Edelman, *Politics as Symbolic Action: Mass Arousal and Quiescence*, New York: Academic Press, INC, 1971.

Murray Edelman, Symbols and Political Quiescence, *The American Political Science Review*, Vol.54, No.3, 1960.

Nancy Roberts, Public Deliberation in An Age of Direct Citizen Participation, *American Review of Public Administration*, Vol. 34, No.4, 2004.

P.Kenis and V. Schneider, Policy Networks as An Analytical Tool for Policy Analysis, Paper for Conference at Max Planck-Institut, Cologne, 4-5 December 1989.

Peter Bachrach and Morton S. Baraz, *Power and Poverty*, New York: Oxford University Press, 1969.

Peter Deleon, The Democratization of the Policy Sciences, *Public Administration Review*, Vol.52, No.2, 1992.

Philippe C. Schmitter, Still the Century of Corporatism?, *The Review of Politics*, Vol.36, No.1, 1974.

R.A.W.Rhodes, *Policy Networks in British Government*, Oxford: Clarendon Press, 1992.

R. A. W. Rhodes, *Understanding Governance: Policy networks, Governance, Reflexivity and Accountability*, Buckingham: Open University Press, 1997.

Randall Ripley and Grace Franklin, *Congress, the Bureaucracy and Public Policy*, Dorsey Press, 1984.

R.W.Carlyle, A.J.Carlyle, *A History of Medieval Political Theory in the West*, Vol. 6, William Blackwood & Sons Ltd. Edinburgh and London Mcml, 1936.

Roger W. Cobb and Elder D. Charles, *Participation in American Politics: The Dynamics of Agenda-Building*, Boston: Allyn and Bacon, Inc., 1972.

Sir Adair Hore, Officials and Policy, *Public Administration*, Vol.5, No.4, 1927.

Theodore M. Lowi, *The End of Liberalism*, New York: WW Norton & Co Inc., 1979.

Thomas L. Gais, Mark A. Peterson and Jack Walker, Interest Groups, Iron Triangles, and Representative institutions in American National Government, *British Journal of Political Science*, 14(2), 1984.

Udaya Wagle, The Policy Science of Democracy: The Issue of Methodology and Citizen Participation, *Policy Sciences*, 33, 2000.

Volker Schneider, The Structure of Policy Networks: A Comparison of the Chemicals Control and Telecommunications Policy Domain in Germany, *European Journal of Political Research*, Vol.21, No.1-2, 1992.

Wayne Parsons, *Public Policy: An Introduction to The Theory and Practice of Policy Analysis*, Cheltenham: Edward Elgar Publishing, Inc., 1995.

后　记

这本书是我与博士后研究学者向玉琼的合作成果，感谢江苏省社会科学基金为我们提供了后期资助。

2006年，向玉琼报考中国人民大学的博士，是我所在博士点中各科成绩均排在第一的考生，我知道她同时也报考了南京大学，建议她到南京大学读博，这样可以工作、学习兼顾。也就是说，我没有录取她。对此，我心中是有所歉疚的。她在南京大学读博期间，黄健荣教授是她的指导老师。在指导博士生方面，与我的粗线条不同，健荣教授是无比认真、非常仔细的，要求很严格，这使她打下了良好的基础。她的学位论文答辩时，我做了答辩主席，看到她写出一篇很好的博士论文心中有所释然。其间，我们一直保持联系，她有的时候发邮件给我，同我讨论一些问题，但我总是处在一种忙忙碌碌的状态，对她提出的问题往往不去做深入的思考，甚至有时不回她的邮件。2011年，向玉琼找到我，提出做博士后的要求，并半开玩笑说，博士我没招她，博后不能再拒绝了。但是，能否进站，不是我个人能够决定的，需要走程序。我同她说，不管能否进站，我们都合作做一项研究，因而，当即拟定了题目和研究计划，在她进站前就着手这项研究工作了。

向玉琼是一个勤奋、踏实的人，应当从事基础研究。这个题目和拟定的研究提纲都是针对她的这一特点做出的。因为，基础研究需要啃大量文献，要能够对不同的思想、理论进行比较并发现相同和不同的方面，要从历史中去把握演进的脉络，这都需要勤奋和踏实。同时，作为一项旨在提高研究水平和刷新研究境界的研究，选题和研究计划又必须能够激活创新能力。就这个选题而言，前人所做甚少，显然需要在大量文献中去发掘具有启发意义的因素并形成系统的观点，这就需要创新，至少可以培养创新能力。而且，这个问题所涉及的文献是多学科的，对文献的驾驭既需要勤奋、踏实的工作，也需要站在较高的理论高度上。总之，可以实现对研究能力的综合性训练。现在，我们完成了这一研究计划，取得了预期成果。

政策是现代社会治理的工具，自觉的政策研究兴起于20世纪60年代。在整个政策过程中，政策问题建构是第一个环节，但就政策研究的既有成果来看，关于政策问题建构的研究基本上是缺失的，系统的、专门性的研究很少见到，学者们更多关注的是在既有的政策问题之下的政策制定和执行过程。这可能与20世纪的科学研究语境有关，因为人们更多关注的是“政策过程中的知识”，而且形成了科学化、技术化的路径依赖，政策问题建构作为政策过程的起始环节无法完全纳入这一语境之中，以致妨碍了学者们对政策问题建构进行专门的、系统化的探讨。显然，这项研究的缺失必然会导致这样一个问题：如果在政策问题建构的环节中就出了问题的话，那么整个政策过程又在何种意义上是可靠的呢？也就是说，作为社会治理基本工具的政策在可靠性方面将由什么来加以保证？当然，政策问题建构是一个非常复杂的问题，它涉及近代以来社会治理的方方面面，研究难度非常大，不仅形成权威性的意见很难，而且要在这个问题上尽快生产出成果也是比较困难的。我们做这项研究工作所采取的是化难为易的做法，即对政策问题建构权的历史演进进行直观描述，目的只是要为学术研究引出这个话题，而且这样做也可以充分发挥向玉琼勤奋、踏实的特长。

我们对政策问题建构权及其历史演进所进行的直观描述是出于寻找某种趋势的目的，那就是政策问题建构将走向什么方向？显而易见，20世纪后期开始，人类开启了全球化、后工业化进程，社会呈现出了高度复杂性和高度不确定性的特征，这首先提出了一个问题，那就是作为社会治理工具的政策是否将被沿用下来？如果政策仍然是社会治理的基本工具，政策问题建构权的分布会出现什么样的变化？关于前一个问题，我们不敢作出否定的回答，但可以相信，如果政策依然被作为社会治理工具来加以应用的话，也必将是得到了再造的政策，在各个方面都会不同于现代社会治理中的政策。关于后一个问题，许多变化都正处在发生之中，特别是互联网成为社会生活的重要平台后，政策问题建构权正处在结构性变革的过程中。当然，我们对这一方面的描述是很不够的，甚至显得有些轻描淡写，但我们提出了这一问题，如果能够引起人们的关注，在这方面进行深入研究的话，对于全球化、后工业化进程中的社会治理体系及其过程的重建来说，也许是一个突破口。

总之，我们所做的只是初步的研究工作，而且由于我们的水平所限，也由于这一问题的复杂性和困难度，这份成果存在着许多不尽如人意之处，付诸出版是为了征集批评意见。如果有了批评的话，那就意味着这项研究被向前推进了，应为学术之幸事。

张康之

2016 年 3 月

图书在版编目(CIP)数据

政策问题建构权的历史演进/张康之,向玉琼著.
—上海:上海人民出版社,2016
ISBN 978-7-208-13870-4

Ⅰ.①政… Ⅱ.①张… ②向… Ⅲ.①政策科学-研究 Ⅳ.①D0

中国版本图书馆 CIP 数据核字(2016)第 133625 号

责任编辑 徐晓明
封面设计 包晨晖

政策问题建构权的历史演进
张康之 向玉琼 著
世纪出版集团
上海人民出版社出版
(200001 上海福建中路 193 号 www.ewen.co)
世纪出版集团发行中心发行 上海商务联西印刷有限公司印刷
开本 635×965 1/16 印张 25.25 插页 2 字数 383,000
2016 年 7 月第 1 版 2016 年 7 月第 1 次印刷
ISBN 978-7-208-13870-4/D·2886
定价 58.00 元